S'ASSURER UN EMPLOI SUR LE MARCHÉ DU TRAVAIL, C'EST D'ABORD

UNE QUESTION DE TECHNIQUE

LA FORMATION TECHNIQUE AU CÉGEP, C'EST PLUS DE **130** PROGRAMMES.

LE TAUX DE PLACEMENT EST DE **90**% ET PLUS DANS LA MAJORITÉ DE CES PROGRAMMES.

Fédération
des cégeps

TABLE DES MATIÈRES

Édition 2007-2008

Comment interpréter l'information   15

Avis important permettant de comprendre la démarche de l'éditeur et les statistiques publiées.

DOSSIERS

Les DEC plus ultra   20

Santé, comptabilité, informatique, électronique industrielle, chimie... Les diplômés du collégial sont recherchés dans de nombreux secteurs d'emploi. Pour en savoir plus, découvrez les résultats de notre tournée effectuée au printemps 2007 dans divers collèges et cégeps.

Un rêve réalisable   24

Pour se lancer en affaires, il faut avoir : de bonnes idées, du cran, de l'ambition... et des conseils judicieux. Des experts commentent la démarche de deux jeunes diplômés qui ont su tirer leur épingle du jeu.

GUIDES PRATIQUES

Diplômes express   32

Les systèmes de concomitance et de passerelles ainsi que les programmes intégrés secondaire-collégial permettent de raccourcir le cheminement scolaire.

DEC-Bac : une formation haute vitesse   35

Obtenir un diplôme d'études collégiales et un baccalauréat en moins de six ans d'études, c'est possible!

Cultivez vos compétences!   39

Découvrez quelles sont les 10 aptitudes utiles pour dénicher un poste, le conserver et obtenir de l'avancement. Un questionnaire pour faire le point, des conseils pour se perfectionner.

Petit guide du parent accompagnateur   52

Pas facile d'aider son enfant à faire un choix de carrière éclairé. Des conseillers d'orientation vous aident à initier la réflexion.

PORTRAITS

Des carrières à explorer   56

Faites connaissance avec plus de 130 carrières liées à la formation au collégial grâce aux témoignages de jeunes diplômés qui se sont taillé une place sur le marché du travail.

UTILITAIRES

 ## Le grand répertoire des collèges 2007-2008   360

Les coordonnées complètes de tous les collèges et cégeps du Québec.

 ## Statistiques   369

Les données les plus récentes sur le placement des diplômés au collégial en formation technique tirées des enquêtes du ministère de l'Éducation, du Loisir et du Sport du Québec.

PÊLE-MÊLE

Index des programmes par secteurs de formation	8
Index des programmes par ordre alphabétique	378
Index des programmes par numéros	381
Index des annonceurs	384

Mines   Énergie   Transports   Industriel

Un chef de file dans l'industrie de la construction.

Kiewit s'implique activement dans les secteurs majeurs de la construction tels que le développement minier, l'énergie, les transports et les travaux industriels d'envergure.

En quête de l'EXCELLENCE
Vision Leadership Travail d'équipe

Nous sommes à la recherche de candidats motivés et débroulllards, possédant un bon jugement, prêts à prendre de l'initiative et à superviser des équipes. Vous devrez être prêts à voyager ou à vous relocaliser sur nos chantiers à travers le Canada. Le bilinguisme et une expérience pertinente de stage ou d'emplois d'été est un atout.

Vous souhaitez élargir vos horizons?

L'occasion de pouvoir vous dépasser?

Joignez notre équipe dynamique parmi les perspectives de carrière qui vous sont offertes:

- Civil
- Mine
- Géologique
- Géomatique|Arpentage
- Mécanique
- Industriel
- Électrique
- Maintenance d'équipements lourds
- Environnement
- Santé et sécurité
- Administration

Visitez notre site Web Kiewit

INDEX DES PROGRAMMES PAR SECTEURS DE FORMATION

SECTEUR 1 Administration, commerce et informatique   **56**

Conseil en assurances et en services financiers – 410.C0 58
Gestion de commerces – 410.D0 60
Techniques de bureautique – 412.A0
    Coordination du travail de bureau 62
    Microédition et hypermédia 64
Techniques de comptabilité et de gestion – 410.B0 66
Techniques de l'informatique – 420.A0
    Gestion de réseaux informatiques 69
    Informatique de gestion 70
    Informatique industrielle...72

SECTEUR 2 Agriculture et pêches   **74**

Gestion et exploitation d'entreprise agricole – 152.A0
    Productions animales 76
    Productions végétales...78
Paysage et commercialisation en horticulture ornementale – 153.C0
    Aménagement paysager 80
Techniques d'aquaculture – 231.A0 82
Techniques de santé animale – 145.A0...84
Techniques équines – 155.A0 86
Technologie de la production horticole et de l'environnement – 153.B0
    Cultures légumières, fruitières et industrielles 88
Technologie des productions animales – 153.A0 90
Technologie du génie agromécanique – 153.D0 92
Transformation des produits de la mer – 231.03 94

SECTEUR 3 Alimentation et tourisme   **96**

Gestion d'un établissement de restauration – 430.B0 98
Techniques de gestion hôtelière – 430.A0 100
Techniques de tourisme – 414.A0
    Accueil et guidage touristique 102
    Développement et promotion de produits du voyage 104
    Mise en valeur de produits touristiques..106
Techniques du tourisme d'aventure – 414.B0 108
Technologie de la transformation des aliments – 154.A0 110

| **Comment interpréter l'information** | **15** |

Avis important permettant de comprendre la démarche de l'éditeur et les statistiques publiées.

SECTEUR 4 Arts **112**

Arts du cirque – 561.D0 114
Danse-interprétation – 561.B0 116
Design de présentation – 570.02 118
Design d'intérieur – 570.03 120
Interprétation théâtrale – 561.C0 122
Photographie – 570.F0 124
Techniques de design industriel – 570.C0 126
Techniques de métiers d'art – 573.A0
    Céramique 128
    Construction textile 130
    Ébénisterie artisanale 132
    Impression textile 134
    Joaillerie 136
    Lutherie 138
    Maroquinerie 140
    Sculpture 142
    Verre 144
Techniques professionnelles de musique et chanson – 551.A0
    Composition et arrangement 146
    Interprétation 148
Théâtre-production – 561.A0
    Décors et costumes 149
    Éclairage et techniques de scène 151

SECTEUR 5 Bois et matériaux connexes **152**

Techniques du meuble et d'ébénisterie – 233.B0
    Production sérielle 154

SECTEUR 6 Chimie et biologie **156**

Assainissement de l'eau – 260.A0 158
Environnement, hygiène et sécurité au travail – 260.B0 160
Techniques de génie chimique – 210.02 163
Techniques de laboratoire – 210.A0
    Biotechnologies 165
    Chimie analytique 166
Techniques de procédés chimiques – 210.B0 168

SECTEUR 7 — Bâtiment et travaux publics — 170

Sécurité incendie – 311.A0
    Prévention 172
Technologie de l'architecture – 221.A0 174
Technologie de la géomatique – 230.A0
    Cartographie 176
    Géodésie 178
Technologie de la mécanique du bâtiment – 221.C0 180
Technologie de l'estimation et de l'évaluation en bâtiment – 221.D0 182
Technologie du génie civil – 221.B0 184

SECTEUR 8 — Environnement et aménagement du territoire — 186

Techniques d'aménagement cynégétique et halieutique – 145.B0 188
Techniques d'aménagement et d'urbanisme – 222.A0 190
Techniques de bioécologie – 145.C0 192
Techniques du milieu naturel – 147.A0 194

SECTEUR 9 — Électrotechnique — 196

Avionique – 280.04 198
Technologie de conception électronique – 243.16 200
Technologie de l'électronique – 243.11 202
Technologie de l'électronique industrielle – 243.06 204
Technologie de systèmes ordinés – 243.15 206
Technologie physique – 244.A0 208

SECTEUR 10 — Entretien d'équipement motorisé — 210

Techniques de génie mécanique de marine – 248.C0 212
Techniques de maintenance d'aéronefs – 280.C0 214

SECTEUR 11 — Fabrication mécanique — 216

Techniques de construction aéronautique – 280.B0 218
Techniques de génie mécanique – 241.A0 220
Techniques de transformation des matériaux composites – 241.C0 222
Techniques de transformation des matières plastiques – 241.12 224
Technologie de l'architecture navale – 248.01 226
Technologie du génie industriel – 235.B0 228

SECTEUR 12 — Foresterie et papier — 230

Technologie de la transformation des produits forestiers – 190.A0 232
Technologie forestière – 190.B0 234
Technologies des pâtes et papiers – 232.A0 236

SECTEUR 13 | Communication et documentation — 238

Dessin animé – 574.A0 240
Gestion de projet en communications graphiques – 581.C0 242
Graphisme – 570.A0 244
Infographie en préimpression – 581.A0 246
Techniques de communication dans les médias – 589.B0
    Journalisme 248
Techniques de l'impression – 581.B0 250
Techniques de la documentation – 393.A0 252
Techniques de muséologie – 570.B0 254
Techniques de production et postproduction télévisuelles – 589.A0
    Postproduction télévisuelle 256
Techniques d'animation 3D et de synthèse d'images – 574.B0 258
Techniques d'intégration multimédia – 582.A1 260

SECTEUR 14 | Mécanique d'entretien — 262

Technologie de maintenance industrielle – 241.D0 264

SECTEUR 15 | Mines et travaux de chantier — 266

Exploitation – 271.02 268
Géologie appliquée – 271.01 270
Minéralurgie – 271.03 272

SECTEUR 16 | Métallurgie — 274

Technologie du génie métallurgique – 270.A0
    Contrôle des matériaux 276
    Fabrication mécanosoudée 278
    Procédés de transformation 280

SECTEUR 17 | Transport — 282

Navigation – 248.B0 284
Techniques de la logistique du transport – 410.A0 286
Techniques de pilotage d'aéronefs – 280.A0 288

SECTEUR 18 | Cuir, textile et habillement — 290

Commercialisation de la mode – 571.C0 292
Design de mode – 571.A0 294
Gestion de la production du vêtement – 571.B0 296
Technologie de la production textile – 251.B0 298
Technologie des matières textiles – 251.A0 300

Acupuncture – 112.A0 304

Archives médicales – 411.A0 306

Audioprothèse – 160.B0...308

Soins infirmiers – 180.B0...310

Soins préhospitaliers d'urgence – 181.A0..312

Techniques de denturologie – 110.B0 314

Techniques de diététique – 120.01 316

Techniques d'électrophysiologie médicale – 140.A0 318

Techniques de prothèses dentaires – 110.A0 320

Techniques de réadaptation physique – 144.A0 322

Techniques de thanatologie – 171.A0 324

Techniques d'hygiène dentaire – 111.A0 326

Techniques d'inhalothérapie – 141.A0 328

Techniques d'orthèses et de prothèses orthopédiques – 144.B0 330

Techniques d'orthèses visuelles – 160.A0 332

Technologie d'analyses biomédicales – 140.B0 334

Technologie de médecine nucléaire – 142.B0..336

Technologie de radiodiagnostic – 142.A0 338

Technologie de radio-oncologie – 142.C0 340

Techniques d'éducation à l'enfance – 322.A0...344

Techniques d'éducation spécialisée – 351.A0 346

Techniques de recherche sociale – 384.A0 348

Techniques de travail social – 388.A0...350

Techniques d'intervention en délinquance – 310.B0...352

Techniques d'intervention en loisir – 391.A0 354

Techniques juridiques – 310.C0..356

Techniques policières – 310.A0...358

Choisir l'ÉTS,
une idée de génie!

Baccalauréats en génie axés sur la pratique

3 stages rémunérés en entreprise

Journée
portes ouvertes
Le dimanche
10 février 2008

11 000 $ en moyenne par stage

450 nouvelles places en résidence dès 2008

Université du Québec
**École
de technologie
supérieure**

1100, rue Notre-Dame Ouest
Montréal   Métro Bonaventure

DEC en sciences de la nature
maintenant admissible!

AVIS IMPORTANT
COMMENT INTERPRÉTER L'INFORMATION

Les pages 56 à 359 présentent des témoignages portant sur les programmes techniques menant à un diplôme d'études collégiales (DEC technique).

DEC technique : Les programmes de formation technique au collégial durent généralement trois ans (six sessions). Ils comprennent les cours composant la base de la formation générale, en plus d'une série de cours spécifiquement liés au programme choisi.

Chaque texte vous offre les témoignages d'un diplômé et d'un spécialiste de l'enseignement du programme concerné, de même que des données statistiques tirées des enquêtes *Relance* du ministère de l'Éducation, du Loisir et du Sport (voir aussi page 369).

Chaque en-tête de texte présente les renseignements suivants :

EXEMPLE :

SECTEUR 3 — ALIMENTATION ET TOURISME

CNP 6441   CUISEP 123-000.CP

Techniques de tourisme

PROG. 414.01/414.A0
PRÉALABLE : 0, VOIR PAGE 16

Secteur : Le ministère de l'Éducation, du Loisir et du Sport a effectué un regroupement des programmes selon 20 secteurs de formation. Vous pouvez connaître le nom correspondant à chacun des numéros de secteurs en consultant l'index des programmes en page 8.

Nom et numéro du programme : Nom et numéro en vigueur du programme, en accord avec le répertoire du ministère de l'Éducation, du Loisir et du Sport. Lorsque deux numéros apparaissent, le programme est en voie d'être modifié. Le second numéro sera utilisé aussitôt que la nouvelle version du programme sera implantée.

Code CNP : Le code CNP correspond à la description de la ou des fonctions principales auxquelles mène le programme, selon la Classification nationale des professions établie par Service Canada. Ce code peut servir à consulter certains répertoires de formations ou certaines bases de données offrant des renseignements sur les différents métiers et professions au Canada.

Code CUISEP : Le code CUISEP correspond à un classement établi à l'usage des responsables de l'orientation scolaire et professionnelle. Il sert notamment à la consultation du logiciel Repères, base de données portant sur les métiers et professions utilisée principalement au Québec par ces spécialistes. Repères est accessible dans la plupart des établissements d'enseignement.

▷

▷ **Préalable(s) :** Le ou les chiffres correspondent aux codes de préalables nécessaires pour être admis dans le programme.

DÉFINITION DES CODES DES PRÉALABLES

0 : Aucun préalable
10 : Mathématiques 426
11 : Mathématiques 436
12 : Mathématiques 526
13 : Mathématiques 536
20 : Sciences physiques 436
30 : Chimie 534
40 : Physique 534
50 : Musique 534
80 : DES, réussite des cours de 5ᵉ secondaire en danse classique ou en danse contemporaine (Arts – études)

90 : DEP
9A : L'établissement d'enseignement peut établir des conditions particulières d'admission, entre autres, réussir le concours d'entrée et être en excellente santé.
9B : Électromécanique de systèmes informatisés
9C : Répartition et installation d'appareils électroniques domestiques
9D : Infirmière ou infirmier auxiliaire ou l'équivalent
9E : Intervention en sécurité incendie
9F : Techniques d'usinage

Les préalables s'ajoutent aux conditions générales suivantes d'admission aux études collégiales : la personne est titulaire du diplôme d'études secondaires (DES) ou du diplôme d'études professionnelles (DEP) décerné par le ministre de l'Éducation, du Loisir et du Sport.

ET

Les élèves ayant obtenu leur DES ou leur DEP après le 31 mai 1997 doivent avoir réussi les cours d'histoire de 4ᵉ secondaire; de sciences physiques de 4ᵉ secondaire; de langue d'enseignement de 5ᵉ secondaire; de langue seconde de 5ᵉ secondaire; de mathématiques de 5ᵉ secondaire ou de 4ᵉ secondaire déterminés par le ministre et dont les objectifs présentent un niveau de difficultés comparables (436 et 426).

Une personne titulaire d'un DEP peut aussi être admissible aux études collégiales, pour certains programmes de DEC désignés par le ministre, et aux conditions qu'il détermine, de façon à assurer une continuité de formation.

Date de publication : Chacun des portraits affiche une date à la fin du texte. Cette date indique le mois et l'année de première publication du portrait. Cependant, tous les textes sont relus à chaque nouvelle édition et font l'objet d'une mise à jour ou d'une refonte, si nécessaire. Un texte complètement refait porte la date de sa réécriture la plus récente.

AU SUJET DES STATISTIQUES

Les statistiques publiées dans ce guide sont tirées de la plus récente étude *La Relance au collégial*, réalisée par le ministère de l'Éducation, du Loisir et du Sport. Celle-ci rassemble des données colligées dans tout le Québec, 10 mois après la fin des études de la cohorte de diplômés concernés. Ces données sont présentées À TITRE INDICATIF et doivent être interprétées avec réserve. En effet, l'instabilité du marché du travail dans certains secteurs d'emploi peut avoir changé les conditions offertes aux jeunes diplômés depuis la dernière enquête. Afin de donner un aperçu de cette évolution, nous présentons aussi les données de la même enquête obtenues au cours des deux années précédentes. Nous offrons aussi en page 369 les renseignements complémentaires des enquêtes *Relance*. Pour obtenir les plus récentes statistiques disponibles, communiquez directement avec les établissements offrant la formation qui vous intéresse. Vous en trouverez les coordonnées en page 360. Vous pouvez aussi lire les résultats d'une enquête maison en page 20.

DONNÉES CORRESPONDANT À CHAQUE FORMATION

	A Salaire hebdo moyen	**B** Proportion de dipl. en emploi	**C** Emploi relié	**D** Chômage	Nombre de diplômés
2006	xxx $	xxx %	xxx %	xxx %	xxx
2005	xxx $	xxx %	xxx %	xxx %	xxx
2004	xxx $	xxx %	xxx %	xxx %	xxx

Statistiques tirées de la Relance - Ministère de l'Éducation, du Loisir et du Sport. Voir données complémentaires, page 369.

A L'indicateur salarial présente le salaire hebdomadaire brut moyen chez des jeunes diplômés 10 mois après la fin de leurs études.

B La proportion de diplômés en emploi représente le pourcentage des répondants ayant déclaré travailler pour leur compte ou pour autrui sans étudier à temps plein.

C L'indicateur d'emploi relié présente le pourcentage des répondants ayant un emploi à temps plein, relié en tout ou en partie à leur formation.

D L'indicateur de chômage est le rapport du nombre de répondants en recherche d'emploi sur l'ensemble de la population active visée (en recherche d'emploi et en emploi).

ATTENTION!

Divers facteurs peuvent influencer l'interprétation des données.

C'est le cas du **NOMBRE DE DIPLÔMÉS**. Plus ce nombre est faible, moins les données obtenues risquent d'être représentatives de l'ensemble du marché du travail pour ce type de professionnels. C'est pourquoi nous indiquons toujours le nombre de diplômés.

IL FAUT TENIR COMPTE DE L'EMPLOI RELIÉ. Le taux d'emploi relié indique le lien entre l'emploi occupé et le domaine d'études. C'est un indicateur essentiel pour juger de manière plus réaliste de la qualité de la situation d'emploi.

IL NE FAUT PAS CONFONDRE les propos des représentants enseignants interrogés dans la partie témoignage (rubrique *Défis et perspectives*) avec les données statistiques. Les statistiques sont d'ordre provincial, alors que les avis des personnes interrogées dans les écoles concernent généralement une situation observable sur le plan local. Un certain écart entre les deux perceptions peut ainsi ressortir. Il est donc important de tenir compte de cette distinction.

N'OUBLIEZ PAS!

Il faut éviter de baser son choix de carrière uniquement sur une statistique de placement ou une moyenne salariale. Afin d'effectuer une bonne démarche de choix de carrière, n'hésitez pas à consulter un conseiller d'orientation ou un conseiller en information scolaire et professionnelle. ◎

Illustration : Kevin Durocher

LES
DOSSIERS
CHAUDS!

LES DEC PLUS ULTRA

Santé, comptabilité, informatique, électronique industrielle, chimie... Les diplômés du collégial sont recherchés dans de nombreux secteurs d'emploi. Pour en savoir plus, découvrez les résultats de notre tournée effectuée au printemps 2007 dans divers collèges et cégeps.

UN RÊVE RÉALISABLE

Vous rêvez de créer votre entreprise? Suivez le parcours de deux jeunes diplômés qui sont passés par là. Des experts en entrepreneuriat commentent leur démarche et vous donnent des trucs pour faciliter la vôtre.

Pages **20** à **28** →

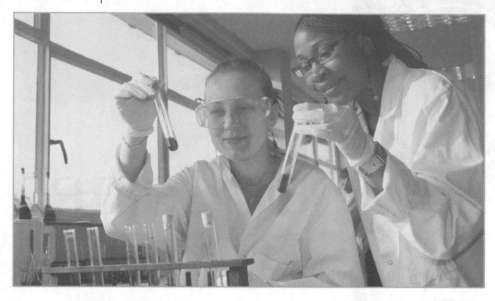

LES DEC PLUS ULTRA

par Anick Perreault-Labelle

Plusieurs classes du collégial technique n'ont que 5, 10 ou 15 élèves. Avec d'aussi petites cohortes, les finissants ont le choix de l'employeur, voire de leurs conditions de travail.

Chaque printemps, l'équipe de Jobboom communique avec les services de placement des cégeps pour savoir quels diplômés sont les plus recherchés par les employeurs. Une tendance se dégage depuis quelques années : la demande de main-d'œuvre augmente, alors que plusieurs programmes manquent de finissants. L'année 2007 ne fait pas exception à cette règle, puisque les cégeps contactés n'ont que des bons taux de placement à rapporter, sauf pour certaines spécialisations en administration. Tour d'horizon des disciplines qui ont la cote.

À VOS CLAVIERS!

Les diplômés en techniques de l'informatique, option informatique de gestion ou option gestion de réseaux informatiques, sont fort recherchés, en particulier dans les grandes villes, comme Québec, Saint-Hyacinthe, Gatineau et Montréal. «J'ai reçu 100 offres d'emploi en cinq mois pour mes 26 finissants!» dit Mélanie Gratton, responsable du Service de placement au Collège de Rosemont. Ces dernières années, les mises à pied dans l'industrie ont fait peur aux élèves et vidé les classes. Mais les développeurs de jeux électroniques et les banques, entre autres, relancent la demande de travailleurs qualifiés.

PASSIONNÉS DES MACHINES RECHERCHÉS

De la Montérégie à l'Abitibi-Témiscamingue, on cherche des diplômés en technologie de l'électronique industrielle. «En 2007, 10 % plus d'élèves devraient se placer par rapport à 2006, ou environ 80 % de notre quinzaine de finissants», explique Nathalie Masson, coordinatrice du Bureau de liaison avec l'entreprise au Cégep Saint-Jean-sur-Richelieu. Ils trouvent des postes en particulier dans la fabrication de systèmes à commande électronique. Le Cégep de Valleyfield accueille une douzaine d'élèves par an dans l'option électrodynamique. «Plus de 90 % d'entre eux se placent depuis 2001, à cause de l'automatisation des procédés industriels», dit Luc Thifault, conseiller en formation. La demande est à l'avenant aux cégeps de l'Abitibi-Témiscamingue et Lévis-Lauzon.

LA BONNE CHIMIE

Bon an mal an, le Cégep de Valleyfield distribue une dizaine de diplômes en techniques de laboratoire, option chimie analytique. L'établissement reçoit, depuis 2000, plus d'offres d'emploi qu'il n'a de finissants. La demande vient notamment des usines de pâtes et papiers, de l'agroalimentaire et des pharmaceutiques. «Cette technique a des conditions d'admission quasi identiques à celles du DEC général en sciences de la nature. Mais bien des jeunes choisissent cette seconde avenue, dans le but d'aller à l'université. Pourtant, il y a une forte demande de techniciens», dit Luc Thifault. Selon une enquête menée auprès des finissants de 2006 de ce cégep, on leur offre en moyenne 19,87 $ l'heure, à l'embauche. Pour un salarié qui travaille 35 heures par semaine, cela représente un salaire hebdomadaire de près de 700 $, soit plus que les 574 $ qu'obtiennent, en moyenne, les diplômés du collégial technique, tous programmes et tous cégeps confondus.

Une autre branche de la chimie fait courir les employeurs : les techniques de procédés chimiques. «J'ai une douzaine de finissants cette année, mais 69 offres d'emploi, dit Maryse Lemay, responsable du Service de placement au Collège de Maisonneuve. Je manque d'élèves! L'horaire du métier leur déplaît peut-être : il consiste souvent en deux journées de 12 heures, suivies d'un congé de trois jours. Mais le salaire est de 20 $ l'heure, minimum.» La situation du placement est semblable au Cégep Lévis-Lauzon.

DE LA PLACE POUR LES CRÉATEURS

À l'École de joaillerie de Québec, 70 % des finissants trouvent un emploi. «Ce sont surtout les bijouteries qui embauchent, de même que les lunetteries, pour la soudure des montures. En dentisterie, on recrute aussi des finissants pour le moulage de dentiers», explique Joanne Harvey, directrice adjointe. D'autres diplômés choisissent le travail autonome. «Ils exposent dans les salons ou vendent leurs bijoux dans les boutiques», ajoute-t-elle.

ILS IRONT LOIN

Au Cégep de Drummondville, les six diplômés de 2007 en techniques de la logistique du transport ne chercheront pas un poste longtemps. «Il y a beaucoup de compagnies de transport routier sur notre territoire», explique Anny Martin, conseillère en emploi. L'attestation d'études collégiales en gestion du transport routier a par contre été suspendue par manque d'élèves. «Ce programme reste mal connu des jeunes, et les travailleurs du secteur qui aimeraient le suivre ont des horaires variables où il est difficile de caser des cours à dates fixes», dit Anny Martin.

SANTÉ ET SERVICES SOCIAUX : TOUJOURS EN SANTÉ

Du côté des services sociaux, le placement des diplômés en techniques d'intervention en délinquance du Cégep de Maisonneuve a fait un bond de plus de 10 % depuis 2005, atteignant 85 % en 2006. Au Cégep de l'Abitibi-Témiscamingue, la quarantaine de finissants en techniques d'éducation spécialisée devraient tous trouver un emploi en 2007, prévoit l'agente de promotion Pauline Bonami, en se basant sur le taux de placement des dernières années. «Le gouvernement investit davantage dans l'éducation spécialisée», rappelle-t-elle.

Dans le Bas-Saint-Laurent, le Cégep de Rimouski a reçu cette année trop d'offres pour ses 12 finissants en techniques de diététique. ▷

«C'est la première fois en trois ans que je vois des postes à temps plein qui sont reliés à la formation. Selon moi, le placement va continuer à s'améliorer parce que la bonne nutrition va rester à la mode», dit Roland Laflamme, coordonnateur du Service de placement.

Le secteur de la santé continue aussi d'embaucher. Les finissants en techniques d'inhalothérapie et en techniques d'hygiène dentaire sont particulièrement recherchés. On le remarque notamment aux cégeps de Saint-Hyacinthe et de Chicoutimi. Au Saguenay, on forme une vingtaine de nouveaux inhalothérapeutes par an. Tous devraient se placer en 2007, et pour les deux ou trois années suivantes, prévoit Johnny Gauthier, responsable du Service de placement au Cégep de Chicoutimi. «Les cas d'asthme augmentent, tandis que les besoins en anesthésie [où les inhalothérapeutes sont aussi recherchés] restent importants, dit-il. Quant à notre vingtaine de finissants en hygiène dentaire, au-delà de 90 % trouvent une place dès la fin de leurs études, et ce, depuis au moins quatre ans. Les demandes arrivent de partout : du Saguenay, de Rimouski, de la Côte-Nord, de Québec ou de l'Abitibi.»

Enfin, il va sans dire que ceux qui terminent en soins infirmiers n'ont pas de mal à entrer sur le marché du travail. On les recherche un peu partout, de l'Abitibi-Témiscamingue à Chicoutimi en passant par Drummondville et Montréal.

L'APPEL DE LA NATURE

Au Cégep de l'Abitibi-Témiscamingue, les huit élèves qui ont terminé en technologie minérale en 2007 se sont pratiquement tous placés avant même d'avoir obtenu leur diplôme, dit Pauline Bonami. «Plusieurs anciennes mines ont été rouvertes et de nouveaux gisements ont été découverts», explique-t-elle. En minéralurgie, les huit finissants au Cégep de Thetford, en Chaudière-Appalaches, ont reçu une trentaine d'offres de stage! «Ces stages se transforment habituellement en emploi, mais

La formation technique en chiffres

Chaque année, le ministère de l'Éducation, du Loisir et du Sport du Québec questionne les diplômés du collégial technique de l'année précédente sur leur situation professionnelle. La plus récente *Relance au collégial en formation technique* présente la situation en mars 2006 des diplômés de l'année scolaire 2004-2005. Ces données constituent le complément le plus exhaustif à notre enquête maison, menée en juin 2007.

- Dix mois après la fin de leurs études, 66,7 % des diplômés étaient en emploi, contre 65,8 % en 2005 mais 70,3 % en 2002.
- Environ un diplômé sur trois (28 %) poursuit ses études, le plus souvent à l'université.
- En mars 2006, à peine 4,5 % des titulaires d'un DEC technique étaient au chômage (la moyenne pour l'ensemble de la population active du Québec : 9 %).
- Entre 2005 et 2006, le salaire hebdomadaire brut moyen des titulaires d'un DEC technique a augmenté de 3,2 %, passant de 556 $ à 574 $.
- Les deux tiers des diplômés en formation technique étaient des femmes.
- Parmi ceux travaillant 30 heures ou plus par semaine, 85,7 % des femmes et 79,6 % des hommes occupent un emploi en rapport avec leur formation.
- L'écart salarial entre les hommes et les femmes a augmenté entre 2005 et 2006, passant de 8,3 % à 11,9 %.

Source : Ministère de l'Éducation, du Loisir et du Sport. *La Relance au collégial en formation technique : la situation d'emploi au 31 mars 2006 de personnes diplômées de 2004-2005*, 2007.

Pour consulter le rapport : www.mels.gouv.qc.ca/Relance/Collegial/RelCol06/RelanceCollegial2006.pdf

ils se trouvent à l'extérieur de la région : dans le Nunavut ou à Fermont en exploration minière, par exemple», précise Michel Sansoucy, responsable de l'alternance travail-études.

En Montérégie, ce sont les diplômés en gestion et exploitation d'entreprise agricole qu'on s'arrache. «Les fermes sont plus grosses et les exploitants ont besoin de travailleurs capables de gérer les ressources humaines et les finances. Or, notre dizaine de finissants ont presque tous une ferme familiale qui les attend», explique Nathalie Masson, du Cégep Saint-Jean-sur-Richelieu.

Du côté des techniques d'aménagement cynégétique et halieutique, dit Francine Duval, conseillère en emploi au Cégep de Baie-Comeau, quelque 80 % des 32 élèves devraient trouver un emploi. «Les autres préfèrent continuer à l'université. Je manque donc de finissants ici aussi. Les jeunes croient peut-être qu'ils travailleront seulement l'été, en chasse et pêche. Il y a pourtant de l'emploi à l'année, notamment pour développer l'offre récréo-touristique et faire des inventaires fauniques.»

BUREAUTIQUE : CHOISIR LA BONNE OPTION

Le Collège O'Sullivan de Québec offre le DEC *Techniques de bureautique*, option coordination du travail de bureau. Ses dix finissants annuels se placent presque tous depuis 2005. «Québec est une ville de services et il y a donc beaucoup de place dans le travail de bureau, surtout au privé», explique Manon Bouchard, coordinatrice aux stages et placement.

Les élèves en techniques de bureautique qui choisissent l'option micro-édition et hyper-média ont plus de mal à dénicher un travail lié à leurs compétences. C'est du moins le constat fait aux cégeps de Chicoutimi ou de Maisonneuve. «Les employeurs les embauchent comme secrétaires parce qu'ils ne savent pas qu'ils peuvent faire des pages Web et de la mise en pages», explique Maryse

Lemay. À Chicoutimi, ce DEC a même été suspendu. «L'AEC en bureautique bilingue est beaucoup plus populaire auprès des employeurs et des jeunes, parce que c'est un programme plus court et que l'anglais est nécessaire à l'heure de la mondialisation», dit Johnny Gauthier. Pourtant, le Collège Bart de Québec rapporte que ses diplômés en micro-édition et hypermédia se placent tous.

Le Cégep Champlain-St.Lawrence, dans la région de Québec, manque de diplômés en techniques de comptabilité et de gestion. Mais à Rimouski, le placement dans cette discipline a diminué ces dernières années : en 2006, seuls 7 finissants sur 10 ont trouvé un poste.

BÂTIR SON AVENIR

Le secteur de la construction et des travaux publics continue à bien se porter. La technologie de la géomatique, par exemple, est très utile dans le domaine. Au Cégep de l'Outaouais, les dix finissants de 2007 de l'option cartographie s'étaient tous déjà casés au moment de notre enquête. «Le développement de l'imagerie numérique, entre autres, favorise la géomatique et crée de l'emploi. Mais le domaine demeure mal connu des jeunes», regrette Martin Mageau, coordonnateur du département.

Les finissants en technologie du génie civil sont demandés partout. Au Cégep de Baie-Comeau, «la quinzaine d'élèves ne suffit pas à répondre aux offres d'emploi», témoigne Francine Duval. Il y a cependant un espoir : «Le nombre d'inscrits a doublé pour 2008 et il reste encore de la place!»

Les finissants de l'AEC en estimation et évaluation en bâtiment sont aussi recherchés. «Toutes les municipalités ont besoin de ces travailleurs, mais seuls deux établissements offrent la formation, explique Anny Martin, du Cégep de Drummondville. Les élèves sont payés pendant leur stage et n'acceptent pas moins de 12 $ l'heure.» C'est toujours plus facile de négocier, en effet, quand les candidats à l'embauche sont rares! ◉ 06/07

UN RÊVE RÉALISABLE

Par Anick Perreault-Labelle

Devenir leur propre patron et concrétiser leurs idées, voilà ce qui anime les entrepreneurs. Certes, ils doivent surmonter certains obstacles. Mais somme toute, ils ont de quoi être fiers! Deux jeunes diplômés du collégial racontent leur parcours en affaires.

«Pour se lancer en affaires, il faut être bon dans son domaine et avoir la capacité d'entre-prendre», dit Patrice Gagnon, directeur général de l'Association des professionnels en déve-loppement économique du Québec. Bref, ce sont moins les diplômes qui comptent que la créativité, la ténacité et l'autonomie. Les études ne sont pas inutiles pour autant! «Elles contribuent à forger notre expertise et sont même exigées par la loi dans certains métiers, comme les soins infirmiers», précise-t-il.

SE PRÉPARER

FAIRE SES CLASSES

Inscrit en techniques de l'informatique au Cégep de Trois-Rivières, Pierre Dubillard s'ennuyait du contact avec le public. Il a donc abandonné ses cours, puis trouvé du travail en restauration. «Mais je suis vite retourné à l'école : je ne voulais pas gagner 7 $ l'heure toute ma vie!» dit le jeune homme de 29 ans. Comme il aime cuisiner, il a opté pour un

Geneviève Leprohon, commissaire industrielle à la Société de développement économique de Trois-Rivières, approuve le cheminement de Pierre. «C'est une excellente idée de se faire les dents comme salarié et d'acquérir de l'expérience avant de devenir entrepreneur.»

PARCOURS D'AUTODIDACTE

Patrick Pouliot a appris le métier de technicien en audiovisuel sur le tas, alors qu'il n'avait qu'un diplôme d'études secondaires. Il a trouvé du travail dans différentes entreprises spécialisées dans la conception de salles multimédias, l'installation de systèmes audiovisuels ou la direction technique de spectacles. Il a d'abord installé et fait l'entretien d'équipements. Puis, il a conçu et dirigé des projets de design et d'intégration de matériel audiovisuel.

Au fil des années, Patrick a suivi quelques formations d'une semaine au sujet des divers équipements qu'il utilise, comme des processeurs audio ou des matrices vidéo programmables. Il a aussi obtenu l'attestation d'études collégiales *Son, musique et techniques numériques appliquées* à l'école privée montréalaise Musitechnic.

Devenir son propre patron le tentait toutefois de plus en plus. «J'étais fatigué des commérages de bureau et je voulais un travail plus diversifié», dit le technicien de 30 ans.

«Même s'il est relativement autodidacte, Patrick a des atouts comme entrepreneur parce qu'il connaît son marché et a un bon réseau dans le milieu», dit Daniel Rigaud, directeur général du Service d'aide aux jeunes entrepreneurs Montréal Centre.

SE LANCER
UNE BONNE IDÉE

À l'automne 2003, Pierre Dubillard communique avec la chaîne d'hôtels Gouverneur : il veut reprendre les services de restauration de l'hôtel de Trois-Rivières, fermés après ▷

diplôme d'études professionnelles (DEP) en cuisine d'établissement. Il a enchaîné avec un diplôme d'études collégiales (DEC) en techniques de gestion hôtelière, en vue d'ouvrir un restaurant. «Il faut plus que des talents de cuisinier pour être restaurateur. Cette démarche scolaire est louable», dit Patrice Gagnon.

Cependant, que l'on soit diplômé ou non, il n'est pas facile d'ouvrir un restaurant. En effet, les banques hésitent à financer ce genre de commerce plein de denrées périssables et impossible à revendre en cas de faillite. Après son DEC, Pierre a donc commencé par devenir directeur de la restauration à l'hôtel Delta Trois-Rivières, tout en préparant son plan d'affaires. Cet outil, dont il avait appris les rudiments au cégep, résume le marché que l'on vise, les caractéristiques des services que l'on veut offrir, le financement dont on aura besoin, etc.

une grève. «C'est une bonne stratégie parce qu'il savait qu'il aurait une clientèle dès l'ouverture : ceux qui logent à l'hôtel», dit Geneviève Leprohon, de la Société de développement économique de Trois-Rivières.

Impressionné par le plan d'affaires de Pierre, le grand patron de la chaîne accepte sa proposition. La Société de développement octroie ensuite au jeune diplômé un prêt de 10 000 $. Il n'en faut pas plus pour que Pierre inaugure enfin son restaurant, Le Rouge Vin, au printemps 2004.

PAS FACILE, LE PLAN D'AFFAIRES

Patrick Pouliot a créé les Productions PP il y a environ un an. Il vend notamment des services d'enregistrement, de montage et d'installation d'équipements audiovisuels. Ses premiers clients ont été essentiellement... ses anciens employeurs, auprès desquels il a agi comme contractuel. Le Conservatoire Lassalle a aussi choisi les Productions PP pour exploiter ses studios de télévision, de radio et d'enregistre-ment, notamment parce que Patrick avait déjà travaillé avec l'école.

Pour financer son entreprise, Patrick s'est adressé au Carrefour jeunesse-emploi de son quartier. «Ils m'ont dit de rédiger un plan d'affaires. Toutefois, en le corrigeant, le conseiller s'est contenté de mentionner qu'il le trouvait trop vague», se rappelle-t-il. On lui demandait notamment de mieux définir son marché, c'est-à-dire d'identifier ses clients potentiels. Plus vite dit que fait! «Mes concurrents deviennent parfois mes clients puisqu'ils m'embauchent quand ils ont trop de travail», explique Patrick. Après avoir pondu deux versions de son plan d'affaires, le jeune entrepreneur en abandonne la rédaction.

Daniel Rigaud du Service d'aide aux jeunes entrepreneurs Montréal Centre compatit. «Les organismes de subvention veulent des projets qui rentrent dans leurs grilles d'analyse, mais la réalité ne correspond pas toujours aux formulaires!» Ceci dit, le plan d'affaires reste un document utile. «On le rédige d'abord ▷

Étudier l'entrepreneuriat

Quand on se lance en affaires, il est bon d'avoir quelques notions de gestion. «On peut apprendre sur le terrain, mais cela risque de coûter cher. Notamment si on commet des erreurs dans la tenue des livres», dit Denis Paquette, vice-président de l'Institut de formation SUMMUS, spécialisé dans l'entrepreneurship. Bonne nouvelle : les formations pertinentes sont nombreuses... et souvent gratuites.

Parrainé par le Secrétariat à la jeunesse du Québec, le **Défi de l'entrepreneuriat jeunesse** (www.defi.gouv.qc.ca) soutient divers programmes dans les cégeps participants. Les élèves qui s'inscrivent peuvent notamment être appelés à concevoir, mettre sur pied et publiciser un service, un produit ou un événement.

Les **Jeunes Entreprises du Québec** (www.jequebec.org) aident les élèves du collégial à créer leur mini-entreprise. Encadrés par des gens d'affaires bénévoles, après les heures d'école ou dans leur classe, ils dressent un plan d'affaires, conçoivent et mettent en marché un produit ou tiennent des livres comptables.

Une cinquantaine de centres de formation professionnelle offrent l'attestation de spécialisation profes-sionnelle (ASP) *Lancement d'une entreprise* (www.lancement-e.com). En neuf semaines, ou 330 heures, on apprend à faire une planification financière, une campagne marketing et un plan d'affaires.

À Montréal, les **services d'aide aux jeunes entrepreneurs** (www.sajemontreal.ca) aident les jeunes à définir leur projet d'entreprise, à trouver du financement ou à évaluer leur potentiel d'entrepreneur. En région, plusieurs **centres locaux de développement** (www.acldq.qc.ca) offrent le même type de soutien.

DÉFI
de l'entrepreneuriat
jeunesse

L'entrepreneuriat, un choix de carrière

Le Secrétariat à la jeunesse et le ministère de l'Éducation, du Loisir et du Sport, unissent leurs efforts, dans le cadre du Défi de l'entrepreneuriat jeunesse, pour favoriser le développement d'une relève créative et dynamique.

Relever des défis t'intéresse? Tu veux en savoir davantage sur la carrière d'entrepreneur?

Passe au carrefour jeunesse-emploi près de chez toi, un agent de sensibilisation à l'entrepreneuriat se fera un plaisir de répondre à tes questions.

www.defi.gouv.qc.ca

Pour une jeunesse engagée dans sa réussite

Mesure de la **Stratégie d'action jeunesse 2006·2009**

Québec 🏵🏵

▷ pour soi-même et pour clarifier son projet, dit Patrice Gagnon. C'est comme bâtir une maison : cela demande un peu de préparation. On doit écrire pourquoi on a choisi un domaine en particulier, qui seront nos clients, de quels équipements on aura besoin, où on va les acheter, etc. Même si on travaille seul dans son sous-sol, c'est mieux de se poser ces questions avant d'investir son argent et son temps.»

Sans plan d'affaires, il était quasiment impossible d'obtenir un prêt ou une subvention. Patrick a donc fonctionné avec les moyens du bord et, pendant deux ans, il a travaillé dans son quatre et demie avec deux employés!

GÉRER SON ENTREPRISE

CHAQUE CHOSE EN SON TEMPS

«Le plus difficile, dit Pierre Dubillard, est de mettre les bons employés à la bonne place.» Pour augmenter ses chances de trouver de vrais passionnés, il privilégie ceux qui sont formés en cuisine d'établissement ou en gestion hôtelière. Il veut aussi réorganiser son personnel administratif afin de prendre plus de temps pour lui, voire fonder une famille. «J'aimerais confier davantage de fonctions à mon maître d'hôtel ou mon chef des cuisines, quitte à leur embaucher des adjoints», explique-t-il.

«Il devrait attendre, croit cepependant Patrice Gagnon. Installer et faire croître son commerce est déjà une tâche énorme, qui demande beaucoup de temps. Il faut faire des sacrifices si on veut réussir. En ajoutant des enfants dans le portrait, Pierre risque de manquer de temps, surtout qu'il travaille dans un hôtel, où les journées commencent au déjeuner et se terminent tard le soir.»

ENFIN UN PEU D'AIDE

Patrick Pouliot, lui, a déménagé dans un local commercial. Il emploie 15 techniciens et a maintenant un plan d'affaires! «Je vais obtenir un prêt pour augmenter le salaire de mes employés et leur acheter de l'équipement», se félicite-t-il. Sa gestion, autrefois chaotique, s'est aussi améliorée : il la partage désormais avec sa cousine, qui connaît bien l'administration.

Il était temps que Patrick s'organise, car il est dangereux de piloter une entreprise à vue, dit Daniel Rigaud. «Quand on remplit mal ses obligations légales ou financières, on risque de se faire rattraper par les autorités.» Par exemple, Patrick a appris par un client qu'il devait inscrire ses employés à la Commission de la santé et de la sécurité du travail. Or, une entreprise qui ne remplit pas cette obligation paie une pénalité, des intérêts et toutes les primes en retard. Comme quoi l'entrepreneuriat est une affaire de cœur... et de tête. ◉ 04/07

D'autres ressources

Concours québécois en entrepreneuriat : **www.concours-entrepreneur.org**

Info entrepreneurs : **www.infoentrepreneurs.org**

Journée nationale de la culture entrepreneuriale : **www.cjereseau.org/ned/fr/index_fr.htm**

Portail d'affaires des jeunes entrepreneurs : **www.paje.ca**

Regroupement des jeunes chambres de commerce du Québec : **www.rjgaq.com**

Société d'investissement jeunesse : **www.sij.qc.ca**

La toile entrepreneuriale : **www.entrepreneurship.qc.ca**

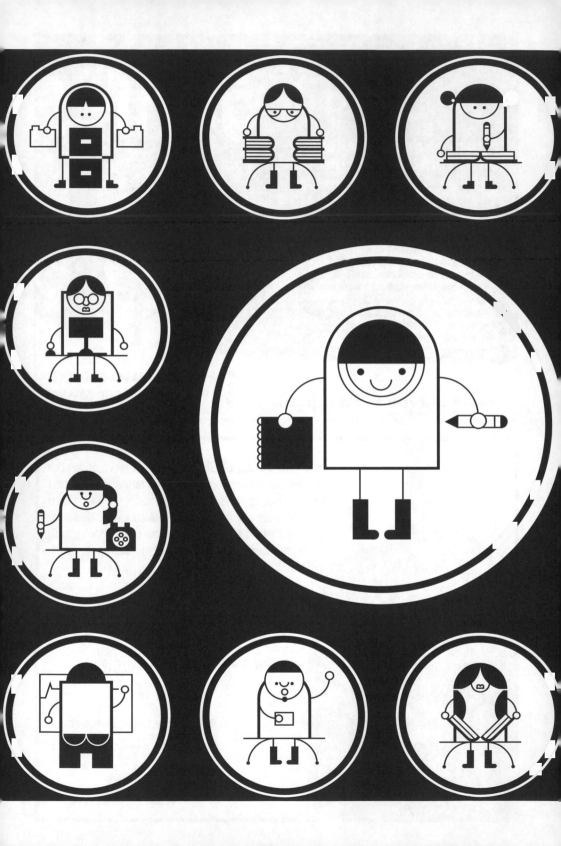

LES GUIDES PRATIQUES

DIPLÔMES EXPRESS

Certains élèves arrivent à accumuler des diplômes en économisant du temps. Leur secret? Des cheminements scolaires particuliers comme la concomitance et des «passerelles» qui mènent de la formation professionnelle à la formation technique.

UNE FORMATION HAUTE VITESSE

Obtenir un diplôme d'études collégiales et un baccalauréat en moins de six ans, c'est possible avec la formule des DEC-Bac. Des universités et des collèges ont ajusté leur enseignement dans certains programmes d'études connexes pour éviter les redondances.

CULTIVEZ VOS COMPÉTENCES!

Pour faire sa place sur le marché du travail, il faut posséder plusieurs aptitudes qu'on ne développe pas nécessairement à l'école. Les conseillers d'orientation de la firme Brisson Legris vous donnent des trucs pour apprendre à maîtriser ces compétences essentielles.

PETIT GUIDE DU PARENT ACCOMPAGNATEUR

Votre enfant est en processus de choix de carrière? Vous aimeriez sans doute l'aider à faire le tri parmi toutes les options qui s'offrent à lui. Voici des pistes pour savoir comment vous y prendre et, surtout, par où commencer!

Illustration : Kevin Durocher

Pages **32** à **55**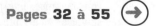

DIPLÔMES EXPRESS

Par Claudia Larochelle et Marthe Martel – mise à jour par Emmanuelle Gril

Obtenir des diplômes sans passer trop de temps sur les bancs de l'école, c'est possible! Certains programmes de la formation professionnelle et technique offrent en effet des raccourcis qui permettent de décrocher plus d'un diplôme en moins de temps qu'il n'en faut habituellement. Découvrez les avantages de ces cheminements qui gagnent en popularité.

FAIRE D'UNE PIERRE DEUX COUPS

Instaurée officiellement en 1996 dans plusieurs commissions scolaires de la province, la concomitance a fait bien des heureux! Ce mode de formation permet d'obtenir non pas un, mais deux diplômes en deux ans, une fois la troisième secondaire terminée : le diplôme d'études secondaires (DES) et le diplôme d'études professionnelles (DEP). Ensuite, sans être pénalisé, l'élève peut poursuivre ses études au collégial, même après un séjour sur le marché du travail.

> **La concomitance se révèle avantageuse surtout lorsqu'on connaît le domaine dans lequel on veut étudier et qu'on désire commencer à travailler rapidement.**

Ainsi, tout en suivant ses cours de formation professionnelle, qui lui permettront d'obtenir son DEP, l'élève pourra acquérir les unités de formation générale, comme les cours de français, d'anglais et de mathématiques obligatoires, qui lui permettront de décrocher aussi son DES. L'élève peut suivre sa formation générale dans un centre d'éducation des adultes, au centre de formation professionnelle où il fait son DEP ou à son école secondaire. Par la voie de la concomitance, une personne peut même suivre les cours préalables à sa formation professionnelle qui lui manquaient au moment de son admission.

Quoique cette formule intégrée et polyvalente soit ouverte à tous, elle ne convient pas à tout le monde. Elle se révèle avantageuse surtout lorsqu'on connaît le domaine dans lequel on veut étudier et qu'on désire commencer à travailler rapidement.

Plusieurs commissions scolaires du Québec offrent le programme de concomitance dans leurs établissements. Informez-vous auprès de votre établissement scolaire (école secondaire ou centre de formation professionnelle).

EN ROUTE VERS LE CÉGEP

Pour permettre à un plus grand nombre de personnes d'accéder à la formation collégiale technique, le ministère de l'Éducation, du Loisir et du Sport a ajouté, en 2002, une disposition à son Règlement sur le régime des études collégiales. Celle-ci permet aux titulaires de certains DEP d'accéder directement à des programmes déterminés d'études collégiales en formation technique. Pour y être admis, les élèves ne sont pas obligés d'avoir obtenu leur DES. La reconnaissance de toutes les compétences acquises en formation professionnelle fait en sorte que ces personnes n'ont pas à suivre certains cours du programme technique, ce qui leur permet de terminer leurs études collégiales plus rapidement.

Le Cégep de Drummondville et le Collège de Rosemont ont été les premiers à expérimenter l'application de cette disposition. Le Cégep de Drummondville offre depuis l'automne 2003 une «passerelle» qui permet d'accueillir dans son programme *Techniques de génie mécanique* des titulaires du DEP *Techniques d'usinage*.

«Ce cheminement convient bien aux élèves qui pensaient arrêter d'étudier après le DEP, mais qui veulent finalement aller au cégep sans trop allonger la durée de leurs études. Depuis 2004, nous observons qu'environ 20 % des candidats qui font une demande d'admission ▷

Pour permettre à un plus grand nombre de personnes d'accéder à la formation collégiale technique, le Ministère a ajouté, en 2002, une nouvelle disposition à son Règlement sur le régime des études collégiales.

Un autre raccourci à connaître

LE PROGRAMME INTÉGRÉ SECONDAIRE-COLLÉGIAL

Le programme intégré secondaire-collégial, également appelé «trois dans cinq», permet d'obtenir trois diplômes – d'études secondaires (DES), d'études professionnelles (DEP) et d'études collégiales (DEC) – en cinq ans (après la troisième secondaire). Dans un cheminement régulier, il faudrait normalement compter sept ans pour terminer ces trois formations séparément.

Après une troisième secondaire réussie, l'élève peut être admis à un programme de formation professionnelle, tout en poursuivant sa formation secondaire générale. Il obtient son DES après sa cinquième secondaire et six mois plus tard, il a en main son DEP. Il peut ensuite poursuivre ses apprentissages au collégial, dans la formation technique associée à son DEP. Comme certaines compétences acquises au DEP sont reconnues, il obtient son DEC en cinq sessions plutôt qu'en six. En fait, la formation collégiale de ces élèves est construite pour éviter la redondance dans l'enseignement des compétences acquises en formation professionnelle.

Ce cheminement est actuellement offert dans les programmes *Réparation d'appareils électroniques audio-vidéo* et *Soutien informatique*, au Centre de formation professionnelle des Riverains de la Commission scolaire des Affluents. Après l'obtention de leurs DES et DEP, les diplômés peuvent poursuivre leurs études au collégial dans les programmes suivants : *Technologie de l'électronique*, option *Audiovisuel* au Collège du Vieux Montréal; *Technologie des systèmes ordinés* au Collège Lionel-Groulx; *Technologie de l'électronique*, option *Télécommunications et ordinateurs* et *Technologie de conception électronique* aux collèges Lionel-Groulx et de Maisonneuve; ainsi que *Techniques de l'informatique*, option *Gestion de réseaux informatiques* au Collège de Rosemont et *Techniques d'intégration multimédia* au Collège de Maisonneuve.

Les élèves qui suivent ce cheminement réussissent mieux au cégep que les autres, estime Claude Lessard, directeur adjoint au Centre de formation professionnelle des Riverains. Les titulaires du DEP arrivent au collégial avec une meilleure connaissance de leur domaine d'études, ajoute-t-il. Par ailleurs, les élèves qui choisissent un programme «trois dans cinq» ne se retrouvent jamais dans un cul-de-sac : s'ils décident de ne pas poursuivre au collégial, ils possèdent quand même deux diplômes, soit un DES et un DEP. Ceux qui se rendent jusqu'au DEC peuvent ensuite poursuivre des études universitaires et obtenir un baccalauréat en deux ans plutôt que trois, grâce à une passerelle DEC-Bac.

Renseignez-vous auprès de votre commission scolaire pour connaître les programmes et les établissements qui offrent la formule «trois dans cinq».

▷ en *Techniques de génie mécanique* se prévalent de cette mesure», explique Pierre Boucher, agent d'information au Cégep de Drummondville.

Le Collège de Rosemont offre pour sa part une «passerelle» aux titulaires du DEP *Soutien informatique* qui veulent accéder au programme collégial *Techniques de l'informatique*, option *Gestion de réseaux informatiques*. «Depuis l'hiver 2003, une centaine d'élèves du DEP ont été admis dans ce programme, signale Suzanne Malo, adjointe à la direction des études du Collège. Au terme de leur formation, plusieurs d'entre eux réussiront à obtenir leur diplôme d'études collégiales (DEC) en cinq sessions.» Cette expérience d'harmonisation s'étend à de nombreux autres programmes de la formation professionnelle et technique. Plus d'une dizaine d'établissements d'enseignement ont implanté des passerelles. ◎ 03/05 (mise à jour 03/07)

Les «passerelles» du DEP au DEC

LES ÉTABLISSEMENTS D'ENSEIGNEMENT DU QUÉBEC OFFRENT DES PASSERELLES TRÈS VARIÉES. EN VOICI QUELQUES EXEMPLES :

• Le DEP *Ébénisterie* permet de faire un DEC *Techniques du meuble et d'ébénisterie* en deux ans au Collège régional de Lanaudière à Terrebonne.

• Le DEP *Sécurité incendie* permet d'accéder au DEC *Intervention en sécurité* en deux ans au Collège Montmorency.

• Le DEP *Soutien informatique* du Centre de formation professionnelle des Moulins (Commission scolaire des Affluents) ouvre la porte du Collège de Maisonneuve pour un DEC en *Techniques d'intégration* en deux ans et demi.

• Le DEP en *Production laitière* donne accès au DEC *Gestion et exploitation d'entreprise* en deux ans au Collège Lionel-Groulx.

Contactez les cégeps de votre région pour connaître les passerelles qu'ils offrent.

Source : Sylvie De Saedeleer, sociologue. Extrait du rapport *L'arrimage des ordres d'enseignement professionnel et technique : le cas des DEP-DEC et des DEC-BAC dans les collèges (cégeps) québécois*, réalisé pour le Centre de recherche et d'intervention sur la réussite scolaire (CRIRES).

UNE FORMATION HAUTE VITESSE

Par Kareen Quesada et Claudia Larochelle – mise à jour par Emmanuelle Gril

Obtenir un diplôme d'études collégiales techniques et un baccalauréat en moins de six ans d'études, voilà une aubaine! Économie de temps, certes, mais pas d'énergie. Cet apprentissage haute vitesse exige rigueur et travail soutenu.

Formation hybride combinant les enseignements collégial et universitaire, le programme DEC-Bac intègre en moins de six ans l'ensemble des connaissances habituellement acquises au cours d'une formation collégiale technique et d'un baccalauréat. À la fin de son parcours, l'élève aura en main deux diplômes : un diplôme d'études collégiales (DEC) dans le programme technique qu'il a réussi et un baccalauréat dans la discipline universitaire qui lui est associée. Dans un cheminement d'études normal, l'élève obtient généralement ces deux diplômes au terme de six années. Avec le DEC-Bac, il peut gagner jusqu'à une année d'études, selon le programme choisi.

Cette formule permet aux élèves qui désirent poursuivre des études universitaires dans leur champ de spécialisation de le faire de façon plus cohérente, puisque les compétences qu'ils ont acquises au collégial sont prises en compte. Elle mise aussi sur l'avantage que représente l'économie de temps. Mais comment arrive-t-on à raccourcir le cheminement scolaire des élèves? «Nous avons adapté certains de nos cours de la formation collégiale en fonction de ce cheminement et les universités participantes ont fait de même. Nous avons aussi introduit des préalables universitaires dans la formation collégiale. Les deux niveaux de formation sont mieux arrimés, puisque l'université reconnaît dans cette formule les acquis de nos élèves. Ainsi, en cinq ans, l'élève peut obtenir les deux diplômes», précise Daniel Boutet, adjoint au directeur des études au Cégep Limoilou.

PLAN DE COURS MODIFIÉ

Actuellement, les programmes DEC-Bac sont, pour la plupart, offerts en soins infirmiers, en techniques de l'informatique, en techniques de comptabilité et de gestion, dans certaines techniques liées aux sciences et au génie, en gestion d'entreprise agricole et en technologie de la production agricole et de l'environnement.

À quelques différences près, la formule est la même dans tous les établissements où elle est offerte. L'élève effectue d'abord ses trois années de formation technique au collégial. Comme dans tous les programmes techniques, il suit des cours directement liés à sa formation technique ainsi que des cours de formation générale tels que français et philosophie. Quelques cours spécifiques sont ▷

> Cette formule permet aux élèves qui désirent poursuivre des études universitaires dans leur champ de spécialisation de le faire de façon plus cohérente, puisque les compétences qu'ils ont acquises au collégial sont prises en compte.

Au terme des trois années, l'élève reçoit son DEC. Puis, il se verra décerner son bac à la fin de ses études universitaires, deux ans ou deux ans et demi plus tard.

UN PARCOURS EXIGEANT

«Cette formule s'adresse principalement aux élèves qui ont une vision assez claire de leur avenir professionnel», explique Réjean Martin, conseiller aux communications à l'Université du Québec à Rimouski (UQAR). Puisque certains cours du collégial sont modifiés en fonction de la formation universitaire, l'élève travaillera très fort pour pouvoir faire une année de moins à l'université. S'il n'est pas certain de vouloir aller à l'université, il aura déployé des énergies qu'il aurait pu épargner en suivant la formation technique régulière. «C'est conçu pour des élèves assez doués, poursuit Lyne Beaudoin, adjointe au directeur des études au Collège

▷ adaptés en vue de l'entrée universitaire prochaine. L'élève a aussi à son horaire des cours qui constituent des préalables universitaires, par exemple des cours de mathématiques. Les exigences universitaires varient cependant d'une université à l'autre, tout comme la moyenne des notes requise.

En réussissant un DEC et un baccalauréat en moins de six ans, le diplômé prouvera qu'il a une bonne capacité d'adaptation et qu'il peut travailler rapidement et sous pression, un atout de taille pour impressionner les employeurs potentiels.

Des exemples de DEC-Bac

Toutes les universités du Québec (sauf la Télé-université) ont conclu des ententes avec divers établissements collégiaux afin d'offrir des programmes de DEC-Bac. Il est recommandé de se renseigner auprès des collèges et des universités pour connaître l'offre des programmes. Voici quelques exemples de DEC-Bac actuellement offerts :

- en sciences infirmières, pour les élèves en techniques de soins infirmiers;

- en comptabilité, pour les élèves en techniques de comptabilité et de gestion;

- en sciences et technologies des aliments, pour les élèves en technologie de la transformation des aliments;

- en informatique, pour les élèves en techniques de l'informatique, informatique de gestion et gestion de réseaux informatiques;

- en psychoéducation, pour les élèves en techniques d'éducation spécialisée;

- en agronomie ou en économie et gestion agroalimentaires, pour les élèves en technologie de la production horticole et de l'environnement ou en gestion et exploitation d'entreprise agricole;

- en sciences biologiques et en biochimie, pour les élèves en techniques de laboratoire (spécialisation biotechnologies).

François-Xavier-Garneau. Ils doivent ainsi réussir leur collégial avec de bonnes notes, avoir des habiletés dans leur domaine et être capables de s'adapter facilement au passage du collégial à l'université.» Partageant cet avis, Réjean Martin

«À l'UQAR, la plupart des étudiants qui ont choisi cette formule réussissent bien leur formation universitaire», nuance-t-il toutefois. Mme Beaudoin estime que le DEC-Bac présente un autre avantage : le diplôme d'études universitaires permet d'accéder à des emplois mieux rémunérés comportant plus de responsabilités et des charges de travail diversifiées. Bien entendu, si l'élève ne veut plus aller à l'université au terme de trois années de DEC-Bac, il obtiendra quand même son diplôme de formation technique et pourra commencer à travailler.

Chose certaine, en réussissant un DEC et un baccalauréat en moins de six ans, le diplômé

déconseille cette option aux élèves qui ont un dossier scolaire faible ou moyen. Cependant, pour un bon élève, la formule du DEC-Bac permet d'éviter la redondance des notions apprises au cégep et à l'université.

prouvera qu'il a une bonne capacité d'adaptation et qu'il peut travailler rapidement et sous pression. Un atout de taille pour impressionner les employeurs potentiels. 03/07 ◉

Un autre raccourci

Saviez-vous que plus de 25 % des diplômés issus de la formation collégiale technique font des études universitaires dans l'année qui suit l'obtention de leur DEC[1]? Voici un autre raccourci à connaître si vous envisagez un tel cheminement. Une passerelle permet aux diplômés de la formation technique de faire reconnaître, dans certains établissements, jusqu'à 10 cours réussis pendant leur formation collégiale. Dans certains cas, cela permet aux élèves d'épargner une année d'études universitaires. Renseignez-vous!

1. Ministère de l'Éducation, du Loisir et du Sport du Québec. *Les indicateurs de l'éducation,* 2006.

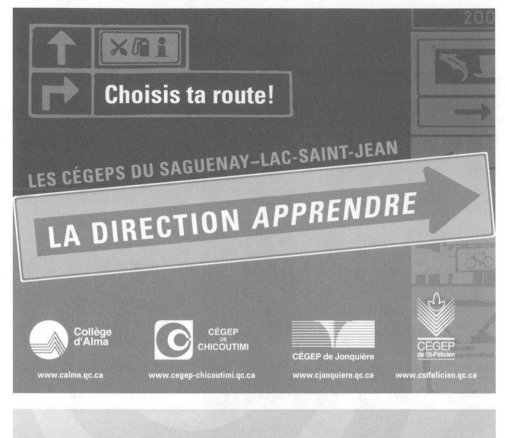

Illustrations : Kevin Durocher

CULTIVEZ VOS COMPÉTENCES!

Par Brisson Legris, Révélateurs de potentiels, www.brissonlegris.qc.ca

Pour se trouver un emploi, il faut avoir deux types d'habiletés : celles que l'on développe à l'école et celles que l'on acquiert au fil de nos expériences de vie. Ces dernières sont très recherchées par les employeurs. Voici comment les acquérir.

C'est en consultant des centaines d'entreprises que le Conference Board du Canada, un organisme de recherche indépendant qui œuvre dans le domaine des affaires, a pu établir la liste des 10 aptitudes utiles pour dénicher un poste, le conserver et obtenir de l'avancement. Quelles sont-elles?

Pour les découvrir, remplissez le questionnaire présenté à la page suivante. Vos résultats révéleront les compétences que vous possédez déjà, et nos trucs vous aideront à perfectionner celles que vous maîtrisez moins bien.

▷

AVEZ-VOUS LES COMPÉTENCES QUI MÈNENT À UN EMPLOI?

Questionnaire	Vrai	Faux
1. Je sais choisir le moyen de communication qui convient à chaque situation (courriel, message écrit, graphique, etc.).		
2. S'il faut partager l'addition au restaurant, les autres se fient souvent à moi pour faire le calcul.		
3. Avant d'entreprendre un travail scolaire, j'élabore un plan pour atteindre les objectifs fixés.		
4. En règle générale, je suis ouvert au changement et je m'y adapte bien.		
5. Afin de ne pas porter de jugement hâtif lors d'un débat, je m'assure de bien comprendre les propos des gens et je demande des précisions au besoin.		
6. J'essaie d'équilibrer le temps et l'énergie que je consacre à l'école, au travail, à ma famille et à mes loisirs.		
7. Lorsque je prends des notes dans un cours, je retranscris ensuite les éléments importants de manière à bien les comprendre plus tard.		
8. Je détermine facilement ce qu'il faut mesurer ou calculer pour résoudre un problème mathématique ou de logique.		
9. Lorsqu'un conflit survient dans mon équipe, je prends le temps d'écouter les autres et de comprendre le problème pour proposer une solution satisfaisante.		
10. Avant de rédiger un texte d'opinion, je cherche de l'information pour appuyer mon argumentation.		
11. Avant de faire un achat, je détermine mon budget et je compare les prix et les caractéristiques des produits semblables.		
12. Je suis une personne positive et j'ai confiance en moi.		
13. Je suis autonome lorsque je fais un travail individuel, et collaborateur quand je travaille en équipe.		
14. Lorsque je passe des examens, je prends le temps d'analyser les éléments de chaque problème avant d'y répondre.		
15. Je m'exprime clairement, tant à l'oral qu'à l'écrit. Les gens n'ont donc pas de difficulté à comprendre mon message ou ma demande.		

> **Vous pouvez interpréter vos résultats à l'aide des explications fournies aux pages suivantes.**

Questionnaire	Vrai	Faux
16. Je respecte l'opinion d'autrui et je suis capable de faire des commentaires constructifs sans être blessant.		
17. Lorsque la discussion tourne en rond dans mon équipe, je suis reconnu pour ma capacité à trouver une solution.		
18. Dans mes travaux scolaires, j'utilise parfois des schémas, des graphiques ou des bases de données pour organiser et présenter l'information recueillie.		
19. Je suis reconnu comme étant une personne honnête.		
20. On peut me faire confiance, car je respecte mes engagements.		
21. Quand je réalise un projet scolaire, je m'arrête en cours de route pour me demander où j'en suis et si je dois réviser ma façon de faire.		
22. J'assume la responsabilité de mes gestes et je ne blâme personne pour tout ce qui m'arrive.		
23. Avant de prendre position lors d'un débat, j'écoute les autres pour comprendre leurs arguments et en évaluer la solidité.		
24. Je connais mes points faibles et je fais des efforts pour m'améliorer.		
25. Je me réjouis devant le succès des autres tout comme devant le mien.		
26. Je n'ai pas de difficulté à changer d'avis et à reconnaître que quelqu'un a raison ou a une meilleure idée que la mienne.		
27. Je trouve qu'il est important de développer mes connaissances et mes compétences. Je m'y emploie même quand je ne suis pas à l'école.		
28. Lorsque je reçois un résultat d'examen, je prends le temps de comprendre mes erreurs.		
29. On me reconnaît un certain talent pour encadrer le travail des autres. C'est souvent mon rôle dans une équipe.		
30. J'ai du talent pour planifier les diverses étapes à franchir pour réaliser un travail.		

Si vous avez répondu «vrai» aux énoncés
1, 5 et 15, vous êtes sans doute un
bon communicateur.

Si vous avez répondu «faux» à au moins un de ces
énoncés, les trucs suivants pourraient vous être utiles.

La communication est une compétence essentielle, car elle est à la base de nos rapports personnels et professionnels avec les autres. En tout temps, nos courriels, nos conversations avec les clients et nos présentations visuelles reflètent notre image et celle de notre employeur. Il est donc primordial de savoir écouter, parler, lire et écrire de façon efficace.

TRUCS :

- Pour améliorer votre français écrit, lisez beaucoup et portez attention aux erreurs que vous faites à répétition dans vos travaux.

- Demandez à votre professeur de français des exercices supplémentaires pour combler vos lacunes.

- Prenez le temps de bien clarifier votre pensée avant de parler.

- Ne fuyez pas les exposés oraux et les débats. Plus vous en ferez, mieux vous communiquerez votre message.

- N'hésitez pas à argumenter avec humour et créativité. Votre message sera plus stimulant; et les gens, plus intéressés.

- Faites un tour à la bibliothèque. Vous y trouverez des volumes au sujet de l'art oratoire, de la négociation et de la communication efficace.

COMPÉTENCE | **2** | GÉRER
L'INFORMATION

Si vous avez répondu «vrai» aux énoncés
7, 10 et 18, vous savez probablement
gérer l'information.

Si vous avez répondu «faux» à au moins un de ces
énoncés, les trucs suivants pourraient vous être utiles.

Pour prendre des décisions judicieuses, il faut être capable de recueillir
assez de données pertinentes. Il est donc important de savoir faire de
bonnes recherches.

TRUCS :

- Dans le cadre de vos travaux scolaires, prenez l'habitude
  de bien définir votre sujet de recherche et vos objectifs.

- Questionnez le personnel de soutien des bibliothèques
  à propos des méthodes de classement utilisées pour les
  documents ou concernant le fonctionnement des
  différents moteurs de recherche dans Internet.

- Servez-vous de logiciels pour créer des graphiques
  ou des présentations visuelles. Ainsi, votre argumentation
  aura plus de poids. Vous pouvez suivre des formations
  pour apprendre à utiliser ces outils. Informez-vous auprès
  des écoles publiques et privées de votre région, ainsi que de
  votre municipalité.

Si vous avez répondu «vrai» aux énoncés 2, 8 et 11, vous semblez avoir du talent pour utiliser les chiffres.

Si vous avez répondu «faux» à au moins un de ces énoncés, les trucs suivants pourraient vous être utiles.

Vous n'avez pas la «bosse des maths»? Cessez de les considérer uniquement comme une matière scolaire. Les chiffres sont souvent utiles au travail. Par exemple, il faut des notions de mathématiques pour comprendre les résultats financiers d'une entreprise, pour prendre position dans un débat où des chiffres ont été évoqués ou tout simplement pour parler le même langage que le patron.

TRUCS :

- Prenez l'habitude de faire des calculs mentaux plutôt que d'utiliser une calculatrice. Au restaurant, par exemple, vous pourriez calculer le pourboire dans votre tête avant de regarder sur l'addition à quel montant s'élèvent les taxes.

- Soyez critique lorsque quelqu'un avance des chiffres. Demandez-vous si les calculs se tiennent et si les résultats ne biaisent pas les démonstrations. Vous serez ainsi plus précis et logique lorsque vous utiliserez des chiffres pour convaincre les autres.

COMPÉTENCE | **4** | # RÉFLÉCHIR ET RÉSOUDRE DES PROBLÈMES

Si vous avez répondu «vrai» aux énoncés 14, 17 et 23, vous avez certainement de bonnes habiletés pour la réflexion et la résolution de problèmes.

Si vous avez répondu «faux» à au moins un de ces énoncés, les trucs suivants pourraient vous être utiles.

Il est essentiel de savoir analyser l'information donnée pour en tirer des conclusions et passer à l'action. Si vous développez votre capacité à réfléchir et à résoudre des problèmes, vous prendrez de meilleures décisions et vous deviendrez plus confiant en votre aptitude à trouver des solutions.

TRUCS :

- Ne prenez pas la parole avant d'avoir bien assimilé et analysé les faits. Cela vous évitera de faire des propositions qui ne tiennent pas debout.

- N'hésitez pas à demander divers points de vue pour enrichir votre réflexion et considérez-les objectivement.

- Vous venez de vivre un échec? Transformez cette expérience frustrante en occasion d'apprentissage, en prenant le temps de déterminer les causes de vos déboires.

- Vous trouverez plusieurs livres, cours et sites Internet traitant des techniques de résolution de problèmes. Jetez-y un coup d'œil! Vous y dénicherez des trucs pour faire preuve de créativité. Pour des livres de référence : **http://platon.lacitec.on.ca/appui/troubles/resolutionp.htm**.

DÉMONTRER DES ATTITUDES ET DES COMPORTEMENTS POSITIFS

Si vous avez répondu «vrai» aux énoncés 12, 19 et 25, vous vous comportez généralement de façon positive.

Si vous avez répondu «faux» à au moins un de ces énoncés, les trucs suivants pourraient vous être utiles.

Les gestionnaires embauchent des gens pour leurs compétences, alors que quand ils les congédient, c'est souvent en raison de leur comportement. En effet, on vous appréciera pour vos connaissances et votre façon de les mettre en pratique. Toutefois, votre attitude jouera un grand rôle dans votre carrière : respecter les autres, reconnaître la valeur de leur travail et être agréable à côtoyer sont des attitudes très importantes!

TRUCS :

- Intéressez-vous aux autres, à leurs idées et à leurs projets.

- Faites beaucoup de compliments. Par exemple, si un travail d'équipe n'a pas été de tout repos, tentez de souligner surtout ce qui s'est bien passé. Vos collègues apprécieront que vous ayez remarqué leurs bons coups, et ils auront tendance à vous féliciter pour les vôtres!

- Soyez optimiste plutôt que de voir uniquement le côté sombre des choses. Quand vous recevez la note d'un examen, commencez par prendre conscience de tout ce que vous aviez bien assimilé.

- Prenez des initiatives. Faites-vous confiance. Vous pouvez, par exemple, proposer des idées pour vos travaux d'équipe et vos activités parascolaires. Vos suggestions ne seront peut-être pas toutes retenues, mais au moins vous aurez fait preuve d'imagination et on reconnaîtra que vos commentaires étaient constructifs.

COMPÉTENCE | **6** | ÊTRE RESPONSABLE

Si vous avez répondu «vrai» aux énoncés 6, 20 et 22, vous êtes probablement quelqu'un de responsable.

Si vous avez répondu «faux» à au moins un de ces énoncés, les trucs suivants pourraient vous être utiles.

Être responsable, c'est bien sûr démontrer aux gens qu'ils peuvent compter sur nous. Mais c'est aussi prendre soin de sa santé et veiller à sa qualité de vie en refusant, par exemple, de travailler à l'aide de machines non sécuritaires.

TRUCS :

- Proposez-vous comme chef d'équipe pour réaliser un travail scolaire ou un projet rattaché à un de vos loisirs. Vous serez chargé d'en clarifier les objectifs, de planifier les tâches à accomplir, d'établir les priorités, d'assurer un suivi et de gérer l'échéancier.

- Ne blâmez personne si les résultats d'un travail d'équipe sont décevants. Assumez la responsabilité de vos erreurs.

- Les adultes vous le diront, il est difficile d'avoir une vie vraiment équilibrée. Le combat commence maintenant : vous jonglez déjà avec l'école et les devoirs, la famille, les amis, les activités parascolaires et même, parfois, un emploi. Le meilleur conseil? Pensez à votre santé avant tout! Par exemple, limitez le nombre d'heures que vous consacrez au travail chaque semaine. Vous gagnerez moins d'argent, mais vous arriverez en classe moins fatigué et vous n'aurez pas à laisser tomber les activités qui vous intéressent. Ainsi, vous serez plus performant dans toutes les sphères de votre vie.

Si vous avez répondu «vrai» aux énoncés 4, 13 et 26, vous faites sans doute preuve de flexibilité.

Si vous avez répondu «faux» à au moins un de ces énoncés, les trucs suivants pourraient vous être utiles.

Les employeurs apprécient grandement que leurs employés puissent s'adapter au changement, composer avec l'incertitude, avoir de bonnes idées et qu'ils soient capables de travailler à de multiples projets.

TRUCS :

- Prenez le risque de vous impliquer dans de nouveaux projets et de travailler avec des personnes que vous connaissez peu.

- Changez de rôle. Par exemple, si vous êtes souvent le leader des groupes dont vous faites partie, laissez quelqu'un d'autre diriger un projet. Vous verrez comment vous réagissez à ce renversement de situation.

- Vous avez rapidement résolu un problème? Laissez tomber votre première idée et essayez de trouver une solution plus originale.

COMPÉTENCE | **8** | APPRENDRE CONSTAMMENT

Si vous avez répondu «vrai» aux énoncés 24, 27 et 28, vous cherchez sans cesse à enrichir vos connaissances.

Si vous avez répondu «faux» à au moins un de ces énoncés, les trucs suivants pourraient vous être utiles.

Les employeurs apprécient les gens curieux qui tentent toujours d'enrichir leurs connaissances. Lorsqu'elles sont obligées d'effectuer de nouvelles tâches ou de faire de nouveaux apprentissages, de telles personnes ont tendance à se relever les manches plutôt qu'à se décourager. Par ailleurs, plus vous améliorerez votre culture générale, plus vous serez capable d'émettre une opinion fondée sur un grand nombre de sujets... et plus les autres vous trouveront intéressant!

TRUCS :

- Lorsqu'un sujet présenté en classe vous intéresse tout particulièrement, ne vous contentez pas des lectures obligatoires. Trouvez d'autres sources d'information ou lisez un chapitre supplémentaire.

- Prenez l'habitude de parcourir le journal ou d'écouter les nouvelles.

- Intéressez-vous aux documentaires ou aux émissions d'information.

- Les adultes qui vous entourent ont acquis des connaissances au fil des années. Prenez le temps de les écouter.

- Internet est une mine d'information. Entre deux clavardages, faites une petite recherche pour apprendre quelque chose sur un sujet qui vous passionne.

- Suivez des cours pour approfondir votre culture générale ou pour vous perfectionner en musique, en dessin ou en arts martiaux, par exemple.

Si vous avez répondu «vrai» aux énoncés 9, 16 et 29, vous avez probablement de bonnes habiletés à travailler avec les autres.

Si vous avez répondu «faux» à au moins un de ces énoncés, les trucs suivants pourraient vous être utiles.

Même les gens plutôt timides ou solitaires ont à travailler en équipe un jour ou l'autre. Pas de panique : il n'est pas nécessaire de transformer sa personnalité du tout au tout pour arriver à s'intégrer dans un groupe.

TRUCS :

- Multipliez les occasions de travailler en équipe, en privilégiant les petits groupes, car il est plus facile d'y faire sa place.

- Lisez des ouvrages sur les dynamiques de groupe. Vous découvrirez quel est le rôle que vous adoptez instinctivement dans un groupe et vous pourrez le jouer plus activement.

- Prenez le temps d'analyser la dynamique de votre groupe et de cibler les forces de chacun de ses membres, sans vous oublier.

- Osez prendre la parole! Vous pouvez demander des précisions, souligner le fait qu'une personne a eu une bonne idée, ou encore, proposer une solution à un problème.

- Vous cherchez un emploi d'été? Pourquoi ne pas en profiter pour choisir un travail de groupe, comme animateur de camp de jour?

- Privilégiez les sports et les loisirs d'équipe.

COMPÉTENCE **10** PARTICIPER
AUX PROJETS ET
AUX TÂCHES

Si vous avez répondu vrai aux énoncés
3, 21 et 30, vous êtes sans doute très
actif lorsqu'on vous confie divers projets
ou tâches.

Si vous avez répondu «faux» à au moins un de ces énoncés, les trucs
suivants pourraient vous être utiles.

Quand on fait partie d'une équipe, il faut faire sa part du travail. Or, les groupes
comptent souvent au moins une personne qui fait acte de présence, mais dont la
contribution est plutôt maigre. Ne soyez pas un boulet pour vos coéquipiers,
soyez actif!

TRUCS :

- Impliquez-vous! Si vous avez du talent et de l'intérêt
  pour une partie du travail à accomplir, réclamez-en
  la réalisation.

- Participez activement à toutes les décisions.

- Planifiez et coordonnez la réalisation de vos tâches et
  travaux scolaires à l'aide d'un horaire; vous serez
  plus efficace.

- Arrêtez de procrastiner. Prenez les devants et soyez prêt
  pour vos rencontres d'équipe; vous gagnerez l'estime
  des autres membres du groupe.

Une collaboration de **BrissonLegris** et des Éditions Jobboom
Révélateurs de potentiels

PETIT GUIDE DU PARENT ACCOMPAGNATEUR

Par Brisson Legris, révélateurs de potentiels, www.brissonlegris.qc.ca

En tant que parent, vous êtes témoin des difficultés qu'éprouve votre enfant au moment de choisir un projet de carrière. Comme vous voulez qu'il soit heureux, vous aimeriez sans doute lui donner un petit coup de pouce. Pour simplifier sa réflexion et la vôtre, voici des réponses à cinq questions que les parents se posent souvent.

QUESTION **1** **Plus la date limite d'inscription approche, plus mon enfant est stressé à l'idée de choisir une formation. Comment l'aider?**

La première étape consiste à reconnaître que cette décision est angoissante parce qu'elle a de grandes implications. Votre enfant est peut-être paralysé par la peur de se tromper.

Trois conseils :

- Tout d'abord, ne lui mettez pas trop de pression sur les épaules. Choisir un métier n'est pas une mince affaire, c'est pourquoi la prise de décision est si ardue.
- Faites-lui comprendre que plusieurs professions pourraient lui convenir. La croyance selon laquelle on naît pour un métier bien précis est un mythe... et une grande source d'anxiété.
- Dédramatisez cette étape. Votre enfant a le droit de se tromper. D'ailleurs, un cheminement scolaire et professionnel enrichissant ne se trace pas nécessairement en ligne droite. L'essentiel, c'est de faire des efforts pour cerner ses caractéristiques et effectuer des recherches pour mieux connaître les professions qui y correspondent.

QUESTION **2** **Comment puis-je amener mon enfant à mieux se connaître?**

Pour aider votre enfant à découvrir ses forces et ses faiblesses, dévoilez-lui vos perceptions à cet égard. Tâchez de nommer ses talents réels, et non ceux que vous aimeriez retrouver chez lui. N'oubliez pas de lui mentionner ses défauts : ceux-ci pourraient influencer son choix de carrière... Par exemple, s'il est toujours à la dernière minute, les professions qui exigent beaucoup de planification ne sont pas pour lui.

Ne tentez pas d'établir un lien trop rapide avec une profession. Il vaut mieux faire des observations générales en répondant à des questions comme :

- Votre enfant est-il plutôt manuel, intellectuel ou les deux à la fois?
- Est-il toujours entouré d'amis au point que le téléphone ne «dérougit» pas?
- Est-il toujours prêt à aider les autres?
- Vous étonne-t-il par sa créativité?
- Arrive-t-il parfois à vous faire changer d'idée grâce à sa détermination et à son talent pour l'argumentation?

Soyez attentif à ce qui attire son intérêt à la télévision, dans les livres et lors de vos conversations. Posez-vous aussi les questions suivantes :

- Qui sont les gens qui l'impressionnent et le stimulent autour de lui?
- Quelles activités suscitent son intérêt et le motivent à agir?
- Qu'est-ce qui le différencie de ses frères et sœurs?
- Si vous aviez cinq qualités et cinq défauts à lui attribuer, quels seraient-ils?
- Constatez-vous qu'il a beaucoup de difficulté dans certaines matières et beaucoup de facilité pour d'autres?
- S'il s'absente de la maison pendant quelques jours, quels aspects de sa personnalité laissent un vide dans la maisonnée? (Son sens de la répartie, son dynamisme contagieux, son sens de l'humour, son calme reposant...)

Bref, agissez comme un miroir pour lui.

Lors de vos observations, ayez en tête les cinq questions suivantes :

- Quels sont ses centres d'intérêt?
- Quelles sont ses aptitudes?
- Quels sont les traits de personnalité qui le caractérisent?
- Quelles sont ses exigences envers une future carrière?
- Quelles sont ses valeurs?

De plus, amenez votre enfant à faire des liens entre ce qui se passe dans sa vie de tous les jours et le genre de qualités qu'il possède. Par exemple, vous pouvez lui demander s'il sait pourquoi ses amis se fient souvent à lui pour choisir des activités. Peut-être est-il reconnu pour ses bonnes idées ou pour son leadership?

QUESTION 3 — Comment aider mon enfant à faire des liens entre ses caractéristiques et les professions qui lui conviennent?

Voilà une étape importante et exigeante. Il faut beaucoup de travail pour réussir à trouver les métiers qui correspondent à nos champs d'intérêt, nos traits de personnalité, nos valeurs, nos aptitudes et nos exigences professionnelles.

- Commencez par explorer avec votre enfant les divers secteurs d'activité, comme la santé, l'administration ou les communications.

- Ensuite, approfondissez vos connaissances au sujet des secteurs qui l'intéressent le plus. S'il est attiré par le domaine de la santé, par exemple, lisez sur l'inhalothérapie, l'acupuncture ou l'ergothérapie. À cette étape, vous pourrez utiliser les répertoires de métiers que l'on trouve en librairie et dans Internet : certains dressent une liste des centres d'intérêt et des aptitudes que possèdent généralement les gens qui exercent chaque profession. Vous y trouverez également des témoignages et de l'information sur les salaires moyens et les horaires de travail. Invitez votre enfant à souligner avec deux marqueurs de couleurs différentes les caractéristiques qu'il apprécie et celles qui lui déplaisent.

▷

Après avoir exploré plusieurs professions de cette façon, vous verrez se dessiner un portrait plus clair de ce que votre enfant recherche. La liste des choix envisagés diminuera peu à peu, et une décision apparaîtra bientôt.

QUESTION **Que faire si mon enfant n'a aucun projet de carrière?**

En règle générale, deux raisons principales expliquent l'absence de projet : soit votre enfant ne connaît pas assez bien les possibilités qui s'offrent à lui, soit – et c'est encore plus plausible – il n'arrive pas à s'imaginer dans un rôle en particulier.

Il n'y a pas de recette miracle. Votre enfant a besoin de vivre des expériences à partir desquelles il pourra non seulement découvrir ses centres d'intérêt, ses aptitudes et ses traits de personnalité distinctifs, mais aussi ses talents particuliers, le type de tâches qui l'inspirent et les gens avec lesquels il a des affinités. Un conseil : ces expériences seront encore plus utiles si vous encadrez son cheminement. Aidez votre enfant à réfléchir sur l'impact de ces expériences et sur ce qu'il a appris à propos de ses centres d'intérêt, de ses compétences et de sa personnalité. Ensuite, consultez les réponses aux questions 2 et 3 pour pouvoir l'amener à mieux se connaître et à faire des liens entre ses caractéristiques et celles des divers emplois qui l'intéressent.

Voici des façons de garnir son carnet d'expériences :

- **Faire des stages d'observation.** Votre enfant aura une meilleure idée des métiers qui l'attirent s'il passe un moment avec des personnes qui les pratiquent.

- **Parler ou échanger des courriels avec des gens qui pratiquent les métiers qui intéressent votre enfant.** Il pourra ainsi poser les questions qui lui trottent dans la tête. On trouve d'ailleurs des sites de cybermentorat qui permettent aux jeunes d'entrer en contact avec un mentor ou de se préparer aux rencontres : **http://www.academos.qc.ca/**

- **Avoir un emploi d'été ou travailler à temps partiel pendant l'année scolaire.** En travaillant, votre enfant découvrira de nouveaux champs d'intérêt, mais aussi ses traits de personnalité.

- **Faire des lectures ou écouter des reportages sur différents sujets.** Si votre enfant est habituellement réceptif aux suggestions, vous pouvez lui proposer des émissions ou lui acheter des revues scientifiques sur divers thèmes. Vous verrez à l'usage ce qui retient le plus son attention. Si c'est l'environnement, par exemple, demandez-lui quels aspects de ce sujet l'intéressent, et s'il peut s'imaginer devenir géologue ou technicien en biotechnologie.

- **Participer à un programme d'échange à l'étranger.** Le fait de quitter son quotidien pour vivre une expérience dépaysante peut aider votre enfant à se révéler à lui-même.

- **S'impliquer dans des activités parascolaires ou suivre des cours particuliers.** Tous les domaines peuvent mener à un métier, même la danse ou l'horticulture!

- **Faire du bénévolat.** En plus de se sentir utile, votre enfant pourrait faire des rencontres intéressantes et vivre des expériences très significatives.

- **S'impliquer dans son milieu scolaire,** que ce soit à la radio étudiante, au journal de l'école ou dans le comité organisateur du bal de fin d'études, par exemple.

- **Se rendre aux «portes ouvertes» ou «journées carrières» des établissements d'enseignement.** C'est l'occasion de rencontrer des responsables de programmes et des professeurs afin de se faire une meilleure idée des exigences d'une formation et du type de travail auquel elle donne accès.

- **Rencontrer un conseiller d'orientation.** Le conseiller pourra l'aider à faire un bilan de ce qu'il connaît de lui-même et l'orienter vers des pistes. La perception que votre enfant a de lui-même et de certaines professions pourrait alors changer.

Pensez aussi à observer votre enfant et voyez ses passe-temps comme des possibilités. Les passionnés de jeux vidéo qui passent leurs soirées entières à s'exercer les pouces bien assis sur le canapé pourraient bien avoir un brillant avenir dans le milieu du multimédia...

QUESTION 5 — Où puis-je trouver de l'aide pour accompagner mon enfant?

Les conseillers d'orientation sont spécialement formés pour aider votre enfant à faire un choix de carrière.

Pour trouver un conseiller d'orientation :

- Consultez l'établissement d'enseignement de votre enfant.

- Consultez le site du réseau des Carrefour jeunesse-emploi : **www.cjereseau.org/fr/cje_ouTrouver.asp**. Ces derniers offrent des services gratuits pour les gens de 16 à 35 ans.

- Visitez le site de l'ordre professionnel des conseillers et conseillères d'orientation : **www.occoppq.qc.ca**. Plusieurs conseillers travaillent également à leur compte ou pour une firme privée.

- Vous pourriez aussi obtenir l'aide d'un conseiller virtuel du site gouvernemental Ciblétudes : **www.canlearn.ca**.

Une collaboration de **BrissonLegris** *Révélateurs de potentiels* et des Éditions Jobboom

ADMINISTRATION, COMMERCE ET INFORMATIQUE

CHAMPS D'INTÉRÊT

• aime se sentir efficace et responsable
• aime travailler avec les mots ou les chiffres (symboles, langages spécialisés, règles et normes)
• aime utiliser des outils informatiques
• aime analyser, vérifier, classer

APTITUDES

• capacité de classement (données, chiffres)
• esprit rigoureux, logique et méthodique
• efficacité, fiabilité et rapidité d'exécution
• autonomie, ordre, minutie, souci du détail
• sens de l'organisation

Les professionnels de l'informatique s'activent principalement dans les centres urbains, soit d'abord à Montréal, puis à Québec et dans la région de Gatineau. Les postes en région sont générés par les besoins des PME locales. Les éditeurs de logiciels sont, quant à eux, surtout concentrés à Montréal.

Source :
Les carrières d'avenir 2007,
Les Éditions Jobboom.

RESSOURCES INTERNET

MINISTÈRE DE L'ÉDUCATION, DU LOISIR ET DU SPORT DU QUÉBEC – SECTEURS DE FORMATION
www.meq.gouv.qc.ca/ ens-sup/ens-coll/program/ ProgEtab.asp?vToken=s10
Vous trouverez sur cette page une description des programmes de ce secteur de formation, comprenant, pour chacun, les exigences d'admission, les objectifs de formation et une liste d'établissements d'enseignement.

AUTORITÉS DES MARCHÉS FINANCIERS
www.lautorite.qc.ca
Les élèves en finance trouveront ici toute l'information désirée sur la réglementation du secteur financier québécois.

CHAMBRE DE L'ASSURANCE DE DOMMAGES
www.chad.qc.ca
Vous désirez en savoir davantage sur l'assurance de dommages? Ce site vous propose des renseignements diversifiés sur les formations et les carrières dans ce secteur en plein développement.

Conseil en assurances et en services financiers

Dans le domaine de l'assurance et des services financiers, conseiller les gens est un art. Si on a un penchant pour la chose, on peut très bien envisager une carrière comme conseiller en sécurité financière, par exemple, après avoir terminé le programme intitulé *Conseil en assurances et en services financiers.*

PROG. 410.CO
PRÉALABLE : 11, VOIR PAGE 16

CHAMPS D'INTÉRÊT

- aime observer, vérifier, calculer, analyser
- aime expliquer et vulgariser
- aime travailler avec un ordinateur
- s'intéresse beaucoup à l'économie et à la finance (courtier en assurances de personnes, conseiller en finances personnelles, courtier en prêts hypothécaires)

APTITUDES

- esprit d'analyse et de synthèse
- capacité de développer de bons contacts avec ses clients
- sens des responsabilités, de l'organisation et de la planification
- initiative
- capacité de convaincre (courtier en assurances de personnes)

OFFRE DU PROGRAMME PAR RÉGIONS
Capitale-Nationale, Chaudière-Appalaches, Estrie, Laval, Montérégie, Montréal

Pour connaître les établissements qui offrent ce programme : **www.inforoutefpt.org**

RÔLE ET TÂCHES

Ce programme vise à former des personnes pouvant exercer diverses fonctions liées au conseil, à la promotion et à l'analyse dans le domaine de l'assurance et des produits financiers (rentes de retraite, fonds communs, assurance-vie, assurance-invalidité, etc.). Il peut mener à une variété de postes, dont courtier en assurances de dommages, souscripteur (ce dernier analyse les cas soumis par le courtier et décide si l'assureur peut couvrir ou non le risque), expert en sinistres, conseiller en finances personnelles, conseiller en sécurité financière, aussi appelé courtier en assurances de personnes, et courtier en prêts hypothécaires.

Les tâches communes à tous ces postes? Écouter les gens et prendre une décision sur ce qui est le plus approprié pour eux, après avoir fait des calculs et analysé divers renseignements, données, etc.

«Beaucoup de jeunes sont rebutés par le mot "assurance", explique François Leduc, professeur et responsable du programme *Conseil en assurances et en services financiers,* au Collège Montmorency. Pourtant, ils devraient prendre le temps de s'informer sur ce programme parce qu'il débouche sur plusieurs emplois intéressants. Les tâches sont variées et stimulantes, chaque cas étant unique.»

Ainsi, l'une des principales tâches du diplômé sera de bien conseiller ses clients. «Il faut sans cesse se demander ce qui correspond le mieux aux besoins du client et lui expliquer pourquoi il devrait choisir telle ou telle option», résume M. Leduc.

	Salaire hebdo moyen	Proportion de dipl. en emploi	Emploi relié	Chômage	Nombre de diplômés
2006	584 $	51,3 %	72,2 %	9,1 %	55
2005	619 $	75,6 %	93,3 %	0,0 %	57
2004	535 $	82,5 %	84,0 %	0,0 %	84

Statistiques tirées de la *Relance* - Ministère de l'Éducation, du Loisir et du Sport. Voir données complémentaires, page 369.

Comment interpréter l'information, page 15.

Dossier spécial

Mon avenir est assuré !

Et le tien ?

Des milliers d'emplois disponibles

www.chad.ca

Section *Carrière en assurance de dommages*

Voyez grand !

> Faisant partie de l'univers des **services financiers**, **l'assurance de dommages** a besoin de vous. Avec ses **milliers d'emplois disponibles** et ses quelque **1 300 employeurs** établis tant dans les régions que dans les grands centres, l'assurance de dommages emploie quelque **23 000 personnes** et son chiffre d'affaires est de plus de 7 milliards au Québec seulement !

L'assurance de dommages…
c'est quoi au juste ?

- Assurance automobile
- Assurance habitation
- Responsabilité civile
- Assurance des entreprises
- Assurance des événements
- Assurance agricole
- Assurance bateau, motoneige, avion, etc.

Saviez-vous que…

L'assurance est née en Angleterre, dans les pubs. Les clients gageaient sur la chance qu'avaient les bateaux d'arriver à bon port. Si les navires et leur cargaison n'arrivaient pas à destination, l'argent amassé servait à payer les pertes subies par les transporteurs.

Saviez-vous que…

Malgré tout ce qu'on entend dire, il n'y a pas de porte-à-porte en assurance de dommages.

Agent en assurance de dommages

L'agent est un **professionnel certifié** qui travaille pour une compagnie d'assurance. Il conseille l'assuré sur les produits les mieux adaptés à sa situation, fournit les renseignements concernant les risques couverts, conseille le client éventuel sur le choix des protections et conclut les ventes. L'agent travaille habituellement dans un centre d'appels, il doit donc être capable de travailler au téléphone et avec des outils informatiques.

Le profil d'un **agent**

- Aptitudes pour le service à la clientèle
- À l'aise de travailler au téléphone
- Bonne connaissance des outils informatiques
- Bonne capacité d'écoute
- Grande facilité d'expression
- Entregent
- Bon vulgarisateur

Saviez-vous que…

Les agents, courtiers et experts en sinistre sont des **professionnels** encadrés par la Chambre de l'assurance de dommages.

Courtier
en assurance de dommages

> Le courtier en assurance de dommages est un **professionnel certifié** qui peut se spécialiser dans l'assurance des particuliers (automobile et habitation) et/ou dans l'assurance des entreprises. Il identifie et évalue les risques et les besoins de son client, le conseille sur les produits les mieux adaptés à sa situation et négocie pour lui avec différents assureurs.

Le profil d'un **courtier**

- Esprit d'analyse et de synthèse
- Aptitudes pour le service à la clientèle
- Esprit d'initiative
- Curiosité intellectuelle
- Faire preuve d'entrepreneurship
- Bonne capacité d'écoute
- Grande facilité d'expression

Saviez-vous que…

Le courtier en assurance de dommages a la possibilité d'acquérir des titres professionnels, comme courtier d'assurance associé (C.d'A.Ass.) ou courtier d'assurance agréé (C.d'A.A.). Ces titres sont délivrés par la Chambre de l'assurance de dommages.

Expert en sinistre

> L'expert en sinistre est un **professionnel certifié** qui recueille les déclarations de l'assuré, des tierces parties et des autres personnes impliquées afin d'établir les faits et les circonstances d'un sinistre (incendie, vol, accident ou autre perte matérielle). Il rédige un rapport, évalue les dommages et négocie le règlement du dossier.

Le profil d'un **expert en sinistre**

- Capacité de vulgarisation
- Capacité d'écoute
- Facilité d'expression
- Capacité de négociation
- Capacité d'adaptation
- Aptitudes pour la rédaction
- Empathie

Saviez-vous que...

L'expert en sinistre peut gérer des dossiers relatifs à des sinistres par téléphone ou être appelé à se déplacer sur les lieux où ils se sont produits.

Souscripteur

> Le souscripteur analyse les propositions qui sont faites par les courtiers ou les agents et fournit une soumission avec la meilleure protection pour les biens du client. Il analyse les demandes d'assurance qui lui sont soumises en vue d'un nouveau contrat, d'une modification, d'une annulation ou d'un renouvellement. Il agit comme personne-ressource auprès des courtiers ou des agents et leur fournit les explications relatives aux garanties, aux produits et à la tarification. Le souscripteur n'est pas en contact direct avec les assurés.

Le profil d'un **souscripteur**

- Curiosité intellectuelle
- Esprit d'analyse
- Bon vulgarisateur
- Esprit de synthèse
- Intérêt pour les chiffres
- Grande volonté d'apprendre
- Bon jugement
- Bonne capacité d'écoute

Formation minimale et certification

▶ Étape 1 : **Formation minimale**

Satisfaire à l'un des critères suivants :

▸ Être inscrit à un programme de formation spécialisée reconnu par l'Autorité des marchés financiers dans le cadre du régime d'apprentissage en milieu de travail, tel que le **diplôme d'études collégiales (DEC) en Conseil en assurances et en services financiers** ou l'**Attestation d'études collégiales (AEC) en Assurance de dommages** et avoir réussi les cours correspondant aux compétences évaluées.

▸ Détenir un diplôme d'études post-secondaires comprenant au moins 450 heures de formation.

▸ Détenir un diplôme d'études secondaires (DES) ou avoir fait des études équivalentes et avoir occupé un emploi à temps plein (dans n'importe quel domaine) pendant au moins trois années (mesure transitoire en vigueur jusqu'au 31 octobre 2007).

▶ Étape 2 : **Examens de l'Autorité des marchés financiers**

Réussir les examens de l'Autorité des marchés financiers. Il y a entre trois et neuf examens selon la discipline ou la catégorie de discipline choisie.

Pour les candidats qui n'ont pas suivi le DEC en Conseil en assurances et en services financiers ou l'AEC en Assurance de dommages, il est possible d'acquérir les notions nécessaires à la réussite des examens en commandant les manuels de l'Autorité des marchés financiers, ou en suivant la formation intensive RCCAQ-Courtier 101 pour devenir courtier en assurance des particuliers ou la formation RCCAQ-Courtier 102 pour devenir courtier en assurance des entreprises.

Pour consulter les programmes de formation reconnus, pour s'inscrire aux examens ou pour commander les manuels :
Autorité des marchés financiers
Montréal : (514) 395-2263
Québec : (418) 525-2263
Sans frais : 1-877-395-2263
www.lautorite.qc.ca

Pour suivre les formations du RCCAQ
Regroupement des cabinets de courtage d'assurance du Québec
(450) 674-6258
www.rccaq.com

▶ Étape 3 : **Stage**

Effectuer un stage de 45 ou 90 jours, selon la discipline ou la catégorie de discipline choisie.

Une fois les examens et le stage terminés, le candidat à la profession doit présenter une demande de certificat pour obtenir le statut de professionnel ainsi que le droit de pratiquer au Québec.

Après l'obtention du certificat, les agents, courtiers et experts en sinistre sont encadrés par la Chambre de l'assurance de dommages (ChAD).

Liste des **cégeps**
où se donne la formation en assurance de dommages

> ## DEC

Conseil en assurances et en services financiers et **AEC** en assurance de dommages

> Cégep de Sainte-Foy
> www.cegep-ste-foy.qc.ca
> (418) 659-6600

> Cégep de Sorel-Tracy
> www.cegep-sorel-tracy.qc.ca
> (450) 742-6651

> Cégep du Vieux Montréal
> www.cvm.qc.ca
> (514) 982-3437

> Cégep de Lévis-Lauzon
> www.clevislauzon.qc.ca
> (418) 833-5110

> Collège Montmorency
> www.cmontmorency.qc.ca
> (450) 975-6100

> Séminaire de Sherbrooke
> www.seminaire-
> sherbrooke.qc.ca
> (819) 563-2050

> ## AEC

Assurance de dommages seulement

> Académie de l'entrepreneurship québécois
> www.academieentrepreneurship.com
> (450) 676-5826

> Cégep@distance
> www.cegepadistance.ca
> (514) 864-6464

> Cégep Beauce-Appalaches
> www.cegep-beauce-
> appalaches.qc.ca
> (418) 228-8896

> Cégep de l'Abitibi-Témiscamingue
> www.cegepat.qc.ca
> (819) 762-0931

> Cégep de Jonquière
> www.cjonquiere.qc.ca
> (418) 547-2191

> Cégep de Rimouski
> www.cegep-rimouski.qc.ca
> (418) 723-1880

> Cégep de Saint-Hyacinthe
> www.cegepsth.qc.ca
> (450) 773-6800

> Cégep de Saint-Jérôme
> www.cegep-st-jerome.qc.ca
> (450) 436-1580

> Centre d'études collégiales de Varennes
> www.cegep-sorel-tracy.qc.ca
> (450) 929-0852

> Collège CDI
> www.cdicollege.com/fr/
> 1-800-961-4172

> Collège de l'Outaouais
> www.cegeoutaouais.qc.ca
> (819) 770-4012

> Collège de Valleyfield
> www.colval.qc.ca
> (450) 373-9441

> Collège Laflèche
> www.clafleche.qc.ca
> (819) 375-1880

> Collège O'Sullivan de Montréal (français et anglais)
> www.osullivan.edu
> (514) 866-4622

> Collège O'Sullivan de Québec
> www.osullivan-quebec.qc.ca
> (418) 529-3355

> Collège régional de Lanaudière
> www.collanaud.qc.ca
> (450) 470-0911

> Groupe Collegia
> www.collegia.qc.ca
> (418) 763-7761

> Vanier College (anglais)
> www.vaniercollege.qc.ca
> (514) 744-7500

CHAMBRE DE L'ASSURANCE DE DOMMAGES

Coalition pour la promotion des professions en assurance de dommages

Chambre de l'assurance de dommages
999, boul. de Maisonneuve Ouest, 12e étage
Montréal (Québec) H3A 3L4 **T.** 514.842.2591 / 1.800.361.7288

www.chad.ca

Section *Carrière en assurance de dommages*

QUALITÉS RECHERCHÉES

Outre le sens des responsabilités, de l'organisation et de la planification, les principales qualités pour travailler dans ce domaine sont l'autonomie, selon François Leduc, «parce que la pratique de la plupart de ces professions est très peu encadrée par une structure hiérarchique», ainsi qu'un bon esprit d'analyse et de synthèse «pour pouvoir bien analyser les besoins, formuler des recommandations et vulgariser celles-ci aux clients». De plus, l'entregent est essentiel puisque la majorité des emplois supposent un contact direct avec des clients et autres spécialistes (notaires, évaluateurs, fiscalistes, ingénieurs, policiers, pompiers, etc.).

La capacité de bien gérer son temps est importante, particulièrement pour les conseillers en sécurité financière ou les représentants en épargnes collectives, par exemple, qui travaillent souvent sur la route et doivent planifier leurs rendez-vous en fonction des disponibilités de leurs clients.

«Enfin, rencontrer une personne qui vient de perdre un être cher, ou sa maison à la suite d'un incendie, ce n'est pas joyeux : il faut savoir faire preuve d'empathie», affirme M. Leduc.

DÉFIS ET PERSPECTIVES

Selon François Leduc, la place des diplômés sur le marché du travail est assurée. «La pénurie de main-d'œuvre que nous connaissons actuellement devrait perdurer. De plus, la demande se fait non seulement sentir pour les futurs diplômés, mais aussi à des niveaux supérieurs (postes de gestionnaires ou de superviseurs), ce qui ouvre la voie à de très belles perspectives d'avancement.

«Le décloisonnement des institutions financières a entraîné plusieurs changements dans l'industrie, poursuit M. Leduc. Celles-ci agissent désormais comme des guichets uniques en offrant une panoplie de services financiers et d'assurances, alors les diplômés qui cumuleront plus d'un permis (en assurances de personnes et en épargne collective, par exemple) augmenteront leur valeur sur le marché du travail.» Le vieillissement de la population a, lui aussi, provoqué une modification de l'offre de produits, les retraités cherchant à faire fructifier leur argent : «Les diplômés qui deviennent conseillers en sécurité financière ou conseillers en finances personnelles ne devraient pas manquer de travail!» 02/03

> «Beaucoup de jeunes sont rebutés par le mot "assurance". Pourtant, ils devraient prendre le temps de s'informer sur ce programme parce qu'il débouche sur plusieurs emplois intéressants.»
>
> — François Leduc

HORAIRES ET MILIEUX DE TRAVAIL

- Les horaires de travail sont réguliers («9 à 5»). Cependant, les diplômés œuvrant en assurances de personnes ou en épargnes collectives doivent travailler quand les clients sont disponibles, donc souvent le soir.

- Les heures supplémentaires ne sont pas la norme, mais il peut y en avoir (un samedi par mois, par exemple).

- Il s'agit d'un travail de bureau; l'environnement est calme.

- Les diplômés peuvent œuvrer dans les compagnies d'assurances, les cabinets privés, les institutions financières (banques, caisses populaires), les cabinets de courtage et les fiducies.

Gestion de commerces

«Quelqu'un qui a déjà fait partie d'une équipe sportive ou qui a participé à une pièce de théâtre, et qui a aimé son expérience, va certainement se retrouver dans son élément en gestion de commerces. Il pourra y exploiter son sens de l'organisation et son intérêt pour le travail en équipe», affirme Claude Roy, directeur d'établissement du Collège d'affaires Ellis, à Drummondville.

PROG. 410.DO
PRÉALABLE : 11, VOIR PAGE 16

CHAMPS D'INTÉRÊT
- aime le travail de bureau
- aime diriger, superviser, coacher
- aime travailler avec un ordinateur
- aime s'informer, lire des journaux, suivre l'actualité

APTITUDES
- autonomie et débrouillardise
- confiance en soi
- affinité avec les chiffres
- résistance physique et résistance au stress
- sens de l'organisation

OFFRE DU PROGRAMME PAR RÉGIONS
Capitale-Nationale, Centre-du-Québec, Estrie, Lanaudière, Laurentides, Laval, Mauricie, Montérégie, Montréal, Outaouais, Saguenay—Lac-Saint-Jean

Pour connaître les établissements qui offrent ce programme : **www.inforoutefpt.org**

RÔLE ET TÂCHES

«Ce programme permet à l'élève de développer plusieurs champs de compétences nécessaires dans les différents types de commerces», explique M. Roy. Par types de commerces, on entend établissements de vente au détail ou de vente en gros, entreprises de services ou encore entreprises d'import-export.

Les tâches qui attendent le futur gestionnaire sont très variées. Elles englobent la mise en marché et la vente de produits et de services, la gestion de budget, la gestion des ressources humaines, le service à la clientèle et les tâches administratives proprement dites (production de factures, paiement des fournisseurs, etc.). Il faut donc, au départ, se sentir à l'aise à coordonner plusieurs dossiers de nature différente. «On peut avoir à embaucher et à superviser du personnel en plus de se voir confier l'élaboration et le suivi d'une stratégie de marketing», illustre M. Roy.

Puisqu'il aura étudié plusieurs facettes de l'administration, le diplômé aura accès à une grande variété de postes, tels que technicien en administration ou en comptabilité, adjoint administratif, commis aux inventaires, technicien à l'import-export, agent socio-économique, commis d'assurances, analyste financier ou analyste des marchés étrangers.

QUALITÉS RECHERCHÉES

À part la polyvalence, le candidat doit posséder des qualités de base comme le dynamisme, l'optimisme et la débrouillardise, selon M. Roy, car il aura

	Salaire hebdo moyen	Proportion de dipl. en emploi	Emploi relié	Chômage	Nombre de diplômés
2006	561 $	50,9 %	75,0 %	0,0 %	78
2005	N/D	N/D	N/D	N/D	N/D
2004	N/D	N/D	N/D	N/D	N/D

Statistiques tirées de la *Relance* - Ministère de l'Éducation, du Loisir et du Sport. Voir données complémentaires, page 369.

Comment interpréter l'information, page 15.

souvent comme défi de percer et de développer de nouveaux marchés. L'entregent et le tact sont également essentiels pour réussir à établir et à maintenir des relations harmonieuses avec plusieurs types d'interlocuteurs, qu'ils soient employés, fournisseurs ou clients.

Autre aspect à cultiver : le désir de mettre à jour ses connaissances. «À notre époque, c'est essentiel d'être disposé à apprendre de nouvelles façons de faire.» Utiliser un nouveau logiciel, résoudre les conflits ou gérer les attentes des clients sont autant de compétences qu'il faut peaufiner régulièrement en cours de carrière. La profession suppose aussi une bonne dose de confiance en soi, une qualité qui s'acquiert souvent avec l'expérience.

DÉFIS ET PERSPECTIVES

À plus long terme, M. Roy estime que les défis d'un diplômé dépendent de l'attitude et de l'intérêt qu'il aura démontrés au travail. «Il peut rapidement être promu à un poste de coordonnateur d'équipe. Et après cinq à dix années d'expérience, il peut se voir offrir un poste avec plus de responsabilités, comme directeur des ventes ou du marketing, responsable des achats, directeur général d'une PME ou gestionnaire de la production pour un manufacturier.» La plupart de ces postes exigent de superviser d'autres personnes et «ceux qui adopteront une attitude de coach avec leurs employés pourront non seulement tirer le meilleur de ceux-ci, mais aussi compter des points en vue d'obtenir une promotion».

Il reste que pour gravir les échelons, M. Roy affirme qu'il faut avant tout acquérir de l'expérience de travail dans un domaine particulier, que ce soit la rénovation, l'alimentation ou encore l'habillement. «Un futur diplômé devrait accumuler des connaissances sur le ou les domaines dans lesquels il aimerait un jour travailler en lisant des articles de journaux et de magazines, en surfant dans Internet et en établissant un bon réseau de contacts», conseille M. Roy. Pour se perfectionner, un diplômé peut aller chercher un complément de formation universitaire ou un titre professionnel (administrateur agréé, par exemple) et apprendre une deuxième ou une troisième langue. M. Roy précise que, dans les années à venir, le besoin de diplômés trilingues se fera de plus en plus pressant pour les entreprises qui aspirent à faire du commerce international. 02/03

> «Ceux qui adopteront une attitude de coach avec leurs employés pourront non seulement tirer le meilleur de ceux-ci, mais aussi compter des points en vue d'obtenir une promotion.»
>
> — Claude Roy

Photo : PPM

HORAIRES ET MILIEUX DE TRAVAIL

- Les diplômés peuvent décrocher un emploi dans des supermarchés, des grands magasins, dans le commerce de gros, auprès de manufacturiers, dans des entreprises de services ou encore dans des entreprises spécialisées en import-export (courtiers en douanes, par exemple).

- Ils travaillent habituellement dans un bureau équipé d'un ordinateur.

- Les semaines de travail de 35 à 40 heures sont la norme, sauf durant les périodes de pointe, où le nombre d'heures peut atteindre 50.

- Un poste de direction entraîne souvent (mais pas systématiquement) davantage d'heures de travail.

Techniques de bureautique (Coordination du travail de bureau)

Oubliez l'image de la secrétaire! Le technicien spécialisé en coordination du travail de bureau est un employé polyvalent qui joue un rôle clé au sein d'une entreprise. Il maîtrise la supervision de personnel tout comme la gestion du matériel et des logiciels informatiques.

PROG. 412.A0
PRÉALABLE : 0, VOIR PAGE 16

CHAMPS D'INTÉRÊT
• aime travailler avec les chiffres et l'argent
• aime travailler sur support informatique
• aime le travail de bureau
• aime le contact avec le public

APTITUDES
• facilité pour les mathématiques
• entregent; bilinguisme (atout)
• sens du détail et minutie
• discrétion et professionnalisme
• honnêteté et sens des responsabilités

OFFRE DU PROGRAMME PAR RÉGIONS
Bas-Saint-Laurent, Capitale-Nationale, Centre-du-Québec, Chaudière-Appalaches, Côte-Nord, Estrie, Gaspésie—Îles-de-la-Madeleine, Lanaudière, Laurentides, Laval, Mauricie, Montérégie, Montréal, Outaouais, Saguenay—Lac-Saint-Jean

Pour connaître les établissements qui offrent ce programme : **www.inforoutefpt.org**

RÔLE ET TÂCHES

«La formation conduit à plusieurs emplois, explique Pierrette Dubois, coordonnatrice du Département de bureautique au Collège de l'Outaouais. Les diplômés ont la possibilité de devenir coordonnateurs d'une équipe, adjoints administratifs, formateurs en milieu de travail ou techniciens de bureau.» Ils sont formés pour diriger et superviser un groupe de travail. «Ils peuvent, par exemple, coordonner le travail d'une équipe de commis ou se retrouver au service des ressources humaines et participer au processus d'embauche du personnel.» La formation et l'évaluation des employés sont également au nombre de leurs compétences.

Johanne Soucy, coordonnatrice du Département de bureautique au Collège de Valleyfield, ajoute que la planification et l'organisation d'événements comme des colloques font aussi partie des tâches des diplômés. «En ce qui concerne la gestion de matériel, les techniciens peuvent obtenir la responsabilité d'un budget et superviser l'achat et le suivi de matériel pour les employés de bureau.» Ces techniciens ont appris à utiliser de nombreux logiciels de traitement de texte, de traitement de données, de comptabilité et de présentations multimédias. Ils connaissent également bien Internet.

QUALITÉS RECHERCHÉES

Un bon sens de l'organisation est indispensable au technicien en bureautique qui exécute une variété de tâches. «Le diplômé doit aussi développer son leadership, note Johanne Soucy. Il dirige des employés et, lors de leur

	Salaire hebdo moyen	Proportion de dipl. en emploi	Emploi relié	Chômage	Nombre de diplômés
2006	520 $	89,4 %	88,4 %	3,1 %	148
2005	510 $	88,2 %	93,3 %	5,9 %	177
2004	480 $	84,4 %	85,8 %	4,8 %	188

Statistiques tirées de la *Relance* - Ministère de l'Éducation, du Loisir et du Sport. Voir données complémentaires, page 369.

Comment interpréter l'information, page 15.

évaluation, il doit pouvoir exprimer ce qui ne fonctionne pas bien.» Une bonne résistance au stress est également nécessaire. Le technicien possède aussi une facilité d'adaptation aux nouvelles technologies. «Quand on choisit de travailler en bureautique, on ne peut pas dire que notre formation se termine en quittant les bancs de l'école, indique Pierrette Dubois. Le diplômé doit s'adapter rapidement aux changements et savoir faire ses propres recherches pour demeurer à la fine pointe de la technologie.» Le souci du travail bien fait et l'esprit d'équipe sont également appréciés.

Les diplômés ont le défi de démontrer l'ensemble de leurs compétences, afin d'être utilisés à leur juste valeur au sein des entreprises.

DÉFIS ET PERSPECTIVES

Au Collège de Valleyfield, on a déjà pu mesurer l'enthousiasme des employeurs. «Ils adorent le programme. Ils nous disent : enfin on a quelqu'un qui peut gérer, réfléchir et prendre de vraies responsabilités!» Mme Soucy estime toutefois que les diplômés ont le défi de démontrer l'ensemble de leurs compétences, afin d'être utilisés à leur juste valeur au sein des entreprises. Pierrette Dubois abonde dans ce sens. «Ces techniciens ont à imposer leurs connaissances et leur niveau de scolarité.» Une tâche parfois délicate pour ces jeunes diplômés qui doivent former des employés comptant parfois de nombreuses années d'expérience au sein de la compagnie. Néanmoins, le métier ouvre de belles possibilités d'avancement. «Il n'est pas rare de voir des techniciens poursuivre des études à l'université en administration ou en comptabilité et accéder à des postes de direction», souligne Mme Dubois.

«À titre d'enseignantes, on se cite souvent en exemple pour prouver aux élèves qu'il n'y a pas de limite, ajoute Johanne Soucy. Nous avons toutes commencé notre carrière comme secrétaires et, au fil des ans, nous sommes retournées à l'université. Nous avons gravi divers échelons et nous voilà dans l'enseignement. On encourage fortement les élèves à acquérir d'autres compétences.» 05/01

HORAIRES ET MILIEUX DE TRAVAIL

• Les principaux employeurs sont : les gouvernements fédéral et provincial, les municipalités, les commissions scolaires et, de façon générale, toute entreprise qui a besoin de personnel de bureau.

• Le technicien spécialisé en coordination du travail de bureau a un horaire régulier qui suit les heures normales d'ouverture des bureaux : de 8 h à 16 h ou de 9 h à 17 h. Sa semaine de travail compte de 35 à 37 heures.

• Les heures de travail supplémentaires sont occasionnelles et se font habituellement le soir.

Techniques de bureautique (Microédition et hypermédia)

«Ce programme développe à la fois la polyvalence et la spécialisation», affirme Lyne Roy, enseignante en microédition et hypermédia au Cégep de l'Abitibi-Témiscamingue. Les techniciens seront à la fois des as de la bureautique conventionnelle et des spécialistes des nouvelles technologies informatiques.

PROG. 412.A0
PRÉALABLE : 0, VOIR PAGE 16

CHAMPS D'INTÉRÊT
- aime l'organisation, le classement, la méthode
- aime se sentir utile aux autres et aime le travail bien fait
- aime travailler avec les technologies de communication
- aime la communication, la lecture et l'écriture

APTITUDES
- respect de l'autorité et des consignes
- débrouillardise et autonomie
- méthode et sens de l'organisation
- bilinguisme et maîtrise des règles d'écriture
- facilité à utiliser la technologie

OFFRE DU PROGRAMME PAR RÉGIONS
Bas-Saint-Laurent, Capitale-Nationale, Chaudière-Appalaches, Côte-Nord, Estrie, Gaspésie–Îles-de-la-Madeleine, Lanaudière, Laurentides, Laval, Mauricie, Montérégie, Montréal, Outaouais, Saguenay–Lac-Saint-Jean

Pour connaître les établissements qui offrent ce programme : **www.inforoutefpt.org**

RÔLE ET TÂCHES

«Les connaissances en micro-édition de ces techniciens leur permettent de travailler à la mise en pages sur ordinateur de documents adaptés à l'entreprise, explique Mme Roy. Ce ne sont pas des graphistes, mais ils savent utiliser des conceptions graphiques existantes pour produire leurs documents», poursuit l'enseignante.

Régine Valois, coordonnatrice du programme au Cégep de Rimouski, ajoute que les candidats pourront aussi se retrouver dans les imprimeries et les maisons d'édition à travailler à la mise en pages informatique de journaux ou de documents publicitaires. «Dans le domaine de l'hypermédia, nos diplômés seront aussi appelés à faire l'intégration à l'écran de sites Internet. Ils pourront également être responsables de la maintenance et de la mise à jour de pages Web.» Ce technicien maîtrise donc une panoplie de logiciels de mise en pages, de conception graphique, de présentations multimédias et de création de pages Web. Dans une firme de communication, il est en quelque sorte le bras droit du graphiste et de l'infographiste. Dans une entreprise plus traditionnelle, il est l'employé chargé de la production et de la mise en pages de cahiers de formation, de formulaires, de rapports, de pages publicitaires, de journaux internes, de présentations multimédias et de sites Internet. «Il ne faut pas oublier que nos diplômés sont aussi des généralistes formés pour travailler avec des logiciels de traitement de texte courants et accomplir des tâches générales de bureau», précise Régine Valois.

	Salaire hebdo moyen	Proportion de dipl. en emploi	Emploi relié	Chômage	Nombre de diplômés
2006	499 $	68,2 %	67,0 %	10,6 %	211
2005	514 $	71,1 %	60,7 %	6,6 %	255
2004	452 $	67,1 %	60,2 %	9,4 %	239

Statistiques tirées de la *Relance* - Ministère de l'Éducation, du Loisir et du Sport. Voir données complémentaires, page 369.

Comment interpréter l'information, page 15.

QUALITÉS RECHERCHÉES

Le technicien en bureautique doit posséder une grande capacité d'adaptation aux différents logiciels informatiques. «Une bonne dose de créativité et l'esprit d'initiative sont aussi des atouts», note Mme Valois. Le sens de l'esthétique et le souci du détail sont d'autres qualités qui caractérisent le spécialiste de la microédition et de l'hypermédia. Devant la variété des tâches qui l'attendent, le diplômé devra aussi faire preuve de polyvalence et d'un très fort sens de l'organisation. «Le technicien doit également avoir la capacité de poursuivre sa formation après son DEC, ajoute Régine Valois. Dans le domaine de l'hypermédia en particulier, les outils et les logiciels changent fréquemment.» L'autonomie est une autre qualité à cultiver, soutient Lyne Roy. «Le technicien travaillera souvent seul à la production de ses documents. Il peut aussi devenir travailleur autonome.» L'enseignante ajoute que le diplômé qui est responsable de la rédaction de ses projets doit avoir une excellente maîtrise du français en plus de posséder une bonne connaissance de l'anglais.

> Le technicien spécialisé en microédition et en hypermédia maîtrise une panoplie de logiciels de mise en pages, de conception graphique, de présentations multimédias et de création de pages Web.

DÉFIS ET PERSPECTIVES

«La compétence que les employeurs apprécient le plus chez nos diplômés est la capacité à concevoir et à produire des documents de qualité, tant par leur contenu que par leur présentation graphique», affirme Régine Valois. Les entreprises s'intéressent également de près à leurs compétences technologiques : «Nos techniciens savent utiliser tout un éventail de logiciels. Leurs connaissances vont bien au-delà des logiciels de la famille Microsoft; elles s'étendent aussi aux logiciels Adobe et Macromédia.»

La possibilité de mettre en pratique leurs aptitudes dépend largement du milieu de travail où ils œuvrent, et certains n'ont pas toujours l'occasion d'utiliser pleinement leur potentiel. Toutefois, d'autres «ont une grande marge de manœuvre dans leur travail et peuvent exercer leur créativité. Comme ils font preuve d'autonomie, on leur fait rapidement confiance et on peut leur donner davantage de responsabilités», constate Mme Valois. 05/01 (mise à jour 04/07)

HORAIRES ET MILIEUX DE TRAVAIL

• Le diplômé peut trouver du travail auprès des entreprises qui ont besoin de personnel de bureau, des imprimeries, des maisons d'édition, des firmes de communication et de graphisme, des entreprises de multimédia.

• Le technicien peut aussi offrir ses services à titre de travailleur autonome.

• Le travail se déroule généralement de jour suivant un horaire régulier : de 8 h à 16 h ou de 9 h à 17 h.

• La production de documents dans un délai serré pourra toutefois mener à des heures de travail supplémentaires le soir ou la fin de semaine.

Techniques de comptabilité et de gestion

Le programme *Techniques de comptabilité et de gestion* est conçu pour s'adapter au marché du travail de chaque région. Au Cégep de Matane, par exemple, l'accent est mis sur la polyvalence, une qualité que recherchent les nombreuses PME des environs. «Notre programme forme des généralistes capables de porter plusieurs chapeaux dans tout genre d'entreprise», résume Lucia Lepage, professeure et coordonnatrice du Département d'administration et du programme.

PROG. 410.B0
PRÉALABLE : 11, VOIR PAGE 16

CHAMPS D'INTÉRÊT
- aime respecter des consignes et des normes
- aime le travail d'équipe
- aime la technologie et l'informatique
- aime le travail minutieux

APTITUDES
- souci du détail
- résistance au stress
- capacité d'adaptation
- sens des responsabilités
- habiletés de communication
- discrétion

OFFRE DU PROGRAMME PAR RÉGIONS
Abitibi-Témiscamingue, Bas-Saint-Laurent, Capitale-Nationale, Centre-du-Québec, Chaudière-Appalaches, Côte-Nord, Estrie, Gaspésie–Îles-de-la-Madeleine, Lanaudière, Laurentides, Laval, Mauricie, Montérégie, Montréal, Outaouais, Saguenay–Lac-Saint-Jean

Pour connaître les établissements qui offrent ce programme : **www.inforoutefpt.org**

RÔLE ET TÂCHES

Comme le nom du programme l'indique, un diplômé de cette branche est appelé à travailler en comptabilité, en gestion, ou encore dans ces deux domaines. En comptabilité, il applique le cycle comptable, ce qui inclut l'inscription, dans un journal, des opérations (par exemple, les chèques émis et encaissés par l'entreprise) permettant de produire les états financiers (tableaux présentant la situation financière d'une entreprise pour une période donnée). Il contribue également à la gestion du fonds de roulement et à l'évaluation du rendement des placements de l'entreprise, comme l'immobilier. Enfin, il effectue différentes analyses et recommandations sur l'ensemble des tâches pour lesquelles il apporte son soutien technique.

En gestion, le diplômé recherche, traite et transmet de l'information. S'il est responsable de l'approvisionnement, par exemple, il recueille les données sur les fournitures requises par les employés, comme des stylos et du papier, et commande celles-ci au fournisseur. S'il travaille pour un manufacturier, il s'assure d'avoir en stock le matériel nécessaire pour produire ou vendre un bien donné. Il peut aussi avoir à déterminer les coûts de fabrication des biens produits.

De plus, un technicien en comptabilité et en gestion peut gérer des projets, une fonction plutôt large. «Si le diplômé travaille pour un entrepreneur de construction, il devra planifier, organiser, diriger et gérer toutes les ressources humaines et matérielles requises pour mener à bien la construction d'un nouveau complexe immobilier», illustre Mme Lepage.

	Salaire hebdo moyen	Proportion de dipl. en emploi	Emploi relié	Chômage	Nombre de diplômés
2006	525 $	46,5 %	71,3 %	3,2 %	1 384
2005	503 $	40,6 %	71,2 %	5,9 %	1 537
2004	509 $	50,4 %	74,1 %	3,6 %	1 516

Statistiques tirées de la *Relance* - Ministère de l'Éducation, du Loisir et du Sport. Voir données complémentaires, page 369.

Comment interpréter l'information, page 15.

Un diplômé peut aussi être appelé à rencontrer des clients potentiels et à s'occuper des transactions commerciales, entre autres.

QUALITÉS RECHERCHÉES

Pour réussir dans ce domaine, il faut être capable de communiquer efficacement, à l'oral comme à l'écrit, et d'établir des relations interpersonnelles de qualité, selon Mme Lepage. «Le diplômé est en contact continuel avec les gens : des employés, des fournisseurs, des clients.» En outre, la discrétion est essentielle. «Le diplômé connaît le salaire de ses collègues. Il ne doit pas aller le crier sur la place publique!»

Le discernement et un esprit analytique et logique sont également importants : «Pour bien analyser un problème, il faut le décomposer et considérer tous les éléments, positifs et négatifs, pas seulement notre opinion.»

Enfin, le souci du détail est primordial, surtout en comptabilité. «Lorsqu'on reçoit un chèque, il faut bien inscrire le montant de celui-ci. Il faut aussi s'assurer que les transactions pourront être correctement interprétées par les personnes qui vont nous succéder, en les identifiant adéquatement et en gardant le journal propre.»

DÉFIS ET PERSPECTIVES

«L'utilisation de l'informatique est très importante dans le travail du technicien, indique Mme Lepage. Quand l'entreprise implante un nouveau logiciel comptable, c'est lui qui va former et soutenir les employés qui vont l'utiliser.» La mise à jour technologique est donc un défi constant.

Si le diplômé possède de bonnes habiletés relationnelles en plus de ses compétences techniques, il peut devenir chef d'équipe ou superviseur après quatre ou cinq années de service. «Ses perspectives d'avancement seront meilleures s'il poursuit des études universitaires en administration, en comptabilité, en gestion des ressources humaines, en marketing, en production ou en finances», ajoute Mme Lepage. Le bilinguisme, voire la connaissance d'une troisième langue, est aussi un atout. «À cause du commerce international, les fournisseurs peuvent se trouver en Europe ou ailleurs.» 03/03

> Si le diplômé possède de bonnes habiletés relationnelles en plus de ses compétences techniques, il peut devenir chef d'équipe ou superviseur après quatre ou cinq années de service.

Photo : Cégep de Matane

HORAIRES ET MILIEUX DE TRAVAIL

- Le diplômé peut travailler pour tous les types d'entreprises, étant donné que la gestion et la comptabilité sont présentes partout.

- Le diplômé travaille de 8 h à 17 h, dans un bureau (souvent à aires ouvertes).

- Les heures supplémentaires sont occasionnelles, sauf dans les cabinets d'expertise comptable, en particulier en période de préparation des déclarations de revenus.

Techniques de l'informatique (Gestion de réseaux)

Les administrateurs de réseaux (aussi appelés gestionnaires de réseaux) doivent relever des défis considérables. Au premier chef : la sécurité informatique.

PROG. 420.A0
PRÉALABLE : 13, VOIR PAGE 16

RÔLE ET TÂCHES

Ce programme a vu le jour pour répondre aux demandes des employeurs. «Il y a quelques années à peine, des entreprises nous demandaient des jeunes polyvalents, capables de faire du dépannage informatique et de configurer un ordinateur sur un réseau, raconte Pierre Girard, professeur au Département d'informatique du Cégep de Chicoutimi. Les candidats ne devaient pas nécessairement être des cracks de la programmation, mais des gestionnaires débrouillards, surtout pour la petite et la moyenne entreprise.»

Une longue liste de responsabilités attend les diplômés : gérer le parc informatique d'une entreprise (avec les analyses, les achats et le suivi que cela implique); prendre en charge la sécurité des réseaux et la sauvegarde des données; assigner des droits d'accès aux utilisateurs et répondre à leurs questions; installer des logiciels sur les réseaux; assurer le soutien technique; adapter les réseaux en fonction de l'évolution technologique et des besoins de l'entreprise; sans oublier le dépannage en cas de pépin.

DÉFIS ET PERSPECTIVES

Préoccupés par la confidentialité des données, le piratage informatique et les désastres causés par les virus, les employeurs recherchent des gestionnaires de réseaux irréprochables. «Il faut sensibiliser les utilisateurs à la sécurité informatique, affirme Pierre Girard. C'est là que l'administrateur de réseau va se démarquer du programmeur et de l'analyste en informatique.» 05/03

HORAIRES ET MILIEUX DE TRAVAIL

- Des entreprises de tous les types sont susceptibles d'embaucher les administrateurs de réseaux.

- L'administrateur de réseau doit souvent arriver plus tôt et quitter l'entreprise plus tard que les autres

employés. En revanche, il y a des temps morts (quand tout fonctionne normalement).

- En cas de panne ou de piratage informatique, il faut parfois travailler la nuit et le week-end, dans l'urgence.

OFFRE DU PROGRAMME PAR RÉGIONS : Abitibi-Témiscamingue, Bas-Saint-Laurent, Capitale-Nationale, Centre-du-Québec, Chaudière-Appalaches, Côte-Nord, Estrie, Lanaudière, Laurentides, Laval, Mauricie, Montérégie, Montréal, Outaouais, Saguenay—Lac-Saint-Jean
Pour connaître les établissements qui offrent ce programme : **www.inforoutefpt.org**

	Salaire hebdo moyen	Proportion de dipl. en emploi	Emploi relié	Chômage	Nombre de diplômés
2006	581 $	73,7 %	76,4 %	6,4 %	253
2005	570 $	70,2 %	75,8 %	7,5 %	197
2004	711 $	75,0 %	77,8 %	25,0 %	14

Statistiques tirées de la *Relance* - Ministère de l'Éducation, du Loisir et du Sport. Voir données complémentaires, page 369.

Comment interpréter l'information, page 15.

CNP 2172/2174/
2283/6221

CUISEP 153-000.CP

Techniques de l'informatique (Informatique de gestion)

«Chaque matin, je me demande : "Est-ce que je vais apprendre quelque chose aujourd'hui?" Jusqu'à maintenant, la réponse a toujours été oui», affirme Brian Di Croce, qui porte le titre très branché de développeur.net chez Olotech Web Software.

PROG. 420.A0
PRÉALABLE : 13, VOIR PAGE 16

CHAMPS D'INTÉRÊT
- aime les ordinateurs
- aime les mathématiques
- aime rechercher de l'information
- aime se tenir à jour

APTITUDES
- capacité d'apprendre par soi-même
- facilité avec les mathématiques
- esprit logique, analytique
- sens de l'organisation
- habiletés de communication

OFFRE DU PROGRAMME PAR RÉGIONS
Abitibi-Témiscamingue, Bas-Saint-Laurent, Capitale-Nationale, Centre-du-Québec, Chaudière-Appalaches, Côte-Nord, Estrie, Gaspésie–Îles-de-la-Madeleine, Lanaudière, Laurentides, Laval, Mauricie, Montérégie, Montréal, Outaouais, Saguenay–Lac-Saint-Jean

Pour connaître les établissements qui offrent ce programme : **www.inforoutefpt.org**

RÔLE ET TÂCHES

Chez Olotech Web Software, une entreprise spécialisée dans la conception d'applications dans Internet, Brian Di Croce a pour rôle de mettre au point des applications sur mesure pour les clients de la firme. «Nous avons, par exemple, un client dans le domaine de la mode féminine. Sa technologie désuète entraîne des pertes en raison d'une gestion déficiente des stocks, du système comptable et du système de paye. On nous a demandé un programme léger qui peut fonctionner non seulement avec un ordinateur de bureau, mais aussi un ordinateur de poche, un téléphone cellulaire ou même une montre. Il doit aussi pouvoir prendre en charge toutes les facettes de la gestion d'entreprise.»

L'équipe de développeurs dont il fait partie se partage les tâches en rotation, de sorte que le diplômé peut s'occuper, au cours d'une journée, de la section base de données, ensuite de l'interface du programme, puis de l'ingénierie du code du programme. En bout de ligne, il arrive ainsi à connaître l'application sous toutes ses coutures. Le travail comporte également des visites régulières chez le client pour installer progressivement les éléments de l'application. Cela permet aux développeurs de recueillir les commentaires des utilisateurs et de s'ajuster au fur et à mesure.

QUALITÉS RECHERCHÉES

Brian Di Croce n'hésite pas un seul instant lorsqu'on lui demande quelles sont les qualités requises pour réussir dans ce domaine. «La curiosité!

	Salaire hebdo moyen	Proportion de dipl. en emploi	Emploi relié	Chômage	Nombre de diplômés
2006	583 $	49,0 %	81,4 %	11,1 %	812
2005	568 $	51,6 %	71,4 %	8,9 %	974
2004	546 $	52,3 %	64,1 %	11,4 %	1 044

Statistiques tirées de la *Relance* - Ministère de l'Éducation, du Loisir et du Sport. Voir données complémentaires, page 369.

Comment interpréter l'information, page 15.

Quand on a un diplôme en informatique, on n'a pas fini d'apprendre pour autant. La technologie change constamment. Il faut avoir le goût, l'énergie et la curiosité pour fouiller, lire et comprendre les changements, tout en se demandant : "Est-ce que cette nouvelle technologie est utile pour moi? Sera-t-elle toujours utile dans 6, 12 ou 24 mois?"» L'esprit analytique est aussi très important puisque le développement d'applications doit être soigneusement planifié : il faut avoir une idée claire du résultat à atteindre avant de se mettre au travail.

Si Brian Di Croce a découvert sa vocation vers l'âge de 10 ans, il note que la formation qu'il a reçue au cégep lui a permis d'acquérir de précieux outils : «Le cégep m'a également donné des notions de communication. L'informatique, c'est aussi s'asseoir avec le client afin de déterminer ce qu'il veut exactement. On doit connaître son rêve à lui pour être capable de l'actualiser.»

> «L'informatique, c'est aussi s'asseoir avec le client afin de déterminer ce qu'il veut exactement. On doit connaître son rêve à lui pour être capable de l'actualiser.»
>
> — Brian Di Croce

DÉFIS ET PERSPECTIVES

Les compétences des techniciens en informatique de gestion dépassent la sphère technologique. «Il faut faire preuve de tact et de patience pour assister des utilisateurs d'ordinateurs personnels et de réseaux», affirme Éric Danis, coordonnateur du Département d'informatique au Cégep de l'Abitibi-Témiscamingue. Le défi des diplômés est donc de développer un certain savoir-être tout en étant très qualifiés en informatique.

M. Danis remarque que la plupart des diplômés amorcent leur carrière en entreprise et que, par la suite, certains se lancent à leur compte. «C'est aussi une avenue intéressante pour ceux qui veulent rester dans leur région et y travailler, car ils peuvent créer leur propre emploi», explique-t-il.

Selon lui, «de plus en plus d'entreprises veulent développer des applications Internet ou intranet pour faire du commerce ou partager des informations à l'interne. C'est un secteur d'avenir.» Par ailleurs, la sécurité des données est une préoccupation constante et les programmeurs doivent mettre au point des outils pour assurer la confidentialité. 05/03 (mise à jour 04/07)

HORAIRES ET MILIEUX DE TRAVAIL

- Les milieux de travail sont extrêmement variés : toutes les entreprises sont aujourd'hui informatisées.

- Certaines entreprises embauchent leurs propres spécialistes de l'informatique, d'autres font affaire avec des sous-traitants.

- Les horaires peuvent correspondre à la formule du 9 à 5, mais il y a aussi beaucoup de travail sur appel. En effet, plusieurs grosses banques de données fonctionnent 24 heures par jour et il faut pouvoir intervenir à tout moment en cas de pépin. Cependant, les problèmes peuvent souvent être réglés à distance.

DEC

Techniques de l'informatique (Informatique industrielle)

À son premier cours en informatique industrielle au Collège LaSalle en 2000, Jilbert Abelian n'arrivait même pas à faire démarrer l'ordinateur qui lui avait été assigné... Pourtant, quatre ans plus tard, il ouvrait sa propre entreprise dans le domaine!

PROG. 420.A0
PRÉALABLE : 13, VOIR PAGE 16

CHAMPS D'INTÉRÊT

- aime la technologie et l'innovation
- aime jongler avec des concepts, des abstractions (symboles, langage numérique et informatique)
- aime résoudre des problèmes complexes
- aime écouter et expliquer

APTITUDES

- esprit très curieux, objectif et méthodique
- facilité pour les mathématiques et la logique
- grande capacité d'analyse et d'apprentissage
- créativité et habileté à résoudre des problèmes

OFFRE DU PROGRAMME PAR RÉGIONS
Chaudière-Appalaches, Laurentides, Montréal

Pour connaître les établissements qui offrent ce programme : **www.inforoutefpt.org**

RÔLE ET TÂCHES

«J'ai été un élève très assidu, explique Jilbert. Après l'obtention de mon diplôme en 2003, j'ai décroché un contrat de trois mois pour la Ville de Montréal. J'avais pour mandat de créer une application de gestion visant à tenir l'inventaire des véhicules utilisés par les cols bleus de l'arrondissement Ahuntsic.»

Par la suite, Jilbert a obtenu un emploi d'analyste au service à la clientèle de la division Internet chez Telus, poste qu'il a occupé pendant un an. Jugeant ce travail trop répétitif, Jilbert a eu envie de se rapprocher de son domaine d'études. À l'été 2004, il a donc fondé sa propre compagnie, Informatechs, à Montréal-Nord. Sa clientèle est surtout composée de particuliers peu familiers avec l'informatique et qui viennent d'acheter un ordinateur. Ils ont besoin d'aide pour installer leur système d'exploitation ou établir leur connexion Internet, par exemple.

«J'ai aussi décroché quelques contrats pour des commerces, notamment la chaîne de boutiques de lingerie féminine La Senza. Je devais améliorer le système que le personnel utilise pour produire des rapports, et concevoir une base de données. La quantité d'éléments contenus dans cette dernière est énorme. Il m'a fallu un mois pour terminer le travail.» Mais Jilbert aime relever ce genre de défis qui fait appel à son expertise.

En règle générale, l'informaticien industriel est souvent appelé à contrôler ou à superviser le processus d'une chaîne de production (notamment

	Salaire hebdo moyen	Proportion de dipl. en emploi	Emploi relié	Chômage	Nombre de diplômés
2006	591 $	66,7 %	100,0 %	9,1 %	20
2005	656 $	47,1 %	85,7 %	20,0 %	19
2004	536 $	57,1 %	63,6 %	14,3 %	26

Statistiques tirées de la *Relance* - Ministère de l'Éducation, du Loisir et du Sport. Voir données complémentaires, page 369.

Comment interpréter l'information, page 15.

créer des logiciels qui seront utilisés par des robots et des automates), mais il peut aussi œuvrer dans le secteur des communications et d'Internet.

QUALITÉS RECHERCHÉES

Le technicien en informatique doit posséder un bon esprit d'analyse et être capable de trouver très rapidement des solutions aux problèmes. Rigueur et précision sont aussi des qualités nécessaires, car un système informatique mal conçu peut causer la perte de journées de production.

De plus, comme l'informatique industrielle évolue constamment, le technicien doit être curieux et suffisamment autonome pour apprendre par lui-même. Enfin, les logiciels et les manuels d'instructions étant presque tous en anglais, il est essentiel de bien connaître cette langue.

Le technicien en informatique doit posséder un bon esprit d'analyse et être capable de trouver très rapidement des solutions aux problèmes.

DÉFIS ET PERSPECTIVES

L'informatique industrielle est un domaine où l'on n'a jamais fini d'apprendre, confirme Gilles Champagne, enseignant au Cégep de Lévis-Lauzon. La formation fournit aux élèves de solides bases tout en leur rappelant l'importance de constamment maintenir leurs connaissances à jour. Une forte proportion d'entre eux choisissent d'ailleurs de poursuivre leurs études à l'université.

Les secteurs de pointe tels que la robotisation sont porteurs d'avenir. «Comme on manque de travailleurs spécialisés dans certains domaines, en soudure par exemple, on s'appuie davantage sur des robots pour faire le travail», explique M. Champagne. Les étiquettes d'identification par radiofréquence munies de puces électroniques dont les données sont lues à distance connaissent un bel essor, poursuit-il. Le développement de ces étiquettes, qui figurent notamment sur les emballages et les colis pour en identifier le contenu, mobilise un nombre croissant de techniciens en informatique. 03/05 (mise à jour 04/07)

HORAIRES ET MILIEUX DE TRAVAIL

• Les diplômés peuvent travailler dans les grandes entreprises, les PME, ainsi que les firmes de consultants en informatique industrielle.

• L'horaire de travail est généralement de 9 h à 17 h. Plusieurs employeurs offrent toutefois des horaires variables ou du travail à forfait.

• Il faut s'attendre à effectuer des heures supplémentaires en cas de bogue informatique.

• Le travail peut s'exécuter tant dans un bureau qu'en usine.

AGRICULTURE ET PÊCHES

CHAMPS D'INTÉRÊT

- fait preuve de curiosité et de sensibilité à l'égard de la nature
- aime les sciences : biologie, zoologie, chimie
- aime suivre le rythme de la nature ou de la ferme
- aime bouger, faire un travail physique et manuel
- aime analyser et résoudre des problèmes concrets

APTITUDES

- sens de l'observation développé
- dextérité et précision
- autonomie, discernement et sens des responsabilités
- facilité pour les sciences, l'analyse et la résolution de problèmes
- résistance physique et grande capacité de travail

Selon l'Union des producteurs agricoles, la profession agricole vieillit de plus en plus dans la province. Il y a seulement 10 ans, on comptait un agriculteur de moins de 35 ans pour chaque agriculteur de plus de 55 ans. Aujourd'hui, le ratio a diminué de moitié, soit un jeune pour deux producteurs plus âgés.

Source :
Les carrières d'avenir 2007,
Les Éditions Jobboom.

RESSOURCES INTERNET

MINISTÈRE DE L'ÉDUCATION, DU LOISIR ET DU SPORT DU QUÉBEC – SECTEURS DE FORMATION
www.meq.gouv.qc.ca/ ens-sup/ens-coll/program/ ProgEtab.asp?vToken=s20
Vous trouverez sur cette page une description des programmes de ce secteur de formation, comprenant, pour chacun, les exigences d'admission, les objectifs de formation et une liste d'établissements d'enseignement.

CENTRE D'EMPLOI AGRICOLE DU QUÉBEC
www.emploiagricole.com
La référence par excellence pour les chercheurs d'emploi. On peut y effectuer une recherche selon la région ou le secteur de production.

COMITÉ SECTORIEL DE MAIN-D'ŒUVRE DE LA PRODUCTION AGRICOLE
www.cose.upa.qc.ca/
Pour tout savoir sur la formation, la main-d'œuvre et l'emploi en agriculture au Québec.

MINISTÈRE DE L'AGRICULTURE, DES PÊCHERIES ET DE L'ALIMENTATION DU QUÉBEC
www.mapaq.gouv.qc.ca
Ce site renseigne sur l'économie du secteur de l'agriculture, des pêcheries et de l'alimentation. On y trouve des statistiques sur l'industrie et plusieurs rapports de recherche.

Gestion et exploitation d'entreprise agricole (Productions animales)

Fils d'agriculteur, Jean-François Rioux a été plongé dès l'enfance dans l'univers de la ferme. «Au secondaire, avant même de rencontrer le conseiller d'orientation, je savais exactement ce que je voulais faire plus tard.» Il travaille aujourd'hui dans l'entreprise familiale de production laitière et s'apprête à en prendre la direction.

PROG. 152.AO
PRÉALABLE : 0, VOIR PAGE 16

CHAMPS D'INTÉRÊT
- aime le travail manuel et l'effort physique
- aime la nature et les animaux
- aime le rythme de vie de la ferme
- aime l'organisation, la gestion

APTITUDES
- polyvalence, sens de l'organisation et débrouillardise
- initiative, jugement et leadership
- sens des responsabilités et de la planification
- bonne résistance physique et grande capacité de travail (sept jours sur sept)

RÔLE ET TÂCHES

Après son secondaire, Jean-François a donc poursuivi ses études en gestion et exploitation d'entreprise agricole à l'Institut de technologie agroalimentaire, campus de La Pocatière. Durant les week-ends et pendant l'été, il pratiquait déjà sur la ferme familiale située à Saint-Simon de Rimouski. Son DEC en poche, il y travaille maintenant du matin au soir!

«Dès six heures du matin, je vais à l'étable. C'est moi qui vois à la reproduction et à l'alimentation du troupeau. Je supervise aussi la traite, le nettoyage et les soins à donner aux bêtes. Bref, je gère le tout! Je passe également une partie de la journée dans les champs ou bien je répare de la machinerie, les tracteurs par exemple.»

En plus de soigner les animaux, Jean-François supervise la culture de 200 acres de céréales, ce qui permet à la ferme d'être autosuffisante dans la production de fourrage et de grains. «La moitié sert à l'alimentation du troupeau et l'autre est vendue. C'est moi qui décide de ce qu'on va semer dans les champs, du moment de la récolte ou de la fertilisation.»

QUALITÉS RECHERCHÉES

«La passion de l'agriculture et des animaux est nécessaire pour faire ce métier, parce qu'on doit beaucoup s'y investir : il ne faut pas avoir peur du travail ni compter ses heures! On doit aussi avoir du jugement et un bon sens de l'observation. Par exemple, savoir quand les animaux

OFFRE DU PROGRAMME PAR RÉGIONS
Bas-Saint-Laurent, Centre-du-Québec, Chaudière-Appalaches, Estrie, Lanaudière, Laurentides, Montérégie, Montréal, Saguenay–Lac-Saint-Jean

Pour connaître les établissements qui offrent ce programme : **www.inforoutefpt.org**

	Salaire hebdo moyen	Proportion de dipl. en emploi	Emploi relié	Chômage	Nombre de diplômés
2006	458 $	80,2 %	90,9 %	4,2 %	120
2005	419 $	79,3 %	92,3 %	2,7 %	130
2004	424 $	78,2 %	83,1 %	4,8 %	134

Statistiques tirées de la *Relance* - Ministère de l'Éducation, du Loisir et du Sport. Voir données complémentaires, page 369.

Comment interpréter l'information, page 15.

sont en chaleur est indispensable pour planifier la reproduction», affirme Jean-François.

Selon le jeune fermier, il faut aussi être un touche-à-tout. «On doit être bon en mathématiques pour calculer la portion adéquate de grains à donner aux animaux, par exemple. Il est utile de s'y connaître en menuiserie et en charpenterie pour réparer une clôture. Parfois, on s'improvise vétérinaire pour soigner une bête malade ou blessée. Il faut savoir quand semer, récolter ou faire les foins et même avoir quelques connaissances en mécanique pour réparer la machinerie.»

DÉFIS ET PERSPECTIVES

Germaine Fortier, coordonnatrice du programme *Gestion et exploitation d'entreprise agricole (Productions animales)* au Cégep de Lévis-Lauzon, remarque un important manque de relève au sein des entreprises agricoles. «La majorité de nos élèves se trouvent du travail un an avant d'obtenir leur diplôme. Les producteurs qui les prennent en stage leur assurent souvent un emploi à la fin de leurs études.»

L'industrie agricole reconnaît aussi la profession, ajoute Mme Fortier. «Les employeurs recherchent les compétences de nos diplômés. Les producteurs ne sont plus intéressés à former un ouvrier du début à la fin. Ils veulent être certains d'avoir des employés en mesure de les remplacer adéquatement durant leur absence. Les employeurs recherchent des travailleurs polyvalents qui, par exemple, sauront quoi faire si un animal du troupeau est malade.»

En outre, les diplômés vont œuvrer dans un domaine où les innovations technologiques sont abondantes. «Ils auront le défi d'évaluer la nécessité d'implanter de nouveaux appareils en fonction des besoins de l'entreprise. Il est important que les techniciens fassent preuve d'un bon jugement et gardent un œil critique sur l'évolution des équipements et de la machinerie.» 06/03

«La passion de l'agriculture et des animaux est nécessaire pour faire ce métier, parce qu'on doit beaucoup s'y investir.»

— Jean-François Rioux

Photo : lebloom

HORAIRES ET MILIEUX DE TRAVAIL

- Le technicien en gestion et exploitation d'entreprise agricole peut être embauché par les fermes agricoles, les entreprises de production laitière, les porcheries, les entreprises commercialisant des volailles, les fermes ovines, les centres d'insémination, les compagnies de produits agricoles ou les firmes de consultants agroenvironnementaux.

- Il peut aussi exploiter sa propre entreprise agricole.

- Le métier exige une très grande disponibilité. Les animaux ont besoin de soins, sept jours sur sept, à longueur d'année. L'exploitant d'une ferme agricole ne compte pas ses heures; bien souvent, il travaille du petit matin jusqu'au soir.

Gestion et exploitation d'entreprise agricole (Productions végétales)

Sylvain Palardy n'a pas hésité une seconde avant d'entreprendre des études en gestion et exploitation d'entreprise agricole à l'Institut de technologie agroalimentaire, campus de Saint-Hyacinthe. On peut même dire que l'agriculture, il a ça dans le sang. «Je représente la cinquième génération d'agriculteurs dans la famille!»

PROG. 152.AO
PRÉALABLE : 0, VOIR PAGE 16

CHAMPS D'INTÉRÊT

- aime le travail manuel et l'effort physique
- aime la nature et les animaux
- aime le rythme de vie de la ferme
- aime l'organisation, la gestion

APTITUDES

- polyvalence, sens de l'organisation et débrouillardise
- initiative, jugement et leadership
- sens des responsabilités et de la planification
- bonne résistance physique et grande capacité de travail (sept jours sur sept)

OFFRE DU PROGRAMME PAR RÉGIONS
Bas-Saint-Laurent, Centre-du-Québec, Chaudière-Appalaches, Estrie, Lanaudière, Laurentides, Montérégie, Montréal, Saguenay–Lac-Saint-Jean

Pour connaître les établissements qui offrent ce programme : **www.inforoutefpt.org**

RÔLE ET TÂCHES

Bien avant l'obtention de son diplôme, Sylvain travaillait déjà pour l'entreprise familiale de Sainte-Madeleine. «Aujourd'hui, je suis responsable de la gestion de toutes les opérations sur la ferme. Nous cultivons plusieurs variétés de légumes et de céréales, que nous vendons ensuite à des grossistes et des fruiteries.» Mais au départ, c'est lui qui aura décidé des différentes sortes de cultures, de la date des semailles et de celle des récoltes.

Au boulot dès six heures du matin, le jeune agriculteur prépare l'équipement de la journée (imperméables, gants). Il s'assure du même coup du bon fonctionnement des tracteurs et autre machinerie en attendant l'arrivée de la demi-douzaine d'employés réguliers qui viennent travailler sur les terres.

Enfin, en après-midi, c'est sous l'œil attentif de Sylvain que les multiples tâches (nettoyage et inventaire de la récolte, séparation des commandes et chargement des camions) sont réalisées.

QUALITÉS RECHERCHÉES

La persévérance semble être le mot d'ordre de l'agriculteur. «Les journées ne sont pas toujours faciles. Il peut faire très chaud ou pleuvoir sans arrêt, mais il ne faut jamais baisser les bras et se décourager», affirme le jeune fermier. Le diplômé doit donc savoir s'adapter au temps qu'il fait. «Quand

	Salaire hebdo moyen	Proportion de dipl. en emploi	Emploi relié	Chômage	Nombre de diplômés
2006	398 $	54,5 %	100,0 %	25,0 %	16
2005	472 $	73,3 %	88,9 %	15,4 %	18
2004	401 $	65,0 %	92,3 %	13,3 %	29

Statistiques tirées de la *Relance* - Ministère de l'Éducation, du Loisir et du Sport. Voir données complémentaires, page 369.

Comment interpréter l'information, page 15.

vient le moment des semailles à la fin d'avril, les producteurs de grande culture (maïs, soya, etc.) n'ont qu'un mois pour semer, explique François Mercier, coordonnateur du Département de gestion et exploitation d'entreprise agricole au Cégep de Saint-Jean-sur-Richelieu. Compte tenu qu'ils ne peuvent le faire quand il pleut, certains doivent travailler jusqu'à 18 heures par jour pour terminer à temps. Ils doivent constamment ajuster leurs plans et avoir une solution de rechange pour ne pas perdre leur journée de travail. Par exemple, s'ils avaient prévu un arrosage de pesticides et que le vent se lève, les cultivateurs devront occuper leurs ouvriers à d'autres tâches.»

Aimer travailler à l'extérieur et avoir une bonne résistance physique sont aussi des qualités essentielles. La polyvalence est un autre atout. L'exploitant d'une entreprise agricole doit en effet posséder de bonnes connaissances de la culture des végétaux et connaître certains aspects techniques de l'entretien de sa machinerie. Il doit aussi être capable de diriger des ouvriers et d'effectuer la mise en marché de sa récolte.

Enfin, la débrouillardise et l'initiative le serviront bien dans l'expérimentation de nouvelles techniques, comme la façon de semer.

«Les journées ne sont pas toujours faciles. Il peut faire très chaud ou pleuvoir sans arrêt, mais il ne faut jamais baisser les bras et se décourager.»

– Sylvain Palardy

Photo : PPN

DÉFIS ET PERSPECTIVES

François Mercier affirme que les perspectives d'emploi sont bonnes et que les diplômés n'ont pas de mal à se trouver du travail. Cependant, les métiers liés à l'exploitation d'une entreprise agricole sont de plus en plus exigeants. «L'exploitant d'une entreprise agricole a le défi de demeurer compétitif tout en respectant les règles environnementales, dit-il. Il existe des normes restreignant la production des cultivateurs et certains d'entre eux sont tentés d'y contrevenir pour rentabiliser leur entreprise...» M. Mercier ajoute que la compétition est forte et que les coûts de production sont en hausse, alors que la mondialisation des marchés a amené une importante baisse des revenus. Les agriculteurs doivent donc produire davantage pour que leur entreprise demeure rentable. 06/03

HORAIRES ET MILIEUX DE TRAVAIL

- Le diplômé peut devenir cultivateur ou prendre la relève de l'entreprise familiale.

- Il peut aussi être employé par les producteurs de grains et de céréales, les producteurs de grande culture, les producteurs maraîchers, les fournisseurs de produits (semences, engrais, pesticides), les coopératives et syndicats agricoles ou les firmes de consultation agroalimentaire.

- Le travail se déroule généralement de jour, suivant un horaire variable.

- La période de pointe se situe d'avril à octobre; c'est le moment de la préparation des sols, des semailles, de l'entretien et des récoltes. Les journées de travail, à cette période, comptent plus de 12 heures.

- Le travail est au ralenti en janvier et en février. Plusieurs cultivateurs en profitent pour prendre des vacances ou faire réparer leur machinerie. D'autres utilisent leurs tracteurs pour effectuer du déneigement.

DEC

Paysage et commercialisation en horticulture ornementale (Aménagement paysager)

L'hérédité semble avoir joué un rôle dans la passion de Nicolas Desrosiers pour les fleurs, les plantes et les jardins. «Ma mère a toujours eu un beau jardin. Je l'ai vue passer des heures à l'aménager, c'est son passe-temps!» Nicolas est aujourd'hui vice-président et technicien horticole chez Services horticoles Pouce-vert, une entreprise de Longueuil spécialisée dans l'entretien de parcs, la conception de plans et la réalisation d'aménagements paysagers.

PROG. 153.CO
PRÉALABLES : 11, 13, VOIR P. 16

CHAMPS D'INTÉRÊT

- aime la nature et le monde végétal
- aime faire un travail manuel et minutieux
- aime travailler avec le public
- aime créer, agencer des formes et des couleurs

APTITUDES

- polyvalence et leadership
- minutie et sens des responsabilités
- très bon sens de l'observation
- facilité à communiquer
- sens esthétique et créativité

OFFRE DU PROGRAMME PAR RÉGIONS
Laval, Montérégie

Pour connaître les établissements qui offrent ce programme : www.inforoutefpt.org

RÔLE ET TÂCHES

De la mi-mars jusqu'à la fin de septembre, c'est la période de pointe pour Nicolas. Le printemps amène en effet son lot de clients désireux d'embellir l'aménagement extérieur de leur commerce ou de leur résidence.

Nicolas convient d'abord avec eux d'un plan pour l'aménagement paysager, commande les matériaux et les végétaux. Une fois sur le terrain, assisté par son équipe d'ouvriers horticoles, il trace sur le sol avec de la peinture les lignes délimitant les futurs sentiers, plates-bandes et bassins. Il coordonne les travaux d'excavation. Puis, les ouvriers déposent la terre dans les plates-bandes et effectuent les travaux de pavage. Lors de la livraison des plantes et des arbres, Nicolas vérifie leur nombre et leur qualité. Ensuite, il les dispose sur le terrain selon le plan déjà établi. Les ouvriers horticoles se chargeront de les mettre en terre.

Durant l'automne et l'hiver, Nicolas travaille principalement dans son bureau où il s'occupe notamment de la comptabilité et de la publicité de l'entreprise, et compile les listes de prix des fournisseurs.

Nicolas a toujours eu la passion de l'aménagement paysager. Au cours de ses études secondaires, il a lancé une petite entreprise de travaux étudiants (tonte de gazon, plantation de fleurs annuelles) qu'il a continué à gérer pendant qu'il étudiait en sciences humaines au Cégep du Vieux Montréal. Par la suite, il a obtenu un diplôme d'études collégiales (DEC) au terme du programme *Paysage et commercialisation en horticulture ornementale*,

	Salaire hebdo moyen	Proportion de dipl. en emploi	Emploi relié	Chômage	Nombre de diplômés
2006	677 $	57,1 %	100,0 %	0,0 %	10
2005	529 $	55,0 %	70,0 %	8,3 %	25
2004	574 $	62,5 %	100,0 %	23,1 %	19

Statistiques tirées de la *Relance* - Ministère de l'Éducation, du Loisir et du Sport. Voir données complémentaires, page 369.

Comment interpréter l'information, page 15.

option *Aménagement paysager*, à l'Institut de technologie agroalimentaire, campus de Saint-Hyacinthe. (Deux autres options sont offertes dans ce programme : *Commercialisation des produits et des services horticoles*, et *Espaces verts.*)

C'est en juin 2000 qu'il lance son entreprise avec sa conjointe et associée Marie-Pierre Labelle, également technicienne horticole. «On n'opte pas pour ce métier pour être riche, précise Nicolas. On le choisit pour voir la satisfaction sur le visage du client, quand on a transformé un terrain vague en un bel aménagement paysager.»

QUALITÉS RECHERCHÉES

Beau temps, mauvais temps, le technicien horticole doit travailler à l'extérieur pendant de longues heures. «Il faut avoir une bonne endurance physique. C'est un travail manuel très exigeant», explique Nicolas.

Le technicien doit également coordonner le travail effectué sur les chantiers par les ouvriers, distribuer les tâches et gérer les livraisons, ce qui exige une bonne capacité à résoudre des problèmes.

Aimer travailler en équipe est un atout non négligeable. «On passe énormément d'heures à travailler ensemble. Tous les membres de l'équipe doivent faire en sorte de maintenir une ambiance de travail positive en faisant preuve de bonne humeur, en s'intégrant harmonieusement et parfois en mettant de l'eau dans leur vin», précise Nicolas.

DÉFIS ET PERSPECTIVES

«Beaucoup de travail attend les diplômés!» lance Luc Dethier, enseignant et responsable du programme en alternance travail-études au Collège Montmorency. En effet, l'engouement pour l'aménagement paysager ne semble pas vouloir s'estomper. «De nouveaux marchés font également leur apparition, comme l'aménagement paysager des toits sur les immeubles à logements.»

Les diplômés doivent aussi protéger les ressources en eau en mettant en place de nouvelles méthodes d'irrigation souterraine et de conservation de l'eau de pluie. 02/05

> Le technicien doit coordonner le travail effectué sur les chantiers par les ouvriers, distribuer les tâches et gérer les livraisons, ce qui exige une bonne capacité à résoudre des problèmes.

Photo : ITA, Campus de Saint-Hyacinthe

HORAIRES ET MILIEUX DE TRAVAIL

- Le technicien horticole peut œuvrer auprès d'entreprises d'entretien et d'aménagement paysagers, de municipalités, de golfs, de bureaux d'architectes paysagistes, de pépinières et de jardineries.

- Le technicien horticole travaille généralement à l'extérieur, beau temps, mauvais temps.

- L'horaire de travail comprend environ 40 heures hebdomadaires. Durant la période la plus intense, de mai à juillet, le technicien peut toutefois travailler de 50 à 80 heures par semaine.

DEC

Techniques d'aquaculture

Bruno Archer est biologiste et technicien en aquaculture pour le Centre aquacole marin de Grande-Rivière de l'Université du Québec à Rimouski. Sa mission : développer la technique idéale pour l'élevage de poissons. Sa spécialité : le loup de mer.

PROG. 231.AO
PRÉALABLES : 11, 20, VOIR P. 16

CHAMPS D'INTÉRÊT
- aime l'eau et la nature
- aime travailler à l'extérieur et en équipe
- aime observer, analyser et prendre des décisions

APTITUDES
- capacité d'analyse, esprit pratique et sens des responsabilités
- bonne résistance physique
- sens de l'observation
- initiative, autonomie et mobilité

OFFRE DU PROGRAMME PAR RÉGIONS
Gaspésie–Îles-de-la-Madeleine

Pour connaître les établissements qui offrent ce programme : www.inforoutefpt.org

RÔLE ET TÂCHES

Au Centre aquacole marin de Grande-Rivière, on compte des dizaines de milliers de loups de mer vivant dans une vingtaine de bassins situés à côté de laboratoires. «Le centre de recherche est comme une ferme, mais dans l'eau», précise Bruno.

Dans l'humidité ambiante des salles de bassins, sarrau sur le dos, bottes imperméables aux pieds, Bruno veille sur cet élevage de poissons destiné à la recherche et effectue différentes expérimentations. Il cherche à déterminer les conditions optimales pour l'élevage des loups de mer (composition des aliments, luminosité, vitesse du courant, densité d'élevage, température de l'eau, concentration de l'oxygène dans l'eau, etc.). Ces recherches permettront aux éleveurs d'avoir une meilleure production, tout en diminuant les coûts et en respectant la santé des poissons.

Pour assurer le bien-être de ses pensionnaires, Bruno nettoie et désinfecte les bassins, nourrit les poissons avec de la moulée, assainit les murs et les planchers des salles avec des produits chimiques. «Les poissons sont très fragiles. Ils doivent subir le moins de stress possible», précise Bruno.

À chacune de ses expérimentations, Bruno modifie un paramètre en particulier. Par exemple, il peut évaluer l'influence de la température de l'eau sur la croissance. «Nous avons constaté que plus la température est élevée, plus la croissance est rapide. Par contre, si la croissance est intéressante mais que la santé des poissons est compromise, nous ne pouvons retenir ces paramètres. Il y a donc des limites à respecter.»

	Salaire hebdo moyen	Proportion de dipl. en emploi	Emploi relié	Chômage	Nombre de diplômés
2006	N/D	N/D	N/D	N/D	N/D
2005	N/D	N/D	N/D	N/D	N/D
2004	N/D	N/D	N/D	N/D	N/D

Statistiques tirées de la *Relance* - Ministère de l'Éducation, du Loisir et du Sport. Voir données complémentaires, page 369.

Comment interpréter l'information, page 15.

Titulaire d'un diplôme d'études collégiales (DEC) en techniques d'aquaculture du Cégep de la Gaspésie et des Îles et d'un baccalauréat en biologie de l'Université du Québec à Montréal, Bruno est également enseignant en techniques d'aquaculture au Centre spécialisé des pêches du Cégep de la Gaspésie et des Îles.

QUALITÉS RECHERCHÉES

Pour Bruno, la passion du métier est indispensable. «C'est un travail très exigeant qui requiert une disponibilité constante. Un technicien peut se faire appeler à tout moment si un problème survient, comme un bris de conduite d'eau. On travaille avec du vivant! Si on est responsable des poissons, on est aussi responsable de projets dont les résultats vont avoir des répercussions pour les 20 à 30 prochaines années sur l'industrie aquacole du Québec. Nous sommes en train de jeter les bases de cette industrie naissante.»

Le travail du technicien en aquaculture comporte sa part de tâches répétitives. La patience est donc de mise.

Le travail du technicien en aquaculture comporte sa part de tâches répétitives. La patience est donc de mise. «Pendant des heures, je peux peser et mesurer mille poissons l'un après l'autre. Il faut être très minutieux et appliqué dans son travail.»

Avoir un excellent sens de l'observation est une autre qualité recherchée. «On doit presque être détective! Il faut être à l'affût des moindres changements et même anticiper les problèmes qui pourraient survenir», précise Bruno.

DÉFIS ET PERSPECTIVES

Selon Marie-Hélène Fournier, enseignante au Centre spécialisé des pêches du Cégep de la Gaspésie et des Îles, le domaine de l'aquaculture reste mal connu. «Il y a certains préjugés sur ce domaine, autant dans la population que dans l'industrie de la pêche. Des fausses croyances sont véhiculées, par exemple que le poisson d'élevage goûte la moulée, ce qui n'est pourtant pas le cas. L'un des principaux défis pour les diplômés est donc de démystifier l'aquaculture auprès des consommateurs et de l'industrie.»

En outre, le Québec accuse un certain retard sur les autres provinces canadiennes en matière d'aquaculture. «En ce sens, il est important de poursuivre le développement de ce secteur, notamment en élevant des espèces comme les poissons de mer», conclut Marie-Hélène Fournier. 02/05

Photo : C.S. Niguaba

HORAIRES ET MILIEUX DE TRAVAIL

- Les techniciens en aquaculture peuvent travailler pour des centres de recherche, des aquariums et des entreprises d'élevage.

- Un petit nombre d'entre eux lancent leur propre entreprise d'élevage.

- Selon le type d'employeur, les techniciens œuvrent dans une salle de bassins, dans un bureau, sur un bateau ou en laboratoire.

- Les heures supplémentaires sont monnaie courante dans ce métier.

Techniques de santé animale

Sa passion pour les animaux l'a poussée à suivre la formation en techniques de santé animale. Aujourd'hui jeune diplômée, Isabelle Caron ne regrette pas ce choix qui lui permet d'être quotidiennement en contact avec les animaux.

PROG. 145.A0
PRÉALABLES : 11, 20, VOIR P. 16

CHAMPS D'INTÉRÊT

- aime la médecine et adore le contact avec les animaux
- aime observer et faire des analyses de laboratoire
- aime seconder, assister, coopérer
- aime informer et conseiller les personnes

APTITUDES

- grande sensibilité à la vie animale
- dextérité et sens de la précision
- grande faculté d'observation
- sang-froid, force physique et résistance au stress
- facilité à communiquer, à vulgariser
- n'est pas dédaigneux

OFFRE DU PROGRAMME PAR RÉGIONS
Bas-Saint-Laurent, Estrie, Laurentides, Mauricie, Montérégie, Montréal, Saguenay—Lac-Saint-Jean

Pour connaître les établissements qui offrent ce programme : www.inforoutefpt.org

RÔLE ET TÂCHES

La jeune femme travaille dans le domaine de la recherche, pour le Département d'anatomie et de physiologie de l'Université Laval. Le programme des techniques de santé animale vise à former des techniciens aptes à travailler dans tous les secteurs d'activité reliés à la santé et à l'utilisation des animaux. «Mon travail au sein des laboratoires de recherche de l'Université consiste à assister les chercheurs qui utilisent des animaux pour leurs travaux, explique Isabelle. Mon rôle est de veiller au bien-être des animaux et d'aider les chercheurs en effectuant des prélèvements, des injections et parfois même des actes de petite chirurgie. Je dois également m'assurer que les protocoles appliqués respectent les normes et les règlements relatifs à l'expérimentation animale.» Dans le cadre de ce travail, Isabelle effectue des tâches très variées. «Je dois avoir une grande polyvalence et des compétences dans des domaines aussi divers que l'informatique, la chirurgie, l'analyse ou même la cuisine.» Pour la diplômée en techniques de santé animale, assister les chercheurs est un défi fort stimulant. Elle se consacre à des projets en ophtalmologie, en pharmacologie ou à des thèmes de recherche plus spécifiques, comme l'obésité. «L'animalerie de l'Université est assez bien garnie. Outre les rats et les souris, nous avons également des chats, des chiens, des lapins, des brebis, des cochons et même des singes. Mon rôle est d'expliquer aux chercheurs comment manipuler ces différents animaux. Lorsque le cas se présente, c'est aussi à moi de pratiquer les euthanasies. Je dois malgré tout le faire de la meilleure façon possible pour éviter toute souffrance à l'animal.»

	Salaire hebdo moyen	Proportion de dipl. en emploi	Emploi relié	Chômage	Nombre de diplômés
2006	436 $	84,7 %	89,1 %	2,0 %	239
2005	464 $	85,1 %	94,2 %	3,3 %	248
2004	N/D	N/D	N/D	N/D	N/D

Statistiques tirées de la *Relance* - Ministère de l'Éducation, du Loisir et du Sport. Voir données complémentaires, page 369.

Comment interpréter l'information, page 15.

QUALITÉS RECHERCHÉES

Le métier de technicien en santé animale nécessite également une certaine habileté technique. «Je me suis aperçue qu'être ambidextre est une qualité précieuse lorsqu'on doit faire une prise de sang à un animal récalcitrant», dit Isabelle. Quand on travaille en recherche, il faut bien sûr aimer les animaux et veiller à leur bien-être, mais aussi être en mesure de prendre une certaine distance quant aux fins pour lesquelles on les utilise. Évidemment, ceux qui désirent orienter leur carrière dans ce domaine ne doivent pas souffrir d'allergies particulières aux animaux.

DÉFIS ET PERSPECTIVES

Grâce au programme, les élèves sont en contact avec les animaux dès la première année. «Nos élèves peuvent ainsi mettre à l'épreuve leur habileté technique et avoir une expérience concrète du secteur vers lequel ils désirent orienter leur carrière», explique Michel Lockquell, coordonnateur du programme au Cégep de Sherbrooke. Le coordonnateur explique que les diplômés prennent en général deux voies distinctes. Une moitié d'entre eux se dirige vers les cliniques vétérinaires, alors que l'autre moitié rejoint le secteur de la recherche. Il tient à préciser que le travail en clinique a beaucoup évolué depuis quelques années, les techniciens n'étant plus cantonnés au nettoyage des cages. Ce sont aujourd'hui de véritables adjoints, formés pour assister le vétérinaire dans ses actes médicaux. La demande existe également en recherche. «De nombreux centres travaillent avec les animaux», dit M. Lockquell. C'est le cas des fermes expérimentales, des laboratoires de recherche universitaires et bien sûr des compagnies pharmaceutiques. Les techniciens en santé animale se trouvent aussi dans d'autres domaines. Certains exercent dans les jardins zoologiques, les salons de toilettage, les sociétés protectrices des animaux ou les élevages commerciaux. «Quel que soit l'endroit où l'on travaille, il est nécessaire de constamment mettre à jour ses connaissances et ses compétences, considère M. Lockquell. C'est ce que propose l'Association des techniciens en santé animale du Québec (ATSAQ), qui donne de la formation et de l'information sur les nouveautés du métier.» 03/01

> «Je dois avoir une grande polyvalence et des compétences dans des domaines aussi divers que l'informatique, la chirurgie, l'analyse ou même la cuisine.»
>
> — Isabelle Caron

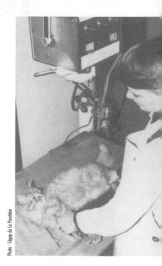

Photo : Cégep de La Pocatière

HORAIRES ET MILIEUX DE TRAVAIL

- Les diplômés peuvent travailler dans des cliniques vétérinaires, des laboratoires de recherche, des compagnies pharmaceutiques ou des fermes expérimentales.

- On trouve aussi ces diplômés dans des jardins zoologiques, des salons de toilettage, des sociétés protectrices des animaux ou des élevages commerciaux.

- Le contact avec les animaux implique un risque, minime, de griffure ou de morsure.

- Le travail se fait selon des horaires de bureau réguliers.

- Dans certains cas, les techniciens peuvent travailler tôt le matin, tard le soir ou les fins de semaine.

- Le milieu de travail est informatisé pour les techniciens qui œuvrent en recherche.

Techniques équines

Une fois obtenu son diplôme en conservation de la faune, Mélanie Boulianne, une Gaspésienne fonceuse et passionnée de chevaux, s'est lancée au grand galop en techniques équines. Elle travaille à temps partiel dans une petite écurie de la Montérégie, en attendant de partir à l'étranger.

PROG. 155.A0
PRÉALABLE : 0, VOIR PAGE 16

CHAMPS D'INTÉRÊT

- aime le travail avec les animaux
- aime le contact avec le public
- préfère le travail physique et en plein air
- aimer relever les défis et prendre des décisions

APTITUDES

- force physique et endurance
- patience, sens de l'observation et bon jugement (pour travailler avec les chevaux)
- entregent, sens des responsabilités et capacité d'écoute (pour travailler avec le public)
- persévérance (pour arriver à vivre de son métier)

OFFRE DU PROGRAMME PAR RÉGIONS
Bas-Saint-Laurent

Pour connaître les établissements qui offrent ce programme : **www.inforoutefpt.org**

RÔLE ET TÂCHES

Grâce à sa formation, Mélanie occupe maintenant les fonctions de palefrenière et d'entraîneuse. «Si on résume ma journée, je consacre l'avant-midi à des tâches routinières et l'après-midi, la partie la plus plaisante, à l'entraînement des chevaux. Je commence en faisant une tournée de l'écurie, pour vérifier si les chevaux ont bien mangé ou s'il y en a qui sont malades. Ensuite, je les nourris et je fais les boxes.» Concrètement, «faire les boxes» signifie passer le balai, ramasser le crottin, changer le foin, épousseter, donner de l'eau aux chevaux et nettoyer les mangeoires. En moyenne, un palefrenier a une trentaine de chevaux à sa charge, qu'il entraîne en fonction des demandes des propriétaires ou des concours auxquels ils participeront. Souvent, ce n'est pas le propriétaire mais bien Mélanie qui monte le cheval lors des compétitions, puisque le propriétaire n'est pas forcément un professionnel de l'équitation. Mélanie commence à monter les poulains dès qu'ils atteignent 18 mois pour les préparer à la compétition, qu'ils attaqueront à l'âge de trois ans. «On fait des programmes d'entraînement légers au départ, en les montant une demi-heure à la fois et en leur passant la longe (sorte de laisse pour cheval) au cou quelques minutes, pour qu'ils s'habituent. Puis on intensifie en difficulté et en durée, pour leur apprendre les différentes épreuves qu'ils auront à exécuter dans les concours hippiques (sauts, tours, obéissance, poses, etc.).»

	Salaire hebdo moyen	Proportion de dipl. en emploi	Emploi relié	Chômage	Nombre de diplômés
Spécialisation en équitation western – 155.AA					
2006	338 $	87,5 %	0,0 %	12,5 %	9
Spécialisation en équitation classique – 155.AB					
2006	517 $	100,0 %	100,0 %	0,0 %	6
Spécialisation en courses attelées – 155.AC					
2006	N/D	N/D	N/D	N/D	N/D
Spécialisation en randonnée équestre – 155.AD					
2006	N/D	N/D	N/D	N/D	N/D

Statistiques tirées de la *Relance* - Ministère de l'Éducation, du Loisir et du Sport. Voir données complémentaires, page 369.

Comment interpréter l'information, page 15.

Travailler avec les chevaux peut sembler simple, mais en fait, c'est tout un art. «Les chevaux ont leur caractère comme les humains. Plus on les connaît, plus leur entraînement sera efficace. Ils doivent également avoir confiance en nous pour nous obéir et apprendre. On doit parfois les remettre à leur place et les corriger afin de leur montrer qui est le patron!»

QUALITÉS RECHERCHÉES

Le métier exige bien sûr d'aimer les chevaux, mais également le public, puisqu'il faut traiter avec les propriétaires des animaux. Le palefrenier doit donc avoir atteint une certaine maturité pour mériter leur confiance et celle des employeurs, en plus de savoir user d'entregent et de diplomatie.

Le métier exige bien sûr d'aimer les chevaux, mais également le public, puisqu'il faut traiter avec les propriétaires des bêtes.

L'emploi commande également un bon sens de l'observation et un bon jugement. «On doit être capable de reconnaître les signes d'une maladie ou d'un malaise. Il faut vérifier si le cheval mange bien, s'il boite ou s'il est irritable.» Faire sa place dans le milieu équestre demande aussi de la persévérance, selon Mélanie. «Il faut aimer se perfectionner parce que c'est long avant d'obtenir de la reconnaissance et de la crédibilité.» Elle songe donc à s'exiler pour apprendre l'anglais, la langue des compétitions internationales.

DÉFIS ET PERSPECTIVES

Le programme offre quatre voies de spécialisation : équitation Western, équitation classique, randonnée équestre et courses attelées. La formation offerte à l'Institut de technologie agroalimentaire (ITA), campus de La Pocatière donne de bonnes bases pour travailler avec les chevaux, mais ça ne suffit pas, selon Yolande Cornelisen, enseignante dans cet établissement. «J'encourage les jeunes à sortir des sentiers battus pour trouver des moyens d'offrir des services qui vont modifier la façon dont on aborde l'équitation.» Il peut s'agir, par exemple, de fonder des entreprises offrant des randonnées équestres à vocation écotouristique.

Photo : MAPAQ

Une grande majorité des diplômés choisissent de s'exiler aux États-Unis, en France ou en Belgique pour pallier la rareté des emplois offerts au Québec dans leur domaine. La pratique de l'équitation western (comme on la voit dans les rodéos entre autres) est en pleine expansion en Europe, et les diplômés d'ici peuvent en profiter, car ils possèdent une bonne expertise en la matière. 02/03

HORAIRES ET MILIEUX DE TRAVAIL

• La plupart des centres équestres et des écuries offrent surtout des emplois saisonniers, contractuels ou même à la pige.

• Les horaires sont variables, voire irréguliers, et dépendent du type de travail, de l'endroit et des concours hippiques. Le travail à temps partiel, le soir et les week-ends est très répandu.

DEC

Technologie de la production horticole et de l'environnement
(Cultures légumières, fruitières et industrielles)

Cellulaire en main, Alexandre Brouillet sillonne les routes pour rencontrer les producteurs de grandes cultures et leur proposer ses produits. Son but? Faire fructifier leurs récoltes et protéger celles-ci des maladies. Son métier? Représentant technique chez Agro-100, une entreprise de Saint-Thomas-de-Joliette qui offre aux agriculteurs des produits et des services horticoles.

PROG. 153.BO
PRÉALABLES : 11, 20, VOIR P. 16

CHAMPS D'INTÉRÊT
- aime la nature et le travail en plein air
- aime la communication et la coopération
- aime observer, analyser et résoudre des problèmes concrets

APTITUDES
- excellent jugement et grand sens de l'observation
- respect de la nature et de l'environnement
- sens des responsabilités
- facilité à communiquer et à vulgariser

OFFRE DU PROGRAMME PAR RÉGIONS
Bas-Saint-Laurent, Lanaudière, Laurentides, Montérégie

Pour connaître les établissements qui offrent ce programme : **www.inforoutefpt.org**

RÔLE ET TÂCHES

«J'ai toujours adoré l'agriculture et le grand air, s'exclame Alexandre. À 12 ans, je triais déjà les fraises chez un producteur. Avant de commencer ma formation collégiale, j'ai travaillé dans une ferme maraîchère et comme manœuvre en aménagement paysager.

«Mon travail actuel consiste à faire de la prospection de clients, des producteurs de grandes cultures comme le maïs, le soja, l'orge, le blé et l'avoine, poursuit-il. Je vais leur rendre visite pour présenter mes produits : des engrais, des pesticides et des chaux pour amender le sol. Mon bureau, c'est ma voiture, et j'y passe de longues heures. Il ne faut pas craindre la solitude.»

Chacun de ses produits a une fonction particulière, par exemple rétablir le pH d'un sol, combler une carence en minéraux, aider au démarrage d'une production ou éliminer des insectes ou des champignons. Ils sont parfois préalablement testés sur une parcelle de terrain du producteur. Une fois la vente conclue, Alexandre fera un suivi pour s'assurer que le produit a généré les résultats escomptés.

Il est aussi appelé à offrir certains services comme l'analyse de sol – la prise d'échantillons de sol qui seront analysés en laboratoire en vue d'en déterminer les composantes et de proposer une fertilisation ou une application

	Salaire hebdo moyen	Proportion de dipl. en emploi	Emploi relié	Chômage	Nombre de diplômés
Cultures légumières, fruitières et industrielles – 153.BA					
2006	420 $	57,1 %	25,0 %	20,0 %	10
Cultures de plantes ornementales – 153.BB					
2006	525 $	66,7 %	100,0 %	20,0 %	7
Cultures horticoles, légumières, fruitières et ornementales en serre et en champ – 153.BC					
2006	571 $	88,9 %	84,6 %	5,9 %	25
Spécialisation en environnement – 153.BD					
2006	555 $	75,0 %	75,0 %	10,0 %	16

Statistiques tirées de la *Relance* - Ministère de l'Éducation, du Loisir et du Sport. Voir données complémentaires, page 369.

Comment interpréter l'information, page 15.

de chaux appropriée – et le suivi des cultures, qui implique, par exemple, le dépistage des herbes indésirables, des ravageurs et des maladies. Ce DEC offre aussi une option en Environnement et en Culture de plantes ornementales.

QUALITÉS RECHERCHÉES

L'entregent et la facilité à communiquer sont indispensables pour occuper ce poste. «Il faut être sociable, ouvert d'esprit et à l'aise avec les gens, souligne Alexandre. Par ailleurs, une bonne dose d'assurance est nécessaire pour établir un lien de confiance avec l'acheteur.» Les périodes de pointe, au printemps et à l'automne, nécessitent une bonne gestion du stress et une grande disponibilité. De plus, un excellent sens de l'organisation est de rigueur pour gérer son temps efficacement.

Comme la technologie évolue rapidement, le travailleur doit s'intéresser aux plus récents développements du domaine de l'agriculture (nouveaux produits, modes de production modernes) et ne pas hésiter à questionner ses pairs sur des sujets moins connus. L'amour du plein air, les habiletés manuelles, la rigueur et le souci du travail bien fait sont également des atouts.

Comme la technologie évolue rapidement, le travailleur doit s'intéresser aux plus récents développements du domaine de l'agriculture (nouveaux produits, modes de production modernes) et ne pas hésiter à questionner ses pairs sur des sujets moins connus.

DÉFIS ET PERSPECTIVES

«Mondialisation des marchés et concurrence obligent, le principal défi des diplômés est de travailler à améliorer l'efficacité technique et économique des entreprises», explique Pierre Millette, responsable du programme *Technologie de la production horticole et de l'environnement* à l'Institut de technologie agroalimentaire, campus de La Pocatière.

De l'avis du responsable, l'industrie devra aussi se tourner davantage vers la production de nouvelles cultures plus rentables, comme le lin oléagineux ou le chanvre, et transformer les matières premières en produits ayant une meilleure valeur ajoutée (avoine en flocons, par exemple). En outre, les travailleurs du secteur devront se familiariser avec l'automatisation et la robotisation des productions horticoles. «Dans les serres, tous les contrôles [par exemple, les systèmes d'irrigation et d'injection des fertilisants] sont informatisés. Et dans les champs, le système d'épandage de fumier et d'engrais peut aujourd'hui être relié à un satellite qui, en fonction des informations qu'il reçoit, modifie automatiquement la quantité d'éléments à ajouter selon les composantes du sol.» 02/05

Photo : ITA de Saint-Hyacinthe

HORAIRES ET MILIEUX DE TRAVAIL

• Les principaux employeurs sont les producteurs agricoles, les fournisseurs horticoles, les clubs de dépistage (dépistage des herbes indésirables, ravageurs et maladies) ou d'encadrement technique, les entreprises spécialisées en aménagement paysager, les municipalités et le ministère de l'Agriculture, des Pêcheries et de l'Alimentation du Québec.

• Les diplômés peuvent également offrir leurs services dans les serres, les jardineries, les pépinières et les vergers.

• Dans ce domaine, on peut travailler le jour, le soir et les fins de semaine.

• En début de carrière, les emplois sont généralement de nature saisonnière. Avec l'expérience, les travailleurs dénichent plus facilement un emploi à l'année.

Technologie des productions animales

Francis Lajeunesse est représentant pour la Coopérative des Cantons; il s'occupe du secteur de l'élevage porcin. Même s'il n'est pas issu du milieu agricole, Francis a une véritable passion pour ce secteur dans lequel il a choisi de travailler.

PROG. 153.A0
PRÉALABLES : 11, 20, VOIR P. 16

CHAMPS D'INTÉRÊT
- aime les animaux et l'agriculture (produits, aliments)
- accorde de l'importance au résultat, à la qualité (des produits)
- aime le travail de précision
- aime observer et manipuler, faire des tests et des analyses de produit

APTITUDES
- n'est pas dédaigneux (odeurs, manipulations)
- sens de l'observation et souci du détail
- aisance avec la technologie
- facilité à communiquer (préférablement bilingue)
- sens des responsabilités et de l'éthique professionnelle

OFFRE DU PROGRAMME PAR RÉGIONS
Bas-Saint-Laurent, Montérégie

Pour connaître les établissements qui offrent ce programme : **www.inforoutefpt.org**

RÔLE ET TÂCHES

La coopérative pour laquelle Francis travaille regroupe différents producteurs de la région des Canton-de-l'Est. «Nous nous occupons d'élevage porcin, d'élevage laitier et nous avons également un volet consacré au végétal. Je fais partie d'une équipe de six représentants et mon rôle est de vendre, de promouvoir et de prospecter pour le secteur porcin.»

Au-delà de ses responsabilités commerciales, Francis a aussi comme mission d'apporter un soutien technique à ses clients. «Je vérifie avec eux si les conditions de vie des cochons que nous leur vendons sont idéales, explique-t-il. Au besoin, je rectifie la température ou la ventilation. Je conseille l'éleveur en ce qui concerne les programmes alimentaires et la composition des moulées qui sont distribuées aux animaux. Il m'arrive aussi de faire la tournée des fermes avec le vétérinaire lorsqu'on me signale un problème de santé dans un élevage.»

S'il passe une grande partie de son temps sur la route et en visite chez ses clients, Francis doit également faire du travail de bureau pour gérer les aspects administratifs liés à son activité de représentant. «J'effectue quotidiennement le suivi des entrées et des sorties de tous les animaux qui sont à l'engraissement, dit-il. La pouponnière de la coopérative produit environ 44 000 porcelets par année; ça fait des bêtes à surveiller! En général, les tâches administratives me prennent une ou deux heures par jour. J'en fais le matin, à mon arrivée, et le soir avant de partir. Entre-temps, je suis sur la route et je visite des clients. Comme la plupart des représentants, je dois

	Salaire hebdo moyen	Proportion de dipl. en emploi	Emploi relié	Chômage	Nombre de diplômés
2006	675 $	68,4 %	92,0 %	7,1 %	52
2005	570 $	76,7 %	90,9 %	0,0 %	42
2004	496 $	72,2 %	96,0 %	13,3 %	46

Statistiques tirées de la *Relance* - Ministère de l'Éducation, du Loisir et du Sport. Voir données complémentaires, page 369.

Comment interpréter l'information, page 15.

aussi assister à plusieurs réunions chaque semaine et être présent à tous les salons ou colloques ayant un rapport avec le secteur porcin.»

QUALITÉS RECHERCHÉES

Le technologue en productions animales doit être particulièrement rigoureux dans sa démarche et son analyse des problèmes. «On travaille avec du matériel vivant, dit Francis. Il faut donc faire attention aux décisions qu'on prend, car les conséquences peuvent être assez graves.» Que l'on soit employé en production ou en représentation, que l'on travaille dans une exploitation, une coopérative ou un bureau de contrôle, il faut aimer servir et avoir le goût des contacts humains. «La relation avec les producteurs est très enrichissante, estime Francis. On doit gagner la confiance de nos clients en leur prodiguant de bons conseils.» Le domaine de la production animale exige aussi une certaine disponibilité, de la facilité à utiliser les technologies, un bon sens de l'observation et des responsabilités.

Si l'industrie laitière demeure l'employeur numéro un des technologues en productions animales, d'autres secteurs se développent fortement. C'est le cas des élevages porcins et avicoles.

DÉFIS ET PERSPECTIVES

Carole Simon est directrice de l'enseignement à l'Institut de technologie agroalimentaire, campus de Saint-Hyacinthe. Elle considère que leur mission est de former des technologues qui possèdent, en plus de leurs compétences techniques, un sens très poussé du service à la clientèle. «La majeure partie de nos diplômés est en effet appelée à occuper des postes de représentants, explique-t-elle. Pour conseiller les producteurs dans l'achat des produits, ils doivent être aussi à l'aise avec l'aspect technique qu'avec le côté commercial.» Mme Simon a remarqué que le nombre de diplômés qui intègrent chaque année le monde du travail est insuffisant pour répondre aux besoins du marché. Si l'industrie laitière demeure l'employeur numéro un des technologues en productions animales, d'autres secteurs se développent fortement. C'est le cas des élevages porcins et avicoles.

Photo : PPM

«Selon les conclusions des comités consultatifs auxquels nous participons, en partenariat avec les professionnels de l'industrie agroalimentaire, le principal défi que nos diplômés auront à relever sera de faire baisser les coûts de production pour répondre aux exigences de la mondialisation des marchés, estime Mme Simon. Ils ont d'excellentes perspectives de carrière et peuvent à moyen terme évoluer jusqu'à des postes de direction.» 03/01

HORAIRES ET MILIEUX DE TRAVAIL

- Les diplômés sont employés comme représentants par les coopératives ou les entreprises d'alimentation.

- Ils peuvent travailler dans les grosses unités de production laitière, porcine ou avicole.

- Ils sont aussi embauchés par le ministère de l'Agriculture, des Pêcheries et de l'Alimentation du Québec.

- Les milieux de travail, dans ce domaine, peuvent être bruyants et odorants.

- Les horaires de bureau des représentants peuvent varier.

- Il est possible de travailler le soir et les fins de semaine.

Technologie du génie agromécanique

Depuis maintenant un an qu'il travaille chez Marcel Morissette inc., Martin Laferrière n'a vraiment pas le temps de s'ennuyer. Cette entreprise spécialisée dans l'équipement laitier lui permet de mettre à profit les connaissances acquises à l'Institut de technologie agroalimentaire, campus de Saint-Hyacinthe.

PROG. 153.D0
PRÉALABLES : 10, 20, VOIR P. 16

CHAMPS D'INTÉRÊT
- aime résoudre des problèmes concrets
- aime communiquer et travailler avec les personnes
- aime le milieu agricole, la machinerie et la mécanique
- aime la vente

APTITUDES
- pragmatisme et habileté à comprendre la technologie
- bilinguisme et mobilité
- sait bien communiquer : écouter, conseiller et vulgariser
- sait convaincre et négocier (vente)

OFFRE DU PROGRAMME PAR RÉGIONS
Montérégie

Pour connaître les établissements qui offrent ce programme : www.inforoutefpt.org

RÔLE ET TÂCHES

«Je suis technologue spécialisé dans la maintenance des systèmes de traite, explique Martin. Cela signifie que je veille au bon fonctionnement de l'équipement laitier qui est installé chez nos clients.» Le technologue diagnostique les pannes et choisit les solutions et les réglages les mieux adaptés au problème. Il peut aussi bien gérer un service de pièces, de réparation ou d'entretien, que vendre ou installer des machines et donner des conseils techniques. «Mon rôle auprès des clients comporte plusieurs aspects, précise Martin. D'abord, j'assure l'entretien de leur système de traite. En cas de pépin, je me rends sur place pour localiser et traiter les problèmes techniques. J'explique la nature de la panne au client et lui fait comprendre pourquoi il est peut-être nécessaire de changer une pièce. Ensuite, j'ai également un rôle de conseiller technique auprès des producteurs laitiers. Ensemble, nous analysons les méthodes de traite afin d'améliorer leur production. Enfin, mon travail a aussi un côté commercial. Je fais un peu de représentation et de prospection, je présente nos produits à des clients potentiels et je participe aux différents salons en rapport avec la production laitière.»

QUALITÉS RECHERCHÉES

Dans le domaine de l'équipement agricole, la qualité principale des intervenants reste la disponibilité. «Dans l'agriculture ou l'élevage, il n'y a ni jours fériés ni fins de semaine, dit Martin. Lorsque tout un système de traite tombe en panne, un dimanche à cinq heures du matin, c'est toi que le

	Salaire hebdo moyen	Proportion de dipl. en emploi	Emploi relié	Chômage	Nombre de diplômés
2006*	567 $	85,7 %	100,0 %	0,0 %	9
2005*	534 $	87,5 %	71,4 %	0,0 %	8
2004*	572 $	80,0 %	75,0 %	0,0 %	12

Statistiques tirées de la *Relance* - Ministère de l'Éducation, du Loisir et du Sport. Voir données complémentaires, page 369.   * Ces statistiques correspondent à l'ancien programme *Technologie des équipements agricoles.*

Comment interpréter l'information, page 15.

producteur appelle. J'aime bien ne pas travailler selon des horaires classiques, même si ce n'est pas toujours évident de marier travail et vie de famille.» Les relations humaines prennent également une grande importance dans ce domaine. «Tu dois être sociable et patient avec tes clients, car tu as autant besoin d'eux qu'ils ont besoin de toi, constate Martin. C'est un échange très enrichissant.» Comme dans tous les domaines techniques, une mise à jour régulière de ses connaissances est essentielle. Le jeune homme explique que, de l'alimentation à la traite, la gestion des troupeaux est entièrement informatisée. Les robots et l'électronique sont omniprésents. Le technologue doit s'attendre à utiliser un ordinateur pour l'aider à faire le diagnostic et la programmation des systèmes.

DÉFIS ET PERSPECTIVES

Le principal défi des diplômés de ce secteur est de suivre le rythme effréné de l'avance technologique. «Les développements technologiques sont si importants et si rapides dans le milieu agroalimentaire que les diplômés sont perpétuellement en formation, indique Mario Laroche, enseignant en technologie des équipements agricoles à l'Institut de technologie agroalimentaire, campus de Saint-Hyacinthe. Tous les secteurs de la culture ou de l'élevage sont touchés par ce phénomène d'automatisation. Les diplômés doivent gérer la maintenance de robots de traite ou d'alimentation, de systèmes d'alarme ou de ventilation. Ils doivent s'occuper d'équipements de technologie de pointe qui coûtent parfois des centaines de milliers de dollars», ajoute l'enseignant.

> «Les développements technologiques sont si importants et si rapides dans le milieu agroalimentaire que les diplômés sont perpétuellement en formation.»
>
> — Mario Laroche

M. Laroche affirme que les entreprises en équipements de ferme s'arrachent littéralement le peu d'élèves formés. «Si un jeune sur deux choisit aujourd'hui de travailler pour les grandes compagnies, il faut savoir que les meilleures possibilités d'évolution de carrière se situent souvent dans les PME, dit-il. Certains postes de contremaîtres ou de superviseurs donnent ainsi des possibilités intéressantes quant à la gestion et aux responsabilités. Si l'on désire à la fois répondre aux besoins techniques de la clientèle et aux besoins de représentation commerciale de l'entreprise, c'est un programme qui offre un grand intérêt et d'excellentes perspectives de carrière.» 03/01

HORAIRES ET MILIEUX DE TRAVAIL

- Les diplômés sont employés par les compagnies qui commercialisent du matériel agricole.

- Ils travaillent dans la vente, la gestion de pièces, l'entretien ou la réparation.

- Les travailleurs de ce domaine sont souvent en déplacement; ils travaillent à l'extérieur ou dans des bâtiments parfois bruyants.

- On utilise de plus en plus l'outil informatique dans la maintenance des systèmes.

- Il est possible de travailler le soir ou les fins de semaine.

- Parfois, un système de garde permettant d'être joint en tout temps est nécessaire pour répondre aux urgences des clients.

Transformation des produits de la mer

Alors qu'il n'avait que six ans, Pascal Noël allait à l'usine de transformation des produits de la mer où travaillait son père. Il observait les superviseurs et se disait que c'était ce qu'il ferait un jour. Vingt ans plus tard, il est superviseur du contrôle de la qualité pour Les Pêcheries Marinad.

PROG. 231.03
PRÉALABLES : 10, 20, VOIR P. 16

CHAMPS D'INTÉRÊT

- aime faire des calculs et des analyses sur des produits
- aime travailler en usine et coopérer
- aime observer et manipuler
- aime résoudre des problèmes

APTITUDES

- facilité pour les sciences (mathématiques, chimie et biologie)
- sens critique et créativité
- autonome, très responsable et très méticuleux
- grande acuité de perception (visuelle, olfactive, gustative)
- capacité d'adaptation et facilité à communiquer

OFFRE DU PROGRAMME PAR RÉGIONS
Gaspésie—Îles-de-la-Madeleine

Pour connaître les établissements qui offrent ce programme : www.inforoutefpt.org

RÔLE ET TÂCHES

Pascal a toujours frayé dans le domaine des pêches. Son père y travaillait avant lui, et tous les emplois qu'il a lui-même occupés pendant ses études y étaient liés. Une fois diplômé en transformation des produits de la mer, il a dû gravir les échelons avant d'obtenir son poste actuel. En tant que superviseur du contrôle de la qualité, Pascal s'assure que tous les produits des Pêcheries Marinad soient propres à la consommation et conformes aux normes de qualité. L'homme gère les trois équipes qui se partagent le travail sur 24 heures. En arrivant le matin, il vérifie la paperasse de la nuit et s'assure du respect de la réglementation. «Une réglementation qui répond aux exigences des clients comme à celles de l'usine», tient-il à préciser. Pascal supervise aussi les contremaîtres responsables de la qualité. De temps à autre, il se rend lui-même dans les usines et entrepôts avec lesquels Les Pêcheries Marinad font affaire, histoire de vérifier si le poisson est conforme aux normes établies. Lors de ces visites inopinées, il rencontre les employés chargés du contrôle de la qualité dans l'entreprise, pour s'assurer que ces gens font bien leur travail.

Il n'est pas toujours évident pour des employés plus âgés de respecter l'autorité d'un superviseur de 26 ans. «Au début, on a dû effectuer certains ajustements, explique Pascal. Mais maintenant, ça va bien», assure-t-il en ajoutant que c'est surtout sur le plan de l'informatisation des procédés qu'il a constaté le plus de réticences. «Les plus âgés m'appelaient "le pitonneux"», dit-il en riant.

	Salaire hebdo moyen	Proportion de dipl. en emploi	Emploi relié	Chômage	Nombre de diplômés
2006	N/D	N/D	N/D	N/D	N/D
2005	N/D	N/D	N/D	N/D	N/D
2004	N/D	N/D	N/D	N/D	N/D

Statistiques tirées de la *Relance* - Ministère de l'Éducation, du Loisir et du Sport. Voir données complémentaires, page 369.

Comment interpréter l'information, page 15.

QUALITÉS RECHERCHÉES

Selon Pascal Noël, pour percer dans le métier, il faut du cœur au ventre et, surtout, ne pas avoir peur de foncer. «Plusieurs des élèves de ma promotion œuvrent aujourd'hui dans un autre domaine, déplore-t-il. Les autres, pour la plupart, ne travaillent qu'à mi-temps dans les pêches.»

Mais on aurait tort de croire qu'il suffit de foncer pour réussir. «Il faut aussi être novateur et créatif, et ne pas craindre de donner ses idées, dit Pascal Noël. On doit aimer aller au fond des choses et avoir le sens du leadership.» La dextérité manuelle, l'entregent, la minutie et les connaissances informatiques sont également fort utiles à ceux qui exercent un métier dans ce domaine.

DÉFIS ET PERSPECTIVES

«La mer est pleine, mais il y a beaucoup de choses que l'on ne mange pas. Un des récents défis pour cette profession est de développer de nouveaux produits marins, de nouvelles sortes de crustacés, de mollusques et de poissons», considère Yves Tardif, aide pédagogique individuel au Cégep de la Gaspésie et des Îles.

Qui connaît l'aiguillat commun, le concombre de mer, la tanche tautogue ou le caviar de lompe? Ce sont tous des produits marins peu connus, et qui font une apparition timide sur le marché. Depuis le moratoire sur la morue en 1993, le milieu de la pêche a dû s'adapter pour découvrir de nouveaux produits marins propres à la consommation. Les diplômés en transformation de produits de la mer doivent trouver des façons de capturer ces espèces, imaginer différentes manières de les apprêter et repérer des marchés qui sauront exploiter ces nouveautés.

Les deuxième et troisième transformations devront être développées dans ce domaine. La première transformation étant le produit lui-même, la deuxième est le produit apprêté, et la troisième, le plat cuisiné. De larges horizons s'offrent donc aux diplômés qui aimeraient exercer leurs talents de cuisiniers. Le fait de relever ces défis élargira les champs d'activité dans le secteur de la pêche et, aspect non négligeable, permettra à l'industrie de fonctionner à longueur d'année. 03/01

> «La mer est pleine, mais il y a beaucoup de choses que l'on ne mange pas. Un des récents défis pour cette profession est de développer de nouveaux produits marins, de nouvelles sortes de crustacés, de mollusques et de poissons.»
>
> — Yves Tardif

Photo : Pêches et Océans Canada

HORAIRES ET MILIEUX DE TRAVAIL

- Les employeurs sont le ministère des Pêches et Océans Canada et celui de l'Agriculture, des Pêcheries et de l'Alimentation du Québec.

- Les diplômés peuvent aussi travailler pour des usines de transformation de poissons, des centres de recherche et des centres de distribution de produits marins.

- Dans ce milieu, on travaille le jour, le soir ou la nuit.

- Les emplois sont souvent saisonniers.

ALIMENTATION ET TOURISME

CHAMPS D'INTÉRÊT

ALIMENTATION
- aime faire des calculs
- aime travailler en usine et coopérer
- aime observer et manipuler
- aime résoudre des problèmes

TOURISME
- aime les voyages
- aime travailler avec le public
- aime conseiller et expliquer
- aime la nouveauté et la diversité
- aime résoudre des problèmes concrets (impliquant des personnes)

APTITUDES

ALIMENTATION
- facilité pour les sciences
- sens critique et créativité
- autonome, très responsable et très méticuleux
- grande acuité de perception (visuelle, olfactive, gustative)
- capacité d'adaptation et facilité à communiquer

TOURISME
- facilité pour les langues, la géographie et les mathématiques
- facilité d'apprentissage de l'informatique
- grande curiosité, dynamisme et discernement
- autonomie et sens de l'organisation
- capacité d'écoute
- grande facilité d'expression

La quasi-totalité
(96 %) des entreprises
touristiques du Québec
sont des PME. Parmi
celles-ci, la moitié
compte moins de
cinq employés.

Source :
Les carrières d'avenir 2007,
Les Éditions Jobboom.

RESSOURCES INTERNET

**MINISTÈRE DE L'ÉDUCATION,
DU LOISIR ET DU SPORT
DU QUÉBEC – SECTEURS
DE FORMATION
www.meq.gouv.qc.ca/
ens-sup/ens-coll/program/
ProgEtab.asp?vToken=s30**
Vous trouverez sur cette page une
description des programmes de ce
secteur de formation, comprenant,
pour chacun, les exigences
d'admission, les objectifs de
formation et une liste
d'établissements d'enseignement.

**CONSEIL QUÉBÉCOIS DES
RESSOURCES HUMAINES
EN TOURISME
www.cqrht.qc.ca**
Ce site saura vous renseigner
sur les carrières possibles dans
l'industrie du tourisme au Québec.

**COMITÉ SECTORIEL
DE MAIN-D'ŒUVRE DU
COMMERCE DE L'ALIMENTATION
www.csmoca.org**
Un point de référence pour les
questions liées au développement
de la main-d'œuvre dans ce
secteur. On y trouve notamment
un service de placement en lien
avec Emploi-Québec.

**COMITÉ SECTORIEL
DE MAIN-D'ŒUVRE
EN TRANSFORMATION
ALIMENTAIRE
www.csmota.qc.ca**
Découvrez dans ce site une
foule de renseignements sur
la formation et les carrières
possibles en transformation
alimentaire.

Gestion d'un établissement de restauration

Tout jeune, François Bouffard faisait déjà l'entretien de chambres d'hôtels comme travail d'été. Diplômé en gestion d'un établissement de restauration, il est maintenant au service d'un établissement dont la renommée dépasse largement nos frontières, le fameux Fairmont Le Château Frontenac, à Québec.

PROG. 430.B0
PRÉALABLE : 10, VOIR PAGE 16

CHAMPS D'INTÉRÊT
- aime assumer des responsabilités et résoudre des problèmes concrets
- aime planifier, organiser et contrôler (la qualité des produits et services, un budget, des stocks, des horaires)
- aime communiquer, coordonner, superviser
- aime écouter, accueillir et servir la clientèle (hôtellerie)

APTITUDES
- polyvalence et disponibilité
- sens de l'organisation et de la planification
- leadership et sens des responsabilités
- grande acuité de perception
- bilinguisme, entregent (hôtellerie)

OFFRE DU PROGRAMME PAR RÉGIONS
Capitale-Nationale, Montréal

Pour connaître les établissements qui offrent ce programme : **www.inforoutefpt.org**

RÔLE ET TÂCHES

«Je suis entré au Fairmont Le Château Frontenac comme serveur, raconte François. Je suis ensuite devenu assistant au maître d'hôtel et, maintenant, j'occupe le poste de gérant du Café de la Terrasse, l'un des trois restaurants de l'hôtel.» Ce travail lui permet d'expérimenter tous les aspects de la gestion d'un restaurant. Ainsi, c'est lui qui s'occupera de planifier les horaires du personnel en fonction de l'achalandage prévu et d'accueillir les clients en compagnie de l'hôtesse. Il s'assurera également du bon déroulement du service. François gère une équipe d'une trentaine de personnes. «Les normes de l'hôtellerie sont de plus en plus exigeantes et je dois veiller à ce que tout le monde offre le même service de qualité», dit-il. Une fois l'an, l'hôtel organise une journée de recrutement à laquelle se présentent entre deux et trois mille personnes. À cette occasion, François fait passer des entrevues aux candidats. Il supervise ensuite les nouveaux employés embauchés, qui seront parrainés par un membre de l'équipe durant leur formation.

La renommée du Fairmont Le Château Frontenac en fait une destination de choix durant les festivals, les congrès ou les événements qui animent la région de Québec. «Ce sont des périodes très actives que nous préparons à l'avance avec le personnel d'encadrement, explique François. Je participe à l'élaboration des menus et au choix des vins qui viendront s'ajouter à notre carte. Ma formation et mon expérience me permettent également d'émettre mes idées au chef ou de donner des conseils sur l'hygiène ou l'entreposage des denrées. C'est un métier où les journées et les services se suivent mais ne se ressemblent pas», conclut-il.

	Salaire hebdo moyen	Proportion de dipl. en emploi	Emploi relié	Chômage	Nombre de diplômés
2006	490 $	61,5 %	86,4 %	0,0 %	62
2005	475 $	72,9 %	85,0 %	4,4 %	79
2004	493 $	87,2 %	100,0 %	0,0 %	60

Statistiques tirées de la *Relance* - Ministère de l'Éducation, du Loisir et du Sport. Voir données complémentaires, page 369.

Comment interpréter l'information, page 15.

QUALITÉS RECHERCHÉES

Selon François, il faut absolument que restauration rime avec passion. «C'est essentiel pour exercer longtemps ce type de métier, affirme-t-il. Bien qu'on serve tous les jours les mêmes assiettes ou les mêmes vins, si on a la passion de son travail et la curiosité de faire chaque jour de nouvelles rencontres, on ne s'ennuiera jamais.» Des aptitudes pour l'organisation sont essentielles, à son avis. «Il faut planifier les emplois du temps, gérer des événements et du personnel. Ça demande un certain leadership, de la patience, mais aussi de la diplomatie pour régler les conflits.» Pour œuvrer dans ce domaine, il faut évidemment s'intéresser à la cuisine. De plus, dans le secteur privé, la disponibilité est de mise, car certaines semaines de travail peuvent parfois compter 50 ou 60 heures.

> «Les normes de l'hôtellerie sont de plus en plus exigeantes et je dois veiller à ce que tout le monde offre le même service de qualité.»
>
> — François Bouffard

DÉFIS ET PERSPECTIVES

Si la restauration gastronomique séduit encore bien des diplômés, les horaires exigeants et irréguliers peuvent, à la longue, interférer avec leur vie familiale. En effet, dans ce type d'emploi, il faut s'attendre à travailler alors même que les autres se détendent devant un bon repas.

Toutefois, cette contrainte peut être compensée par le fait que les employeurs, devant la difficulté à recruter de la main-d'œuvre qualifiée, rehaussent les conditions d'emploi, observe Sébastien Bonnefis, coordonnateur et enseignant en gestion d'un établissement de restauration au Collège Mérici. Par ailleurs, les CPE, les hôpitaux et les foyers pour personnes âgées offrent souvent des salaires intéressants et des avantages sociaux alléchants.

Photo : Lise Gagné, Collège Mérici

Les diplômés peuvent rapidement avoir accès à des postes de responsabilité, comme chef de production alimentaire, directeur ou gérant d'établissement de restauration. Le programme cultive d'ailleurs la fibre entrepreneuriale des élèves. «Nous formons de futurs entrepreneurs et propriétaires qui pourront également gérer des établissements qui appartiennent à d'autres», affirme M. Bonnefis. 03/01 (mise à jour 04/07)

HORAIRES ET MILIEUX DE TRAVAIL

- Les diplômés peuvent trouver du travail auprès de tous les établissements offrant des services de restauration.
- Le milieu de travail est légèrement informatisé.
- Le travail se fait selon des horaires stables et réguliers dans le secteur public.
- Les horaires sont irréguliers et très chargés dans le secteur privé.
- Dans tous les cas, le travail de soir et de fin de semaine est davantage la norme que l'exception.

Techniques de gestion hôtelière

Diplômé en techniques de gestion hôtelière, Stéphane Laberge occupe désormais le poste de réceptionniste à l'auberge La Camarine, de Sainte-Anne-de-Beaupré. «L'hôtellerie est un domaine de passionnés, dit-il. Tu dois avoir le goût de servir la clientèle et, surtout, ne pas compter tes heures.»

PROG. 430.AO
PRÉALABLE : 10, VOIR PAGE 16

CHAMPS D'INTÉRÊT

- aime assumer des responsabilités et résoudre des problèmes concrets
- aime planifier, organiser et contrôler (la qualité des produits et services, un budget, des stocks, des horaires)
- aime communiquer, coordonner, superviser
- aime écouter, accueillir et servir la clientèle (hôtellerie)

APTITUDES

- dynamisme, débrouillardise, polyvalence et disponibilité
- sens de l'organisation et de la planification
- leadership et sens des responsabilités
- grande acuité de perception : visuelle, olfactive et gustative (services alimentaires)

OFFRE DU PROGRAMME PAR RÉGIONS
Capitale-Nationale, Estrie, Mauricie, Montréal, Outaouais

Pour connaître les établissements qui offrent ce programme : www.inforoutefpt.org

RÔLE ET TÂCHES

En tant que réceptionniste, Stéphane doit avant tout répondre aux demandes des clients et faire leurs réservations. L'auberge La Camarine est rattachée au restaurant gastronomique du même nom. Il s'occupe également des réservations de ce restaurant très réputé. «Je gère l'occupation de nos 31 chambres et la fréquentation du restaurant à l'aide d'un système informatique», dit-il. Son rôle à l'accueil est essentiel. Dans l'industrie du tourisme, le service à la clientèle fait souvent toute la différence. «Je suis toujours disponible pour donner des renseignements sur les restaurants, les tarifs, les attraits touristiques de la région, les activités proposées. Je dois me tenir au courant des nouveautés pour communiquer la meilleure information possible.» Stéphane doit savoir s'adapter aux besoins de chacun et personnaliser ses conseils. «En hiver, la plupart de nos clients arrivent de l'Ontario et des États-Unis. Ils viennent faire du ski dans les stations de la région. L'été, la clientèle est différente; j'accueille principalement des groupes de touristes européens.» Outre l'accueil et les réservations, Stéphane accomplit différentes tâches administratives. «Je dois faire la balance quotidienne, vérifier les factures et m'assurer que les tarifs sont bien appliqués. Je garde aussi un œil sur les entrées et les sorties du jour afin que les chambres soient toujours prêtes à l'heure.»

QUALITÉS RECHERCHÉES

La première qualité de ceux qui désirent travailler en hôtellerie, c'est la disponibilité. «Dans le domaine, dit Stéphane, on travaille surtout pendant

	Salaire hebdo moyen	Proportion de dipl. en emploi	Emploi relié	Chômage	Nombre de diplômés
2006	497 $	66,7 %	78,1 %	4,3 %	150
2005	517 $	80,0 %	87,0 %	3,6 %	181
2004	503 $	80,9 %	84,2 %	0,9 %	183

Statistiques tirées de la *Relance* - Ministère de l'Éducation, du Loisir et du Sport. Voir données complémentaires, page 369.

Comment interpréter l'information, page 15.

que les autres sont en vacances. Et il peut nous arriver de travailler jusqu'à 70 heures dans une seule semaine.» Ce genre de travail exige beaucoup de débrouillardise et un bon sens de l'organisation. «Si ton client arrive et que sa chambre n'est pas encore prête, tu dois jongler avec les réservations pour le reloger rapidement, explique Stéphane. Tout va tellement vite que tu ne vois pas passer les journées.» Le jeune homme considère que le goût des contacts humains et du service à la clientèle est essentiel à ce type d'emploi. «Personnellement, c'est la partie que je préfère, dit-il. Rencontrer des gens qui viennent de partout à travers le monde.» Le bilinguisme est donc, évidemment, une nécessité.

Le jeune homme considère que le goût des contacts humains et du service à la clientèle est essentiel à ce type d'emploi.

DÉFIS ET PERSPECTIVES

L'industrie hôtelière offre d'intéressantes perspectives. C'est ce que confirme Patrick Talbot, coordonnateur des techniques de gestion hôtelière au Cégep de Limoilou. «L'industrie du tourisme et de l'hôtellerie recherche de plus en plus de diplômés qualifiés pour gérer ses établissements, dit-il. Le DEC en gestion hôtelière est très fréquemment exigé pour pouvoir accéder à des postes de cadres.»

«Les établissements d'hébergement privés ainsi que les chaînes d'hôtels demeurent les plus gros pourvoyeurs d'emplois, mais il existe de bonnes ouvertures dans des secteurs moins connus comme les centres de villégiature», affirme M. Talbot. Certains débouchés peuvent mener vers les restaurants ou les services de traiteurs même si ces postes s'adressent, en priorité, aux titulaires du DEC en gestion d'un établissement de restauration. «C'est un secteur plein de défis pour les jeunes diplômés motivés, ajoute Patrick Talbot. Si les techniciens en gestion hôtelière débutent souvent au bas de l'échelle à des postes d'exécution (accueil, chambres, entretien), ils obtiennent à plus ou moins brève échéance des postes de gestion. Ils deviennent maîtres d'hôtel, responsables de l'accueil, gérants et même directeurs. Ils doivent alors démontrer leurs qualités en supervision de personnel, en organisation d'événements spéciaux, en gestion des ressources humaines et en relations avec la clientèle. Toutes ces tâches demandent une grande disponibilité», tient-il à préciser. 03/01

HORAIRES ET MILIEUX DE TRAVAIL

- Les diplômés sont embauchés par les établissements hôteliers, les centres de villégiature, les transporteurs aériens.

- Ils occupent des postes de responsables et de gérants, supervisent le personnel et sont en contact avec les clients.

- Leur environnement de travail est informatisé.

- Le bilinguisme est essentiel.

- Le travail se fait selon des horaires très irréguliers, le jour, le soir, la nuit et les fins de semaine.

Techniques de tourisme
(Accueil et guidage touristique)

Après des études collégiales insatisfaisantes en sciences humaines, Maryse Handfield s'est réorientée vers le tourisme, attirée par les rencontres et les voyages qu'elle pourrait y faire.

PROG. 414.A0
PRÉALABLE : 10, VOIR PAGE 16

CHAMPS D'INTÉRÊT
- aime le travail avec le public et en équipe
- aime l'histoire et les voyages
- aime superviser, coordonner et planifier
- aime guider des groupes

APTITUDES
- facilité pour les langues
- bonne capacité d'adaptation
- facilité à communiquer
- sensibilité aux besoins d'autrui
- bonne connaissance des coutumes étrangères

OFFRE DU PROGRAMME PAR RÉGIONS
Bas-Saint-Laurent, Capitale-Nationale, Mauricie, Montérégie, Montréal, Outaouais, Saguenay–Lac-Saint-Jean

Pour connaître les établissements qui offrent ce programme : **www.inforoutefpt.org**

RÔLE ET TÂCHES

Diplômée du Collège Lafleche, Maryse occupe le poste d'agente à la commercialisation, à l'accueil et à l'information touristique au Centre local de développement (CLD) de la municipalité régionale de comté (MRC) de Bécancour.

Une de ses principales tâches est de répondre quotidiennement aux demandes d'information des internautes qui visitent le site du CLD, en ce qui concerne l'hébergement, les forfaits vacances, les restaurants et les circuits de cyclotourisme de la région. À ceux qui le désirent, elle expédie des pochettes touristiques et des dépliants. C'est donc elle qui s'assure que le CLD dispose toujours d'une quantité suffisante de matériel promotionnel.

De concert avec les organisateurs de voyages, les associations touristiques et les fédérations de randonneurs, Maryse participe également au développement de circuits touristiques adaptés aux besoins et aux budgets des voyageurs susceptibles de visiter la région. Elle agit aussi comme guide, ce qui l'amène à coordonner les déplacements des touristes, à animer des groupes, à présenter les sites historiques de la région et à répondre aux questions des visiteurs.

Bientôt, Maryse endossera des responsabilités encore plus importantes. En effet, la MRC de Bécancour ouvrira un bureau touristique permanent, et c'est la diplômée qui s'occupera de la gestion et des ressources humaines du nouvel organisme. Elle devra alors embaucher les préposés à l'accueil

	Salaire hebdo moyen	Proportion de dipl. en emploi	Emploi relié	Chômage	Nombre de diplômés
2006	411 $	62,1 %	50,0 %	5,3 %	42
2005	405 $	71,4 %	63,2 %	3,8 %	50
2004	414 $	82,6 %	87,5 %	0,0 %	32

Statistiques tirées de la *Relance* - Ministère de l'Éducation, du Loisir et du Sport. Voir données complémentaires, page 369.

Comment interpréter l'information, page 15.

et les guides touristiques, organiser les horaires du personnel et voir au bon fonctionnement du bureau.

QUALITÉS RECHERCHÉES

«En tourisme, il faut être passionné de voyages et aimer travailler avec les gens, parce qu'on vend du rêve, de l'évasion, explique Maryse. Il faut également être dévoué et patient, car les horaires sont irréguliers et qu'il faut consacrer beaucoup de temps non seulement aux touristes, mais aussi aux commerçants locaux.» En effet, ces derniers doivent être partie prenante aux efforts de développement touristique de la région. Il faut donc les rencontrer pour susciter leur participation.

Une facilité à communiquer, un langage soigné et une bonne capacité d'adaptation sont tout aussi essentiels pour faire carrière dans le domaine de l'accueil et du guidage. En effet, les groupes de visiteurs se suivent mais ne se ressemblent pas. Le guide doit donc tenir compte de leur degré de familiarité avec la région, de leur pays d'origine, de leur âge et de leurs attentes particulières, afin de moduler sa communication et de rendre leur expérience agréable. «Les gens aiment bien entendre des anecdotes qui leur rappellent leur région natale», indique Maryse.

> «En tourisme, il faut être passionné de voyages et aimer travailler avec les gens, parce qu'on vend du rêve, de l'évasion.»
>
> — Maryse Handfield

DÉFIS ET PERSPECTIVES

«Dans le monde, le Canada et le Québec se positionnent dans le haut de la liste des destinations privilégiées par les voyageurs», souligne Jocelyn Picard, enseignant en techniques de tourisme au Cégep de Granby. Ceci dit, la demande touristique est toujours susceptible de fluctuer selon les modes, l'actualité, le contexte politique et les conditions sanitaires.

Autre facteur à surveiller : la clientèle. En ce moment, ce sont les couples de *baby-boomers* à la retraite qui voyagent le plus. «Ils sont davantage scolarisés, plus cultivés, plus autonomes et plus exigeants que les touristes de la génération précédente. Le grand défi de l'industrie sera d'adapter ses pratiques pour satisfaire à leurs demandes», conclut M. Picard. 04/03

HORAIRES ET MILIEUX DE TRAVAIL

• Les diplômés travaillent notamment dans les agences de voyages, les organismes de développement touristique, les hôtels et les entreprises exploitant des attraits touristiques. Ils occupent des postes liés aux services ou encore à la gestion ou à la supervision des employés.

• Les horaires sont généralement réguliers l'hiver, mais peuvent devenir plus exigeants durant la saison estivale, au moment où les vacanciers affluent. Les guides touristiques sont particulièrement sujets à travailler les week-ends, pour répondre à la demande.

• Bien que le domaine soit cyclique et saisonnier, certaines régions possèdent des bureaux de tourisme ouverts toute l'année.

Techniques de tourisme (Développement et promotion de produits du voyage)

«Moi, ce que j'aime dans le domaine du tourisme, c'est le contact avec les gens. C'est très dynamique. Jamais une journée ne ressemble à une autre», affirme Marc-Olivier Guilbault. À 25 ans, il considère avoir fait le bon choix en décrochant un DEC en tourisme du Collège Montmorency de Laval.

PROG. 414.A0
PRÉALABLE : 10, VOIR PAGE 16

CHAMPS D'INTÉRÊT
- aime les voyages
- aime communiquer
- aime le travail diversifié

APTITUDES
- facilité pour la vente
- dynamisme
- entregent
- habiletés de recherche

OFFRE DU PROGRAMME PAR RÉGIONS
Capitale-Nationale, Mauricie, Montérégie, Montréal, Outaouais

Pour connaître les établissements qui offrent ce programme : **www.inforoutefpt.org**

RÔLE ET TÂCHES

Après avoir fait un stage à Tourisme Lanaudière, Marc-Olivier a été embauché par ce même organisme paragouvernemental en tant que délégué touristique intra-Québec.

Association régionale, Tourisme Lanaudière rassemble quelque 250 fournisseurs de services (hôtels, restaurants, etc.) et se consacre à la promotion des attraits locaux. Son effectif ne compte qu'une dizaine de personnes, mais c'est ce qui permet à Marc-Olivier de remplir une grande diversité de tâches en lien avec son domaine d'études.

Le diplômé n'entre pas en contact direct avec le public; il traite plutôt avec les membres de l'association, lesquels formulent des demandes très variées. «Ils peuvent nous appeler pour obtenir des renseignements sur les publications que nous produisons ou nous demander de valider leur matériel publicitaire.»

À l'occasion, Marc-Olivier effectue la revue des articles de presse publiés sur la région afin de déterminer quels attraits touristiques ont retenu l'attention et lesquels méritent d'être développés. Même s'il travaille principalement depuis son bureau de Rawdon, le technicien en tourisme peut se permettre quelques excursions à l'extérieur pour aller rencontrer des membres ou prendre des photos pour les publications de l'association, ce qu'il apprécie tout particulièrement. Il est aussi appelé à se rendre dans des salons de tourisme pour représenter les membres.

	Salaire hebdo moyen	Proportion de dipl. en emploi	Emploi relié	Chômage	Nombre de diplômés
2006	457 $	88,0 %	75,7 %	2,2 %	70
2005	460 $	78,4 %	73,1 %	3,3 %	109
2004	430 $	70,3 %	72,0 %	7,1 %	55

Statistiques tirées de la *Relance* - Ministère de l'Éducation, du Loisir et du Sport. Voir données complémentaires, page 369.

Comment interpréter l'information, page 15.

QUALITÉS RECHERCHÉES

Comme le voyage n'est pas un produit tangible, mais plutôt une sorte de rêve, les personnes qui veulent faire carrière dans le domaine ont avantage à posséder des aptitudes pour le marketing et la vente. Et qui dit vente dit communication. «Il faut aimer les gens pour travailler en tourisme», souligne Marc-Olivier. Avec une bonne dose d'entregent, il est en effet beaucoup plus facile de se faire apprécier des clients et donc de les conseiller.

Dans le cas de Marc-Olivier, cette qualité est essentielle pour entretenir de bonnes relations avec différents fournisseurs de services. Évidemment, une solide connaissance de la région à promouvoir se révèle fort utile quand vient le temps de convaincre quelqu'un d'y passer ses vacances.

Faut-il avoir voyagé pour travailler dans ce domaine? Pas nécessairement. Des notions de géographie et un intérêt marqué pour l'industrie touristique peuvent pallier ce manque d'expérience personnelle. Au lieu d'investir des sommes faramineuses dans des voyages, on peut tout simplement se documenter pour voir le monde.

> «À part dans les agences de voyages, les postes sont souvent saisonniers. Un technicien en tourisme peut facilement avoir deux ou trois emplois.»
>
> — Michel Proulx

Photo : L'Agence de Montréal

DÉFIS ET PERSPECTIVES

Les ouvertures sont plutôt nombreuses pour qui accepte de changer de travail en fonction de la période de l'année. En effet, étant donné l'écart entre les températures saisonnières que connaît le Québec, les diplômés gagnent à acquérir des compétences autant dans les activités estivales qu'hivernales. Voilà probablement le plus grand défi qui les attend.

«À part dans les agences de voyages, les postes sont souvent saisonniers. Un technicien en tourisme peut facilement avoir deux ou trois emplois par année» soutient Michel Proulx, coordonnateur du programme au Collège Mérici. 04/03

HORAIRES ET MILIEUX DE TRAVAIL

• Les agences de voyages et les associations de fournisseurs de services sont les principaux employeurs.

• Le travail de bureau s'organise surtout autour de la formule du 9 à 5.

• Les diplômés peuvent occuper différents types de postes : conseiller en voyages, organisateur touristique, coordonnateur de congrès ou encore agent de commercialisation touristique.

Techniques de tourisme (Mise en valeur de produits touristiques)

Intriguée depuis toujours par les dépliants promotionnels et touristiques, Stéphanie Mathieu ne s'est pas questionnée longtemps au moment de choisir une formation collégiale. «C'était le tourisme ou rien!» raconte celle qui se consacre aujourd'hui à la promotion du Festi Jazz international de Rimouski.

PROG. 414.AO
PRÉALABLE : 10, VOIR PAGE 16

CHAMPS D'INTÉRÊT
- aimer le contact avec le public
- aimer travailler en équipe
- aimer organiser, promouvoir et concevoir des événements ou des services
- aimer apprendre et transmettre de l'information

APTITUDES
- bilinguisme et facilité avec les langues étrangères
- habiletés de communication
- attitude prévenante
- sens de l'organisation, professionnalisme et dynamisme
- capacité à gérer du personnel

OFFRE DU PROGRAMME PAR RÉGIONS
Bas-Saint-Laurent, Capitale-Nationale, Mauricie, Montérégie, Montréal, Outaouais, Saguenay–Lac-Saint-Jean

Pour connaître les établissements qui offrent ce programme : **www.inforoutefpt.org**

RÔLE ET TÂCHES

Les techniciens en tourisme qui empruntent la voie de la spécialisation *Mise en valeur de produits touristiques* sont formés pour promouvoir les attraits des régions du Québec, de façon que l'offre touristique soit constamment renouvelée en fonction de la demande.

Avec son diplôme en tourisme du Collège Laflèche et trois ans d'expérience comme préposée à l'information dans un bureau de tourisme, Stéphanie a facilement décroché un stage d'été au Festi Jazz international en 2002. Une expérience qui s'est révélée formatrice et fructueuse puisque la diplômée occupe maintenant le poste d'agente de promotion à plein temps.

«En ce moment, je mets sur pied des forfaits touristiques avec les différents intervenants et commerçants de la région, explique Stéphanie. Il s'agit de forfaits golf et nature offerts pendant l'événement. Je dois donc rencontrer les services des ventes et du marketing des différents hôtels et restaurants de la région pour les inciter à se joindre à l'événement.

«Plus tard dans l'année, je vais m'occuper, avec l'adjointe à la direction, de la campagne de promotion et de relations avec les médias pour le Festi Jazz international et les forfaits», raconte Stéphanie, très excitée à l'idée de collaborer à une campagne publicitaire avec le quotidien *Le Soleil*, de Québec.

Les tâches de Stéphanie sont nombreuses et variées. Elle planifie et coordonne les activités de préparation du Festi Jazz international (choix des artistes, programmation des spectacles, élaboration de forfaits, etc.), participe à la promotion (par exemple, en collaborant à la rédaction des

	Salaire hebdo moyen	Proportion de dipl. en emploi	Emploi relié	Chômage	Nombre de diplômés
2006	435 $	79,4 %	75,0 %	5,7 %	83
2005	473 $	66,7 %	72,7 %	3,6 %	106
2004	399 $	73,3 %	75,7 %	6,4 %	84

Statistiques tirées de la *Relance* - Ministère de l'Éducation, du Loisir et du Sport. Voir données complémentaires, page 369.

Comment interpréter l'information, page 15.

dépliants et en vendant du matériel promotionnel aux commerçants de la région) et assure le lien avec les commanditaires et les partenaires de l'événement.

QUALITÉS RECHERCHÉES

Polyvalence et ouverture d'esprit : voilà deux qualités primordiales pour faire carrière dans ce domaine. Car, comme Stéphanie, lorsqu'on se retrouve dans une petite organisation, il faut s'attendre à faire un peu de tout : administration, communication avec les médias, gestion de personnel, relations publiques, marketing, accueil et même comptabilité. Puis, avec l'accroissement du tourisme international, les diplômés en tourisme sont souvent en contact avec des gens issus de cultures différentes. Ils doivent alors se montrer réceptifs à leurs besoins.

«Le dynamisme, la débrouillardise et l'autonomie sont aussi essentiels, puisqu'on se retrouve souvent dans des situations compliquées qui demandent de trouver des solutions rapidement, indique Stéphanie. «On doit également avoir de l'entregent, faire preuve de professionnalisme et être souriant, pour faire bonne impression; être créatif et avoir le sens de l'initiative, pour développer des concepts et des projets intéressants», conclut-elle.

> «Il faut être créatif et avoir le sens de l'initiative, pour développer des concepts et des projets intéressants.»
>
> — Stéphanie Mathieu

DÉFIS ET PERSPECTIVES

D'après Jocelyn Bouchard, enseignant en techniques de tourisme au Cégep de Saint-Félicien, chaque région présente des particularités qui demandent à être exploitées. «Reste aux entrepreneurs de développer des idées originales autour des réalités locales, par exemple un fjord ou un lac, comme au Saguenay–Lac-Saint-Jean, ou encore la pratique de la motoneige.» Car ce que les touristes recherchent en visitant une région, ce sont des aspects qu'ils ne retrouvent pas chez eux.

M. Bouchard croit également que les diplômés devront développer des produits touristiques non seulement en fonction de la clientèle étrangère, mais aussi des *baby-boomers*. Très nombreux à prendre leur retraite, ces derniers ont du temps et de l'argent à consacrer au tourisme. Étant généralement assez cultivés et ayant déjà voyagé, ils ont toutefois des exigences élevées en matière de qualité. 03/03

HORAIRES ET MILIEUX DE TRAVAIL

• On retrouve des diplômés dans tous les secteurs de l'industrie touristique, soit : hébergement, aventure et loisirs de plein air, voyages, restauration, transport, événements et congrès, services touristiques et attractions. Selon leur expérience, ils occuperont des postes liés aux services, à la supervision, à la gestion ou à la direction d'employés.

• Les horaires de travail sont généralement réguliers, mais la préparation et la coordination d'événements spéciaux peuvent nécessiter une très grande disponibilité, donc des heures supplémentaires le soir et les week-ends.

DEC

Techniques du tourisme d'aventure

«Je suis constamment en contact avec la nature. C'est très agréable de travailler dans un environnement aussi sain! Le seul inconvénient, c'est lorsqu'il pleut et que mon équipement est mouillé... Là, je me sens vulnérable», lance Sébastien Simard, guide et vice-président pour la coopérative Aube Aventure.

PROG. 414.B0
PRÉALABLE : 0, VOIR PAGE 16

CHAMPS D'INTÉRÊT

- aime le travail avec le public et en équipe
- aime les voyages
- aime superviser, coordonner et planifier
- aime guider des groupes

APTITUDES

- capacité d'adaptation
- facilité à communiquer
- sensibilité aux besoins d'autrui
- dynamisme
- entregent
- sens de l'observation et prévoyance
- sens de l'organisation

OFFRE DU PROGRAMME PAR RÉGIONS
Gaspésie—Îles-de-la-Madeleine

Pour connaître les établissements qui offrent ce programme : www.inforoutefpt.org

RÔLE ET TÂCHES

Au Camping du Parc, situé à Cap-aux-Os en Gaspésie, se trouve le camp de base d'Aube Aventure, une coopérative de travail offrant des activités de tourisme d'aventure sur l'eau (kayak de mer, canot de rivière et voile). C'est là que Sébastien accueille des groupes qui souhaitent prendre part à des excursions d'une journée ou plus.

En premier lieu, Sébastien donne aux participants une formation de base sur l'utilisation des embarcations. Il explique ensuite les règles de sécurité et distribue l'équipement (gilets de sauvetage, pagaies, embarcations). Pour ne pas être pris au dépourvu en cas d'accident, Sébastien s'assure d'emporter avec lui un gilet de sauvetage et une pagaie de rechange, une pompe à eau, un sifflet, un couteau, des allumettes et un briquet. Puis, les aventuriers en herbe peuvent larguer les amarres. Accompagné de un ou deux guides, Sébastien leur fera découvrir la faune et la flore, tout en veillant à leur sécurité.

En plus de travailler comme guide, Sébastien prépare et sert les petits déjeuners au café-bistrot qui se trouve au camp de base. En tant que vice-président de la coopérative, il s'occupe également de la comptabilité et de la gestion de personnel. Sébastien se réalise pleinement dans son travail. «Quand j'étais petit, derrière notre maison il y avait une forêt et une montagne. J'y allais souvent avec mon grand-père. J'ai toujours aimé la nature et cherché à la protéger. Mon métier me permet de conjuguer le sport et le ressourcement en plein air», explique-t-il.

	Salaire hebdo moyen	Proportion de dipl. en emploi	Emploi relié	Chômage	Nombre de diplômés
2006	N/D	N/D	N/D	N/D	N/D
2005	N/D	N/D	N/D	N/D	N/D
2004	N/D	N/D	N/D	N/D	N/D

Statistiques tirées de la *Relance* - Ministère de l'Éducation, du Loisir et du Sport. Voir données complémentaires, page 369.

Comment interpréter l'information, page 15.

QUALITÉS RECHERCHÉES

Pour être guide, il faut aimer le contact avec les autres, être à leur écoute et savoir les accompagner dans l'expérience qu'ils sont en train de vivre. «Par exemple, si quelqu'un a peur de l'eau, je dois pouvoir comprendre ses craintes et trouver le moyen de l'apaiser», souligne Sébastien.

Le guide est responsable de sa propre sécurité et de celle des personnes qu'il accompagne. «Il faut être très attentif aux changements de température, au vent et aux vagues. Plus on est prévoyant, plus il est facile d'éviter les accidents», estime-t-il.

La vivacité d'esprit, l'humour et la capacité de désamorcer une panique peuvent être aussi des atouts très utiles dans les situations difficiles. Par exemple, Sébastien a un jour servi de guide à une personne qui a failli se noyer dans son enfance, mais qui, souhaitant vaincre sa phobie, a décidé de participer à une expédition. Sébastien a donc dû apporter un soutien aussi bien sur le plan technique que sur le plan émotif.

> «Le technicien travaille avec des clients qui ne sont pas habitués au tourisme d'aventure. Il a pour rôle de leur faire aimer cette expérience tout en assurant leur sécurité.»
>
> — Dominic Leblanc-Perreault

DÉFIS ET PERSPECTIVES

Selon Dominic Leblanc-Perreault, enseignant au Cégep de la Gaspésie et des Îles, le métier de guide comporte un défi humain. «Le technicien travaille avec des clients qui ne sont pas habitués au tourisme d'aventure. Il a pour rôle de leur faire aimer cette expérience tout en assurant leur sécurité.»

Depuis peu, l'industrie du tourisme d'aventure s'est dotée de nouvelles normes de sécurité, notamment la présence obligatoire de guides formés et expérimentés dans le cadre d'activités d'aventure. Cette main-d'œuvre est donc de plus en plus recherchée par les employeurs. Dominic Leblanc-Perreault conseille aux diplômés de développer une expertise en complétant leur formation par des cours qui permettent d'obtenir des accréditations en canot-camping ou en sauvetage avalanche, par exemple. «En plus d'acquérir plusieurs spécialisations, le diplômé doit développer son expérience sur le terrain. Par ailleurs, s'il a eu l'occasion de travailler à l'étranger, c'est un atout supplémentaire», ajoute l'enseignant. 02/05

HORAIRES ET MILIEUX DE TRAVAIL

- Les entreprises de tourisme d'aventure, les pourvoiries, les bases de plein air, les boutiques de tourisme d'aventure et les fédérations sportives embauchent les techniciens.

- Les diplômés travaillent en plein air, sur les rivières ou les lacs, en forêt, en montagne ou en mer.

- L'horaire de travail est varié. Le technicien peut travailler le jour, le soir et les fins de semaine.

- L'emploi est saisonnier, l'été étant la période de pointe.

Technologie de la transformation des aliments

Diplômée de l'Institut de technologie agroalimentaire (ITA), campus de Saint-Hyacinthe, Pascale Tardif travaille pour la filiale canadienne de la compagnie italienne Parmalat. Elle planifie et teste la production de cette compagnie laitière.

PROG. 154.A0
PRÉALABLES : 11, 20, VOIR P. 16

CHAMPS D'INTÉRÊT
- aime faire des calculs et des analyses sur des produits
- aime travailler en usine et coopérer
- aime observer et manipuler
- aime résoudre des problèmes

APTITUDES
- facilité pour les sciences (mathématiques, chimie et biologie)
- sens critique et créativité
- autonome, très responsable et très méticuleux
- grande acuité de perception (visuelle, olfactive, gustative)
- capacité d'adaptation et facilité à communiquer

OFFRE DU PROGRAMME PAR RÉGIONS
Bas-Saint-Laurent, Lanaudière, Montérégie

Pour connaître les établissements qui offrent ce programme : **www.inforoutefpt.org**

RÔLE ET TÂCHES

«En tant que planificatrice, je dois déterminer avec précision les quantités à produire durant la journée, explique Pascale. Chez Parmalat, nous recevons du lait que nous conditionnons ou que nous transformons en crème et en crème glacée molle. Mon rôle est de superviser la production pour m'assurer qu'elle répond bien aux besoins de nos clients.» Pascale commence toutes ses journées en procédant à l'inventaire des produits finis. «Avec les superviseurs et les opérateurs, je vérifie les procédés de transformation du lait. Il est d'abord pasteurisé, puis envoyé dans l'écrémeuse, une machine qui sépare la crème du lait. Comme nous ne produisons pas de crème tous les jours, je dois surveiller attentivement la qualité des produits finis et leur quantité.»

Pascale souligne les difficultés que suppose le travail avec des denrées fragiles. «Il faut constamment veiller au maintien de la qualité, dit-elle. C'est pourquoi je suis, depuis peu, rattachée au service des tests.» En laboratoire, elle effectue toute une série de tests microbiologiques afin de détecter la présence possible de certaines bactéries. Avec des analyseurs à infrarouge, il est possible de connaître la composition exacte du lait ou de la crème et de contrôler leur qualité afin qu'elle réponde aux exigences et aux normes en vigueur. «La chimie et la biologie font partie de mon quotidien au même titre que la gestion de la production, dit-elle. Cela demande une grande polyvalence et une bonne connaissance des procédés, de la transformation jusqu'à la livraison.»

	Salaire hebdo moyen	Proportion de dipl. en emploi	Emploi relié	Chômage	Nombre de diplômés
2006	660 $	85,3 %	100,0 %	3,3 %	48
2005	589 $	85,0 %	100,0 %	0,0 %	25
2004	639 $	84,2 %	96,9 %	3,0 %	50

Statistiques tirées de la *Relance* - Ministère de l'Éducation, du Loisir et du Sport. Voir données complémentaires, page 369.

Comment interpréter l'information, page 15.

QUALITÉS RECHERCHÉES

«Lorsqu'on gère quotidiennement la production, il faut avoir le sens des responsabilités, déclare Pascale. On doit constamment garder à l'esprit les impératifs de la production et les besoins du client. Si on se trompe dans nos prévisions, la compagnie subira des pertes sèches.» La jeune femme affirme qu'en contrôle de la qualité, comme en fabrication, il faut garder ses connaissances à jour. Les produits, les procédés et les tests évoluent rapidement. Il faut avoir l'esprit curieux, être débrouillard et savoir s'adapter aux changements technologiques. «Ça prend aussi de l'entregent et de la diplomatie quand, par exemple, il faut expliquer aux gens qu'ils devront mettre les bouchées doubles parce que l'embouteillage a pris du retard.»

DÉFIS ET PERSPECTIVES

«On ignore souvent que la transformation des aliments est, au Québec, le plus important secteur manufacturier quant au nombre d'emplois», déclare Jean-Pierre Lessard, directeur du programme à l'ITA, campus de Saint-Hyacinthe. Selon lui, nos habitudes de consommation laissent présager d'excellentes perspectives pour les diplômés. «Nous recherchons de plus en plus des produits de qualité qui nous font gagner du temps, mais pas au détriment de la santé et du plaisir. Ces produits transformés nécessitent les compétences de nos techniciens. On remarque également un véritable engouement pour la transformation de nos produits régionaux. Les fromages québécois passent de l'artisanat à la microentreprise grâce au savoir-faire des gens qui sont formés pour comprendre et appliquer les procédés de production industriels.» M. Lessard estime que les défis qu'auront à relever les futurs diplômés seront variés. «En contrôle de la qualité, ils veilleront à la sécurité alimentaire en vérifiant l'innocuité des produits et le respect des normes. En contrôle des procédés, ils s'occuperont de l'analyse des risques et de la maîtrise des points critiques. Plus rarement, ils développeront de nouveaux produits ou feront de la représentation. Dans tous les cas, ils seront les personnes-ressources dans les usines et auront la possibilité d'accéder à des postes de direction ou de gestion. Enfin, la mondialisation des marchés leur donne de bonnes possibilités d'emploi à l'étranger.» 03/01

> «On ignore souvent que la transformation des aliments est, au Québec, le plus important secteur manufacturier quant au nombre d'emplois.»
>
> — Jean-Pierre Lessard

Photo : MAPAQ

HORAIRES ET MILIEUX DE TRAVAIL

- Les diplômés peuvent trouver de l'emploi dans tous les secteurs de la transformation des produits agroalimentaires.

- Il leur est également possible de travailler en laboratoire au contrôle de la qualité et en production au contrôle des procédés.

- Il existe des possibilités d'emploi en recherche et développement ou en représentation.

- Le travail se fait généralement selon des horaires réguliers, souvent en rotation de jour, de soir et de nuit.

- Il est possible d'effectuer des heures supplémentaires.

- Il peut être nécessaire de posséder un système de garde permettant d'être joint en tout temps les fins de semaine.

ARTS

CHAMPS D'INTÉRÊT

- aime les arts et la culture en général
- aime imaginer et donner forme à des idées
- aime le travail de création, manuel ou physique
- aime travailler de façon autonome
- aime travailler à forfait et selon un horaire variable

APTITUDES

- grande imagination et acuité de perception sensorielle
  (vision, toucher, audition)
- dextérité et sens de l'observation très développés
- talent particulier pour la création
- polyvalence, originalité, sens esthétique et sens critique très développés
- patience et persévérance

La grande région de
Montréal accapare 85 % des
organismes québécois en
lien avec les arts de la scène
et du cirque. Environ 75 % des
établissements liés à l'industrie
du cinéma, de l'audiovisuel
et du multimédia s'y trouvent
également.

Source :
Les carrières d'avenir 2007,
Les Éditions Jobboom.

RESSOURCES INTERNET

**MINISTÈRE DE L'ÉDUCATION,
DU LOISIR ET DU SPORT
DU QUÉBEC – SECTEURS
DE FORMATION**
www.meq.gouv.qc.ca/
ens-sup/ens-coll/program/
ProgEtab.asp?vToken=s40
Vous trouverez sur cette page une
description des programmes de ce
secteur de formation, comprenant,
pour chacun, les exigences
d'admission, les objectifs de
formation et une liste d'établissements d'enseignement.

**MINISTÈRE DE LA CULTURE
ET DES COMMUNICATIONS
DU QUÉBEC**
www.mcc.gouv.qc.ca
Pour mieux connaître le domaine
des arts et avoir un aperçu du
rôle qu'y joue le gouvernement.

**CONSEIL QUÉBÉCOIS DES
RESSOURCES HUMAINES
EN CULTURE**
www.cqrhc.com
Pour tous les futurs artistes qui
désirent explorer les carrières
de la culture. Consultez
particulièrement la section
«Publications» afin de mettre
la main sur des études et des
documents éclairants sur les
conditions de travail des artistes.

UNION DES ARTISTES
www.uniondesartistes.com
L'Union des artistes est un
syndicat professionnel qui
représente les artistes œuvrant
en français au Québec et ailleurs
au Canada. Un site à visiter pour
se familiariser avec la mission
de cette organisation.

Arts du cirque*

Avec ses quelques notions d'acrobatie, Nicolas Roche ne croyait pas qu'il lui serait possible de faire carrière dans le monde du cirque. Il a toutefois eu l'audace de se présenter aux auditions de l'École nationale de cirque, et non seulement a-t-il été accepté, mais il a aussi rapidement su se faire remarquer par son talent.

PROG. 561.DO
PRÉALABLE : 0, VOIR PAGE 16

CHAMPS D'INTÉRÊT

- se passionne pour le monde du cirque
- aime la scène et le contact avec le public
- aime créer des numéros
- aime le travail d'équipe
- aime voyager

APTITUDES

- excellente forme physique
- curiosité, créativité et grande sensibilité artistique
- autonomie et discipline
- volonté, persévérance
- faculté d'adaptation

OFFRE DU PROGRAMME PAR RÉGIONS
Montréal

Pour connaître les établissements qui offrent ce programme : **www.inforoutefpt.org**

RÔLE ET TÂCHES

La formation permet au diplômé de toucher à de nombreuses disciplines comme le trampoline, l'acrobatie, la jonglerie, l'équilibre, la bicyclette artistique, le trapèze, etc. L'artiste a ensuite la possibilité de choisir une spécialité. À sa deuxième année de formation, Nicolas a décidé de devenir un pro des sangles aériennes. «Je suis tombé amoureux de cette discipline où l'on s'enroule sur deux cordes suspendues d'une longueur de quatre mètres à l'aide de ses bras ou de ses jambes. J'ai été fasciné par la beauté du spectacle aérien.»

Dès sa sortie de l'École, Nicolas a été engagé par le cirque Éloize pour participer au spectacle *Nomade*. Il avait déjà monté un numéro de sangles à la fin de ses études, mais il a dû l'adapter pour se produire avec le cirque. «J'ai pu bénéficier de l'aide de conseillers techniques et artistiques. Mais essentiellement, je me suis servi de l'énergie qui était en moi et des choses que je vivais et j'ai essayé de les transposer avec des mouvements très lents sur les sangles.» Ce premier contrat lui a permis de participer à plus de 80 spectacles dans 42 villes, lors d'une tournée aux États-Unis.

En tournée, l'horaire de travail est chargé, précise l'acrobate. «Les techniciens montent la scène le matin et, en après-midi, les artistes participent aux différents tests d'accrochage et d'éclairage.» Nicolas passe aussi beaucoup de temps à s'entraîner, soit dans les gyms des hôtels, soit sur la scène. «Deux heures avant la représentation, on se costume et on se maquille. Puis une fois le spectacle terminé, on participe au démontage de la scène en ramassant les accessoires.» En dehors des tournées, quand le spectacle est en préparation, sa

	Salaire hebdo moyen	Proportion de dipl. en emploi	Emploi relié	Chômage	Nombre de diplômés
2006	N/D	N/D	N/D	N/D	N/D
2005	N/D	N/D	N/D	N/D	N/D
2004	763 $	57,1 %	66,7 %	33,3 %	11

Statistiques tirées de la *Relance* - Ministère de l'Éducation, du Loisir et du Sport. Voir données complémentaires, page 369.

Comment interpréter l'information, page 15.

journée de travail se déroule plutôt de 9 h à 17 h. Mais Nicolas n'est pas fait pour mener une vie ordinaire. «Le plus passionnant dans ce métier, c'est de voyager, de rencontrer des artistes et de faire rêver les gens.»

QUALITÉS RECHERCHÉES

La volonté et la persévérance sont indispensables pour réussir dans le monde du cirque, estime Nicolas. «En spectacle, les choses ne se passent pas toujours comme on le prévoit. Il faut malgré tout faire la représentation correctement pour les gens qui se sont déplacés. Il faut être là et se donner à fond quelles que soient les circonstances.»

Être en excellente forme physique est une autre qualité incontournable. «Avant même d'être accepté à l'École, il faut avoir des prédispositions physiques et des aptitudes particulières pour l'acrobatie. Le défi, c'est de maintenir cette forme.» En outre, les diplômés ont avantage à développer soit leur polyvalence, soit leur talent dans une discipline particulière. Ainsi, les uns pourront être engagés dans le même cirque pour différents numéros, alors que les autres pourront faire carrière avec un même numéro exceptionnel dans différents cirques. L'artiste doit également être créatif pour réussir à monter des numéros originaux.

> «Le plus passionnant dans ce métier, c'est de voyager, de rencontrer des artistes et de faire rêver les gens.»
>
> — Nicolas Roche

DÉFIS ET PERSPECTIVES

André St-Jean, formateur à l'École nationale de cirque, soutient que les artistes de cirque sont demandés. «De nombreux spectacles intègrent aujourd'hui des numéros qui font appel à des acrobates. Je pense aux comédies musicales comme *Notre-Dame de Paris* et aux spectacles à grand déploiement comme *Les légendes fantastiques*. Nos diplômés n'éprouvent généralement pas de difficulté à se trouver du travail. Seulement, ils sont pigistes et ils devront se vendre durant toute leur carrière.» L'enseignant ajoute que les artistes de cirque exercent un métier à haut risque où les blessures sont fréquentes et parfois graves. «Ils ont le défi de faire durer leur carrière. C'est à eux de déterminer et de respecter leurs limites. À l'École, on leur apprend à ne pas faire à tout prix le mouvement qu'ils ont prévu s'ils sentent que cela pourrait mal tourner.» 03/03

Photo : Christian Tremblay

* Ce programme offre deux voies de spécialisation : *Artiste de cirque spécialiste* et *Artiste de cirque généraliste*.

HORAIRES ET MILIEUX DE TRAVAIL

- Les diplômés peuvent travailler dans des cirques ou pour des spectacles à grand déploiement (comédies musicales, spectacles extérieurs). Ils peuvent également obtenir des contrats pour présenter des spectacles dans des cabarets ou dans des événements spéciaux (festivals, congrès).

- Les artistes de cirque travaillent au Canada ou à l'étranger. Les voyages sont fréquents.

- En tournée, l'horaire de travail est exigeant : l'entraînement et les répétitions se déroulent généralement le jour, et les spectacles ont lieu en soirée.

Danse – interprétation*

Arielle Warnken Saint-Pierre avait un grand intérêt pour la danse contemporaine mais peu d'expérience dans le domaine avant de s'inscrire à l'École de danse de Québec. Elle a dû redoubler d'efforts afin d'atteindre le niveau technique exigé pour être admise au programme. Devenue danseuse professionnelle à 22 ans, elle récolte aujourd'hui les fruits de son travail.

PROG. 561.B0
PRÉALABLE : 80, VOIR PAGE 16

CHAMPS D'INTÉRÊT

- aime la scène et le contact avec le public
- aime s'associer au travail de créateurs et de chorégraphes
- aime la discipline et l'entraînement physique
- nourrit une passion pour l'univers de la danse

APTITUDES

- excellente forme physique et résistance à l'effort
- curiosité, créativité et grande sensibilité artistique
- autonomie, détermination et discipline
- esprit ouvert
- capacité d'apprentissage rapide

OFFRE DU PROGRAMME PAR RÉGIONS
Capitale-Nationale, Montréal

Pour connaître les établissements qui offrent ce programme : **www.inforoutefpt.org**

RÔLE ET TÂCHES

Depuis sa sortie de l'école, Arielle est travailleuse autonome. Elle cumule plusieurs emplois pour pouvoir vivre de son métier. «J'ai obtenu un contrat d'interprète pour la compagnie Le fils d'Adrien danse, du chorégraphe Harold Rhéaume. J'enseigne la danse contemporaine à l'Université Laval, je donne des cours de danse créative à de jeunes enfants et je remplace occasionnellement le professeur de danse d'une école de cirque de Québec.»

Ses journées débutent le matin par une classe technique (cours dans lequel on apprend la technique du ballet classique ou de la danse contemporaine). Il s'agit pour elle d'un entraînement quotidien qui lui permet de garder sa forme, sa force et sa souplesse. En avant-midi, elle répète avec le chorégraphe en prévision du spectacle et elle enseigne le soir.

Son travail en répétition consiste à apprendre les différents enchaînements avec les autres danseurs sous la direction du chorégraphe. Sa formation, qui l'a initiée à l'improvisation, lui permet également de participer à la création de certaines pièces. Les chorégraphes font souvent appel à la gestuelle des danseurs et à leurs idées pour concevoir leurs œuvres. À titre de professeure de danse, Arielle doit également préparer les plans d'exercices de ses cours en plus de créer les petits enchaînements chorégraphiques qu'elle souhaite montrer à ses élèves. La jeune femme avoue avoir travaillé très fort pour devenir danseuse professionnelle. «Cela m'a demandé une grande volonté. J'ai dû suivre un stage d'été et faire une année préparatoire à l'École pour parfaire ma technique en danse avant d'être acceptée dans le

	Salaire hebdo moyen	Proportion de dipl. en emploi	Emploi relié	Chômage	Nombre de diplômés
2006	N/D	N/D	N/D	N/D	N/D
2005	N/D	N/D	N/D	N/D	N/D
2004	N/D	N/D	N/D	N/D	N/D

Statistiques tirées de la *Relance* - Ministère de l'Éducation, du Loisir et du Sport. Voir données complémentaires, page 369.

Comment interpréter l'information, page 15.

programme.» Pendant sa formation, Arielle a suivi des cours de ballet classique et de danse contemporaine tous les jours en plus d'effectuer des stages avec des professeurs et chorégraphes invités afin de se familiariser avec les différentes techniques de danse.

QUALITÉS RECHERCHÉES

Le danseur doit être au summum de sa forme et de sa technique pour réussir dans ce domaine. La formation d'un danseur se poursuit tout au long de sa carrière. Le diplômé doit donc être autonome et discipliné pour suivre son entraînement. «Il faut aussi avoir la flamme, ajoute Arielle. Le danseur doit être passionné pour percer dans ce milieu où les conditions de travail sont difficiles. Le milieu est très compétitif, ce sont les meilleurs qui sont engagés, et le danseur doit cumuler plusieurs emplois pour vivre de son métier. Enfin, il faut toujours être à l'affût de ce qui se fait et aller au-devant des créateurs pour se faire connaître.» La sensibilité artistique est une autre qualité importante pour bien rendre l'interprétation, explique la jeune femme. En effet, le danseur doit pouvoir recevoir une émotion et savoir la retransmettre dans le mouvement.

Pendant sa formation, Arielle a suivi des cours de ballet classique et de danse contemporaine tous les jours en plus d'effectuer des stages avec des professeurs et chorégraphes invités afin de se familiariser avec les différentes techniques de danse.

DÉFIS ET PERSPECTIVES

Il est très difficile de se trouver un poste stable dans ce métier, indique Dominique Turcotte, directrice générale et pédagogique de l'École de danse de Québec, qui offre la formation en danse contemporaine. «La recherche d'emploi dépend de la capacité des jeunes à se faire connaître. À leur sortie de l'École, les diplômés doivent acquérir deux années d'expérience avant de pouvoir être considérés comme des danseurs professionnels. Mais ce n'est pas facile de se faire engager lorsqu'on n'est pas connu. Les jeunes danseurs ou les diplômés créent souvent des groupes de production pour monter leurs propres projets et parvenir à cumuler ainsi cette expérience.» Mme Turcotte se montre malgré tout optimiste face à l'avenir de la danse au Québec. «La reconnaissance du métier fait son chemin. Déjà, le fait que la formation soit intégrée au programme du ministère de l'Éducation compte pour beaucoup. Et à moyen terme, ça ne peut que mener à la création de compagnies de danse et à l'amélioration des conditions de travail.» 02/03

Photo : École supérieure de danse du Québec.

* Ce programme offre deux voies de spécialisation : *Danse classique* et *Danse contemporaine*.

HORAIRES ET MILIEUX DE TRAVAIL

• Au Québec, les interprètes en danse classique peuvent travailler pour les Grands Ballets canadiens, la principale compagnie de danse classique.

• En danse contemporaine, environ une quarantaine de compagnies et de chorégraphes indépendants sont actifs au Québec.

• Le Canada anglais, l'Europe et les États-Unis offrent d'autres possibilités d'emploi aux danseurs.

• L'entraînement occupe beaucoup de temps dans la vie du danseur. Les classes d'entraînement se déroulent habituellement le matin, les répétitions ont lieu l'après-midi, et les soirées sont consacrées aux représentations.

Design de présentation

Les professionnels du design de présentation sont partout : décorateurs au cinéma, à la télévision ou au théâtre; étalagistes dans les grands magasins; stylistes pour des magazines; concepteurs de stands pour des foires commerciales... Autant de métiers qui façonnent les images autour de nous.

PROG. 570.02
PRÉALABLE : 0, VOIR PAGE 16

CHAMPS D'INTÉRÊT
- aime les arts visuels, le design
- aime le travail manuel
- aime le travail en équipe

APTITUDES
- autonomie
- débrouillardise
- sens artistique
- capacité de travailler sous pression

OFFRE DU PROGRAMME PAR RÉGIONS
Bas-Saint-Laurent, Capitale-Nationale, Montréal

Pour connaître les établissements qui offrent ce programme : **www.inforoutefpt.org**

RÔLE ET TÂCHES

Annick Donnelly travaille pour la chaîne de boutiques Clément, qui se spécialise dans les vêtements, l'ameublement et les accessoires pour enfants, ainsi que dans les uniformes scolaires. «J'aimais beaucoup les arts et la fabrication d'objets, raconte-t-elle. Je suis devenue étalagiste pour les boutiques Clément par goût pour le marché de l'enfance, qui est toujours artistique, imaginatif.»

Ayant décroché son emploi quelques mois après l'obtention de son DEC, Annick Donnelly l'occupe toujours 12 ans plus tard. Mais elle a gravi les échelons. «Aujourd'hui, je suis chef étalagiste, explique-t-elle fièrement. Je m'assure que les directives de mise en marché sont acheminées dans tous les magasins.» Et même après autant d'années de service, elle ne trouve pas le temps de s'ennuyer. «Il faut refaire les vitrines, les murs et les comptoirs, habiller des mannequins, monter des chambres d'enfants, préparer des présentations d'accessoires pour bébés... Je touche à une foule de choses.» Il lui faut aussi se déplacer d'une boutique à l'autre, ce qui l'amène à travailler dans des environnements fort différents, des grands centres commerciaux en ville et en banlieue jusqu'aux petites boutiques en région.

Les fonctions et les responsabilités des diplômés en design de présentation varient selon le milieu de travail. Dans les grands comme dans les petits magasins, ils seront étalagistes ou assistants des professionnels du marketing. S'ils se spécialisent dans le domaine de l'exposition, ils auront à concevoir des installations complètes, parfois itinérantes (comme des

	Salaire hebdo moyen	Proportion de dipl. en emploi	Emploi relié	Chômage	Nombre de diplômés
2006	439 $	61,9 %	58,8 %	9,3 %	90
2005	405 $	61,5 %	64,9 %	7,0 %	91
2004	375 $	67,9 %	61,3 %	10,0 %	75

Statistiques tirées de la *Relance* - Ministère de l'Éducation, du Loisir et du Sport. Voir données complémentaires, page 369.

Comment interpréter l'information, page 15.

stands). Les ateliers de décors (de théâtre, de cinéma, de télévision ou encore d'événements spéciaux) représentent d'autres débouchés. Il y a aussi le stylisme, qui consiste à assister des artistes, tels les photographes, en effectuant la recherche d'accessoires pour mettre des produits en valeur dans des publicités. Enfin, un petit nombre de diplômés s'activent au sein des musées.

QUALITÉS RECHERCHÉES

Dans ce métier, la créativité et la débrouillardise sont nécessaires, par exemple pour dénicher des matériaux faciles à utiliser et peu onéreux. «Il faut être polyvalent, rapide, avoir beaucoup d'initiative, professe Annick Donnelly. Il faut aussi être à l'affût de ce qui se passe dans le domaine des arts même s'il n'y a pas de lien direct avec l'emploi qu'on occupe. On peut ainsi découvrir de nouvelles façons de monter des décors, de nouveaux matériaux, etc.» Il s'agit d'un travail très physique, ajoute-t-elle. «On monte souvent sur des escabeaux, il ne faut pas avoir le vertige.»

> «Il y a une demande croissante pour les gens en marchandisage, c'est-à-dire qui s'occupent de la mise en place des produits pour les rendre plus visibles et plus attrayants en magasin.»
>
> — Francine Bastien

DÉFIS ET PERSPECTIVES

«Il y a une demande croissante pour les gens en marchandisage, c'est-à-dire qui s'occupent de la mise en place des produits pour les rendre plus visibles et plus attrayants en magasin», affirme Francine Bastien, enseignante au Cégep du Vieux Montréal. Autre avenue prometteuse pour les diplômés : la popularité grandissante des salons de toutes sortes (de l'auto, de l'habitation, du livre, etc.). À Montréal, la Place-Bonaventure et le Palais des congrès ont d'ailleurs été rénovés et agrandis pour satisfaire aux nouveaux besoins.

Photo : Collège Inter-Dec

Dans les domaines de la télévision, du cinéma et des arts de la scène, le travail est plus instable. Les diplômés sont le plus souvent pigistes, employés pour des contrats aussi intensifs que limités dans le temps (un, deux ou trois mois). Pour gagner sa vie dans ces milieux, il faut donc développer un certain sens de l'entrepreneurship et ne pas avoir peur de cogner aux portes. 05/03

HORAIRES ET MILIEUX DE TRAVAIL

- Certaines industries sont saisonnières, notamment celles des tournages cinématographiques et des salons commerciaux.
- Il y a peu d'emplois réguliers, mais beaucoup de travail à la pige.
- Les horaires varient en fonction du travail et des échéanciers (qui sont souvent serrés).

- Dans le commerce de détail, les emplois peuvent être plus stables. On y observe par ailleurs des périodes de pointe qui correspondent aux efforts de marketing saisonniers : à la rentrée scolaire, à Halloween, à Noël, à Pâques et durant l'été.

Design d'intérieur

S'il existe un terme qui peut servir de leitmotiv à Shade Gosselin, c'est bien le mot «défi». Déterminée comme pas une, cette jeune femme a su relever tous ceux qui se sont présentés à elle avant d'atteindre son poste actuel de designer chez MSM Design.

PROG. 570.03
PRÉALABLE : 0, VOIR PAGE 16

CHAMPS D'INTÉRÊT

• aime les arts
• aime écouter, être utile et conseiller
• aime créer et résoudre des problèmes concrets
• aime dessiner et agencer les formes, les textures et les couleurs

APTITUDES

• talent artistique (dessin) et excellent sens de l'observation
• excellent jugement et grand sens esthétique
• esprit pratique et créativité
• sait communiquer, écouter et convaincre
• a du tact (sait respecter les goûts du client)

OFFRE DU PROGRAMME PAR RÉGIONS
Bas-Saint-Laurent, Capitale-Nationale, Lanaudière, Mauricie, Montérégie, Montréal, Outaouais

Pour connaître les établissements qui offrent ce programme : www.inforoutefpt.org

RÔLE ET TÂCHES

«J'aime relever les défis. Dans le domaine du design, on est toujours en quête d'un nouveau contrat, on doit sans cesse aller plus loin. Créer des concepts est un défi. Comprendre les besoins du client et lui apporter ce qu'il veut est un autre défi», explique Shade Gosselin. Pour arriver là où elle est, elle a dû se tailler une place. Vendeuse chez Bouclair pendant ses études, elle a réussi à obtenir un poste de gérante. Puis, elle s'est retrouvée vendeuse dans une boutique de meubles haut de gamme, et ensuite chez Armoires Design Plus, où tout a vraiment commencé... «Je créais des armoires et je conseillais les gens pour l'aménagement de leur cuisine. C'est là que j'ai commencé à affiner mes goûts et que je me suis mise à créer. C'est aussi là que j'ai réalisé que j'étais une bonne vendeuse.» Un soir, le téléphone a sonné; le patron de MSM Design lui offrait un emploi.

MSM Design est une entreprise de designers concepteurs dont la clientèle est commerciale. La compagnie s'occupe de l'aménagement d'espaces commerciaux. «Quand on "design", on ne décore pas, on crée», explique Shade. Chez MSM Design, elle aide donc à créer. Avec son patron, elle imagine l'aménagement des intérieurs auxquels elle travaille. C'est elle qui fait la recherche des matériaux et qui rencontre les fournisseurs. Avec eux, elle se transforme en femme d'affaires. Elle négocie les contrats et les prix. Shade se rend aussi sur les chantiers de construction, c'est-à-dire ceux des centres commerciaux, des boutiques et des restaurants. Son casque protecteur sur la tête, elle dirige les équipes d'électriciens, de plombiers et autres spécialistes de la construction, leur donnant ses directives pour que

	Salaire hebdo moyen	Proportion de dipl. en emploi	Emploi relié	Chômage	Nombre de diplômés
2006	427 $	78,1 %	62,3 %	6,2 %	219
2005	430 $	75,5 %	71,6 %	3,3 %	276
2004	416 $	77,2 %	69,1 %	2,1 %	181

Statistiques tirées de la *Relance* - Ministère de l'Éducation, du Loisir et du Sport. Voir données complémentaires, page 369.

Comment interpréter l'information, page 15.

le résultat corresponde au plan initial. C'est aussi elle qui se charge de régler les inévitables pépins. Son prochain défi? Aller chercher les contrats elle-même car, pour le moment, c'est la responsabilité de son patron. «En ce moment, j'apprends, dit-elle. Dans une dizaine d'années, je voudrais avoir ma propre entreprise. C'est le rêve de tout diplômé en design.»

QUALITÉS RECHERCHÉES

«Ceux qui désirent travailler en design doivent être débrouillards, imaginatifs et aimer créer, dit Shade. Ils ne doivent pas craindre les défis, mais avoir du leadership et être en mesure de mener leurs idées à terme.» Savoir travailler en équipe, être disponible, minutieux et curieux sont d'autres qualités recherchées, selon elle. À son avis, l'anglais est un atout important qui permet d'élargir ses horizons. Comme c'est une langue qu'elle ne maîtrise pas, la jeune femme a bien l'intention de remédier à cette lacune en suivant bientôt des cours. Pierre Bilodeau, coordonnateur au Département de design d'intérieur au Collège François-Xavier-Garneau, croit pour sa part qu'un bon designer doit pratiquer l'écoute active s'il veut adapter l'environnement qu'il va créer à la façon de vivre de son client.

> «J'aime relever les défis. Dans le domaine du design, on est toujours en quête d'un nouveau contrat, on doit sans cesse aller plus loin.»
>
> — Shade Gosselin

DÉFIS ET PERSPECTIVES

Les jeunes designers se doivent d'être constamment à l'affût des nouveautés, qu'il s'agisse des logiciels, des matériaux ou des façons de faire. «La simple curiosité ne suffit plus, c'est aujourd'hui une obligation de se tenir au fait des dernières tendances. Les diplômés visitent les salons de design, furètent dans Internet, se perfectionnent grâce à la formation continue, et voyagent si cela leur est possible», observe François Robidou, coordonnateur du Département de design d'intérieur au Collège François-Xavier-Garneau.

Le design informatisé est pratiquement devenu un incontournable dans la profession. En effet, de plus en plus de clients veulent pouvoir visualiser en trois dimensions le plan de l'aménagement projeté. L'utilisation de logiciels spécialisés rend possible la réalisation de tels plans. L'étape de la conception et du dessin est ainsi facilitée, ce qui permet au designer d'intérieur de fournir un meilleur rendement. 03/01 (mise à jour 03/07)

HORAIRES ET MILIEUX DE TRAVAIL

- Les employeurs sont les firmes de designers, les bureaux d'architectes, les boutiques de décoration, les magasins de vente au détail, les quincailleries.

- Il est possible de travailler pour son compte, c'est-à-dire de façon contractuelle.

- Le designer peut travailler de 9 h à 17 h, mais aussi les soirs et les fins de semaine si ses contrats l'exigent.

Interprétation théâtrale

Patrick Martin a découvert le plaisir d'interpréter des personnages en participant à des vidéos d'amateurs au secondaire, mais il n'avait jamais joué sur une scène avant de faire son choix de carrière. «Mes premières scènes théâtrales, je les ai jouées lors de mes auditions dans les écoles de théâtre. J'ai eu de la chance! J'ai été admis du premier coup au Cégep de Saint-Hyacinthe.»

PROG. 561.C0
PRÉALABLE : 0, VOIR PAGE 16

CHAMPS D'INTÉRÊT
- se passionne pour le jeu théâtral
- aime la scène et le contact avec le public
- aime le travail de création
- aime lire et se renseigner sur les époques et les auteurs

APTITUDES
- ouverture d'esprit, curiosité et sens de l'observation
- créativité et grande sensibilité artistique
- facilité à mémoriser des textes
- persévérance et discipline
- bonne forme physique

OFFRE DU PROGRAMME PAR RÉGIONS
Laurentides, Montérégie, Montréal

Pour connaître les établissements qui offrent ce programme : www.inforoutefpt.org

RÔLE ET TÂCHES

Le programme d'interprétation théâtrale forme des comédiens professionnels. La formation est axée sur le théâtre parce qu'on estime que les diplômés qui arrivent à maîtriser les techniques théâtrales de jeu, de pose de voix, de diction et de lecture peuvent les adapter pour le cinéma et la télévision. La formation couvre différents aspects du métier d'acteur : l'interprétation, le chant, la danse et l'improvisation. L'apprentissage comprend aussi des cours de jeu devant la caméra et de postsynchronisation pour le doublage de films.

Depuis qu'il a obtenu son diplôme, en juin 2002, Patrick a décroché un rôle dans le téléroman *Watatatow* et joué au théâtre dans une pièce de Marie-Claire Blais, en plus de tenir des petits rôles dans deux téléséries.

Avant de tourner un épisode de téléroman, Patrick dit devoir travailler au moins 10 heures pour apprendre son texte. Il compte ensuite une journée de répétition avec les autres comédiens pour chaque jour de tournage. Le jeune comédien doit également passer des auditions, car comme il travaille à la pige, il lui faut trouver d'autres contrats en prévision de la fin de celui qui l'occupe pour le moment. Souvent, les comédiens doivent passer une dizaine d'auditions avant de décrocher un rôle.

QUALITÉS RECHERCHÉES

Le métier exige une grande ouverture sur le monde. Pour bien comprendre leurs personnages et les interpréter d'une manière crédible, les comédiens

	Salaire hebdo moyen	Proportion de dipl. en emploi	Emploi relié	Chômage	Nombre de diplômés
2006	351 $	71,1 %	64,7 %	0,0 %	59
2005	531 $	73,5 %	61,1 %	10,7 %	52
2004	287 $	70,4 %	30,0 %	9,5 %	40

Statistiques tirées de la *Relance* - Ministère de l'Éducation, du Loisir et du Sport. Voir données complémentaires, page 369.

Comment interpréter l'information, page 15.

doivent faire des recherches sur les auteurs de théâtre et sur les époques où se déroulent les pièces. Les diplômés peuvent aussi nourrir leur inspiration en s'intéressant à tout ce qui se fait en théâtre et en allant voir des spectacles.

Un bon sens de l'observation aide aussi à enrichir le jeu des acteurs. «Je me promène à Montréal et j'observe les gens, confie Patrick. Je regarde, par exemple, les personnes âgées ou les adolescents, et j'essaie d'enregistrer la façon dont ils bougent et se comportent.»

On s'attend également à ce que le comédien fasse preuve de concentration, d'une bonne capacité à mémoriser des textes et d'une grande patience. «Les journées de tournage sont longues, précise le diplômé. On peut être sur le plateau de tournage pendant 10 heures, mais n'en passer que 2 devant les caméras.» Car même s'il ne joue que dans deux petites scènes, elles ne sont pas nécessairement tournées l'une après l'autre. Patrick doit donc attendre son tour.

La formation est axée sur le théâtre parce qu'on estime que les diplômés qui arrivent à maîtriser les techniques théâtrales de jeu, de pose de voix, de diction et de lecture peuvent les adapter pour le cinéma et la télévision.

DÉFIS ET PERSPECTIVES

À leur sortie du cégep, les diplômés doivent faire face à une compétition féroce, indique Jo-Ann Quérel, coordonnatrice du Département d'interprétation théâtrale au Cégep de Saint-Hyacinthe. «Ils doivent se tailler une place parmi tous les diplômés des autres écoles de théâtre, les autodidactes et les jeunes comédiens sans formation qui ont commencé à faire de la télévision étant enfants et qui sont devenus des professionnels extraordinaires.»

Ils doivent aussi apprendre à s'autodiscipliner. «Ils passent d'un mode de vie très structuré où ils ont été encadrés et entraînés quotidiennement, à un environnement où ils sont libres de leur temps. Les diplômés doivent s'imposer des exercices de diction et de lecture et garder une certaine forme physique pour être prêts lorsqu'on a besoin d'eux.»

Malgré la forte concurrence du milieu, Mme Quérel note que les comédiens ne manquent pas de boulot. «Ce qui est formidable, c'est que le travail n'est plus concentré à Montréal. Il y a une demande importante pour développer la vie culturelle hors des grands centres et on voit naître beaucoup d'événements en région. Également, les jeunes comédiens sont de plus en plus autonomes et ne craignent pas de créer leur emploi en montant leurs propres spectacles.» 03/03

HORAIRES ET MILIEUX DE TRAVAIL

- Le comédien professionnel travaille à titre de pigiste pour des compagnies théâtrales et des productions cinématographiques, télévisuelles ou publicitaires.

- La postsynchronisation (doublage de films) et le domaine des communications (animation et journalisme) occupent certains comédiens.

- On verra aussi des diplômés se tourner vers la mise en scène, l'écriture théâtrale ou l'enseignement.

- Les périodes de travail intensif succèdent à des moments plus tranquilles. Le comédien doit se montrer assez souple lorsque les contrats se présentent.

Photographie

«C'est à travers le voyage que j'ai découvert la photo. Je fixais mes rencontres et mes souvenirs sur pellicule. L'idée m'est venue de vivre de ma passion.» Martin Morissette a suivi ses cours de photographie au Cégep du Vieux Montréal. Il est maintenant photographe indépendant, spécialiste des événements culturels.

PROG. 570.FO
PRÉALABLE : 0, VOIR PAGE 16

CHAMPS D'INTÉRÊT
- aime observer et créer des images
- aime travailler avec la technologie (utiliser des appareils et l'informatique)
- aime communiquer et vendre

APTITUDES
- sens esthétique et grande acuité de perception visuelle et spatiale (autant du détail que de l'ensemble)
- imagination, jugement et débrouillardise
- esprit vif et excellents réflexes
- facilité à communiquer et à convaincre
- disponibilité, flexibilité, résistance au stress

OFFRE DU PROGRAMME PAR RÉGIONS
Bas-Saint-Laurent, Montréal

Pour connaître les établissements qui offrent ce programme : **www.inforoutefpt.org**

RÔLE ET TÂCHES

Le travail de photographe est constitué de diverses tâches. «Je dois notamment trouver des clients, dit-il. Je vais les chercher dans le milieu culturel. Je couvre les productions théâtrales ou musicales pour le compte des organisateurs. Une autre partie de mon travail consiste à effectuer les prises de vues. J'apporte mon matériel sur les lieux de l'événement et je fais mes photos en me laissant inspirer par le sujet.»

Les commanditaires de Martin lui laissent généralement une grande latitude sur le plan créatif. Il discute préalablement avec eux pour savoir, par exemple, s'ils veulent de la couleur, du noir et blanc ou des cadrages particuliers. «Il m'arrive de faire quelques contrats commerciaux. J'ai aussi d'autres activités, courantes en photographie, telles que le portrait pour les particuliers et les photos de distribution pour les acteurs.» Le jeune homme s'occupe également des tirages dans son laboratoire.

Pour faire connaître son travail, il utilise de plus en plus les nouvelles technologies numériques. Il envoie des échantillons de son œuvre par Internet à ses clients.

QUALITÉS RECHERCHÉES

Martin explique que le temps consacré à la prise de vues, comme telle, est finalement assez restreint. «Je consacre la majeure partie de mon temps à trouver des clients, dit-il. Il faut donc pas mal d'entregent pour réussir dans ce métier. Quand on fait du bon travail, le bouche à oreille est la meilleure publicité.»

	Salaire hebdo moyen	Proportion de dipl. en emploi	Emploi relié	Chômage	Nombre de diplômés
2006	444 $	64,0 %	53,6 %	8,6 %	71
2005	390 $	68,8 %	63,0 %	5,7 %	67
2004	400 $	70,2 %	53,8 %	2,9 %	70

Statistiques tirées de la *Relance* - Ministère de l'Éducation, du Loisir et du Sport. Voir données complémentaires, page 369.

Comment interpréter l'information, page 15.

La patience et l'écoute sont aussi des qualités indispensables permettant de bien saisir les désirs et les besoins du client. Pour le travail en laboratoire, le souci du détail et l'habileté technique seront fort utiles. «Il faut être très disponible, dit Martin. Ce n'est pas un métier où l'on compte ses heures...» Le jeune photographe est persuadé qu'il faut être pourvu d'un certain talent pour la photographie si l'on veut réussir dans ce métier. «On doit être rapide, attentif, et surtout avoir "l'œil" pour déclencher au bon moment. Ça ne s'apprend pas. Ce talent, tu l'as ou tu ne l'as pas», affirme-t-il.

André Bourbonnais est responsable de la coordination du Département de photographie au Cégep du Vieux Montréal. Il est tout à fait d'accord avec Martin lorsqu'il s'agit de déterminer les qualités essentielles pour exercer ce métier. «Le talent est une qualité incontournable pour réussir en photographie, dit-il. L'aspect créatif aussi. Mais il ne faut pas oublier le côté "business" du métier. Les photographes sont aussi des vendeurs qui gèrent leur petite entreprise. Ils doivent payer leurs factures, leurs taxes. Pour mener à bien tout ça, ils doivent avoir le sens des affaires et une facilité à entretenir de bonnes relations avec les clients.»

> Depuis l'avènement du numérique, le développement de la pellicule photo est relégué à l'arrière-plan. Désormais, le travail du photographe s'effectue plutôt devant un écran d'ordinateur qu'en chambre noire.

DÉFIS ET PERSPECTIVES

Depuis l'avènement du numérique, le développement de la pellicule photo est relégué à l'arrière-plan. Désormais, le travail du photographe s'effectue plutôt devant un écran d'ordinateur qu'en chambre noire. «Le tirage n'existe presque plus, observe Roger Mazerolle, coordonnateur du Département Arts et photographie au Cégep de Matane. Néanmoins, il y aura toujours une intervention à faire sur l'image; il faut souvent ajuster les contrastes ou le cadrage.» Les techniques et le matériel évoluent, mais l'essentiel demeure. «Le photographe est un communicateur, c'est un concepteur d'images; qu'il utilise la pellicule ou le numérique, c'est toujours la même approche.»

Les emplois permanents se trouvent surtout dans les grands studios de photographie, mais le travail à la pige est courant dans le milieu. Aussi les diplômés auront avantage à se spécialiser et à cibler leur clientèle pour développer un créneau, explique M. Mazerolle. D'où l'intérêt de trouver une signature visuelle qui leur est propre : «L'essentiel, c'est d'être créatif. C'est ce qui permet à un photographe de se démarquer.» 03/01 (mise à jour 03/07)

HORAIRES ET MILIEUX DE TRAVAIL

- Les photographes sont souvent des travailleurs indépendants.
- Ils peuvent être employés comme photographes de presse ou faire de la photo publicitaire, médicale, etc.
- Les bureaux d'architectes, les grandes entreprises, les organismes publics se prévalent souvent de leurs services.
- Le travail s'effectue généralement selon des horaires variables, sauf dans les laboratoires où les horaires sont réguliers.

Techniques de design industriel

Embauché à l'Institut national d'optique (INO) à Sainte-Foy, Pascal Leroux a trouvé l'occasion de mettre à profit ses talents de technicien en design industriel. «Les projets sont très complets et me permettent de faire aussi bien de la recherche esthétique que du dessin de pièces assisté par ordinateur», dit-il.

PROG. 570.CO
PRÉALABLES : 11, 40, VOIR P. 16

CHAMPS D'INTÉRÊT

- aime les sciences et la technologie
- aime travailler avec un ordinateur
- aime calculer et dessiner
- aime coopérer et résoudre des problèmes pratiques

APTITUDES

- facilité pour les sciences (math, géométrie, informatique)
- talent pour le dessin
- esprit pratique et méthodique
- grandes capacités d'adaptation et de communication
- jugement et créativité

OFFRE DU PROGRAMME PAR RÉGIONS
Capitale-Nationale, Montréal

RÔLE ET TÂCHES

Le jeune homme travaille actuellement à un projet de boîtier qui doit recevoir des éléments optiques. Son rôle est de créer un objet à la fois ergonomique, esthétique et fonctionnel. «Je suis en relation étroite avec toute une équipe de chercheurs, d'ingénieurs et de concepteurs qui me fournissent un cahier des charges très précis, explique-t-il. Lors de nos réunions, je lance des idées dont je réalise des croquis sur papier puis, une fois que ces croquis sont validés, j'en fais des études plus détaillées.» Plus le projet avance, plus les données doivent être affinées. L'optique étant un domaine de très haute précision, la justesse des mesures est un facteur essentiel. C'est pourquoi, après les études préliminaires, Pascal dessine ses boîtiers sur ordinateur à l'aide des plus récents logiciels. Il lui arrive également d'en faire des prototypes virtuels animés. Cette seconde phase l'aide à visualiser l'objet et ses défauts possibles. En cours de projet, il peut aussi réaliser d'authentiques maquettes à l'échelle et en trois dimensions. «L'INO étant un centre de recherche sur des technologies de pointe, la confidentialité des informations est vitale, confie Pascal. J'ai un devoir de réserve concernant les projets dont je m'occupe. Ma fonction comporte de nombreuses responsabilités. Je participe à la prise de décisions importantes. Le choix des matériaux est également de mon ressort. C'est un métier plein de défis où l'on doit chaque jour conjuguer les impératifs techniques et l'esthétique.»

Pour connaître les établissements qui offrent ce programme : www.inforoutefpt.org

	Salaire hebdo moyen	Proportion de dipl. en emploi	Emploi relié	Chômage	Nombre de diplômés
2006	541 $	55,8 %	75,0 %	7,7 %	59
2005	534 $	61,1 %	80,0 %	8,3 %	51
2004	534 $	60,0 %	73,3 %	11,8 %	37

Statistiques tirées de la *Relance* - Ministère de l'Éducation, du Loisir et du Sport. Voir données complémentaires, page 369.

Comment interpréter l'information, page 15

QUALITÉS RECHERCHÉES

La créativité est une qualité primordiale du technicien en design. Même si ce dernier exerce dans le milieu industriel, on fera toujours appel à son imagination et à ses talents artistiques, tant pour soigner l'aspect esthétique des objets que pour trouver la solution à un problème de design. «La créativité, ça se cultive plus que ça ne s'apprend, affirme Pascal. Il faut en être pourvu au départ. C'est un état d'esprit qui aide autant dans la conception que dans le dessin.» Ce technicien doit, bien entendu, avoir le souci du détail et être très minutieux. «Les outils informatiques m'aident beaucoup à atteindre ce niveau de précision, explique Pascal. En revanche, ils ne dispensent pas d'être organisé et méthodique. Gérer en même temps plusieurs aspects d'un projet est une chose qui me plaît particulièrement.» Pascal travaille toujours en équipe avec les chercheurs et les concepteurs. «Il faut savoir communiquer ses idées clairement à travers son discours ou ses dessins et saisir les besoins et les concepts de ses partenaires.»

«C'est un métier plein de défis où l'on doit chaque jour conjuguer les impératifs techniques et l'esthétique.»

— Pascal Leroux

DÉFIS ET PERSPECTIVES

«Le design industriel est un métier dans lequel il faut apprendre continuellement et se tenir au courant des nouvelles technologies, des nouveaux matériaux et des procédés de fabrication», souligne Michel Lévesque, coordonnateur du Département de design industriel au Cégep de Sainte-Foy.

Si les designers industriels doivent en général tenir compte du coût de production lors de la conception des produits, une nouvelle préoccupation se dessine : l'impact environnemental. L'écodesign est en plein essor, observe M. Lévesque. Il consiste à choisir les matériaux et à concevoir les produits en prévision de leur recyclage et dans le respect de l'environnement.

Les secteurs d'emploi sont très diversifiés (électronique, éclairage, plastique, etc.), et on trouve généralement les diplômés dans deux milieux de travail : «Ils œuvrent dans les petits bureaux de consultants où le travail est varié et valorisant, et les entreprises manufacturières où le travail est plus spécialisé, mais où les salaires et les avantages sociaux sont plus élevés», remarque François Mongeau, coordonnateur du programme *Design industriel* au Cégep du Vieux Montréal. 02/01 (mise à jour 04/07)

HORAIRES ET MILIEUX DE TRAVAIL

• Les diplômés travaillent dans le secteur manufacturier.

• Les firmes de design, les bureaux d'ingénieurs ou d'architectes sont des employeurs potentiels.

• L'informatique est utilisée pour le dessin et la conception des pièces.

• Les travailleurs de ce secteur font très souvent partie d'une équipe et collaborent avec des ingénieurs et des concepteurs.

• Le travail s'effectue selon des horaires de bureau réguliers.

Techniques de métiers d'art (Céramique)

Alors qu'elle était préposée dans une bibliothèque, Marie-Ève Fortin rêvait d'autre chose. «Ce que je voulais, c'était travailler dans le domaine des arts, de chez moi.» Elle a atteint son objectif puisqu'elle exerce aujourd'hui le métier de céramiste. De chez elle!

PROG. 573.AO
PRÉALABLE : 0, VOIR PAGE 16

CHAMPS D'INTÉRÊT
- aime étudier la forme des objets par le toucher
- aime travailler seul (bien qu'il soit possible de travailler en groupe)
- aime lire sur les techniques de céramique
- aime le travail manuel

APTITUDES
- dextérité manuelle
- débrouillardise et autonomie
- bonne concentration
- sens des priorités
- bonne compréhension de la chimie (atout)

OFFRE DU PROGRAMME PAR RÉGIONS
Capitale-Nationale, Montréal

RÔLE ET TÂCHES

Marie-Ève a fait un DEC en céramique au Cégep du Vieux Montréal. Depuis deux ans, elle fabrique des pièces issues de son imagination, la plupart du temps en fonction de commandes ponctuelles. «Une fois, je suis allée à un restaurant qui projetait d'ouvrir une terrasse et qui avait besoin d'un service de vaisselle. J'ai offert de créer la collection au complet!»

Réaliser un tel contrat demande environ trois semaines de travail. «Je commence par le tournage de chacune des pièces : je prends de l'argile molle, que je façonne à l'aide d'un tour (sorte de plateau rotatif) pour faire une tasse, par exemple. Ensuite, je forme le genre de cercle qu'on retrouve sous chaque tasse. Puis, je modèle l'anse et toute autre décoration en trois dimensions, et je les pose sur la pièce.»

Marie-Ève doit ensuite attendre que sa série de pièces sèche complètement. «Il y a beaucoup de temps d'attente en céramique. Il faut être patient», précise-t-elle, avant de poursuivre l'énumération des autres étapes : première cuisson, application d'une couche de verre transparente ou opaque (appelée «glaçure»), deuxième cuisson, ponçage, étiquetage et emballage.

La céramiste dit consacrer 60 % de son temps à la production. Ses autres tâches? La mise en marché de ses produits et la gestion de son entreprise, incluant l'achat des matières premières, comme l'argile.

Pour connaître les établissements qui offrent ce programme : **www.inforoutefpt.org**

	Salaire hebdo moyen	Proportion de dipl. en emploi	Emploi relié	Chômage	Nombre de diplômés
2006	400 $	83,3 %	66,7 %	0,0 %	8
2005	315 $	58,3 %	40,0 %	0,0 %	15
2004	N/D	N/D	N/D	N/D	N/D

Statistiques tirées de la *Relance* - Ministère de l'Éducation, du Loisir et du Sport. Voir données complémentaires, page 369.

Comment interpréter l'information, page 15.

QUALITÉS RECHERCHÉES

Un céramiste doit évidemment être habile de ses mains, pour effectuer le tournage, entre autres. De plus, il doit posséder une bonne résistance au stress, surtout lors des périodes de production intensive.

«La curiosité est importante aussi, ajoute Marie-Ève. Il faut avoir le goût de chercher de nouvelles idées de produits si on veut réussir à faire quelque chose d'original.» Par exemple, l'obtention d'une couleur peut demander une longue série d'essais et d'erreurs. Marie-Ève croit aussi qu'il faut être passionné et mûr pour réussir la formation, qui, en plus des heures de cours, comporte beaucoup de travail pratique. Par la suite, sur le marché du travail, il faut à la fois maîtriser les aspects techniques, artistiques et commerciaux du métier. «On embarque là-dedans à corps perdu!» Toutefois, de plus en plus de céramistes se regroupent pour briser l'isolement et partager les coûts des locaux et de l'équipement.

> **«La curiosité est importante. Il faut avoir le goût de chercher de nouvelles idées de produits si on veut réussir à faire quelque chose d'original.»**
>
> **— Marie-Ève Fortin**

DÉFIS ET PERSPECTIVES

Quand on travaille dans ce domaine, on est généralement travailleur autonome et, pour réussir, il faut proposer un produit original, explique Judith Faber, céramiste et professeure au Centre de formation et de consultation en métiers d'art (relié au Cégep de Limoilou). Cela dit, Mme Faber conseille aux nouveaux diplômés d'acquérir d'abord de l'expérience auprès d'un céramiste établi ou dans une école, pour se familiariser avec tous les aspects de la fabrication. «Après un an ou deux, le diplômé sera en mesure de produire facilement, et donc, de se lancer à son compte.»

Photo : École-métier de céramique de Québec

Premier défi de tout entrepreneur : trouver du financement. Selon Mme Faber, de 5 000 à 6 000 $ sont nécessaires pour acheter l'équipement de base d'un atelier. Le branchement sécuritaire des fours et la gestion des produits toxiques utilisés peuvent nécessiter de l'aide extérieure, d'où l'importance, selon l'enseignante, de développer un bon réseau de contacts. «Quand on est aux prises avec de l'argile qui se fendille ou un four qui n'atteint pas la température voulue, il faut savoir qui appeler.» Cela prend plusieurs années avant de parvenir à vivre de sa production... si on y arrive, prévient Mme Faber. Les céramistes qui réussissent peuvent occuper le créneau des commandes d'entreprises ou celui des particuliers, en vendant leur production dans les salons de métiers d'art au Canada et à l'étranger. 03/03

HORAIRES ET MILIEUX DE TRAVAIL

• Les céramistes travaillent depuis leur domicile ou dans un atelier qu'ils peuvent occuper seuls ou avec des collègues. Ils peuvent aussi trouver de l'emploi auprès de céramistes établis ou dans l'une des deux écoles québécoises offrant le programme de formation en céramique (à Montréal et à Québec).

• Le céramiste à son compte établit lui-même son horaire. Par exemple, gestion le matin, production l'après-midi et conception... la nuit!

• Les journées peuvent être longues durant les périodes de production intensive.

• L'environnement est salissant (à cause de la poussière).

Techniques de métiers d'art (Construction textile)

«J'adore peindre. J'ai fait un DEC en arts plastiques et entrepris des études universitaires en histoire de l'art. Au bout d'un an, je ne savais plus ce que je voulais, alors j'ai tout arrêté pendant deux ans... et j'ai voyagé! J'ai eu la piqûre en voyant des tissus anciens dans des musées européens : de retour chez moi, j'ai décidé de m'inscrire en construction textile. Ça comblait mon besoin de créer», explique Lysanne Latulippe.

PROG. 573.AO
PRÉALABLE : 0, VOIR PAGE 16

CHAMPS D'INTÉRÊT
- aime créer, toucher des matières textiles
- aime passer beaucoup de temps à effectuer le même travail
- aime travailler avec un ordinateur
- aime travailler avec ses mains et avec des machines à coudre, à tisser ou à broder

APTITUDES
- créativité
- souci du détail
- esprit d'analyse, respect des consignes et bonne écoute (salarié)
- esprit d'entrepreneurship, autonomie (travailleur autonome)

OFFRE DU PROGRAMME PAR RÉGIONS
Capitale-Nationale, Montréal

Pour connaître les établissements qui offrent ce programme : www.inforoutefpt.org

RÔLE ET TÂCHES

Son diplôme en poche, Lysanne a ouvert un atelier-boutique appelé «majolie». La production de vêtements pour femmes occupe 60 % de son temps. «Je tricote des panneaux de tissu à l'aide d'une machine à tricoter. Je les repasse ensuite avec un fer à vapeur, pour stabiliser les fibres. Puis, je taille des pièces que je couds ensemble avec une surjeteuse (machine à coudre permettant d'assembler deux pièces de tissu) pour en faire un pull, par exemple.» Elle procède ensuite à la finition de ses créations et appose les étiquettes indiquant le nom des fibres utilisées et le prix, notamment.

La collection majolie (vestes, jupes, camisoles, etc.) est faite de laine, mais aussi de coton, de lin, de viscose et de lycra. Le tout offert dans une variété de textures originales et de tons, généralement chauds, tels que l'orangé, le rouge et le marron.

Les autres tâches de Lysanne sont variées : créer et planifier la production des collections, vendre celles-ci dans des salons d'artisanat et s'occuper de la comptabilité. Elle travaille seule, sauf les quelques fois par année où elle s'adjoint trois sous-traitants qui font de la couture ou vont rencontrer des clients potentiels à sa place.

Un designer textile peut aussi être appelé à teindre des fils; à corriger et à ajuster les armures, c'est-à-dire la façon dont les fils se croisent dans une étoffe; et à travailler avec des machines à tisser ou à broder.

Contrairement à Lysanne, les designers employés dans une usine travaillent à l'ordinateur tous les jours afin d'effectuer la «mise au raccord»,

	Salaire hebdo moyen	Proportion de dipl. en emploi	Emploi relié	Chômage	Nombre de diplômés
2006	N/D	50,0 %	0,0 %	0,0 %	6
2005	N/D	25,0 %	100,0 %	0,0 %	6
2004	N/D	N/D	N/D	N/D	N/D

Statistiques tirées de la *Relance* - Ministère de l'Éducation, du Loisir et du Sport. Voir données complémentaires, page 369.

Comment interpréter l'information, page 15.

une tâche répétitive qui exige un bon sens de l'observation et qui consiste à agencer les motifs qui seront alors imprimés sur du tissu.

QUALITÉS RECHERCHÉES

La passion des textiles, la créativité et le souci du détail sont essentiels pour réussir dans ce domaine. De plus, les designers travaillant à leur compte doivent être persévérants, patients et disciplinés. «Quand on travaille seul, il faut se motiver pour respecter les échéanciers et les dates de livraison», précise Lysanne.

Il faut aussi «aimer» les machines et faire preuve de débrouillardise : «Quand ta machine tombe en panne, tu dois trouver des techniciens spécialisés ou des pièces pour la réparer toi-même.» Enfin, elle croit qu'une bonne dose de maturité est nécessaire pour faire sa place au soleil, «parce que c'est difficile de vivre de ce métier. Il n'est pas très connu et en plus, quand on est un entrepreneur, il faut tout faire soi-même.»

La passion des textiles, la créativité et le souci du détail sont essentiels pour réussir dans ce domaine.

DÉFIS ET PERSPECTIVES

«Bien des gens associent ce métier au macramé et aux pantoufles en Phentex de nos grands-mères! Pourtant, ceux qui réussissent dans ce milieu sont ambitieux et branchés en décoration ou en mode. L'un des défis qu'ont à relever les diplômés consiste à contrecarrer cette image vieillotte associée, à tort, au métier», mentionne Louise Lemieux Bérubé, directrice générale et enseignante du Centre des textiles contemporains de Montréal.

Photo : Centre de formation textile de l'est du Québec

Travailler en usine est un bon moyen d'acquérir de l'expérience. Avec le temps, le diplômé pourra gravir les échelons en supervisant d'autres designers ou en devenant designer en chef de l'entreprise, ce qui l'amènerait à faire de la recherche d'idées de motifs pour son employeur, en visitant des expositions à l'étranger. «La plupart des designers veulent que leur nom soit reconnu et, pour cela, ils doivent devenir pigistes ou se lancer à leur compte», indique Mme Lemieux Bérubé.

Une mise en garde : pour fonder une entreprise, il faut travailler fort pendant plusieurs années et relever chaque jour les défis associés à la recherche de financement et d'idées. La reconnaissance publique et l'exportation de leurs créations : voilà ce qui attend les plus ambitieux. 02/03

HORAIRES ET MILIEUX DE TRAVAIL

• Les diplômés travaillent pour des usines textiles situées en dehors des centres urbains ou, plus rarement, pour des entreprises dans le domaine cinématographique ou les arts de la scène (cirques, troupes de théâtre); dans ce cas, ils travaillent en équipe et sont spécialisés dans la création et la fabrication des tissus qui servent à faire des costumes.

• L'horaire est régulier (de 8 h 30 à 16 h 30).

• Les heures supplémentaires ne sont pas la norme, mais il peut y en avoir.

• Les travailleurs autonomes choisissent leur horaire et leur milieu de travail. Ils doivent s'attendre aux longues journées de travail lorsqu'ils participent à des salons d'artisanat.

Techniques de métiers d'art (Ébénisterie artisanale)

Attiré par l'odeur du frêne et du pin, intéressé par le dessin et le travail manuel, Éric Boudrias s'est inscrit en ébénisterie artisanale au Cégep du Vieux Montréal. Une formation pratique grâce à laquelle il a aiguisé sa dextérité en plus d'apprendre l'art du croquis et le maniement du ciseau et du rabot.

PROG. 573.AO
PRÉALABLE : 0, VOIR PAGE 16

CHAMPS D'INTÉRÊT

- aime le travail manuel
- aime le bois et le façonnage de matière
- aime le dessin
- désire fonder son entreprise et assumer les fonctions de gestionnaire

APTITUDES

- dextérité
- débrouillardise
- discipline et minutie
- patience et persévérance
- bonne forme physique et bonne vision

OFFRE DU PROGRAMME PAR RÉGIONS
Capitale-Nationale, Montréal,

Pour connaître les établissements qui offrent ce programme : **www.inforoutefpt.org**

RÔLE ET TÂCHES

Avant de choisir l'ébénisterie, Éric avait déjà étudié deux ans en technologie de l'architecture. Un domaine trop axé sur la conception par ordinateur et pas assez manuel à son goût. Exit l'architecture, il entreprend une formation en ébénisterie qui lui permet de trouver du travail chez Entreprise Claude Archambault.

Depuis la fin de ses études, Éric s'affaire quotidiennement à ce qu'il aime le plus au monde : toucher et travailler le bois. «À la base, la technique d'ébénisterie ne nécessite aucune vis et aucun clou. On utilise plutôt la technique du "lamellé collé", qui demande de coller ensemble des planches et de les égaliser, pour former les grands panneaux nécessaires à la construction de meubles», explique-t-il.

Seul ébéniste de l'établissement, Éric fait de tout. Il décape, ponce, vernit, teint, huile, laque, répare et restaure des meubles de toutes formes et de toutes origines. Mais au cours des derniers mois, la restauration a occupé une place de plus en plus grande dans sa charge de travail. Le diplômé dit maintenant consacrer environ 60 % de son temps à la finition et 40 % à la restauration.

«La restauration implique de remettre à l'état initial un meuble ancien, explique Éric. Notre but est de garder l'aspect authentique du meuble en lui redonnant son fini et son allure d'origine. Mais bien souvent, les meubles sont abîmés et on doit les réparer avant de les restaurer. Il faut alors utiliser des matériaux neufs et les décaper une première fois afin qu'ils paraissent aussi vieux que les originaux. Ensuite, on passe à la finition antique.»

	Salaire hebdo moyen	Proportion de dipl. en emploi	Emploi relié	Chômage	Nombre de diplômés
2006	471 $	75,0 %	64,7 %	5,3 %	29
2005	453 $	69,6 %	76,9 %	20,0 %	32
2004	549 $	68,2 %	63,6 %	0,0 %	27

Statistiques tirées de la *Relance* - Ministère de l'Éducation, du Loisir et du Sport. Voir données complémentaires, page 369.

Comment interpréter l'information, page 15.

S'il aime Montréal, où il travaille actuellement, l'ébéniste signale qu'il est difficile de s'y lancer à son compte, en raison du coût élevé des loyers des locaux commerciaux et de la forte compétition du marché du meuble en bois naturel. Il voudrait donc retourner dans son patelin natal de Grand-Remous, en Outaouais, afin de pouvoir donner libre cours à son projet d'entreprise.

QUALITÉS RECHERCHÉES

De l'avis d'Éric, la formation en ébénisterie permet d'acquérir les notions techniques et la dextérité nécessaires pour fabriquer des meubles intéressants. Toutefois, le diplômé devra acquérir par lui-même des qualités comme la créativité et la débrouillardise, essentielles dans le monde du design de meuble.

Pour faire sa place, l'ébéniste doit donc être patient et persévérant, en plus de développer sa capacité à évaluer en combien de temps il peut fabriquer un meuble et de quels matériaux il aura besoin. Il lui faut aussi être capable de prendre des mesures précises et posséder une bonne vision pour voir les détails de finition et manipuler l'équipement sans se blesser.

> «La technique d'ébénisterie ne nécessite aucune vis et aucun clou.»
>
> — Éric Boudrias

DÉFIS ET PERSPECTIVES

Dans un marché dominé par les meubles en série à bas prix, les ébénistes ont pour défi de faire reconnaître et apprécier à leur juste valeur les pièces uniques qu'ils auront passé des heures à concevoir, à assembler et à sculpter.

En plus de stimuler les aptitudes artistiques des élèves, le programme tâche de faire d'eux des entrepreneurs autonomes et avisés et les prépare à ouvrir leur atelier. «Les diplômés trouvent gratifiant d'être leur propre patron, constate Carolle Beaulieu, adjointe administrative à l'Institut québécois d'ébénisterie. Toutefois, il faut du temps pour se faire un nom.»

Certains ébénistes choisissent de s'associer; ils peuvent ainsi partager le coût de l'équipement et unir leurs talents. Cela aide aussi à stimuler la créativité, une qualité essentielle dans un domaine où il faut sans cesse se dépasser. 04/03 (mise à jour 04/07)

Photo : Gagné du Vieux Montréal - Marylène Thériault

HORAIRES ET MILIEUX DE TRAVAIL

- L'ébéniste peut travailler à la fabrication de meubles en série dans une usine, en faisant par exemple du polissage, de la finition ou du vernissage.

- Nombre de diplômés choisissent de se lancer à leur compte, après avoir travaillé quelques années dans l'atelier d'un ébéniste établi.

- Plusieurs ébénistes d'expérience choisissent de donner des cours à des jeunes qui désireraient apprendre le métier ou encore à des personnes qui souhaitent pratiquer l'ébénisterie comme passe-temps.

- En usine, les horaires sont plutôt réguliers et comptent environ 40 heures par semaine. Par contre, une entreprise personnelle exigera un nombre d'heures illimité.

Techniques de métiers d'art (Impression textile)

Après avoir passé le quart de sa vie dans les forces armées, Pierre Desormeaux jugeait qu'il était temps de réorienter sa carrière afin de laisser libre cours à sa véritable passion : les arts. Maniant couleurs et textures, il dirige à présent son propre atelier d'impression textile.

PROG. 573.AO
PRÉALABLE : 0, VOIR PAGE 16

CHAMPS D'INTÉRÊT

- aime les arts, le dessin, les tissus et les textures
- apprécie le travail manuel et en équipe
- aime la recherche et l'expérimentation
- désire gérer sa propre entreprise et diriger du personnel

APTITUDES

- autonomie, discipline, sens de l'organisation
- minutie
- persévérance
- créativité et sens artistique
- capacité d'adaptation

OFFRE DU PROGRAMME PAR RÉGIONS
Capitale-Nationale, Montréal

Pour connaître les établissements qui offrent ce programme : **www.inforoutefpt.org**

RÔLE ET TÂCHES

«Avec les nouvelles fibres synthétiques, il y a tellement de produits à essayer, de matières à transformer. La recherche pour trouver des nouvelles techniques de coloration est mon plus grand défi», déclare Pierre.

De nos jours, l'impression textile ne se résume plus à imprimer des couleurs ou des motifs sur des tissus. Il est possible d'imprimer du latex sur les étoffes pour leur donner du relief, ou encore d'employer divers produits chimiques pour conférer aux tissus des propriétés supplémentaires, comme l'imperméabilité ou une résistance accrue.

Artiste et chercheur, Pierre imprime des tapis qui se retrouvent sur les tables des plus grands casinos du monde. La recette de son succès? Il a en effet développé et breveté une technique d'impression pour l'ultrasuède, un matériau très résistant. Depuis, il récolte les contrats à la pelle, non seulement avec les casinos, mais aussi avec les troupes de théâtre et de ballet, les productions cinématographiques et le Cirque du Soleil, pour lesquels il réalise entre autres des tissus de costumes.

En plus de concevoir les dessins à imprimer, Pierre prépare les équipements et les couleurs, coordonne les impressions et surveille la qualité.

Lors de l'impression, les tissus sont disposés sur des tables de plus de 15 mètres de long. On y applique un cadre, qui tend une toile à travers laquelle la couleur est forcée manuellement. «On travaille toujours à deux ou à trois, parce que les cadres sont lourds et qu'il faut les déplacer d'une table à l'autre.»

	Salaire hebdo moyen	Proportion de dipl. en emploi	Emploi relié	Chômage	Nombre de diplômés
2006	N/D	50,0 %	0,0 %	0,0 %	6
2005	N/D	25,0 %	100,0 %	0,0 %	6
2004	N/D	N/D	N/D	N/D	N/D

Statistiques tirées de la *Relance* - Ministère de l'Éducation, du Loisir et du Sport. Voir données complémentaires, page 369.

Comment interpréter l'information, page 15.

QUALITÉS RECHERCHÉES

Imprimer sur du tissu est un travail de longue haleine qui demande de la précision et de la minutie, selon Pierre. Avant de réaliser une impression, il doit faire des tests pour s'assurer que les produits chimiques et les teintures n'altéreront pas les qualités du tissu. «Avant moi, il n'y avait qu'une seule autre entreprise dans le monde à faire le même genre d'impression, mais elle a fermé ses portes, car elle n'avait pas la bonne technique.»

Généralement entrepreneur, l'imprimeur textile doit aussi faire preuve d'autonomie et être capable de passer d'une fonction à une autre, du travail artistique à la comptabilité, en passant par la recherche de contrats. Habitué à la rigueur militaire, Pierre souligne qu'il «faut se battre pour faire sa place dans les arts». Discipliné et fonceur, il a mis moins de cinq ans à se créer un créneau.

> «Avec les nouvelles fibres synthétiques, il y a tellement de produits à essayer, de matières à transformer. La recherche pour trouver des nouvelles techniques de coloration est mon plus grand défi.»
>
> — Pierre Desormeaux

DÉFIS ET PERSPECTIVES

Le Québec offre des formations complètes qui abordent toutes les techniques d'impression, mais l'industrie textile n'y est actuellement pas en essor. «Ce sont les entreprises situées dans le sud-est asiatique et en Inde qui ont la plus grande part du marché, car les coûts rattachés à la main-d'œuvre y sont moins importants», rappelle Nathalie Tremblay, professeure au Centre de recherche et de design en impression textile de Montréal.

Photo : Centre de recherche et de design de Montréal

Le défi actuel est de faire connaître le métier à l'étranger, mais également auprès des designers locaux qui œuvrent dans les domaines de la mode et de la décoration intérieure. «Nos idées et nos dessins valent largement ceux des autres pays, poursuit Mme Tremblay. Le seul problème concerne les coûts et les quantités.» En effet, il est difficile pour un petit entrepreneur d'assurer seul le développement de produits, la production et la vente.

À long terme, croit l'enseignante, les imprimeurs textiles vont intégrer davantage l'informatique et l'automatisation dans leur travail. Ils vont utiliser les logiciels de dessin pour concevoir plus efficacement des motifs, tandis que l'application des couleurs et le déplacement des cadres pourront être effectués par des machines, afin de rendre l'impression plus rapide et plus uniforme. 02/03

HORAIRES ET MILIEUX DE TRAVAIL

- Les diplômés sont appelés à imprimer des tissus pour le milieu du spectacle, de la mode ou encore du design d'intérieur.

- La plupart choisissent de devenir travailleurs autonomes, pour s'assurer des conditions de travail et un revenu plus intéressants.

- Il faut s'attendre à travailler intensivement, incluant les soirs et les week-ends, lorsque les contrats l'exigent.

Techniques de métiers d'art (Joaillerie)

«Dans ma famille, on ne regardait pas la télévision, on bricolait!» raconte Marie-Ève Martin, pour illustrer que son intérêt pour le travail manuel et les arts ne date pas d'hier. Même si elle affirme s'être inscrite en joaillerie sans savoir à quoi s'attendre, on peut dire que son flair ne l'a pas trompée! Elle est propriétaire de son propre petit atelier de bijoux, à Montréal.

PROG. 573.A0
PRÉALABLE : 0, VOIR PAGE 16

CHAMPS D'INTÉRÊT

• aime le dessin
• aime la création, la fabrication de bijoux
• aime le travail de précision
• aime travailler seul
• aime suivre les modes et les courants

APTITUDES

• bonne dextérité manuelle
• créativité
• minutie et perfectionnisme
• patience
• discipline

OFFRE DU PROGRAMME PAR RÉGIONS
Capitale-Nationale, Montréal

Pour connaître les établissements qui offrent ce programme : **www.inforoutefpt.org**

RÔLE ET TÂCHES

Marie-Ève conçoit des bijoux en argent et en or. «Je fais une petite production que je présente dans divers salons des métiers d'art et que je vends à des boutiques et à une clientèle privée [qui achète directement de l'atelier], explique-t-elle. Je crée des boucles d'oreilles, des bagues, des colliers et des broches.» Elle partage son local et une partie de ses outils avec deux autres joaillières, ce qui lui permet de réduire ses coûts d'exploitation.

La première étape de son travail consiste à concevoir des modèles de bijoux. «Je m'inspire de la mode pour créer des pièces attrayantes.» Après avoir dessiné des croquis, elle réalise le bijou à l'aide de ses pinces, de son chalumeau et de sa lime. «Ce prototype me sert de modèle. Il me permet de voir s'il est aussi beau que le dessin et surtout s'il est facile à fabriquer.» Si certains artisans procèdent en sculptant un moule dans de la cire afin d'y couler le métal, Marie-Ève préfère travailler directement sur le métal. Une fois qu'elle a établi tous ses modèles, elle entreprend la production, un travail très intensif. «Je peux mettre quatre mois à me préparer pour le Salon des métiers d'art de Montréal, à raison de six jours de travail par semaine.»

La mise en marché des bijoux fait aussi partie des responsabilités de l'artisane. «Je dois trouver des points de vente et gérer les stocks de bijoux que je laisse en consignation.» Ainsi, elle doit suivre la vente de ses créations dans diverses boutiques pour aller cueillir les recettes qui lui reviennent. «C'est également moi qui effectue la comptabilité de ma petite entreprise.»

	Salaire hebdo moyen	Proportion de dipl. en emploi	Emploi relié	Chômage	Nombre de diplômés
2006	370 $	70,0 %	75,0 %	22,2 %	16
2005	336 $	73,7 %	45,5 %	12,5 %	25
2004	279 $	87,5 %	40,0 %	12,5 %	12

Statistiques tirées de la *Relance* - Ministère de l'Éducation, du Loisir et du Sport. Voir données complémentaires, page 369.

Comment interpréter l'information, page 15.

Pour Marie-Ève, l'aspect le plus passionnant de son métier demeure la création. «Le secret, c'est de bien répartir le travail dans mes journées, de façon qu'elles soient agréables.» Par exemple, elle peut faire un peu de comptabilité et de mise en marché le matin, ce qu'elle apprécie moins, et réserver l'après-midi à la création.

QUALITÉS RECHERCHÉES

La patience est une qualité essentielle pour bien exercer le métier de joaillier, souligne Marie-Ève. «On travaille sur de petites pièces avec de petits outils. Il faut donc être très minutieux et perfectionniste.» Elle ajoute que la dextérité manuelle est indispensable, de même que la rapidité. «Évidemment, le travail doit être bien fait, mais il faut aussi parvenir à fabriquer les bijoux assez vite pour que ce soit rentable.» La créativité est également à cultiver pour concevoir des pièces originales qui sauront attirer des clients.

Lorsqu'il est son propre patron, le diplômé doit aussi faire preuve d'autonomie et de discipline puisqu'il devient le maître de son horaire de travail. Motivé par la passion du métier et déterminé, il devra consacrer beaucoup d'efforts et de temps pour réussir à gagner sa vie dans ce domaine où la concurrence est vive.

DÉFIS ET PERSPECTIVES

«Le diplômé doit diversifier ses activités pour réussir, soutient Lynn Légaré, joaillière et enseignante à l'École de joaillerie de Montréal. Cela signifie produire des bijoux pour les salons et les boutiques, exécuter des commandes pour des clients privés et faire des demandes de bourses pour réaliser des projets de création.»

Se faire connaître représente aussi un défi de taille. «On vit un problème de diffusion en joaillerie parce qu'il y a très peu de galeries qui exposent des bijoux d'art. Le public ne nous connaît pas. Pourtant, si nos créations étaient plus accessibles, il serait plus facile de se créer une bonne clientèle.»

Mme Légaré encourage enfin les diplômés à suivre des cours en administration, en gestion, en marketing et en arts visuels pour perfectionner leurs créations et mieux vendre leurs bijoux. 03/03

> «Le diplômé doit diversifier ses activités pour réussir, cela signifie produire des bijoux pour les salons et les boutiques, exécuter des commandes pour des clients privés et faire des demandes de bourses pour réaliser des projets de création.»
>
> — Lynn Légaré

Photo : École de joaillerie de Montréal

HORAIRES ET MILIEUX DE TRAVAIL

• Le diplômé peut se faire embaucher par un joaillier ou fonder sa petite entreprise.

• Pour le diplômé employé, l'horaire est habituellement régulier, de jour. Mais celui qui se lance en affaires doit s'attendre à travailler davantage, souvent jusqu'à 60 heures par semaine.

Techniques de métiers d'art (Lutherie)

Guillaume Schönau fabrique des petits meubles et des accessoires en bois depuis son adolescence. Mélomane dans l'âme, il s'est inscrit au programme de lutherie du Cégep de Limoilou pour pouvoir combiner son amour de la musique et celui du bois. Mission accomplie pour ce diplômé qui exerce aujourd'hui son métier à la **Lutherie Richard Compartino** de Sainte-Foy.

PROG. 573.AO
PRÉALABLE : 0, VOIR PAGE 16

CHAMPS D'INTÉRÊT
- aime travailler le bois
- aime l'univers de la musique
- aime le travail manuel de précision
- aime se dépasser et apprendre

APTITUDES
- persévérance
- dextérité manuelle
- patience et minutie
- bonne oreille musicale

OFFRE DU PROGRAMME PAR RÉGIONS
Capitale-Nationale, Montréal

Pour connaître les établissements qui offrent ce programme : **www.inforoutefpt.org**

RÔLE ET TÂCHES

«La lutherie est devenue une telle passion dans ma vie que j'ai même travaillé pour un luthier professionnel tout en poursuivant mes études. J'ai donc suivi un apprentissage intensif», raconte Guillaume. Une fois son diplôme en poche, le jeune luthier a tenté de fonder sa propre entreprise. Il a cependant dû abandonner ce projet. «Cela prend un bassin d'un million d'habitants pour arriver à faire vivre un seul luthier. J'éprouvais donc de grandes difficultés à boucler mes fins de mois. Mais heureusement, j'ai pu décrocher un emploi stable à la Lutherie Richard Compartino.»

Cette entreprise est spécialisée dans la fabrication et la réparation de violons, d'altos, de violoncelles et d'archets. À l'arrière du comptoir d'accueil, on retrouve les ateliers où Guillaume et deux autres luthiers s'affairent à répondre aux différentes demandes des clients. Guillaume consacre 90 % de son temps à la réparation des instruments et le reste à la conception.

Les tâches de réparation sont variées. Nettoyage des instruments, changement de cordes, retouches de vernis et remodelage des parties latérales et courbées des violons sont entre autres au programme. «Je suis un peu comme un médecin de violons. Chaque violon à réparer est un violon malade et aucun des "patients" ne reçoit le même traitement qu'un autre», explique Guillaume. Ses outils? Canif, lime, ciseau à bois, rabot, colle et vernis.

	Salaire hebdo moyen	Proportion de dipl. en emploi	Emploi relié	Chômage	Nombre de diplômés
2006	N/D	N/D	N/D	N/D	N/D
2005	N/D	N/D	N/D	N/D	N/D
2004	N/D	N/D	N/D	N/D	N/D

Statistiques tirées de la *Relance* - Ministère de l'Éducation, du Loisir et du Sport. Voir données complémentaires, page 369.

Comment interpréter l'information, page 15.

La conception d'un violon demande également beaucoup de minutie. Pour cela, il esquisse d'abord le modèle de son instrument sur papier. Puis, il choisit ses matériaux et ses outils en fonction de la sonorité recherchée. Il fabrique ensuite les gabarits et le moule de l'instrument. Le luthier façonne chaque pièce et assemble le tout. Finalement, il monte le chevalet qui supporte les cordes, il pose les clés et installe les cordes avant d'appliquer le vernis.

Le diplômé voue une grande passion à son métier. «Le champ d'expérimentation en lutherie est infini. Il y a beaucoup à explorer, notamment dans la fabrication du vernis et dans la recherche d'une bonne sonorité.»

QUALITÉS RECHERCHÉES

Guillaume estime qu'il faut avoir la vocation pour exercer ce métier. «C'est une profession où la demande est faible. On doit pouvoir œuvrer dans un noble but et dans le respect des luthiers qui nous ont précédés afin d'exceller au point de vue artistique. Il faut aussi avoir l'humilité d'accepter que les fins de mois seront difficiles. Il faut donc être persévérant pour réussir.» Si la reconnaissance du luthier passe par sa détermination et sa patience, ces deux qualités sont tout aussi essentielles dans la création des instruments. La conception d'un violon prend environ 300 heures. La minutie et la précision sont également essentielles. «Il est important d'avoir confiance en son talent et de savoir reconnaître que certaines réparations sont parfois trop complexes pour nous», ajoute Guillaume. Il faut aspirer à la perfection tout en acceptant de ne pas toujours pouvoir l'atteindre.

DÉFIS ET PERSPECTIVES

Même si l'on compte peu de diplômés en lutherie, rares sont ceux qui arrivent à vivre de leur métier, souligne Simon Bruneau, enseignant au Cégep de Limoilou. «Il faut être persévérant, frapper aux bonnes portes et être prêt à travailler fort pour se tailler une place au soleil. Les résultats ne sont pas immédiats, précise l'enseignant. Le DEC est un premier niveau d'apprentissage. Cela prend plusieurs années pour se perfectionner. N'oublions pas que la lutherie est un art qui dépend d'un autre art, la musique. Si le diplômé veut pouvoir répondre aux exigences des musiciens, il doit penser à suivre des stages auprès de maîtres luthiers au Québec, aux États-Unis ou en Europe.» 03/03

> «Je suis un peu comme un médecin de violons. Chaque violon à réparer est un violon malade et aucun des "patients" ne reçoit le même traitement qu'un autre.»
>
> — Guillaume Schönau

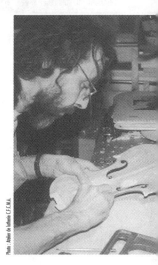

Photo : Atelier de lutherie C.F.C.M.A.

HORAIRES ET MILIEUX DE TRAVAIL

- Un luthier peut fonder sa propre entreprise ou travailler pour un autre luthier.

- Embauché chez un luthier, le diplômé connaîtra un horaire régulier. S'il est travailleur autonome, il devra s'adapter à la demande de ses clients. Le diplômé pourra facilement travailler sept jours par semaine.

- Une formation en lutherie peut mener vers d'autres avenues comme l'ébénisterie et la conception de flûtes et d'orgues.

Techniques de métiers d'art (Maroquinerie)

«Aussi loin que je me souvienne, le cuir m'a toujours fascinée, explique Marylène Tremblay. J'aime le toucher, le sentir, le voir vieillir.» C'est cette passion qui l'a amenée à devenir maroquinière et même à fonder sa propre entreprise : Handryk Gadago, à Montréal.

PROG. 573.A0
PRÉALABLE : 0, VOIR PAGE 16

CHAMPS D'INTÉRÊT
- aime le travail manuel
- aime travailler le cuir
- aime le travail bien fait
- aime travailler en atelier
- aime le dessin et la création

APTITUDES
- créativité
- persévérance et minutie
- entrepreneurship
- autonomie

OFFRE DU PROGRAMME PAR RÉGIONS
Capitale-Nationale, Montréal

Pour connaître les établissements qui offrent ce programme : **www.inforoutefpt.org**

RÔLE ET TÂCHES

Dans une pièce double de son appartement, entourée de grands morceaux de cuir, d'une multitude de retailles et de pots de colle, Marylène s'active à confectionner ses œuvres sur sa table de travail en bois. Coffres à bijoux, porte-monnaie, ceintures, masques, sacs et porte-documents sont au répertoire de ses créations. «En fait, je conçois tout ce qui me passe par la tête», précise la jeune femme.

Diplômée en maroquinerie du Centre des métiers du cuir de Montréal, Marylène dit être aussi à l'aise à créer des objets qu'elle propose aux différents salons de métiers d'art qu'à répondre aux commandes de particuliers. «Le cuir de buffle est celui avec lequel je préfère travailler. Je le fais venir de France. J'utilise aussi le cuir de vache ainsi que d'autres peaux plus exotiques telles que celles du serpent, du requin, de l'autruche et du loup de mer.» Pour concevoir ses pièces, la maroquinière trace d'abord une esquisse afin de construire les gabarits. Puis, elle étale la peau et coupe les morceaux dont elle a besoin. Elle les amincit et assemble le tout à l'aide de colle en plus de coudre certaines parties. Finalement, elle apporte la dernière touche à sa création en apposant divers éléments comme un fermoir, une boucle de ceinture ou des boutons.

Si Marylène consacre un peu plus de la moitié de son temps à la création, le reste est voué au bon fonctionnement de son entreprise. «Je dois m'occuper de tout : de la comptabilité, des achats, des demandes de subvention, de la publicité. C'est assez difficile de conjuguer création et gestion d'entreprise!»

	Salaire hebdo moyen	Proportion de dipl. en emploi	Emploi relié	Chômage	Nombre de diplômés
2006	N/D	N/D	N/D	N/D	N/D
2005	N/D	N/D	N/D	N/D	N/D
2004	N/D	N/D	N/D	N/D	N/D

Statistiques tirées de la *Relance* - Ministère de l'Éducation, du Loisir et du Sport. Voir données complémentaires, page 369.

Comment interpréter l'information, page 15

QUALITÉS RECHERCHÉES

Pour exercer ce métier, la persévérance est nécessaire tant dans la mise en marché que dans la création des œuvres. «Il arrive parfois que l'on ait à recommencer une pièce tout simplement parce que l'on s'est trompé dans le calcul de la longueur d'un morceau. De plus, il nous faut coudre le cuir à la main : c'est long et ça demande beaucoup de patience», précise Marylène. Il est aussi important d'être discipliné. «Lorsqu'on est travailleur autonome, on est laissé à soi-même. Il est essentiel d'établir un horaire de travail et de le respecter», conseille l'artisane.

Être créatif et aimer travailler de ses mains sont d'autres atouts de poids. L'amour du travail bien fait et la minutie permettront au maroquinier de se démarquer et de réaliser des créations intéressantes. Un esprit d'entrepreneur et des qualités de gestionnaire aideront également le diplômé à mieux vivre de sa production. On s'attend aussi à ce que l'artisan soit dynamique, fonceur et possède une bonne confiance en soi pour présenter ses œuvres au public.

> «Lorsqu'on est travailleur autonome, on est laissé à soi-même. Il est essentiel d'établir un horaire de travail et de le respecter.»
>
> — Marylène Tremblay

DÉFIS ET PERSPECTIVES

Au Québec, il n'y a pas d'entreprise qui engage des maroquiniers. Les diplômés sont voués à devenir travailleurs autonomes. Ils sont par conséquent responsables du perfectionnement de leur art. Des formations auprès de maîtres maroquiniers permettront aux diplômés d'acquérir de l'expérience et de raffiner leur création, précise Maxence Guérin, chargé de cours au Centre des métiers du cuir de Montréal. Les diplômés peuvent effectuer des stages au Québec auprès de maroquiniers d'expérience, mais l'Europe demeure la destination idéale selon M. Guérin. «Il existe là-bas un historique du cuir et la maroquinerie est associée à la mode et est donc plus reconnue. Une formation à l'étranger est aussi une expérience qui apporte des connaissances dans tous les domaines de la vie.»

Quant au marché québécois, de nouvelles perspectives s'offrent aux diplômés, estime le chargé de cours. Elles prennent la forme d'associations avec des designers ou d'autres artisans tels que des joailliers. Ce type de jumelage permet aux maroquiniers d'élargir leur champ de création. 03/03

Photo : Jobboom

HORAIRES ET MILIEUX DE TRAVAIL

• Travailleur autonome, le maroquinier est appelé à travailler seul ou en équipe dans un atelier privé ou collectif.

• Son horaire de travail varie en fonction des commandes. Il travaille souvent de nombreuses heures, jusqu'à 60 par semaine.

Techniques de métiers d'art (Sculpture)

Fort d'un DEC en arts et d'une bonne connaissance du travail du bois acquise auprès d'un père ébéniste amateur, Martin Brousseau a véritablement trouvé sa voie en choisissant la sculpture. Sa formation lui a permis de découvrir les outils et la technique dont il avait besoin pour nourrir sa passion pour la création d'objets d'art.

PROG. 573.A0
PRÉALABLE : 0, VOIR PAGE 16

CHAMPS D'INTÉRÊT
• aime le travail manuel
• aime la recherche et la création
• aime travailler seul de façon autonome
• aime manipuler des matériaux comme le bois, la pierre et le métal
• aime le travail de précision

APTITUDES
• bonne dextérité manuelle
• sens de l'esthétique
• capacité de visualiser en trois dimensions
• curiosité et créativité
• autonomie et détermination

OFFRE DU PROGRAMME PAR RÉGIONS
Capitale-Nationale, Montréal

Pour connaître les établissements qui offrent ce programme : **www.inforoutefpt.org**

RÔLE ET TÂCHES

Depuis qu'il a obtenu son DEC, Martin occupe divers petits emplois liés à la sculpture. Il travaille comme aide-technicien à La maison des métiers d'art de Québec, là où il a lui-même étudié. Le sculpteur de 30 ans travaille également dans deux galeries d'art de Québec, dont l'une est spécialisée en art inuit. Il participe à l'installation des expositions. «Je fabrique notamment des socles pour poser les sculptures et je restaure des pièces abîmées en ponçant la pierre puisque j'ai appris à la travailler.»

Les diplômés en sculpture deviennent en effet des spécialistes de la forme capables de façonner différents matériaux (pierre, bois, métal, papier, plastique, argile) pour en faire des objets décoratifs, fonctionnels ou artistiques.

À travers ses différentes activités, Martin trouve le temps de se consacrer à ce qui le passionne véritablement : la création de sculptures. Il a quelques clients, surtout des commerces dont une épicerie et une boutique d'aliments naturels, pour lesquels il réalise des meubles en bois. «Je reçois souvent des commandes pour fabriquer des présentoirs qui respectent l'esthétique du commerce. Ce travail s'apparente à celui de l'ébéniste, mais j'y ajoute des éléments de sculpture, dans l'ornementation par exemple.»

À l'été 2002, le jeune homme a également participé à un symposium d'art contemporain à Québec. Il a créé une sculpture d'une hauteur de près de trois mètres qui prenait la forme d'un tourniquet lumineux.

	Salaire hebdo moyen	Proportion de dipl. en emploi	Emploi relié	Chômage	Nombre de diplômés
2006	N/D	N/D	N/D	N/D	N/D
2005	N/D	N/D	N/D	N/D	N/D
2004	N/D	N/D	N/D	N/D	N/D

Statistiques tirées de la *Relance* - Ministère de l'Éducation, du Loisir et du Sport. Voir données complémentaires, page 369.

Comment interpréter l'information, page 15.

QUALITÉS RECHERCHÉES

Le sculpteur doit être créatif, curieux et ouvert au monde qui l'entoure afin de nourrir son inspiration, note Martin. «Je me définis comme un grand observateur. Je m'intéresse particulièrement aux sciences où le calcul et l'observation sont importants, comme les mathématiques, la physique, la chimie, et aux défis techniques que l'humain a su surmonter au fil des années. Cela inspire mes créations.» Par exemple, pour un projet de sculpture, il s'était inspiré de la fusée de Jules Verne dans *De la Terre à la Lune* et de celle de Tintin dans *On a marché sur la Lune*.

Le travail en sculpture nécessite aussi de la persévérance. «Il y a beaucoup de techniques à apprendre et c'est long avant de les maîtriser pour réussir à donner la forme voulue à nos créations.» La capacité de visualisation et la dextérité manuelle sont d'autres qualités essentielles au bon sculpteur.

Jean-Pierre Morin, sculpteur et enseignant à La maison des métiers d'art de Québec, soutient pour sa part que les diplômés doivent croire en leurs idées. Ils doivent avoir l'audace de présenter leurs projets au public, aux galeries d'art, à des concours, à des entreprises qui peuvent les subventionner, et avoir l'esprit assez créatif pour se faire remarquer.

Les diplômés en sculpture deviennent des spécialistes de la forme capables de façonner différents matériaux pour en faire des objets décoratifs, fonctionnels ou artistiques.

DÉFIS ET PERSPECTIVES

Selon l'enseignant, les diplômés ont comme premier défi de se donner les moyens financiers pour produire leurs créations. «Ils doivent trouver un local, acheter des matériaux et des outils pour amorcer leur production. L'école offre de l'aide en permettant aux diplômés d'utiliser ses outils et son atelier pendant un an après leurs études.» Ensuite les diplômés doivent voler de leurs propres ailes. Mais M. Morin n'est pas inquiet. «Les sculpteurs sont demandés dans plusieurs champs d'activité comme l'architecture, le design, la conception de décors pour le théâtre et le cinéma, et la restauration d'œuvres d'art.» Il ajoute par ailleurs que l'avènement de logiciels informatiques amènera au cours des prochaines années des transformations dans la pratique du métier. «Certains logiciels de dessin et de modélisation permettent maintenant aux sculpteurs de développer numériquement leur prototype sur ordinateur. À long terme, ces nouveaux outils technologiques donneront la possibilité d'atteindre une qualité optimale beaucoup plus rapidement.» 02/03

Photo : École-atelier de sculpture de Québec

HORAIRES ET MILIEUX DE TRAVAIL

- Les diplômés deviennent généralement des travailleurs autonomes. Ils gèrent leur atelier et leur production, qu'ils peuvent vendre par le réseau des salons des métiers d'art, des galeries et des boutiques d'art.

- Les diplômés peuvent aussi se spécialiser dans la restauration et la reproduction d'œuvres anciennes.

- Les milieux du cinéma et du théâtre font appel aux sculpteurs pour la conception de décors. Les architectes, les designers et les fabricants d'enseignes ont aussi besoin de leurs talents.

- L'horaire de travail varie selon la demande. Le sculpteur qui gère son atelier doit s'attendre à travailler jusqu'à 50 heures par semaine.

Techniques de métiers d'art (Verre)

Caroline Ouellette a trouvé dans les métiers d'art la solution pour combler son besoin de création et son amour du travail manuel. Aujourd'hui verrière de profession, elle partage avec cinq autres diplômés l'atelier Fusion du Centre des métiers du verre du Québec. Son but : transmettre à travers ses œuvres toute la sensualité du verre.

PROG. 573.A0
PRÉALABLE : 0, VOIR PAGE 16

CHAMPS D'INTÉRÊT

- aime concevoir et réaliser des œuvres uniques ou de série
- aime souffler, former, graver, peindre et assembler le verre
- aime jouer avec les formes, les couleurs, la transparence et la fragilité du verre
- aime travailler en atelier

APTITUDES

- créativité
- capacité de visualiser en trois dimensions
- dextérité manuelle et endurance physique
- persévérance
- entrepreneurship

OFFRE DU PROGRAMME PAR RÉGIONS
Capitale-Nationale, Montréal

Pour connaître les établissements qui offrent ce programme : www.inforoutefpt.org

RÔLE ET TÂCHES

Dans un atelier collectif qui lui permet d'utiliser le matériel à moindres coûts, Caroline s'affaire à concevoir ses œuvres au milieu de la chaleur des fours. À partir de l'idée et de la sensation d'un objet, tel qu'un vase, un oiseau ou un fruit, elle le réinvente en lui donnant une forme plus artistique. Pour cela, la verrière utilise diverses méthodes. Elle travaille le verre à froid, c'est-à-dire qu'elle peut le couper, le laminer ou le polir. Autrement, elle le manipule à chaud en le soufflant ou en le coulant. Par exemple, lorsque Caroline souffle le verre, elle utilise une canne à souffler – ressemblant à une paille – et souffle dans une pâte de verre chaude et molle jusqu'à lui donner la forme désirée. Ensuite, elle met le verre dans un four où il est à nouveau chauffé puis refroidi, ce qui le durcit et le rend moins fragile. Elle termine avec la finition, qui comprend notamment le polissage du verre.

Artiste dans l'âme, Caroline est aussi une gestionnaire efficace. C'est elle qui assure la distribution et la promotion de ses œuvres de verre. Ainsi on les retrouve dans des galeries d'art et des expositions se déroulant au Québec comme aux États-Unis. En plus d'avoir obtenu un DEC en techniques de métiers d'art, option verre, du Cégep du Vieux Montréal, la jeune femme a suivi plusieurs ateliers auprès de maîtres verriers en France et ailleurs au Canada, à Vancouver et à Kingston. «J'aime travailler auprès de personnes qui ont davantage d'expérience que moi. C'est une excellente façon de se perfectionner.» Caroline se sent en constant apprentissage de son métier. «J'en ai pour une vie à acquérir toutes les

	Salaire hebdo moyen	Proportion de dipl. en emploi	Emploi relié	Chômage	Nombre de diplômés
2006	N/D	N/D	N/D	N/D	N/D
2005	N/D	N/D	N/D	N/D	N/D
2004	N/D	N/D	N/D	N/D	N/D

Statistiques tirées de la *Relance* - Ministère de l'Éducation, du Loisir et du Sport. Voir données complémentaires, page 369.

Comment interpréter l'information, page 15.

connaissances liées au verre. Je suis donc perpétuellement à l'école. Et c'est pour moi une grande source de motivation.»

QUALITÉS RECHERCHÉES

Selon Caroline, pour réussir dans ce métier, il faut avoir le feu sacré. «La manipulation du verre est une opération délicate, la pièce peut se casser à n'importe quelle étape du processus. Il faut donc avoir beaucoup de plaisir à travailler et ne pas se décourager lorsqu'une création se brise ou n'est pas à la hauteur de nos attentes.» La curiosité et l'ouverture à de nouvelles techniques de travail sont également essentielles pour se perfectionner d'un point de vue artistique. Caroline conseille d'effectuer des stages auprès de maîtres verriers. «Cela permet d'observer d'autres façons de faire.»

Comme le verrier est travailleur autonome, il se doit d'être discipliné en plus d'avoir des qualités de bon gestionnaire. Il doit également être disponible et déterminé, précise la diplômée. «Cela prend du temps et de la persévérance afin d'être reconnu dans ce milieu et de pouvoir vivre de son art. Au début de ma carrière, je travaillais le jour, le soir et les fins de semaine. Aujourd'hui, je peux me permettre de ne travailler que 50 heures par semaine.»

DÉFIS ET PERSPECTIVES

Pouvoir vivre uniquement de son art est le défi ultime du verrier, explique Michèle Lapointe, professeure au Centre des métiers du verre du Québec, associé au Cégep du Vieux Montréal. «Pour y parvenir, le diplômé devra s'adapter aux demandes du marché.» Actuellement, c'est la qualité du produit qui intéresse davantage les gens. Le diplômé doit donc s'attendre à créer des objets uniques ou en petite et moyenne séries, précise l'enseignante. «La création haut de gamme est celle qui est porteuse d'avenir.»

Les verriers doivent également diversifier leurs réseaux de distribution tant ici qu'à l'étranger afin d'obtenir une plus grande visibilité et donc une meilleure rentabilité. Toujours dans ce but, les artisans devraient, selon Mme Lapointe, renforcer leurs alliances entre eux et avec d'autres intervenants tels que les détaillants, les distributeurs, les ateliers et les fournisseurs. 03/03

> «La manipulation du verre est une opération délicate, la pièce peut se casser à n'importe quelle étape du processus.»
>
> — Caroline Ouellette

Photo : Cégep du Vieux Montréal - Kathleen Landry

HORAIRES ET MILIEUX DE TRAVAIL

- Travailleur autonome, le verrier est appelé à travailler seul ou en équipe dans un atelier privé ou collectif.

- Le diplômé doit s'habituer à travailler dans la chaleur des fours. Il doit aussi apprendre à être prudent dans la manipulation du verre brûlant.

- L'horaire de travail d'un verrier s'échelonne sur 40 à 60 heures par semaine, selon les commandes.

Techniques professionnelles de musique et chanson (Composition et arrangement)*

Chez les Beaugrand, la musique était une affaire de famille! Luc a été inscrit à des cours de piano dès l'âge de neuf ans. Sa mère chantait, l'un de ses frères jouait les airs des Beatles à la guitare et l'autre se passionnait pour le jazz. Aujourd'hui, Luc Beaugrand est musicien professionnel.

PROG. 551.AO
PRÉALABLE : 50, VOIR PAGE 16

CHAMPS D'INTÉRÊT
• aime la musique et la chanson
• aime concevoir des œuvres musicales
• aime l'écriture
• aime jouer d'un ou de plusieurs instruments

APTITUDES
• créativité
• originalité
• curiosité intellectuelle
• persévérance, autonomie
• ouverture d'esprit

OFFRE DU PROGRAMME PAR RÉGIONS
Capitale-Nationale, Centre-du-Québec, Lanaudière, Laurentides, Montréal

Pour connaître les établissements qui offrent ce programme : www.inforoutefpt.org

RÔLE ET TÂCHES

«La composition et l'arrangement sont proches parents. En composition, le musicien crée une musique de toutes pièces», explique Luc. L'arrangement consiste à effectuer des modifications ou des ajouts (comme un accord de guitare) à une œuvre existante, dans le but de l'améliorer ou de l'adapter à un contexte particulier, de la musique de film par exemple.

Luc touche aux deux domaines et plus encore. «En début de carrière, j'ai fait de l'accompagnement. J'ai été claviériste dans une émission de variétés à la télévision et accompagnateur de chanteurs dans les congrès, les salles de spectacle et au Casino de Montréal.»

Aujourd'hui, celui qui a aussi composé pour des films se consacre à la musique qui le fait vibrer : le jazz. «En plus de donner des spectacles avec chanteurs et musiciens au Thursday's [un restaurant-bar du centre-ville de Montréal], j'écris actuellement des musiques pour un chanteur qui prépare un album jazz en français.»

Lorsqu'il compose, Luc cherche une mélodie qui colle aux paroles qu'on lui a fournies. Il s'installe au piano, chante et essaie de marier mélodie et texte. Luc peut ensuite enregistrer le résultat et ajouter des sons d'instruments électroniques pour habiller la chanson. Il grave alors sa musique sur CD pour l'écouter et la retravailler. Quand il parvient à un résultat satisfaisant, il planifie une session d'enregistrement, engage des musiciens et procède à l'enregistrement des instruments et des voix en studio. Différentes étapes, comme le mixage, suivent avant d'en arriver au produit final.

	Salaire hebdo moyen	Proportion de dipl. en emploi	Emploi relié	Chômage	Nombre de diplômés
2006	350 $	66,7 %	100,0 %	0,0 %	8
2005	N/D	N/D	N/D	N/D	N/D
2004	N/D	N/D	N/D	N/D	N/D

Statistiques tirées de la *Relance* - Ministère de l'Éducation, du Loisir et du Sport. Voir données complémentaires, page 369.

Comment interpréter l'information, page 15.

QUALITÉS RECHERCHÉES

La créativité, l'originalité et la curiosité sont au cœur du métier. Persévérance, détermination, patience et autonomie sont aussi primordiales. «C'est un domaine où il faut se battre, souligne Luc. Le Québec est un petit marché. Nous travaillons à la pige et les emplois sont instables. De plus, il est difficile de gagner sa vie uniquement en composition. Plusieurs musiciens doivent se tourner vers l'interprétation pour joindre les deux bouts.»

C'est pourquoi l'ouverture d'esprit doit être cultivée. «En début de carrière, il faut accepter les compromis, prévient Luc. Ainsi, il y a fort à parier que même si l'on préfère le jazz, on devra aussi toucher à d'autres styles musicaux. Mais quand on s'est bâti une réputation, on peut davantage faire ses propres choix.»

DÉFIS ET PERSPECTIVES

Travailleurs autonomes, les diplômés sont responsables de l'avancement... ou du piétinement de leur carrière. Ils doivent chercher des contrats et cultiver plusieurs habiletés. «Pour percer dans ce métier, vaut mieux cultiver la polyvalence, croit Pierre Côté, professeur de guitare et d'arrangement, au Cégep Marie-Victorin. Celui qui veut réaliser un album ou de la musique de film, par exemple, devra être polyvalent, puisqu'il faut à la fois composer, jouer et enregistrer ses pièces.»

Photo : Michel Lepage, département de musique du Cégep Saint-Laurent

Par ailleurs, les studios d'enregistrement poussent comme des champignons, souligne le professeur. «Comme la technologie est plus abordable aujourd'hui, plusieurs personnes possèdent leur propre studio à domicile. Cela ouvre des portes et crée de l'emploi pour les réalisateurs, musiciens et arrangeurs.

«De façon générale, il y a aussi davantage d'émissions de télévision, de films et de publicités, poursuit-il. Cela ouvre des perspectives pour les diplômés.» 02/05

* Ce programme offre aussi les options : *Interprétation en théâtre musical* et *Interprétation*.

> «De façon générale,
> il y a aussi davantage
> d'émissions de télévision,
> de films et de publicités,
> poursuit-il. Cela ouvre
> des perspectives pour
> les diplômés.»
>
> — Pierre Côté

HORAIRES ET MILIEUX DE TRAVAIL

- Les principaux employeurs sont les studios d'enregistrement, la télévision, le cinéma, les maisons de publicité et les boîtes de production multimédia. Les diplômés peuvent aussi travailler pour des auteurs-compositeurs.

- Les horaires fluctuent au gré des contrats. Cela peut impliquer des périodes où l'on travaille sans arrêt (jour, soir, semaine et week-end) ou, à l'inverse, des périodes creuses qui, idéalement, devraient être consacrées à la prospection de nouveaux clients.

- Le travail s'effectue souvent en studio d'enregistrement. Il faut savoir s'adapter aux différents équipements et se montrer flexible quant aux plages horaires restreintes que supposent les réservations des studios.

Techniques professionnelles de musique et chanson (Interprétation)*

«Pour être musicien, il faut être débrouillard, aimer se produire en spectacle, avoir envie de s'entourer de gens et de voyager, mais d'abord et avant tout, il faut aimer jouer», précise Michel Éthier, professeur de saxophone et l'un des coordonnateurs du programme *Techniques professionnelles de musique et chanson (Interprétation)* au Cégep régional de Lanaudière à Joliette.

PROG. 551.AO
PRÉALABLE : 50, VOIR PAGE 16

RÔLE ET TÂCHES

Le programme permet notamment d'exercer comme instrumentiste soliste ou encore comme accompagnateur au sein d'un groupe. Le diplômé peut aussi décrocher des contrats pour réaliser des arrangements musicaux, pour des émissions de télévision par exemple. L'enseignement dans une école de musique privée est une autre voie envisageable. Même si la vie du musicien peut être ponctuée de temps morts entre les contrats, elle n'est pas toujours de tout repos. Une journée de travail peut comporter une répétition pour un spectacle, une session d'enregistrement en studio et, pour couronner le tout, une petite prestation dans un bar en soirée.

DÉFIS ET PERSPECTIVES

La plus grande difficulté du diplômé? Les limites du marché québécois, qui obligent à se faire connaître ailleurs, affirme Michel Éthier. Autre défi de nature plus technique, l'instrumentiste doit développer sa capacité de lecture rapide des partitions, mais surtout sa mémoire des pièces à interpréter! «En spectacle, on demande au musicien de jouer sans partition, afin qu'il puisse participer à la chorégraphie ou se déplacer avec plus d'aisance, explique le professeur. Et la première fois qu'on fait un spectacle où l'on doit jouer une cinquantaine de pièces, il faut vaincre la crainte des trous de mémoire!» Enfin, il faut apprendre à composer avec la vie de tournée. Le musicien doit accepter d'être séparé de sa famille pendant de longues périodes, en plus de s'acclimater aux différents lieux visités et de s'intégrer à l'équipe de spectacle. «Côtoyer quotidiennement une personne avec qui on ne s'entend pas, ça peut être long; il faut donc savoir s'adapter», conclut l'enseignant. 04/03

* Ce programme offre aussi les options : *Interprétation en théâtre musical* et *Composition et arrangement*.

HORAIRES ET MILIEUX DE TRAVAIL

- Le musicien peut travailler en studio d'enregistrement, à la télévision, dans les bars et les salles de spectacle.

- Comme le musicien vit de contrats, les périodes sans travail succèdent aux périodes d'activité intensive.

- Pas d'horaire fixe; on peut être appelé à jouer à n'importe quel moment de la journée, sans maximum ni minimum d'heures.

OFFRE DU PROGRAMME PAR RÉGIONS : Capitale-Nationale, Centre-du-Québec, Lanaudière, Laurentides, Montréal, Saguenay—Lac-Saint-Jean
Pour connaître les établissements qui offrent ce programme : **www.inforoutefpt.org**

	Salaire hebdo moyen	Proportion de dipl. en emploi	Emploi relié	Chômage	Nombre de diplômés
2006	382 $	42,9 %	16,7 %	7,7 %	43
2005	405 $	50,0 %	33,3 %	0,0 %	10
2004	N/D	N/D	N/D	N/D	N/D

Statistiques tirées de la *Relance* - Ministère de l'Éducation, du Loisir et du Sport. Voir données complémentaires, page 369.

Comment interpréter l'information, page 15.

Théâtre – production*
(Décors et costumes)

Patricia Ruel a la piqûre du théâtre depuis longtemps. Déjà, au secondaire, elle participait aux pièces produites à son école. Mais pendant que ses collègues de classe rêvaient de briller sous les projecteurs, elle se voyait plutôt en train de matérialiser l'univers des personnages.

PROG. 561.A0
PRÉALABLE : 0, VOIR PAGE 16

CHAMPS D'INTÉRÊT
- aime le théâtre
- aime à la fois le travail en équipe et individuel
- aime la conception
- aime le travail manuel

APTITUDES
- habiletés de communication
- tolérance au stress et à l'instabilité
- imagination
- esprit cartésien
- disponibilité

OFFRE DU PROGRAMME PAR RÉGIONS
Laurentides, Montérégie, Montréal

Pour connaître les établissements qui offrent ce programme : www.inforoutefpt.org

RÔLE ET TÂCHES

Suivant sa passion, Patricia s'est inscrite au profil *Décors et costumes* du programme *Théâtre – production*, au Collège Lionel-Groulx. Un choix qu'elle n'a pas regretté une seconde depuis. «J'ai commencé à travailler deux jours après avoir terminé le programme et je n'ai jamais arrêté!» fait valoir la diplômée, qui roule sa bosse depuis quelques années dans le milieu du théâtre et de la télévision.

Travaillant à forfait, Patricia change d'employeur pratiquement tous les mois, ce qui fait qu'au bout d'une année, elle peut ajouter une dizaine de productions théâtrales en plus de quelques émissions de télévision à ses réalisations. Son métier de scénographe l'amène surtout à s'occuper de la disposition des éléments scéniques. Par exemple, elle a été responsable de la disposition du mobilier de l'émission *Ce soir on joue*, sur les ondes de Radio-Canada. Elle a également conçu les décors de *Réal-TV*, une émission jeunesse de Vrak TV.

Dans un petit atelier qu'elle a aménagé chez elle, Patricia conçoit les décors qu'elle transportera ensuite sur scène ou devant les caméras. Sa matière première? Son inspiration, qu'elle alimente en visitant les musées, en lisant et en restant à l'affût de ce qui se fait dans son domaine. Après avoir mis ses idées sur papier, la scénographe s'attaque à la construction des décors. Elle les fabrique à partir de matériaux légers pour faciliter leur transport... tout en veillant à ce qu'ils soient suffisamment solides pour ne pas s'écrouler en plein spectacle!

	Salaire hebdo moyen	Proportion de dipl. en emploi	Emploi relié	Chômage	Nombre de diplômés
2006	458 $	53,3 %	85,7 %	33,3 %	20
2005	383 $	87,5 %	58,3 %	12,5 %	20
2004	283 $	69,2 %	88,9 %	18,2 %	17

Statistiques tirées de la *Relance* - Ministère de l'Éducation, du Loisir et du Sport. Voir données complémentaires, page 369.

Comment interpréter l'information, page 15.

QUALITÉS RECHERCHÉES

S'il doit être curieux et créatif pour faire rêver le public, le technicien en décors et costumes doit aussi être cartésien et terre à terre «parce que, sur scène, il faut que tout tienne», explique Patricia. Par contre, le diplômé ne devra pas craindre l'instabilité en matière d'emploi puisque les postes permanents sont à peu près inexistants dans ce domaine. Pour Patricia, cette réalité représente un avantage. «J'aime changer de travail tous les mois. Comme ça, je ne m'ennuie jamais.» Passer d'une production à l'autre demande également une grande disposition à travailler en équipe. Chaque fois que l'on se joint à un nouveau groupe, il faut en effet parvenir à bien s'entendre, autant avec le metteur en scène et les acteurs qu'avec les autres techniciens, pour ne pas se fermer de portes. Ceci dit, la conception de décors et de costumes requiert aussi de pouvoir fonctionner en solitaire. Par ailleurs, le technicien doit faire preuve d'une très grande disponibilité. À mesure que les répétitions avancent, le metteur en scène peut demander des modifications aux décors et aux costumes.

Dans un petit atelier qu'elle a aménagé chez elle, Patricia conçoit les décors qu'elle transportera ensuite sur scène ou devant les caméras.

DÉFIS ET PERSPECTIVES

Le plus grand défi pour les nouveaux diplômés, c'est probablement de se trouver un premier contrat, estime Louis Morin, professeur au Cégep de Saint-Hyacinthe. «En règle générale, les gens commencent dans des petits théâtres de création ou de répertoire, et ensuite viennent les grandes productions, mais ce n'est pas systématique. Les diplômés peuvent aussi commencer par des projets autogérés, comme des pièces montées par des élèves. Et de contrat en contrat, ils se font un nom.» Chose certaine, ceux qui n'ont pas peur de travailler vont réussir, croit l'enseignant. La compétition entre les professionnels est toutefois très forte dans ce milieu. «La compétence est rapidement reconnue... et l'incompétence aussi.» Dans ces conditions, un travail bâclé signifie inévitablement plus de travail du tout. D'où l'importance de toujours donner le meilleur de soi-même. Louis Morin ajoute que les techniciens en décors et costumes ont avantage à entretenir leur polyvalence pour augmenter leurs chances de trouver des contrats. Ainsi, ceux qui ont des compétences dans plusieurs domaines connexes, comme l'éclairage ou la régie, peuvent plus facilement se démarquer. 04/03

* Ce programme offre aussi les options : *Gestion et techniques de scène* et *Éclairage et techniques de scène.*

HORAIRES ET MILIEUX DE TRAVAIL

• Les horaires sont très variables et suivent principalement ceux des productions. Seule constante : il n'existe pas de 9 à 5 dans ce métier!

• Le travail se partage entre l'atelier et le lieu de production.

• Les contrats en théâtre sont plus nombreux, mais ceux en télévision sont plus payants.

Théâtre – production (Éclairage et techniques de scène)*

«Le côté technique du théâtre est sûrement celui qui propose le plus de diversité dans les choix de carrière», affirme Christopher Brown, enseignant en théâtre au Collège John Abbott.

PROG. 561.A0
PRÉALABLE : 0, VOIR PAGE 16

RÔLE ET TÂCHES

En effet, les diplômés peuvent occuper une grande variété d'emplois liés à la création et à la production des costumes, des décors, de l'éclairage ainsi qu'à la scénographie. Toutefois, selon M. Brown, «un bon technicien devrait bien connaître chacun des aspects liés à la production théâtrale, tout en ayant une spécialité qui lui permette d'atteindre un niveau de compétence supérieur aux autres».

Plusieurs diplômés choisissent de devenir régisseurs ou directeurs techniques. Des fonctions plus éloignées du processus créatif, mais combien nécessaires pour la coordination de tous les aspects d'une production, comme la gestion de personnel, la production des plans d'éclairage ou encore la conception de la bande sonore. On voit aussi des techniciens en théâtre flirter avec la réalisation. C'est alors à eux de voir à ce que l'éclairage, le son, les changements de décor fonctionnent bien ensemble pendant le déroulement de la pièce.

DÉFIS ET PERSPECTIVES

Au Québec, l'industrie cinématographique, la télévision, les festivals et les cirques ont permis à plusieurs diplômés de trouver du travail dans des secteurs connexes au théâtre. Dans l'avenir, les programmes de formation pourraient être adaptés aux besoins du marché afin de donner une meilleure mobilité aux techniciens en théâtre, croit M. Brown. 05/03

* Ce programme offre aussi les options : *Gestion et techniques de scène* et *Décors et costumes*.

HORAIRES ET MILIEUX DE TRAVAIL

• Les diplômés sont présents partout où l'on fait de la production théâtrale, télévisuelle ou cinématographique.

• La plupart du temps, les techniciens sont embauchés à forfait.

• Les horaires s'ajustent en fonction des besoins des productions et varient énormément d'un contrat à l'autre.

OFFRE DU PROGRAMME PAR RÉGIONS : Laurentides, Montérégie, Montréal
Pour connaître les établissements qui offrent ce programme : www.inforoutefpt.org

	Salaire hebdo moyen	Proportion de dipl. en emploi	Emploi relié	Chômage	Nombre de diplômés
2006	N/D	N/D	N/D	N/D	N/D
2005	N/D	N/D	N/D	N/D	N/D
2004	N/D	N/D	N/D	N/D	N/D

Statistiques tirées de la *Relance* - Ministère de l'Éducation, du Loisir et du Sport. Voir données complémentaires, page 369.

Comment interpréter l'information, page 15.

BOIS ET MATÉRIAUX CONNEXES

CHAMPS D'INTÉRÊT

- aime travailler manuellement et utiliser des outils
- aime manipuler et transformer du bois ou d'autres matériaux
- aime le travail méthodique et de précision

APTITUDES

- dextérité, sens de l'observation et discernement
- patience, minutie, précision et rapidité d'exécution
- sens esthétique

Au Québec, l'industrie du meuble compte quelque 2 000 entreprises et 32 500 salariés. La fabrication de meubles pour la maison en constitue la principale activité. Parmi les autres sous-secteurs, notons la production de mobilier de bureau, de sommiers et de matelas, ainsi que la fabrication d'ameublement pour les hôtels, les institutions et les restaurants.

Source :
Les carrières d'avenir 2007,
Les Éditions Jobboom.

RESSOURCES INTERNET

MINISTÈRE DE L'ÉDUCATION, DU LOISIR ET DU SPORT DU QUÉBEC – SECTEURS DE FORMATION
www.meq.gouv.qc.ca/ens-sup/ens coll/program/Prog Etab. asp?vToken=s50
Vous trouverez sur cette page une description des programmes de ce secteur de formation, comprenant, pour chacun, les exigences d'admission, les objectifs de formation et une liste d'établissements d'enseignement.

ASSOCIATION DES FABRICANTS DE MEUBLES DU QUÉBEC
www.afmq.com
En plus d'offrir des renseignements utiles sur l'industrie du meuble, ce site permet de trouver les fabricants grâce à un moteur de recherche. Bien utile lorsque viendra le moment de chercher un emploi.

COMITÉ SECTORIEL DE MAIN-D'ŒUVRE DES INDUSTRIES DES PORTES ET FENÊTRES, DU MEUBLE ET DES ARMOIRES DE CUISINE
www.clicemplois.net
Ce site vous propose d'explorer près de 60 professions liées au secteur des portes et fenêtres, du meuble et des armoires de cuisine. Une visite qui s'impose!

DEC

Techniques du meuble et d'ébénisterie (Production sérielle)*

C'est après avoir lu un texte dans le quotidien *Le Nouvelliste*, faisant état du haut taux de placement des diplômés en techniques du meuble et d'ébénisterie, qu'Éric Gaboury a décidé de s'inscrire au programme. Il est aujourd'hui directeur de production chez Soli-Meubles 1997, une entreprise de fabrication de meubles de salle à manger (bahuts et huches) située à Saint-Édouard-de-Maskinongé.

PROG. 233.BO
PRÉALABLE : 11, VOIR PAGE 16

CHAMPS D'INTÉRÊT

- aime travailler en usine
- aime utiliser la machinerie (ajuster et programmer)
- aime le travail méthodique et de précision

APTITUDES

- dextérité manuelle, sens de l'observation
- patience, minutie, précision
- rapidité d'exécution
- facilité pour les mathématiques, la logique
- résistance physique

OFFRE DU PROGRAMME PAR RÉGIONS
Centre-du-Québec

Pour connaître les établissements qui offrent ce programme : www.inforoutefpt.org

RÔLE ET TÂCHES

L'usine pour laquelle travaille Éric compte 30 employés et fabrique de 200 à 250 meubles par semaine. Dans le bruit des machines et l'odeur de copeaux de bois, Éric s'assure de la mise en production en fonction des commandes reçues. Pour ce faire, il dessine les différentes composantes des meubles à produire en utilisant un logiciel de dessin assisté par ordinateur (DAO). Puis, il imprime une feuille de production sur laquelle sont inscrits le nombre de meubles à fabriquer, l'essence de bois à utiliser ainsi que les dimensions de chacune des composantes. Cette feuille est envoyée au service de débitage où sont coupés aux bonnes dimensions les panneaux de bois nécessaires. Ces derniers sont ensuite expédiés à l'usinage, où les différentes pièces des meubles seront taillées selon une forme définie. Puis, les pièces sont assemblées. Durant toutes ces étapes, Éric peut intervenir pour résoudre les problèmes qui se présentent. Par exemple, si la tablette d'un meuble n'est pas conforme aux dimensions prescrites, il peut décider qu'une nouvelle tablette soit débitée. Une fois les meubles finis, Éric prépare le bon de livraison en vue de l'expédition au client.

Éric est titulaire d'un diplôme d'études collégiales (DEC) en technologie de l'architecture du Cégep de Trois-Rivières et d'un DEC en techniques du meuble et d'ébénisterie, option production sérielle, de l'École nationale du meuble et de l'ébénisterie à Victoriaville. Après l'obtention de son diplôme en techniques du meuble et d'ébénisterie, Éric a été dessinateur et directeur d'usine chez Innov International, un fabricant de mobilier de bureau de

	Salaire hebdo moyen	Proportion de dipl. en emploi	Emploi relié	Chômage	Nombre de diplômés
2006	N/D	N/D	N/D	N/D	N/D
2005	N/D	N/D	N/D	N/D	N/D
2004	N/D	N/D	N/D	N/D	N/D

Statistiques tirées de la *Relance* - Ministère de l'Éducation, du Loisir et du Sport. Voir données complémentaires, page 369.

Comment interpréter l'information, page 15.

Saint-Hyacinthe, puis il a travaillé comme dessinateur et superviseur chez Meubles Canadel à Louiseville, avant d'occuper son poste actuel.

QUALITÉS RECHERCHÉES

Avoir du leadership et savoir communiquer sont des qualités recherchées chez les techniciens. En effet, ils doivent trouver de nouvelles méthodes de travail pour optimiser la production et savoir convaincre leur équipe du bien-fondé de ces dernières. La polyvalence est aussi de mise. «Je touche à tout, explique Éric. Par exemple, c'est à moi de trouver une solution lorsqu'une machine se brise, de dénicher un remplaçant quand un employé est malade ou encore de recruter du personnel.» L'autonomie et la débrouillardise sont d'autres atouts non négligeables. En effet, c'est par lui-même que le technicien devra trouver des techniques de production plus efficaces ou de nouveaux fournisseurs de matière première. Enfin, le souci du détail est primordial, tant pour le dessin qu'en ce qui a trait au mode d'assemblage, car le succès commercial d'un meuble passe par son apparence, sa finition et sa qualité.

Le souci du détail est primordial, tant pour le dessin qu'en ce qui a trait au mode d'assemblage, car le succès commercial d'un meuble passe par son apparence, sa finition et sa qualité.

DÉFIS ET PERSPECTIVES

Les manufacturiers asiatiques sont des concurrents féroces dans l'industrie du meuble. On peut toutefois les concurrencer en utilisant des nouveaux matériaux ou de nouvelles techniques de production et ainsi offrir des meubles de meilleure qualité fabriqués à un coût moindre qui se vendront moins cher», explique Éric Allard, enseignant à l'École nationale du meuble et de l'ébénisterie à Victoriaville. Selon M. Allard, plusieurs entreprises de l'industrie du meuble fonctionnent avec d'anciennes méthodes. «Le technicien doit amener de nouvelles façons de faire, tant en ce qui concerne les logiciels de dessin, les méthodes de production, que les approches de gestion. Les employeurs privilégient l'embauche d'une main-d'œuvre qualifiée et bien formée, notamment pour avoir accès à ces nouvelles techniques.

Photo : École québécoise du meuble et du bois ouvré

«C'est un programme qui reste peu connu, poursuit Éric Allard. Certains pensent que les techniciens ne font que tailler du bois... Ce qui n'est pas le cas, car ils sont appelés à travailler en tant que gestionnaires et superviseurs.» 02/05

* Ce programme offre aussi une option en menuiserie architecturale.

HORAIRES ET MILIEUX DE TRAVAIL

- Les techniciens travaillent dans des entreprises de production de meubles en série et dans des ébénisteries (production artisanale).

- Ils peuvent œuvrer dans un bureau, en usine ou en atelier.

- L'horaire de travail est régulier, soit de 8 h à 17 h les jours de semaine.

CHIMIE ET BIOLOGIE

CHAMPS D'INTÉRÊT

- aime les sciences : chimie, biologie, mathématiques, informatique
- se soucie de l'environnement
- aime observer, analyser, vérifier et résoudre des problèmes
- aime prendre des décisions et se sentir responsable
- aime utiliser des appareils scientifiques de précision

APTITUDES

- facilité d'apprentissage intellectuel (sciences et technologie)
- autonomie, discernement et sens des responsabilités
- méthode, minutie et rigueur

Au Québec, plus du tiers
des employés du domaine des
biotechnologies et de l'industrie
pharmaceutique sont âgés
de 24 à 35 ans. C'est donc
un milieu plutôt jeune où les
départs à la retraite ne risquent
pas de causer une pénurie
de main-d'œuvre. De plus,
la création d'emplois ne cesse
de croître dans le secteur.

Source :
Les carrières d'avenir 2007,
Les Éditions Jobboom.

RESSOURCES INTERNET

**MINISTÈRE DE L'ÉDUCATION,
DU LOISIR ET DU SPORT
DU QUÉBEC – SECTEURS
DE FORMATION**
**www.meq.gouv.qc.ca/
ens-sup/ens-coll/program/
ProgEtab.asp?vToken=s60**
Vous trouverez sur cette page une
description des programmes de ce
secteur de formation, comprenant,
pour chacun, les exigences
d'admission, les objectifs de
formation et une liste d'établissements d'enseignement.

**COMITÉ SECTORIEL DE MAIN-
D'ŒUVRE DE L'ENVIRONNEMENT**
www.csmoe.org
Ce site vous présente des informations sur les professions,
la formation, de même que sur
les dossiers chauds concernant
l'industrie de l'environnement :
nettoyage industriel, eau potable
et gestion environnementale
municipale.

**DÉPARTEMENT
D'ASSAINISSEMENT DES EAUX
DU CÉGEP DE SAINT-LAURENT**
**www.cegep-st-laurent.qc.ca/
departements/assainissement.htm**
Pour avoir de l'information sur les
programmes *Assainissement de
l'eau* et *Environnement, hygiène et
sécurité au travail*.

**DÉPARTEMENT DE CHIMIE DU
CÉGEP DE SAINT-LAURENT**
**www.cegep-st-laurent.
qc.ca/depar/chimie**
Ce site contient des renseignements utiles pour tous ceux
qui étudient en chimie ou
s'intéressent au domaine.

Assainissement de l'eau

En 1999, Claude Catellier s'est vu confier la tâche de régler les graves difficultés auxquelles faisait face la centrale de traitement de l'eau potable de la réserve autochtone des Atikamekw. De quatre à six mois de dur labeur furent nécessaires pour venir à bout des problèmes, mais aujourd'hui, les habitants peuvent boire leur eau en toute sécurité.

PROG. 260.AO
PRÉALABLES : 12, 20, VOIR P. 16

CHAMPS D'INTÉRÊT

- se soucie de la sécurité et de la qualité
- aime la chimie et la biologie
- aime travailler avec des outils informatisés et automatisés
- aime observer, vérifier, analyser
- aime travailler en équipe
- aime résoudre des problèmes

APTITUDES

- facilité en sciences (chimie, biologie, math)
- grand sens des responsabilités et du respect pour les consignes et les normes de sécurité
- sens de l'observation et de l'analyse
- facilité à utiliser la technologie
- autonomie et débrouillardise

OFFRE DU PROGRAMME PAR RÉGIONS
Montréal

Pour connaître les établissements qui offrent ce programme : **www.inforoutefpt.org**

RÔLE ET TÂCHES

C'est par hasard que Claude Catellier s'est retrouvé en assainissement de l'eau. «J'ai choisi ce programme un peu pour explorer. Finalement, je m'y suis reconnu.» Ses études terminées, Claude a travaillé dans de petites entreprises de traitement de l'eau. Il y faisait de l'épuration, du traitement d'eau potable, de l'optimisation de machineries, de la recherche et du développement. Puis, une compagnie importante dans le domaine l'a envoyé à Wemotasi, l'une des réserves Atikamekw, située à une heure et demie au nord-ouest de La Tuque. L'endroit ne compte pas plus de 1 300 habitants. Six mois plus tard, la compagnie s'est retirée du dossier, mais le Conseil de bande des Atikamekw a gardé son employé. Avant son arrivée, les gens devaient faire bouillir leur eau. Sans parler des épidémies de gastro-entérite, devenues choses courantes.

Le rôle premier du responsable de la centrale est évidemment de produire de l'eau potable pour tous les habitants de la réserve. «Je m'assure d'abord que les dosages de produits chimiques sont exacts. Au moindre changement de la qualité de l'eau de la rivière, il faut calibrer de nouveau ces dosages, explique-t-il. Je vérifie le chlore, le pH, la couleur de l'eau, sa turbidité (les particules en suspension dans l'eau) et la présence de coliformes.»

Il fait aussi des «jar tests», c'est-à-dire qu'il mélange, dans des bocaux, différents dosages de produits chimiques avec l'eau. Si l'un des bocaux produit une bonne qualité d'eau, il applique le dosage concerné à l'eau de l'usine.

	Salaire hebdo moyen	Proportion de dipl. en emploi	Emploi relié	Chômage	Nombre de diplômés
2006	N/D	N/D	N/D	N/D	N/D
2005	745 $	100,0 %	87,5 %	0,0 %	11
2004	N/D	N/D	N/D	N/D	N/D

Statistiques tirées de la *Relance* - Ministère de l'Éducation, du Loisir et du Sport. Voir données complémentaires, page 369.

Comment interpréter l'information, page 15.

Claude s'occupe aussi du laboratoire. Il commande les produits nécessaires au bon fonctionnement de l'usine. En ce moment, il forme deux employés qui n'ont aucune notion en traitement de l'eau, histoire d'avoir plus de personnel issu de la réserve œuvrant à la centrale.

Et comme Wemotasi est loin de tout, Claude joue un peu à l'homme à tout faire. Ainsi, c'est lui qui se charge de réparer les appareils défectueux dans l'usine.

QUALITÉS RECHERCHÉES

«Il est important qu'un élève travaille dans le milieu pendant ses études», considère Claude. Selon lui, il faut également être débrouillard, autonome et pratique. Savoir s'exprimer correctement par écrit est aussi un atout, car il y a des rapports à rédiger.

Pour faire ce métier, il est préférable d'aimer travailler en équipe et il faut être fort rigoureux dans l'accomplissement de ses tâches. «Travailler en assainissement des eaux comporte de grosses responsabilités, prévient-il. Il faut être très honnête. Si on fait des erreurs, c'est toute la population qui s'en ressent.»

DÉFIS ET PERSPECTIVES

Une fois sur le marché de l'emploi, les diplômés ont accès à de très bonnes conditions de travail, affirme Monique Henry, responsable du programme *Assainissement de l'eau* au Cégep de Saint-Laurent.

Malgré ces perspectives intéressantes, Mme Henry déplore le fait que le programme demeure peu connu des jeunes. Elle précise toutefois que la formation est exigeante, ce qui peut en rebuter certains : en effet, les élèves ont souvent besoin de quatre ans pour terminer leur DEC. Mais une fois en emploi, les techniciens trouvent leur profession très gratifiante : «Ils sont fiers du travail qu'ils accomplissent et des responsabilités qui leur incombent en matière de santé publique.»

Même si la formation n'est offerte que dans la région de Montréal, Mme Henry souligne qu'elle peut être intéressante pour ceux qui souhaitent s'établir en région, où ces spécialistes sont tout autant recherchés. 03/01 (mise à jour 03/07)

«Travailler en assainissement des eaux comporte de grosses responsabilités. Il faut être très honnête. Si on fait des erreurs, c'est toute la population qui s'en ressent.»

— Claude Catellier

Photo : Cégep de Saint-Laurent

HORAIRES ET MILIEUX DE TRAVAIL

• Les employeurs dans ce domaine sont les stations de traitement d'eau potable et usée, les municipalités, les industries des pâtes et papiers, les fabricants d'équipements de produits chimiques, les firmes d'ingénieurs ou de consultants en environnement.

• L'horaire de travail est fort variable. On peut travailler de 9 h à 17 h, le soir, la nuit, la fin de semaine et même sur appel.

DEC

Environnement, hygiène et sécurité au travail

À la fin de son secondaire, Jean-François Hogue est allé consulter un conseiller d'orientation qui, après lui avoir fait passer des tests, lui a recommandé d'explorer trois métiers : technicien en environnement, technicien en traitement des eaux, et technicien en environnement, hygiène et sécurité au travail. «J'ai finalement choisi le dernier, parce que c'est un domaine très vaste et varié», explique-t-il.

PROG. 260.B0
PRÉALABLES : 11, 20, VOIR P. 16

CHAMPS D'INTÉRÊT

- aime communiquer et être utile aux personnes
- aime analyser et résoudre des problèmes
- se soucie de la santé et de la sécurité
- aime le travail d'équipe

APTITUDES

- grandes qualités de communicateur (écouter, convaincre, servir de médiateur)
- grand sens des responsabilités
- bonne capacité d'analyse et bon jugement

OFFRE DU PROGRAMME PAR RÉGIONS
Montérégie, Montréal,
Saguenay–Lac-Saint-Jean

Pour connaître les établissements qui offrent ce programme : www.inforoutefpt.org

RÔLE ET TÂCHES

Jean-François est technicien en environnement, hygiène et prévention chez Pétro Canada Machinerie. Il travaille à la fois pour le service d'hygiène et sécurité, et le service de l'environnement à la raffinerie. En ce qui concerne l'hygiène et la sécurité, son mandat consiste à déterminer le danger potentiel de certains produits et à faire en sorte que les travailleurs exposés à des substances dangereuses soient correctement équipés et bien protégés, qu'il s'agisse des employés qui manipulent des produits chimiques en laboratoire ou des opérateurs de machine à combustion. «C'est une grande responsabilité, dit-il, car une personne mal équipée est une personne en danger. Mon rôle est d'informer les travailleurs sur les dangers, par exemple d'explosion d'hydrocarbures, mais aussi sur les risques à long terme pour ceux qui sont exposés à des produits cancérigènes, comme l'amiante ou le benzène. Je forme également les nouveaux employés sur les symboles utilisés et les systèmes de sécurité, par exemple les détecteurs de gaz qui vont prendre la mesure d'explosivité.»

Régulièrement, Jean-François mesure la présence de contaminants dans l'air en prélevant et analysant des échantillons. «Puis, je produis un rapport et je fais certaines recommandations aux personnes concernées, soit les supérieurs et les employés.» Il prélève également des échantillons d'eau dans les puits d'observation disséminés sur le terrain et autour de la raffinerie. «Ces puits descendent jusqu'à la nappe phréatique, explique-t-il. En analysant les échantillons, on vérifie qu'il n'y a pas d'écoulement de produits nocifs dans l'eau et pas de pollution des sols en dehors de la raffinerie.»

	Salaire hebdo moyen	Proportion de dipl. en emploi	Emploi relié	Chômage	Nombre de diplômés
2006	631 $	73,7 %	61,5 %	12,5 %	24
2005	645 $	90,9 %	90,0 %	0,0 %	14
2004	583 $	64,3 %	77,8 %	10,0 %	17

Statistiques tirées de la *Relance* - Ministère de l'Éducation, du Loisir et du Sport. Voir données complémentaires, page 369.

Comment interpréter l'information, page 15.

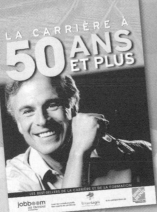

En ce qui concerne l'environnement, Jean-François est chargé de produire les documents d'expédition pour l'envoi des déchets de produits pétroliers vers les distributeurs. «Il existe des lois spécifiques relatives au transport de matières dangereuses. Sur le document, je dois préciser la dangerosité des déchets, les risques qu'ils comportent pour la santé et l'environnement, afin que les mesures de sécurité qui s'imposent puissent être prises advenant un accident pendant le transport.»

QUALITÉS RECHERCHÉES

«Ce métier exige de la polyvalence et de la curiosité, affirme Jean-François. En trois ans de formation, on ne peut pas tout apprendre sur ce vaste domaine. Il faut donc faire de la recherche par soi-même et se renseigner sur les procédés, les produits, etc.»

Les diplômés doivent également se tenir au courant des nouvelles normes sur l'environnement, la santé et la sécurité au travail, ainsi que sur les nouveaux produits potentiellement dangereux. Il est essentiel d'être à l'aise dans les relations interpersonnelles et de communiquer facilement. En effet, les diplômés sont amenés à conseiller les travailleurs et à répondre à leurs questions sur les dangers de certaines matières. Une bonne capacité de communication écrite est aussi nécessaire, car ils doivent rédiger de nombreux rapports.

DÉFIS ET PERSPECTIVES

«Le principal défi est de convaincre les gens du milieu industriel de considérer l'environnement, l'hygiène et la santé au travail comme des éléments tout aussi importants que la production, estime Jacques Cicioli, responsable de la coordination du Département d'environnement, hygiène et sécurité au travail au Cégep de Jonquière. C'est tout un défi malgré l'évolution des mentalités», souligne-t-il.

Pour M. Cicioli, les secteurs de l'hygiène et de la santé au travail se sont bien développés depuis les 20 dernières années et devraient continuer à offrir de bonnes perspectives d'emploi. Quant à l'environnement, il va poursuivre sa croissance. «Cet essor est encouragé par la mise en place de réglementations poussant les entreprises à prendre la voie du développement durable.» 02/05

> «Ce métier exige de la polyvalence et de la curiosité. En trois ans de formation, on ne peut pas tout apprendre sur ce vaste domaine. Il faut donc faire de la recherche par soi-même et se renseigner sur les procédés, les produits, etc.»
>
> — Jean-François Hogue

Photo : UQTR

HORAIRES ET MILIEUX DE TRAVAIL

- Ils peuvent œuvrer dans les équipes de santé au travail des CLSC, dans l'industrie de l'aluminium, des pâtes et papiers ou de la pétrochimie par exemple, les laboratoires d'analyses en environnement privés, les municipalités et les firmes de consultants en santé et sécurité au travail, les firmes de consultants en environnement.

- Les horaires sont généralement de type «9 à 5», mais les usines étant en activité 24 heures sur 24, les diplômés peuvent être appelés à tout moment en cas d'urgence ou d'accident.

- Les techniciens en environnement, hygiène et sécurité au travail peuvent prétendre à différents postes : conseiller en environnement, conseiller en santé-sécurité et technicien en hygiène industrielle.

Techniques de génie chimique

Diplômé en techniques de génie chimique, Michel Boivin a suivi un parcours quelque peu atypique. Il travaille aujourd'hui comme représentant en ventes et services chez E.Q.U.I.P. International, une compagnie qui fabrique et distribue des produits chimiques pour l'industrie des pâtes et papiers.

PROG. 210.02
PRÉALABLES : 12, 30, 40 VOIR P. 16

CHAMPS D'INTÉRÊT

- aime la chimie et les mathématiques
- aime observer, analyser, vérifier, calculer
- aime le travail d'équipe et le travail en usine
- valorise l'efficacité et la productivité

APTITUDES

- grande capacité d'adaptation et esprit pragmatique
- facilité à communiquer et à coopérer
- sens des responsabilités, minutie et méthode
- dextérité et sens de l'observation

OFFRE DU PROGRAMME PAR RÉGIONS
Chaudière-Appalaches, Saguenay–Lac-Saint-Jean

Pour connaître les établissements qui offrent ce programme : **www.inforoutefpt.org**

RÔLE ET TÂCHES

«Les usines de pâtes et papiers sont de grandes consommatrices de produits chimiques, explique Michel Boivin. Mon rôle n'est pas simplement de leur vendre des produits, mais plutôt des solutions chimiques qui répondent à leurs besoins très précis. C'est là que ma formation en chimie est mise à contribution.»

Bien souvent, c'est le client qui l'appelle pour lui demander de trouver la solution adéquate à un problème technique concernant son papier. Il peut s'agir, par exemple, d'en modifier certaines propriétés telles que la formation ou l'opacité. «Mon rôle est alors de développer une solution chimique pour résoudre son problème, dit-il. Il faut chaque fois trouver le produit ou l'additif qui fournit le résultat escompté, mais aussi s'occuper de l'ensemble du procédé, c'est-à-dire la façon de l'appliquer ainsi que les techniques et les stratégies de contrôle qu'on doit ensuite mettre en place. Chaque nouvelle demande est un défi.» Dans ce processus, Michel a l'appui de plusieurs ressources, notamment de son directeur. Ensemble, ils élaborent des stratégies et font des études en laboratoire afin d'optimiser les coûts et la qualité du papier. Ils présentent ensuite leurs résultats et recommandations aux dirigeants de l'entreprise pour obtenir un essai en usine. «Je m'occupe surtout de ce que l'on appelle le "bout humide" de la chaîne, la pâte à l'intérieur de laquelle sont insérés la plupart des additifs. C'est là qu'il est possible d'avoir une incidence sur les propriétés du papier et sur les paramètres de fonctionnement de la machine. Nous appliquons également des produits chimiques pour traiter les effluents et les boues d'usine, ainsi que pour contrôler la contamination microbiologique. C'est un travail

	Salaire hebdo moyen	Proportion de dipl. en emploi	Emploi relié	Chômage	Nombre de diplômés
2006	765 $	80,0 %	50,0 %	0,0 %	5
2005	630 $	54,5 %	60,0 %	0,0 %	13
2004	654 $	61,5 %	87,5 %	0,0 %	16

Statistiques tirées de la *Relance* - Ministère de l'Éducation, du Loisir et du Sport. Voir données complémentaires, page 369.

Comment interpréter l'information, page 15.

passionnant où la routine n'a pas sa place», affirme Michel. Le reste de son temps est consacré à l'amélioration des produits existants, par la recherche de nouveaux programmes et par l'interprétation de données d'exploitation.

QUALITÉS RECHERCHÉES

Les technologues en génie chimique doivent posséder des aptitudes certaines pour les sciences et avoir de bonnes dispositions pour travailler en équipe. «Il faut comprendre rapidement les attentes de son interlocuteur, explique Michel Boivin. Être un bon communicateur épargne du temps. Si l'on veut gagner et conserver la confiance de ses clients, il est aussi essentiel de respecter ses engagements.» Le sens de l'observation, la dextérité et la patience sont également très utiles. «Cela prend aussi beaucoup de curiosité intellectuelle et une certaine capacité de réflexion pour aborder un nouveau problème. Ce n'est pas un métier où solution rime avec précipitation.»

«Le défi des diplômés est, avant tout, de faire connaître leur discipline.»

— Marc-Yvan Côté

DÉFIS ET PERSPECTIVES

Selon Marc-Yvan Côté, responsable de la coordination de ce département au Cégep de Jonquière, le défi des diplômés est, avant tout, de faire connaître leur discipline. «Le nombre de diplômés en techniques de génie chimique est encore assez restreint, dit-il. Les employeurs potentiels connaissent peu cette formation. C'est à nos diplômés de faire valoir leurs qualités et d'expliquer l'avantage que constitue la polyvalence de leur technique par rapport à d'autres, plus spécialisées.»

Le coordonnateur estime qu'il y a constamment de nouveaux défis pour les techniciens en génie chimique. «Si la grande industrie demeure traditionnellement l'employeur principal de nos diplômés, on voit une recrudescence de la demande du côté des PME, a-t-il constaté. C'est une tendance très marquée, notamment dans la petite industrie des matériaux comme la peinture, le bois ou les plastiques. Nos diplômés sont recherchés pour leurs compétences techniques, mais aussi pour leur facilité de communication avec les ingénieurs chimistes, dont ils doivent comprendre les attentes en matière de planification des essais. Il faut également qu'ils se tiennent prêts à s'engager dans des domaines qui se développent fortement, comme la résistance des matériaux – surtout les composites –, la simulation de procédés par ordinateur et les biotechnologies.» 02/01

HORAIRES ET MILIEUX DE TRAVAIL

• Les techniciens de ce domaine assistent les ingénieurs chimistes dans les raffineries, les usines de produits chimiques, les papetières ou les centres de recherche.

• C'est un milieu très informatisé en raison du traitement des données et des opérations de simulations.

• Le travail se fait selon des horaires réguliers.

• En production ou en contrôle de la qualité, il est possible de travailler en rotation, de soir ou de nuit.

Techniques de laboratoire (Biotechnologies)

«Nos diplômés participent à une révolution : celle de la biotechnologie. Pendant longtemps, ils ont travaillé sans qu'il y ait des retombées majeures. Maintenant, des retombées, il y en a!»

PROG. 210.A0
PRÉALABLES : 12, 30, 40, VOIR P. 16

RÔLE ET TÂCHES

L'affirmation est de Jocelyn Laplante, enseignant au Cégep de l'Outaouais (campus Gabrielle-Roy), à Gatineau. Ses diplômés travaillent en effet dans ces laboratoires où l'on manipule le vivant pour mettre au point de nouveaux médicaments, expérimenter des traitements contre le sida ou le cancer, créer des micro-organismes capables d'éliminer des contaminants... Sans oublier les manipulations génétiques des plantes agricoles et des arbres destinés à la foresterie.

«La première qualité du diplômé, c'est le sens de l'organisation, souligne M. Laplante. Il doit aussi être consciencieux et minutieux.» En effet, les techniciens doivent suivre des instructions précises et un protocole scientifique strict, sans brûler les étapes. Autrement, leur travail n'est pas crédible. De plus, ils doivent observer des consignes de sécurité.

«Les diplômés travaillent souvent en petites équipes multidisciplinaires», ajoute l'enseignant. Dans un laboratoire, il y a plusieurs spécialistes : biologistes moléculaires, chimistes, pathologistes, écologistes, microbiologistes...

DÉFIS ET PERSPECTIVES

Le diplômé doit absolument maintenir ses connaissances à jour, car l'innovation technologique dans ce secteur est constante. Par ailleurs, il peut être confronté à de déchirantes questions d'éthique comme : doit-on laisser les multinationales breveter (donc privatiser) des organismes vivants ou jouer les apprentis sorciers avec les organismes génétiquement modifiés (OGM)? Bien sûr, le technicien agit à titre d'exécutant, mais il n'est pas à l'abri des problèmes de conscience. «Il y a des revenus incroyables liés à ces activités, admet M. Laplante. C'est heureux ou malheureux selon qu'on se situe à droite ou à gauche sur l'échiquier idéologique.» 03/03

HORAIRES ET MILIEUX DE TRAVAIL

- Un laboratoire est un endroit calme, d'une impeccable propreté, très ordonné.
- Les descriptions de tâches sont strictes.
- Le technicien ne travaille pas sous pression afin de toujours respecter les protocoles scientifiques et les consignes de sécurité.
- Les horaires sont réguliers, de 9 h à 17 h.

OFFRE DU PROGRAMME PAR RÉGIONS : Chaudière-Appalaches, Estrie, Mauricie, Montérégie, Montréal, Outaouais
Pour connaître les établissements qui offrent ce programme : **www.inforoutefpt.org**

	Salaire hebdo moyen	Proportion de dipl. en emploi	Emploi relié	Chômage	Nombre de diplômés
2006	593 $	52,4 %	87,5 %	5,7 %	86
2005	495 $	57,4 %	93,9 %	2,5 %	94
2004	484 $	69,8 %	83,7 %	2,2 %	84

Statistiques tirées de la *Relance* - Ministère de l'Éducation, du Loisir et du Sport. Voir données complémentaires, page 369.

Comment interpréter l'information, page 15.

Techniques de laboratoire (Chimie analytique)

Fort de sa formation en chimie analytique, Éric Bergeron travaille au département de recherche et développement du ministère de la Défense nationale et des Forces canadiennes, à Valcartier. Un travail qui lui permet d'atteindre «un niveau maximal de stimulation intellectuelle», dit-il.

PROG. 210.AO
PRÉALABLES : 12, 30, 40, VOIR P. 16

CHAMPS D'INTÉRÊT
- aime la chimie et les mathématiques
- aime travailler avec précision, en suivant un protocole
- aime calculer, observer, analyser et vérifier
- désire apprendre et renouveler ses connaissances

APTITUDES
- connaissance de l'anglais, pour utiliser les volumes de chimie et les logiciels informatiques
- logique et compréhension des phénomènes physiques et chimiques
- sens de l'observation
- bonne mémoire et capacité de concentration
- dextérité et minutie
- méthode et rigueur

OFFRE DU PROGRAMME PAR RÉGIONS
Chaudière-Appalaches, Mauricie, Montérégie, Montréal, Saguenay—Lac-Saint-Jean

Pour connaître les établissements qui offrent ce programme : www.inforoutefpt.org

RÔLE ET TÂCHES

Parce qu'il rêvait de faire carrière au Laboratoire de sciences judiciaires et de médecine légale du Québec, Éric s'est inscrit en *Techniques de chimie analytique* (nom de l'ancien programme) au Cégep de Lévis-Lauzon. Son diplôme obtenu, c'est toutefois en environnement qu'il a commencé à travailler, en prélevant des échantillons (d'eau, de sol, de minerai, etc.) sur le terrain pendant l'été. À la suite de cette expérience, il a décidé d'entreprendre un certificat en biotechnologies à l'université.

La combinaison de ses deux formations lui a permis d'obtenir son emploi actuel, au ministère de la Défense nationale et des Forces canadiennes. Un poste pour le moins spécialisé : au service de recherche et développement, il est affecté à la section des matériaux énergétiques et biotechnologiques, et plus précisément aux propulsifs et aux explosifs. Au sein d'une équipe de chercheurs, il doit vérifier la stabilité des agents de conservation de différents produits explosifs (comme la poudre à canon) que possède le Canada. Il participe également à la recherche sur les nouveaux produits qui remplaceront ceux actuellement utilisés par les différents corps armés.

Au quotidien, Éric prépare et pèse des échantillons de produits explosifs en vue de les analyser. Utilisant la chromatographie liquide, une technique hautement sophistiquée qui permet la séparation et l'analyse de mélanges de substances chimiques, il étudie le vieillissement de chaque produit, les effets des variations de température sur son rendement, sa force et ses

	Salaire hebdo moyen	Proportion de dipl. en emploi	Emploi relié	Chômage	Nombre de diplômés
2006	617 $	81,1 %	100,0 %	0,0 %	52
2005	634 $	72,5 %	91,2 %	2,6 %	70
2004	597 $	81,5 %	84,6 %	5,7 %	108

Statistiques tirées de la *Relance* - Ministère de l'Éducation, du Loisir et du Sport. Voir données complémentaires, page 369.

Comment interpréter l'information, page 15.

caractéristiques chimiques. En fait, il cherche ainsi à s'assurer que les agents de conservation contenus dans les explosifs ne se détérioreront pas et ne causeront pas d'auto-allumage durant l'entreposage. «Car l'explosion d'une de ces poudres dans un dépôt pourrait déclencher une réaction en chaîne très dangereuse», explique-t-il.

Puisqu'il travaille dans un ministère, Éric doit également rédiger de nombreux rapports ainsi que des fiches techniques pour chacune des analyses qu'il effectue. Chaque année, il soumet ainsi une centaine de substances à toute une batterie de tests afin de juger de leur qualité.

QUALITÉS RECHERCHÉES

«Ces tâches demandent de la minutie, de la précision, de la patience, un bon esprit de synthèse et de la dextérité. Il faut aussi avoir le sens de l'observation, pour remarquer les variations de la matière», souligne le diplômé.

Le technicien doit aussi être méthodique et rigoureux, pour être en mesure d'organiser et de documenter son travail selon les normes du laboratoire. Responsable, il aura le souci du travail bien fait.

Puisqu'il travaille dans un milieu de technologie de pointe, non seulement sera-t-il à l'aise avec la chimie de base et les mathématiques, mais aussi avec les instruments de mesure et l'informatique. Une réalité qui implique des mises à jour fréquentes de ses connaissances.

DÉFIS ET PERSPECTIVES

Pour Daniel Bergeron, enseignant en techniques de laboratoire au Cégep de Lévis-Lauzon, le grand défi du futur réside dans le domaine de la protection de l'environnement, vu les préoccupations grandissantes des gouvernements quant à la conservation des ressources naturelles. «C'est un domaine où il y aura toujours une demande de techniciens, puisque les normes de plus en plus strictes exigeront de nombreuses analyses chimiques un peu partout. Entre autres, il va falloir surveiller les usines et les compagnies pétrolières pour s'assurer qu'elles respectent les limites de rejets dans l'environnement.» 03/03

> Le technicien doit être méthodique et rigoureux, pour être en mesure d'organiser et de documenter son travail selon les normes du laboratoire.

Photo : Hôpital Notre-Dame — Stephen Rospel

HORAIRES ET MILIEUX DE TRAVAIL

• On retrouve des techniciens de laboratoire dans les ministères, les organismes gouvernementaux, les entreprises des secteurs pharmaceutique, de l'environnement, de l'aluminium, de la pétrochimie, des aliments, des plastiques et des pâtes et papiers, bref, dans les organisations qui utilisent des produits chimiques ou qui en testent les qualités.

• Les emplois liés à l'environnement sont saisonniers et contractuels puisque les analyses d'eau et de sols se font pendant l'été.

• Dans les entreprises privées, la plupart des emplois sont permanents. Les horaires comptent de 37 à 42 heures par semaine, partagées entre le travail de laboratoire et de bureau.

• Il existe des risques pour la santé liés à la manipulation de solvants et de produits chimiques durant une longue période. Les maladies respiratoires, cutanées, neurologiques ou même le cancer sont au nombre des dangers potentiels.

Techniques de procédés chimiques

Diplômé en techniques de procédés chimiques, Michel Bertrand est contremaître de production pour la compagnie de produits chimiques Delmar, située à LaSalle. Il veille au respect des bonnes pratiques de fabrication et fait le suivi du contrôle de la qualité.

PROG. 210.B0
PRÉALABLES : 11, 20, VOIR P. 16

CHAMPS D'INTÉRÊT

- aime le travail en milieu industriel et le travail d'équipe
- aime travailler selon des consignes et des normes
- aime la technologie et l'informatique
- aime observer, vérifier, calculer, analyser, superviser

APTITUDES

- facilité pour les sciences
- excellente faculté d'adaptation et beaucoup de pragmatisme
- respect de l'autorité et des consignes
- résistance physique et résistance au stress

OFFRE DU PROGRAMME PAR RÉGIONS
Montréal

Pour connaître les établissements qui offrent ce programme : **www.inforoutefpt.org**

RÔLE ET TÂCHES

Cette technique forme des personnes dont le rôle est de faire fonctionner des installations de traitements chimiques. «Chez Delmar, nous produisons des ingrédients pharmaceutiques actifs sous forme de poudre, explique Michel Bertrand. Ils sont utilisés dans la fabrication des médicaments. Mon rôle de contremaître est de veiller à ce que les bonnes pratiques de fabrication soient appliquées. Nos procédés sont suivis de près, notamment par la Food and Drug Administration (FDA) américaine, car nous commercialisons nos produits aux États-Unis. La qualité du produit doit être parfaite.» Le jeune homme poursuit en expliquant pourquoi le contrôle de la qualité a un rôle primordial dans l'industrie chimique et pharmaceutique. «Nous mettons en œuvre des procédés de transformation très complexes qui provoquent parfois quatre ou cinq réactions consécutives sur le produit, dit-il. Après chacune de ces réactions, les opérateurs prélèvent un échantillon qui est envoyé au service du contrôle de la qualité. Si son superviseur détecte un problème, c'est à moi de faire les ajustements nécessaires. C'est un travail d'équipe dans lequel même les ingénieurs de la division de la recherche collaborent avec nous.» D'autres tâches sont rattachées à la fonction de Michel. «Je m'occupe aussi de l'aspect santé et sécurité au travail. Je dois m'assurer que les règles de protection sont respectées. La gestion des équipements et du personnel ainsi que la planification de la production sont également dans mes attributions.»

	Salaire hebdo moyen	Proportion de dipl. en emploi	Emploi relié	Chômage	Nombre de diplômés
2006	853 $	85,0 %	82,4 %	10,5 %	30
2005	772 $	82,6 %	63,2 %	13,6 %	32
2004	807 $	83,3 %	72,0 %	3,8 %	42

Statistiques tirées de la *Relance* - Ministère de l'Éducation, du Loisir et du Sport. Voir données complémentaires, page 369.

Comment interpréter l'information, page 15.

QUALITÉS RECHERCHÉES

Cette technique s'adresse, bien sûr, aux adeptes des sciences et de la chimie, à qui on demandera surtout beaucoup de minutie. «Il faut être très précis lorsqu'on décide d'agir sur l'équipement en cours de procédé, dit Michel. Le moindre détail, la plus petite fausse manœuvre, peuvent avoir des conséquences graves.» Le sens des responsabilités et la capacité de prendre des décisions sont souvent mis à contribution. «Je dois appliquer et faire respecter les règlements sur la santé, la sécurité et les pratiques de fabrication. Si le niveau de stérilité des chambres blanches, où est emballé le produit, n'est pas suffisant, la production sera inutilisable et j'en serai responsable.» Le technologue doit également posséder un bon sens de la communication, car il collabore la plupart du temps avec des superviseurs et des ingénieurs.

DÉFIS ET PERSPECTIVES

«Les diplômés de cette technique ont des perspectives d'emploi dans des secteurs de plus en plus diversifiés, dit Martin Demers, directeur adjoint de l'Institut de chimie et de pétrochimie du Collège de Maisonneuve. Si l'industrie de la pétrochimie et du raffinage demeure toujours le domaine de prédilection des techniciens de procédés chimiques, un nombre grandissant d'autres secteurs s'intéressent à leur polyvalence. Il s'agit notamment de compagnies qui s'occupent d'environnement, d'agroalimentaire, de traitement des métaux, de chimie de spécialité, de l'industrie pharmaceutique et cosmétique.» Le développement important des PME œuvrant dans ces domaines promet d'accroître la demande de personnel qualifié et offre des défis et des possibilités d'avancement très intéressants.

«Les diplômés devraient également profiter dans les prochaines années d'un mouvement qui vise à remplacer la main-d'œuvre vieillissante en pétrochimie et en raffinage», ajoute Martin Demers. Les diplômés pourront aussi bien travailler en qualité de techniciens de production qu'en tant que représentants techniques chez les fabricants et les distributeurs de produits chimiques. «Certaines compagnies emploient des techniciens qui sont spécifiquement au service de l'un de leurs clients pour présenter les nouveaux produits, faire du suivi, du soutien et des ajustements en production.» 03/01

> «Il faut être très précis lorsqu'on décide d'agir sur l'équipement en cours de procédé. Le moindre détail, la plus petite fausse manœuvre, peuvent avoir des conséquences graves.»
>
> — Michel Bertrand

HORAIRES ET MILIEUX DE TRAVAIL

- Les diplômés sont employés par les pétrolières, les usines de plastique, de peinture, de produits chimiques.

- Ils peuvent aussi travailler dans l'industrie alimentaire, l'industrie pharmaceutique ou dans le domaine du traitement des eaux et des métaux.

- Dans le cadre de leurs fonctions, ils utilisent des équipements de protection : casques, habits, masques, bouchons d'oreilles.

- Les horaires sont variables, parfois irréguliers.

- Le travail peut se faire par rotation de 12 heures, soit de jour, de nuit et en fin de semaine.

- Il est possible d'avoir à effectuer des heures supplémentaires.

BÂTIMENT ET TRAVAUX PUBLICS

CHAMPS D'INTÉRÊT

- aime le travail manuel de précision nécessitant l'emploi d'outils
- aime bouger, se dépenser physiquement
- aime comprendre le fonctionnement des divers éléments d'un bâtiment, d'une construction
- aime travailler sur un chantier

APTITUDES

- dextérité, rapidité et grande précision d'exécution
- résistance physique et excellente coordination motrice
- sens de l'observation et grande acuité visuelle
- facilité d'apprentissage manuel et technique
- capacité à respecter des normes et des règlements liés à la sécurité et à l'environnement

La construction de maisons et de commerces se concentre dans les centres urbains du Québec. Les chantiers industriels sont, quant à eux, majoritairement situés en région. Les projets de génie civil; comme la construction d'ouvrages hydroélectriques ou l'installation d'éoliennes, sont souvent réalisés à l'extérieur des métropoles eux aussi.

Source :
Les carrières d'avenir 2007,
Les Éditions Jobboom.

RESSOURCES INTERNET

MINISTÈRE DE L'ÉDUCATION, DU LOISIR ET DU SPORT DU QUÉBEC – SECTEURS DE FORMATION
www.meq.gouv.qc.ca/ ens-sup/ens-coll/program/ ProgEtab.asp?vToken=s70
Vous trouverez sur cette page une description des programmes de ce secteur de formation, comprenant, pour chacun, les exigences d'admission, les objectifs de formation et une liste d'établissements d'enseignement.

COMMISSION DE LA CONSTRUCTION DU QUÉBEC
www.ccq.org
Visitez ce site pour tout savoir sur l'industrie de la construction au Québec. Vous y trouverez des renseignements sur les métiers et occupations, la formation, les conventions collectives, etc.

CONSTRUNET
www.construnet.com
À consulter pour tout savoir sur les appels d'offres en construction au Québec, les dernières nouvelles de l'industrie et les organismes du secteur.

DEC

Sécurité incendie

«Je m'interrogeais sur mon choix de carrière à la fin de mes études secondaires. Mon père est pompier et cet univers m'attirait. J'ai donc suivi une formation en sécurité incendie», raconte Carl Darveau, inspecteur en prévention des incendies pour le ministère de la Défense nationale.

PROG. 311.A0
PRÉALABLE : 9E, VOIR PAGE 16

CHAMPS D'INTÉRÊT
- aime organiser et coordonner les activités d'une équipe
- aime les contacts avec le public (pour informer et éduquer)
- aime maintenir une excellente forme physique
- aime travailler selon un horaire variable et souvent imprévisible

APTITUDES
- dynamisme, initiative et leadership
- coordination motrice, dextérité manuelle et bonne perception spatiale
- conserve son calme dans des situations dangereuses
- grande facilité à communiquer; excellent jugement

OFFRE DU PROGRAMME PAR RÉGIONS
Capitale-Nationale, Laval

Pour connaître les établissements qui offrent ce programme : **www.inforoutefpt.org**

RÔLE ET TÂCHES

Carl Darveau travaille dans les bureaux de la caserne de pompiers de la base militaire de Valcartier. Son rôle? Inspecter les bâtiments afin d'assurer la prévention des incendies, tout en formant et sensibilisant les usagers à cette réalité.

Lors de l'inspection des bâtiments, Carl vérifie que toutes les mesures de prévention sont bien respectées : portes de secours dégagées, lumières d'urgence fonctionnelles, extincteurs en place et en bon état de marche, matières dangereuses entreposées adéquatement, etc. Il fait en sorte qu'il existe un lieu sécuritaire pour les fumeurs à l'extérieur du bâtiment. Il rédige finalement un rapport dans lequel il peut faire certaines recommandations au responsable du bâtiment inspecté. «Tous les édifices de la base militaire de Valcartier sont vérifiés. Certaines bâtisses nécessitent des visites plus fréquentes parce que les risques d'incendie y sont plus élevés, par exemple les garages et les entrepôts de matériel militaire», explique Carl.

Carl donne également de la formation sur la prévention des incendies dans le cadre des cours de jour offerts aux militaires. La formation comprend une partie théorique où il explique notamment les différentes classes d'incendies, les types d'extincteurs et leur fonctionnement. Une partie pratique, durant laquelle les participants apprennent à éteindre un feu avec un extincteur, se déroule à l'extérieur de la caserne.

	Salaire hebdo moyen	Proportion de dipl. en emploi	Emploi relié	Chômage	Nombre de diplômés
2006	655 $	90,8 %	71,8 %	5,3 %	139
2005	639 $	93,0 %	66,1 %	2,9 %	99
2004	606 $	93,5 %	50,0 %	4,4 %	63

Statistiques tirées de la *Relance* - Ministère de l'Éducation, du Loisir et du Sport. Voir données complémentaires, page 369.

Comment interpréter l'information, page 15.

Carl peut être appelé à combattre des incendies lorsque les pompiers ont besoin de renfort. Il est titulaire d'un diplôme d'études professionnelles (DEP) en intervention et sécurité incendie et d'un diplôme d'études collégiales (DEC) en sécurité incendie, option prévention, du Campus Notre-Dame-de-Foy. Le programme en sécurité incendie offre aussi l'option gestion.

QUALITÉS RECHERCHÉES

Savoir garder son sang-froid lors des situations dangereuses est l'une des qualités indispensables dans ce métier. «On doit aussi être en excellente forme physique», ajoute Carl. Un bon sens de l'observation peut également faire toute la différence. «Dans le cadre d'une inspection, il faut savoir repérer les éléments pouvant créer un incendie, mais aussi détecter rapidement les situations pouvant mettre notre vie en danger lors du combat d'un incendie. Par exemple, une faiblesse dans la structure d'un édifice qui va le faire s'écrouler.»

Aimer travailler en équipe est une autre qualité recherchée. L'entregent et l'empathie sont aussi des atouts importants, car le diplômé est appelé à œuvrer avec la population, parfois dans des conditions extrêmes.

L'entregent et l'empathie sont aussi des atouts importants, car le diplômé est appelé à œuvrer avec la population, parfois dans des conditions extrêmes.

DÉFIS ET PERSPECTIVES

Selon Guy Daoust, coordonnateur au Collège Montmorency, le défi premier du diplômé est de sauver des vies et de se mettre au service des citoyens. Pour relever le défi, il doit constamment garder ses connaissances à jour sur les différents éléments entrant en jeu lors d'un incendie. «Il y a toujours de nouveaux produits chimiques inflammables sur le marché. Il faut être au fait des caractéristiques de ces produits en cas de feu. Par ailleurs, les structures des bâtiments modernes sont beaucoup plus fragiles que celles des édifices plus anciens. Par exemple, les poutres en bois massif ont été remplacées par des poutrelles de bois plus minces. L'équipement de prévention d'incendie et les logiciels dans les camions de pompiers continuent aussi d'évoluer. Le diplômé doit également connaître les nouveaux matériaux utilisés pour la construction des automobiles, et qui sont susceptibles de prendre feu lors d'accidents. Ainsi, une automobile hybride dont la carrosserie est en polymère émet des émanations plus dangereuses lors d'un incendie», explique Guy Daoust. 02/05

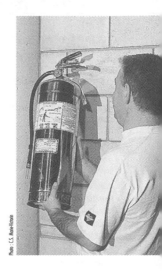

Photo : C.S. Marie-Victorin

HORAIRES ET MILIEUX DE TRAVAIL

- Le diplômé peut œuvrer pour les municipalités, les compagnies d'assurances et les casernes industrielles.

- L'environnement de travail – caserne, bureau ou usine – varie selon l'employeur. Le diplômé peut aussi avoir à se rendre sur les lieux d'un incendie.

- Selon le milieu de travail, les diplômés sont appelés à travailler le jour, le soir, la nuit, les fins de semaine ou sur appel.

Technologie de l'architecture

Israël Beaulieu travaille pour le bureau d'architectes Claude Brisson, en Beauce. «Plus jeune, l'image que j'avais de mon travail se limitait à une règle et à un crayon sur une planche à dessin, raconte-t-il. Je me suis vite aperçu que je devais remplacer cette image par celle d'une souris et d'un écran...»

PROG. 221.A0
PRÉALABLES : 11, 20, VOIR P. 16

CHAMPS D'INTÉRÊT

- aime l'architecture et le dessin
- aime travailler sur ordinateur
- aime faire un travail minutieux et précis
- aime travailler avec le public et en équipe

APTITUDES

- curiosité, pragmatisme et polyvalence
- capacité d'analyse et de synthèse
- sens de l'esthétique et souci du détail
- facilité à communiquer et bilinguisme
- autonomie, disponibilité et persévérance

OFFRE DU PROGRAMME PAR RÉGIONS
Bas-Saint-Laurent, Chaudière-Appalaches, Laval, Mauricie, Montréal, Saguenay–Lac-Saint-Jean

Pour connaître les établissements qui offrent ce programme : **www.inforoutefpt.org**

RÔLE ET TÂCHES

Le rôle du technologue est habituellement d'assister l'architecte. Celui-ci fait la conception générale de l'édifice et le technologue peaufine les détails de construction tels que la plomberie, l'électricité ou le choix des matériaux. Pour sa part, Israël se considère comme chanceux de travailler avec un architecte qui lui laisse une grande autonomie et de nombreuses responsabilités. «Nous travaillons beaucoup pour les secteurs commercial et institutionnel, précise Israël. J'ai dessiné des plans d'écoles, de centres commerciaux, d'usines et de bâtiments administratifs. J'utilise pour cela l'ordinateur et le logiciel AutoCad, qui est devenu une référence pour tous ceux qui font du dessin technique.

«L'architecture est un domaine où l'on communique beaucoup, ajoute-t-il. Je dois bien comprendre les idées de base et les croquis préliminaires que me donne l'architecte. C'est essentiel pour dessiner mes plans et concevoir les détails techniques comme les fondations ou la composition des murs. Je dois également être très à l'écoute du client pour saisir ses besoins et ses envies.» Il lui faut ensuite traduire tout cela en dessins en tenant compte de l'aspect pratique et du côté fonctionnel. À l'issue d'un projet, il dessine les plans de présentation pour le client et les plans d'exécution pour l'entrepreneur.

Les technologues en architecture se rendent parfois sur le terrain pour prendre des mesures ou des photographies qui les aideront à faire des levés précis et à dessiner leurs plans.

	Salaire hebdo moyen	Proportion de dipl. en emploi	Emploi relié	Chômage	Nombre de diplômés
2006	551 $	62,0 %	89,0 %	6,4 %	201
2005	506 $	61,2 %	92,2 %	3,1 %	203
2004	525 $	56,8 %	82,2 %	6,0 %	185

Statistiques tirées de la *Relance* - Ministère de l'Éducation, du Loisir et du Sport. Voir données complémentaires, page 369.

Comment interpréter l'information, page 15.

QUALITÉS RECHERCHÉES

Les technologues doivent bien sûr être minutieux, mais il leur faut avant tout posséder la capacité de conceptualiser un plan. «C'est très important d'avoir ce côté visuel, considère Israël. Si tu es incapable d'imaginer la construction finale d'un édifice en examinant son plan, il y a peu de chances pour que cet édifice tienne debout...»

Ceux qui désirent travailler dans ce domaine doivent également avoir un bon esprit de synthèse pour pouvoir coordonner tous les éléments qui composent un bâtiment. «Bien souvent, mon patron se charge de trouver le client, raconte Israël. Il me donne ensuite les limites du budget et me dit de commencer les plans.»

Le travail se fait souvent en équipe et les relations avec les clients sont quotidiennes; il faut avoir le goût de communiquer avec les gens. En revanche, il n'est pas nécessaire d'avoir du talent en dessin puisque la plupart des plans se font par ordinateur. «Mais quand tu es capable de faire un joli croquis à la main pour le client, c'est tout de même un avantage», estime Israël.

Les technologues doivent bien sûr être minutieux, mais il leur faut avant tout posséder la capacité de conceptualiser un plan en deux dimensions.

DÉFIS ET PERSPECTIVES

Selon Gilbert Pelletier, responsable de la coordination du programme au Cégep de Rimouski, les perspectives de placement de ces diplômés sont très bonnes. Il explique que grâce à leur grande polyvalence, à leur maîtrise du dessin technique et à leur connaissance des matériaux de construction, ce sont des sujets de choix pour les cabinets d'architectes, pour l'industrie du bâtiment et pour les secteurs du design d'intérieur ou de la fabrication de meubles. «Certaines pistes de carrière les dirigent même vers des organismes gouvernementaux ou vers des postes au sein des municipalités, poursuit M. Pelletier. Ainsi, un de nos anciens diplômés travaille comme technologue à plein temps pour l'Hôpital Laval. Il est en charge de tous les travaux de construction et de rénovation.» Gilbert Pelletier conclut en rappelant que le défi majeur auquel font face les diplômés réside dans leur habileté à maîtriser les outils de dessin assisté par ordinateur. Ces outils sont de plus en plus nombreux et perfectionnés. On n'a qu'à penser à la tendance actuelle qui est à la modélisation virtuelle des bâtiments en trois dimensions. 02/01

Photo : Collège de Lévis-Lauzon

HORAIRES ET MILIEUX DE TRAVAIL

- Les diplômés peuvent être employés par les bureaux d'architectes, d'entrepreneurs, d'ingénieurs-conseils, les usines fabriquant des meubles, des portes et des fenêtres.

- Ils sont souvent travailleurs autonomes pour les projets de moins de 100 000 $.

- Certains travaillent comme designers d'intérieur.

- C'est un milieu très informatisé.

- Il est possible de travailler à l'extérieur pour faire des levés et des croquis sur le terrain.

- Le travail de bureau se fait selon des horaires réguliers.

Technologie de la géomatique (Cartographie)

François Poulin était intéressé par l'informatique et les mathématiques, mais ne souhaitait pas aller à l'université. Il cherchait en fait une formation axée sur la technologie qui ferait appel à sa créativité. Le programme *Technologie de la géomatique (Cartographie)* a répondu à ses attentes.

PROG. 230.AO
PRÉALABLE : 11, VOIR PAGE 16

CHAMPS D'INTÉRÊT
- s'intéresse aux cartes et à la géographie
- aime le travail de précision
- aime les mathématiques, la physique et l'informatique
- aime lire, écrire et communiquer

APTITUDES
- bonne perception spatiale
- aisance en mathématiques
- souci du travail bien fait
- capacité d'adaptation, débrouillardise et polyvalence

RÔLE ET TÂCHES

Ce programme permet aux élèves de maîtriser des notions et des techniques comme la cartographie, la géométrie, la géographie, la statistique, l'arpentage, l'interprétation de photographies aériennes et d'images satellites et le dessin par ordinateur.

Au service de JLC Repro Graphique, une entreprise qui réalise entre autres des cartes géographiques pour les gouvernements, François ne cesse d'apprendre et de mettre en pratique les acquis de sa formation. «J'utilise des images satellites pour voir les routes, les cours d'eau, les bâtiments, et je détermine ensuite dans quelle catégorie les classer.» La classification qu'il établit lui permet de distinguer, par exemple, les routes principales des routes secondaires qu'il dessinera sur la carte, à l'ordinateur.

François est aussi appelé à concevoir ce qu'on appelle des cartes thématiques, c'est-à-dire qui présentent une région ou un site en fonction d'un but précis, comme un événement ou une activité touristique. L'une de ses plus belles réussites est le dépliant contenant les cartes de localisation pour le Sommet du G8, tenu à Kananaskis en 2002. Au cours de ce travail, il a pu choisir les couleurs, concevoir la mise en pages, rédiger les textes, dessiner les cartes, préparer les légendes, etc.

Bien qu'il ait fait des stages dans la fonction publique et au sein de grandes entreprises de cartographie, François est heureux de travailler pour cette firme dynamique et prometteuse, qui lui offre davantage de responsabilités et un travail varié. «On me fait confiance et on s'attarde aux résultats plutôt

OFFRE DU PROGRAMME PAR RÉGIONS
Capitale-Nationale, Outaouais

Pour connaître les établissements qui offrent ce programme : **www.inforoutefpt.org**

	Salaire hebdo moyen	Proportion de dipl. en emploi	Emploi relié	Chômage	Nombre de diplômés
2006	520 $	86,4 %	84,2 %	5,0 %	29
2005	633 $	87,5 %	85,7 %	8,7 %	34
2004	532 $	84,0 %	85,7 %	8,7 %	33

Statistiques tirées de la *Relance* - Ministère de l'Éducation, du Loisir et du Sport. Voir données complémentaires, page 369.

Comment interpréter l'information, page 15.

qu'aux erreurs. On m'a même confié le projet de construction du site Internet de JLC Repro Graphique, afin qu'on puisse vendre les cartes en ligne.»

QUALITÉS RECHERCHÉES

Selon François, le dessin de cartes est un travail de précision, assez répétitif, qui demande beaucoup de patience et un grand souci du détail. «Il faut aussi être autonome et faire preuve de jugement pour prendre les bonnes décisions de classement. Du côté technique, on doit avoir de la facilité à comprendre les concepts de géographie, de mathématiques et d'informatique puisqu'il faut calculer les échelles et faire des statistiques. S'intéresser à la géographie, au terrain et au relief naturel est aussi très important pour apprécier ses études ou son emploi.»

Le technologue en géomatique doit également posséder une bonne vision pour être capable de distinguer les effets de profondeur, de percevoir les couleurs et de bien se représenter l'espace en trois dimensions. Les capacités artistiques sont devenues secondaires en raison de l'informatisation des tâches, mais elles demeurent un atout pour le travail de conception de cartes thématiques.

> **«Les entreprises ont besoin de technologues pour assister les ingénieurs civils, les arpenteurs-géomètres, les urbanistes et les géographes.»**
>
> **— Martin Majeau**

DÉFIS ET PERSPECTIVES

Selon Martin Majeau, professeur et coordonnateur du Département de géomatique au Cégep de l'Outaouais, le marché de la géomatique devrait croître au cours des prochaines années. «Les entreprises ont besoin de technologues pour assister les ingénieurs civils, les arpenteurs géomètres, les urbanistes et les géographes, soutient-il. Avec la vague de prises de retraite dans la fonction publique, des possibilités d'emploi vont s'ouvrir aux jeunes à tous les paliers de gouvernement», poursuit M. Majeau. Les

Photo : Cégep de Limoilou

diplômés sont également appelés à travailler à l'étranger puisque plusieurs entreprises québécoises exportent leur savoir-faire en géomatique. Soulignons enfin que la mise à jour technologique est constante dans ce domaine. À surveiller : l'évolution du système de positionnement par satellite, communément appelé GPS (pour *Global Positioning System*), qui permet de recueillir des données géographiques plus facilement et à moindre coût. 02/03

HORAIRES ET MILIEUX DE TRAVAIL

- Les diplômés peuvent trouver du travail dans la fonction publique, au sein des services d'urbanisme, d'aménagement du territoire, de géographie, de conservation des bâtiments, de communication ou encore d'environnement.

- Ils peuvent aussi se faire embaucher par des entreprises spécialisées en cartographie, en arpentage, en urbanisme, en environnement ou en génie-conseil.

- Les entreprises de services publics (comme l'électricité et le téléphone), les exploitations minières

et forestières de même que les entreprises touristiques sont d'autres employeurs potentiels.

- Les entreprises qui ont pignon sur rue ont les mêmes horaires de travail que les commerces, ce qui inclut certains soirs et les week-ends. Pour respecter les échéanciers, des heures supplémentaires peuvent parfois être exigées. Dans la fonction publique, cependant, les horaires sont plus réguliers.

- Le technologue en géomatique travaille généralement seul, mais il arrive qu'on l'intègre dans une équipe multidisciplinaire.

Technologie de la géomatique (Géodésie)

Débrouillardise et autonomie sont nécessaires dans ce métier, selon la coordonnatrice du Département de géodésie du Cégep Limoilou, Thérèse Desnoyers. Quand on est seul en forêt, par exemple, on doit être capable de placer ses outils de mesure aux endroits appropriés. La représentation fidèle du territoire en dépend!

PROG. 230.AO
PRÉALABLE : 11, VOIR PAGE 16

RÔLE ET TÂCHES

Le technicien en géodésie a pour principale fonction la mesure des dimensions des terrains, un travail qui le conduit souvent à l'extérieur. Il ne doit toutefois pas être confondu avec l'arpenteur-géomètre, spécialiste des calculs de surfaces habilité à émettre des certificats de localisation (documents à caractère juridique qui prouvent l'emplacement exact des terrains).

À l'aide de cartes, d'images satellites, de photos aériennes et du GPS (système de positionnement par satellite), le technicien prend des mesures qu'il inscrit dans son carnet de notes. Puis, de retour à son bureau, il reproduit à l'échelle le terrain qu'il a mesuré en utilisant un logiciel de dessin. Il propose ensuite le plan à un arpenteur-géomètre, qui l'utilise pour déterminer l'emplacement des rues ou des bâtiments par exemple. Le diplômé est aussi appelé à réviser des certificats de localisation, à rédiger des rapports sur ses activités et à mettre à jour des données foncières (dimensions de lots, largeur de rues, etc.).

DÉFIS ET PERSPECTIVES

L'évolution rapide des technologies et l'apparition de nouveaux logiciels poussent les professionnels de la géodésie à mettre leurs connaissances à jour de façon continue. De plus, comme le travail s'effectue souvent à l'extérieur, les diplômés doivent s'attendre à braver le froid de nos hivers rigoureux tout comme le soleil de plomb des après-midi de juillet. Le métier suppose une grande minutie ainsi que des aptitudes pour la résolution des problèmes mathématiques et le travail en équipe. 05/03

HORAIRES ET MILIEUX DE TRAVAIL

• Le diplômé peut être recruté par des compagnies minières ou pétrolières, par le gouvernement ou encore par des bureaux d'arpenteurs-géomètres.

• Le travail de terrain alterne avec le travail de bureau.

• Possibilité d'heures supplémentaires.

OFFRE DU PROGRAMME PAR RÉGIONS : Capitale-Nationale, Montréal
Pour connaître les établissements qui offrent ce programme : **www.inforoutefpt.org**

	Salaire hebdo moyen	Proportion de dipl. en emploi	Emploi relié	Chômage	Nombre de diplômés
2006	617 $	78,9 %	100,0 %	0,0 %	23
2005	587 $	82,6 %	94,7 %	5,0 %	26
2004	556 $	70,0 %	100,0 %	0,0 %	25

Statistiques tirées de la *Relance* - Ministère de l'Éducation, du Loisir et du Sport. Voir données complémentaires, page 369.

Comment interprétor l'information, page 15.

Technologie de la mécanique du bâtiment

«La mécanique du bâtiment est vraiment une discipline très complète. Il faut connaître la plomberie, le chauffage, la climatisation, la ventilation pour y exceller. Bref, tout ce qui fait le confort et la sécurité d'un édifice.» Diplômé dans cette technique, Mario Morin est chef d'équipe chez Brookfield-LePage-Johnson Controls.

PROG. 221.C0
PRÉALABLES : 11, 20, VOIR P. 16

CHAMPS D'INTÉRÊT
- aime les mathématiques, la mécanique et le travail manuel
- aime résoudre des problèmes pratiques
- aime travailler sur ordinateur
- aime communiquer et travailler en équipe

APTITUDES
- sens de l'observation, pragmatisme et débrouillardise
- polyvalence
- sens de la logique
- facilité à communiquer

OFFRE DU PROGRAMME PAR RÉGIONS
Bas-Saint-Laurent, Capitale-Nationale, Mauricie, Montérégie, Montréal, Outaouais, Saguenay—Lac-Saint-Jean

Pour connaître les établissements qui offrent ce programme : www.inforoutefpt.org

RÔLE ET TÂCHES

La mission du technologue en mécanique du bâtiment est de rendre les édifices à la fois confortables et sécuritaires. Il s'occupe donc habituellement de la maintenance et de l'entretien des systèmes de chauffage, de climatisation, de ventilation et de protection contre les incendies.

Chez Brookfield-LePage-Johnson Controls, chaque nouveau projet est différent du précédent, car la compagnie fait de la gestion d'immeubles au sens large du terme. Mario peut aussi bien réaménager la chaufferie d'un bâtiment, rénover son circuit de ventilation ou optimiser ses coûts énergétiques en étudiant le système qui offre le meilleur rapport rendement/prix. «Avec le chargé de projet, je visite les lieux, j'observe la configuration initiale des équipements et j'émets une série d'avis et de conseils pour améliorer ou remplacer le système existant, dit-il. Je dois toujours tenir compte du budget prévu à l'origine pour effectuer le travail. C'est pourquoi je contacte moi-même les entreprises susceptibles d'effectuer les travaux afin d'obtenir les meilleurs prix possible.» Mario a la responsabilité de l'entretien et des modifications. «Nous travaillons presque exclusivement pour des bâtiments commerciaux. Je dois connaître les normes de santé et de sécurité sur le bout des doigts pour que les différents systèmes correspondent à ces exigences», dit-il.

L'environnement est aussi une de ses principales préoccupations. Ainsi, lorsqu'il conçoit un nouveau système, il doit s'assurer que les rejets dans

	Salaire hebdo moyen	Proportion de dipl. en emploi	Emploi relié	Chômage	Nombre de diplômés
2006	593 $	81,6 %	88,5 %	1,6 %	107
2005	655 $	81,4 %	97,8 %	2,0 %	84
2004	604 $	68,3 %	85,7 %	3,4 %	61

Statistiques tirées de la *Relance* - Ministère de l'Éducation, du Loisir et du Sport. Voir données complémentaires, page 369.

Comment interpréter l'information, page 15.

l'atmosphère ou dans les égouts ne sont pas des sources de pollution et ne nuisent pas à l'environnement.

QUALITÉS RECHERCHÉES

La mécanique du bâtiment est un domaine assez complexe; il s'adresse à des personnes qui aiment résoudre des problèmes et qui sont pourvues d'un bon sens de la logique. «Il faut être très curieux et inventif, dit Mario. C'est un secteur pour lequel il est nécessaire d'avoir le goût de la mécanique de base ainsi qu'une bonne perception spatiale. C'est la combinaison de ces différentes qualités qui permet de trouver rapidement les solutions à la fois sur place et sur plans.» Le métier demande aussi le sens de l'initiative, une bonne capacité de communication et de la disponibilité. «Certains de nos clients ont des bâtiments hébergeant des serveurs et des banques de données. Si un bris mécanique les prive de refroidissement, cela peut endommager leurs équipements et entraîner des coûts considérables. Dans une telle situation, il faut être prêt à intervenir d'urgence.» Les technologues utilisent de plus en plus l'informatique. «Il est important de maîtriser cet outil pour le dessin de plans, le calcul, la gestion des coûts et le traitement de texte», considère Mario.

La mission du technologue en mécanique du bâtiment est de rendre les édifices à la fois confortables et sécuritaires.

DÉFIS ET PERSPECTIVES

«Le métier a énormément évolué, estime Sylvain Lapointe, coordonnateur du Département de technologie de la mécanique du bâtiment au Cégep de l'Outaouais. Les diplômés utilisent désormais les nouvelles technologies pour concevoir, calculer, dessiner des systèmes de chauffage ou de ventilation. Ils implantent dans les bâtiments des systèmes d'éclairage, d'alarme ou de contrôle d'accès qui sont gérés par ordinateur. C'est un domaine en constante évolution et qui propose des défis très intéressants.»

La principale mission de ces technologues est de coordonner et de concevoir des systèmes qui répondent aux normes de la construction et qui soient parfaitement adaptés à chaque édifice. «Que ce soit pour des projets de réfection, de rénovation ou de construction, leur défi est de choisir le meilleur système, celui qui offrira le meilleur rendement et la plus faible consommation d'énergie. Cela implique une mise à jour continuelle de leurs connaissances pour maîtriser à la fois les nouveaux produits et les nouveaux logiciels.» 03/01

Photo : Cégep de Saint-Hyacinthe - Danye Bélanger

HORAIRES ET MILIEUX DE TRAVAIL

- Les diplômés de ce programme sont embauchés par les compagnies qui vendent, installent et entretiennent des systèmes de chauffage, de climatisation, etc.
- Ils collaborent avec des ingénieurs, des architectes, des électriciens et des plombiers.

- Le travail se fait habituellement selon des horaires de bureau réguliers.
- Il est possible d'avoir à travailler sur appel, le soir, la nuit ou les fins de semaine.

Technologie de l'estimation et de l'évaluation en bâtiment

C'est le beau-frère de Mélissa Thibault, estimateur en électricité, qui lui a donné la piqûre. D'abord en lui vantant son métier, ensuite en lui faisant miroiter les nombreuses possibilités d'emploi. Aujourd'hui estimatrice pour la firme d'ingénieurs BPR, elle est certaine d'avoir trouvé sa voie!

PROG. 221.DO
PRÉALABLES : 11, 20, VOIR P. 16

CHAMPS D'INTÉRÊT

- aime le domaine de la construction et le marché de l'immobilier
- aime communiquer et coopérer
- aime se déplacer, observer, inspecter et calculer
- aime travailler sur ordinateur et au téléphone

APTITUDES

- esprit d'analyse, rigueur et minutie
- sens de l'observation et jugement
- beaucoup de facilité à communiquer et à coopérer
- habileté à calculer et à utiliser l'informatique
- polyvalence et mobilité

OFFRE DU PROGRAMME PAR RÉGIONS
Capitale-Nationale, Centre-du-Québec, Montréal

Pour connaître les établissements qui offrent ce programme : www.inforoutefpt.org

RÔLE ET TÂCHES

Le programme de technologie de l'estimation et de l'évaluation en bâtiment offre deux voies de spécialisation : celle de l'estimation en construction et celle de l'évaluation immobilière. L'estimateur prévoit le prix d'un projet de construction, alors que l'évaluateur détermine la valeur marchande d'un immeuble. Après un stage de six semaines dans l'entreprise de son beau-frère, Mélissa a découvert que c'était l'estimation qui l'intéressait. Le rôle de Mélissa, au sein de BPR, est d'estimer le coût de construction d'un bâtiment quelconque. Ainsi, lorsqu'il y a un projet de construction, l'ingénieur vient la voir pour qu'elle évalue le projet et tente de faire en sorte que les budgets soient respectés. «Pour les fondations d'un immeuble, je regarde la hauteur et la longueur du bâtiment et j'évalue ensuite les quantités de béton, de coffrages et d'armatures nécessaires, dit-elle. Je dois aussi calculer les prix des matériaux et de la main-d'œuvre. Je recommence la même procédure pour chaque partie du bâtiment.» Le travail demande évidemment de savants calculs mathématiques, des calculs de superficie et de volume. Tous ces chiffres, Mélissa les entre dans un ordinateur. Et il faut être vigilant! Les erreurs coûtent cher... «Une erreur de formule et tu viens de te tromper de 20 000 $!»

Autre facteur dont on doit absolument tenir compte : la variation des prix. «Les coûts varient selon l'endroit où la construction sera faite, selon les matériaux qui seront utilisés et en fonction de la période de l'année», explique-t-elle.

	Salaire hebdo moyen	Proportion de dipl. en emploi	Emploi relié	Chômage	Nombre de diplômés
2006	657 $	78,6 %	90,9 %	0,0 %	18
2005	550 $	75,0 %	100,0 %	0,0 %	20
2004	589 $	77,3 %	88,2 %	10,5 %	27

Statistiques tirées de la *Relance* - Ministère de l'Éducation, du Loisir et du Sport. Voir données complémentaires, page 369.

Comment interpréter l'information, page 15.

À entendre parler Mélissa de coffrages, de béton et d'armatures, on n'est pas surpris d'apprendre qu'elle fait un métier où les femmes sont peu nombreuses. «Il n'y a pas beaucoup d'estimatrices, admet-elle. À l'école, on était 6 filles sur 15 élèves et, dans l'entreprise, je travaille avec 3 hommes. Il faut avoir du caractère. Mais je ne trouve pas ça si difficile étant donné que j'ai toujours côtoyé des garçons. J'ai fait beaucoup de sports d'équipe avec eux.» Elle ajoute en riant : «Et ce n'est pas parce que je suis un garçon manqué!»

QUALITÉS RECHERCHÉES

«Il faut être extrêmement méthodique pour savoir où l'on s'en va et ne rien oublier. Il faut aussi avoir une très bonne concentration pour éviter les erreurs de calcul», explique Mélissa. Le sens de l'observation et la minutie sont également requis. Et il est quasi essentiel d'avoir la faculté de «voir en 3D», c'est-à-dire être capable d'imaginer un bâtiment fini à la seule vue de son plan. Aimer travailler en équipe, avoir de l'entregent et posséder des qualités de communication sont d'autres atouts recherchés.

DÉFIS ET PERSPECTIVES

Les métiers d'estimateur et d'évaluateur étant différents, les diplômés font donc face à des défis distincts. «Le principal défi de l'estimateur est de faire preuve de professionnalisme afin d'obtenir la confiance de son patron. Le diplômé joue avec les sous de son patron. L'entreprise se sert du travail de l'estimateur pour soumissionner. Il est donc important que les prévisions aient été bien faites si l'on veut que les contrats soient rentables. Il en va de l'avenir de l'entreprise, explique Francine Fortin, coordonnatrice du programme de technologie de l'estimation et de l'évaluation en bâtiment au campus Notre-Dame-de-Foy. Quant à l'évaluateur, son défi est d'être ouvert à tout ce qui se passe et d'être en contact avec les tendances du marché immobilier.» Mme Fortin prévoit qu'au cours des prochaines années, la mondialisation des marchés de la construction se fera sentir de plus en plus. «Le domaine de la construction n'est pas statique, dit-elle. Il faut suivre l'innovation et être à l'affût.» L'estimateur devra, à son avis, pouvoir suivre le courant et exporter son savoir-faire dans le monde entier. Quant à l'évaluateur, son travail d'analyse se verra modifié par la mécanisation et la géomatique. Le diplômé doit donc être préparé à travailler avec ces nouveaux outils. 03/01

> «Il faut être extrêmement méthodique pour savoir où l'on s'en va et ne rien oublier. Il faut aussi avoir une très bonne concentration pour éviter les erreurs de calcul.»
>
> — Mélissa Thibault

Photo : PPN

HORAIRES ET MILIEUX DE TRAVAIL

- Les diplômés peuvent trouver du travail auprès des firmes d'évaluation privées, des compagnies d'assurances, des municipalités, des entrepreneurs de construction, des firmes d'ingénieurs, des organismes gouvernementaux et paragouvernementaux, des propriétaires de parcs immobiliers et des experts en sinistre.

- Dans ce domaine, les horaires sont réguliers et les employés travaillent de 9 h à 17 h.

DEC

Technologie du génie civil

Ce métier est idéal pour ceux qui n'ont pas peur de l'imprévu et qui aiment plus que tout les réalisations concrètes. Réfection de routes et d'égouts, élaboration des plans d'une nouvelle usine d'épuration des eaux... tout est possible!

PROG. 221.B0
PRÉALABLES : 12, 20, VOIR P. 16

CHAMPS D'INTÉRÊT

- aime les mathématiques et la construction
- aime observer, vérifier, mesurer, calculer et dessiner
- aime travailler sur ordinateur et à l'extérieur
- aime travailler en équipe

APTITUDES

- curiosité et bonne capacité d'adaptation
- polyvalence : esprit scientifique, pragmatique et artistique
- rigueur, sens des responsabilités et minutie
- assurance et fermeté

OFFRE DU PROGRAMME PAR RÉGIONS
Abitibi-Témiscamingue, Bas-Saint-Laurent, Capitale-Nationale, Chaudière-Appalaches, Côte-Nord, Estrie, Lanaudière, Laval, Mauricie, Montréal, Outaouais, Saguenay—Lac-Saint-Jean
Pour connaître les établissements qui offrent ce programme : **www.inforoutefpt.org**

RÔLE ET TÂCHES

«J'avais toujours rêvé de devenir vétérinaire, mais j'ai échoué un cours de sciences en quatrième secondaire... et je suis allergique aux animaux!» explique en riant Marie-Pier Daigle, technologue en génie civil pour la firme d'ingénierie Genivar de Québec. La jeune femme décide alors de s'offrir une année sabbatique, au terme de laquelle elle rencontre un conseiller d'orientation qui lui propose ce choix de carrière.

«Le génie civil est si vaste, il y a tellement de branches différentes qu'on peut à coup sûr trouver un domaine qui nous intéresse, fait valoir Marie-Pier Daigle. Pour ma part, j'ai toujours eu un vif intérêt pour l'aspect concret des choses. C'est également un métier très valorisant : par exemple, quand on dessine les plans d'une usine de traitement des eaux et qu'ensuite on voit la bâtisse finie, on ressent un sentiment d'accomplissement.»

«Il n'y a pas de routine ou de journée typique, chaque projet présente des défis différents», explique la technologue. Lors d'un récent projet dans le parc de la réserve faunique des Laurentides, elle a aidé un ingénieur de la firme à concevoir des ponceaux. Elle s'est notamment occupée de la question du drainage, c'est-à-dire de vérifier que l'eau s'écoulerait dans le bon sens.

Les tâches du technologue en génie civil sont très variées, allant des travaux d'arpentage et d'analyses de sols et de matériaux, jusqu'à la conception technique de projets de construction et de réfection. Les projets auxquels il peut collaborer vont des constructions résidentielles aux aéroports en passant par les barrages, les mines et les centrales énergétiques.

	Salaire hebdo moyen	Proportion de dipl. en emploi	Emploi relié	Chômage	Nombre de diplômés
2006	690 $	60,8 %	94,3 %	4,3 %	208
2005	678 $	56,3 %	88,6 %	5,3 %	181
2004	618 $	54,2 %	93,8 %	7,2 %	157

Statistiques tirées de la *Relance* - Ministère de l'Éducation, du Loisir et du Sport. Voir données complémentaires, page 369.

Comment interpréter l'information, page 15.

QUALITÉS RECHERCHÉES

Le technologue en génie civil doit savoir organiser son travail et ses priorités. «Il faut également garder ses connaissances à jour et avoir l'humilité de reconnaître qu'on ne sait pas tout, ajoute Marie-Pier Daigle. Puisque nos tâches sont très diversifiées, la polyvalence est nécessaire : on peut être amené à faire de la conception de projets, à dessiner des plans, etc.»

Le technologue doit aussi faire preuve d'autonomie, du sens de l'initiative et des responsabilités, car il a parfois à surveiller seul l'évolution des travaux. Le cas échéant, il devra donc prendre certaines décisions, c'est pourquoi il est également important de posséder du leadership.

DÉFIS ET PERSPECTIVES

Selon Jacques André Chabot, enseignant en technologie du génie civil au Cégep de l'Abitibi-Témiscamingue, un jeune diplômé un peu débrouillard aura tôt fait de se tailler une place de choix dans le métier. Certains secteurs tels que la réfection d'infrastructures, des barrages et l'industrie minière sont particulièrement riches en occasions de carrière.

Les filles, qui représenteraient à peine 20 % des élèves dans ce programme au Cégep de l'Abitibi-Témiscamingue, auraient aussi avantage à s'intéresser à ce domaine. «Il faut se défaire du mythe selon lequel c'est un métier d'hommes. Les filles possèdent des qualités qui leur permettent de se distinguer par rapport à leurs collègues masculins. Par exemple, elles sont très consciencieuses et leur travail est plus méticuleux», précise l'enseignant.

Certaines technologies, notamment celles ayant trait aux instruments d'arpentage et aux logiciels de conception et de dessin, évoluent rapidement. Le technologue devra donc rester ouvert d'esprit, se montrer curieux et garder ses connaissances à jour. 03/07

Les tâches du technologue en génie civil sont très variées, allant des travaux d'arpentage et d'analyses de sols et de matériaux, jusqu'à la conception technique de projets de construction et de réfection.

HORAIRES ET MILIEUX DE TRAVAIL

• Le technologue peut œuvrer pour des sociétés d'ingénierie, des municipalités, des ministères, des compagnies de construction, des compagnies minières.

• Le travail se fait généralement dans un bureau, mais parfois aussi sur le chantier de construction. Les horaires sont de type 9 à 5.

• Le technologue en génie civil doit avoir de très bonnes aptitudes pour le travail d'équipe, puisqu'il sera appelé à collaborer avec plusieurs personnes dans la réalisation d'un projet : ingénieurs, entrepreneurs, etc.

ENVIRONNEMENT ET AMÉNAGEMENT DU TERRITOIRE

CHAMPS D'INTÉRÊT

- aime les sciences et la gestion
- se passionne pour la nature
- aime vivre et travailler en plein air
- aime appliquer et faire respecter des règlements
- aime communiquer avec le public

APTITUDES

- curiosité et excellent sens de l'observation
- discernement et sens des responsabilités
- bonne résistance physique
- grande autonomie et débrouillardise
- facilité d'expression verbale

En environnement, 80 % des entreprises se spécialisent dans les services. Ainsi, une bonne partie de la main-d'œuvre québécoise travaille dans des laboratoires, des firmes d'experts-conseils ou des entreprises de gestion et de distribution de produits et services environnementaux.

Source :
Les carrières d'avenir 2007,
Les Éditions Jobboom.

RESSOURCES INTERNET

MINISTÈRE DE L'ÉDUCATION, DU LOISIR ET DU SPORT DU QUÉBEC – SECTEURS DE FORMATION
www.meq.gouv.qc.ca/ ens-sup/ens-coll/program/ ProgEtab.asp?vToken=s80
Vous trouverez sur cette page une description des programmes de ce secteur de formation, comprenant, pour chacun, les exigences d'admission, les objectifs de formation et une liste d'établissements d'enseignement.

COMITÉ SECTORIEL DE MAIN-D'ŒUVRE DE L'INDUSTRIE DE L'ENVIRONNEMENT
www.csmoe.org
Pour tous ceux qui prévoient étudier et travailler dans le domaine de l'environnement. La section «Milieux de travail» vous permet d'ailleurs d'explorer plus en profondeur les possibilités de carrière dans ce secteur d'activité.

ECO CANADA
www.eco.ca
Ce site offre des renseignements sur la formation et les carrières possibles dans l'industrie de l'environnement au Canada.

Techniques d'aménagement cynégétique et halieutique

Pierre-David Beaudry a d'abord souhaité être biologiste. «Mais j'avais besoin de travailler à l'extérieur et avec des notions plus concrètes. Le DEC en techniques d'aménagement cynégétique et halieutique me permettait d'exercer un métier qui collait davantage à mes champs d'intérêt.» Le diplômé travaille aujourd'hui pour le ministère des Ressources naturelles et de la Faune du Québec.

PROG. 145.B0
PRÉALABLE : 10, VOIR P. 16

CHAMPS D'INTÉRÊT
- aime travailler dans la nature
- aime les activités liées à la conservation des ressources fauniques
- aime le travail manuel et scientifique
- aime travailler en équipe

APTITUDES
- bonne endurance physique
- facilité d'adaptation
- autonomie et rigueur
- leadership

OFFRE DU PROGRAMME PAR RÉGIONS
Côte-Nord

Pour connaître les établissements qui offrent ce programme : **www.inforoutefpt.org**

RÔLE ET TÂCHES

À titre de technicien de la faune, Pierre-David veille à l'entretien et à l'exploitation des sites de chasse et de pêche de toute la région de la Mauricie. Il travaille au sein d'une équipe composée d'autres techniciens et d'un biologiste. «Je travaille au service de la nature et j'apprécie ce qu'elle a à nous offrir. On peut en profiter et l'exploiter, mais dans des limites raisonnables.»

Sa mission consiste autant à entretenir les infrastructures liées à la chasse (les chalets, les routes, les ponts) qu'à préserver les populations des espèces de la région de la Mauricie comme les poissons et le gibier. Le diplômé veille notamment à la préservation du territoire en protégeant les chemins forestiers. Par exemple, si des castors érigent un barrage sur un chemin forestier, la route devient inaccessible aux hommes et l'écosystème risque d'être dérangé. C'est le diplômé qui s'assurera de déplacer convenablement le barrage.

De plus, pour préserver les ressources du territoire, le technicien procède à l'inventaire des espèces chassées et pêchées dans les zones d'exploitation contrôlée (ZEC), les pourvoiries et les autres territoires de chasse de la région. Il comptabilise, par exemple, le nombre d'orignaux, de lièvres et de perdrix chassés et s'assure du maintien de leur population. Il procède également à l'aménagement du territoire afin de favoriser la reproduction de certaines espèces en implantant, par exemple, des frayères de poissons. «Avec mon équipe, nous allons rétrécir la largeur d'un cours d'eau dans le but d'accélérer la vitesse du courant et de diminuer la température. L'eau fraîche permet une meilleure conservation des œufs de poisson. Nous déposons aussi du gravier au fond de l'eau pour protéger les œufs.»

	Salaire hebdo moyen	Proportion de dipl. en emploi	Emploi relié	Chômage	Nombre de diplômés
2006	611 $	53,3 %	62,5 %	11,1 %	26
2005	439 $	31,3 %	25,0 %	50,0 %	21
2004	447 $	38,9 %	66,7 %	53,3 %	25

Statistiques tirées de la *Relance* - Ministère de l'Éducation, du Loisir et du Sport. Voir données complémentaires, page 369.

Comment interpréter l'information, page 15.

Comme il travaille avec la nature, son métier suit le rythme des saisons. À l'extérieur de la fonte des neiges au gel des lacs, Pierre-David reste dans son bureau l'hiver. «Je fais alors de la recherche sous la supervision d'un biologiste.»

QUALITÉS RECHERCHÉES

Le technicien en aménagement cynégétique et halieutique doit aimer la nature et le travail à l'extérieur. «Il faut avoir une bonne résistance physique et ne pas craindre de travailler dans des conditions difficiles alors qu'on est seul en forêt, assailli par les mouches sous un soleil de plomb», précise Pierre-David. La prudence est donc de rigueur afin d'assurer sa sécurité en forêt, mais aussi lors d'opérations délicates comme la capture d'animaux.

Un bon esprit d'équipe aidera le technicien dans ses relations avec ses collègues de travail, soit les autres techniciens et les biologistes. La rigueur, l'autonomie et la débrouillardise lui permettront de faire face aux problèmes pouvant surgir à tout moment dans l'exercice de ses fonctions. Finalement, il devra savoir supporter l'isolement puisqu'il sera appelé à travailler en région éloignée.

> **«Je travaille au service de la nature et j'apprécie ce qu'elle a à nous offrir. On peut en profiter et l'exploiter, mais dans des limites raisonnables.»**
>
> **— Pierre-David Beaudry**

DÉFIS ET PERSPECTIVES

Le technicien en aménagement cynégétique et halieutique devra faire face à des défis de taille dans l'avenir, estime Serge Bisaillon, professeur au Cégep de Baie-Comeau. «On observe une augmentation et une diversification de la réglementation, par exemple quant aux différents permis demandés pour le port d'armes, à la conduite d'une embarcation motorisée ou encore aux ententes avec les peuples autochtones. Le technicien devra avoir une bonne connaissance de ces nouvelles réglementations pour s'assurer que la pêche et la chasse s'effectuent bien selon les normes établies.» Un autre défi pour les diplômés consiste à veiller à ce que l'exploitation des ressources naturelles se fasse dans le cadre d'un environnement durable. «Il est de plus en plus difficile de conserver un équilibre entre la demande de la population et la conservation de l'environnement. Les techniciens devront tenter de limiter l'impact des besoins humains sur la nature», continue Serge Bisaillon. 03/03

Photo : Cégep de Baie-Comeau

HORAIRES ET MILIEUX DE TRAVAIL

- Les techniciens peuvent travailler auprès des ZEC, des pourvoiries, des réserves fauniques ainsi que de firmes de consultation en environnement.

- Les techniciens travaillent en pleine nature, dans un bureau ou en laboratoire (pour ceux qui effectuent des recherches avec des biologistes).

- Les horaires peuvent être irréguliers et soumis aux différentes conditions climatiques.

Techniques d'aménagement et d'urbanisme

Durant sa formation en techniques d'aménagement et d'urbanisme, Stéphanie Mercier a effectué plusieurs stages au sein du ministère des Ressources naturelles et de la Faune. Ses bonnes performances lui ont valu un emploi. «Aménager notre patrimoine naturel tout en le préservant est une mission très stimulante», dit-elle.

PROG. 222.A0
PRÉALABLE : 10, VOIR PAGE 16

CHAMPS D'INTÉRÊT

- se soucie des personnes et de l'environnement
- aime apprendre et appliquer des normes, observer, calculer, vérifier
- aime coopérer, communiquer et travailler pour les gens
- aime un travail varié (bureau, terrain)

APTITUDES

- sens du service au public et du travail d'équipe
- sens des responsabilités et minutie
- respect pour les lois, les normes et les règlements
- polyvalence et débrouillardise
- être prêt à travailler en région

OFFRE DU PROGRAMME PAR RÉGIONS
Bas-Saint-Laurent, Montréal, Saguenay—Lac-Saint-Jean

Pour connaître les établissements qui offrent ce programme : **www.inforoutefpt.org**

RÔLE ET TÂCHES

Stéphanie travaille pour le secteur «territoire» du ministère des Ressources naturelles et de la Faune. Au terme de ses études, elle a été embauchée comme technicienne par le bureau régional de Rouyn-Noranda. Ce bureau a pour mission particulière de développer l'aménagement des zones naturelles de la région Abitibi-Témiscamingue. «J'utilise les bases de données qui concernent ce territoire pour trouver les endroits les plus propices à l'implantation de constructions résidentielles, explique Stéphanie. Les gens viennent ensuite nous consulter pour savoir où et comment il est permis de construire.» Pour les techniciens en aménagement et urbanisme, appliquer les règlements est une seconde nature. Ils doivent connaître les lois pour assurer le respect de l'environnement, la sécurité des personnes et le droit de propriété. «Je consulte régulièrement la base géographique régionale qui dresse l'inventaire des baux du ministère. Cela évite, par exemple, d'autoriser la construction d'un chalet au beau milieu d'un camp de chasse», explique Stéphanie.

Tous les endroits sélectionnés par Stéphanie sont mis sur plans et ces plans sont envoyés à Québec où ils sont numérisés. Ils rejoignent ensuite la base de données du territoire. «Près de 94 % des terres du Québec appartiennent au domaine public. Mon rôle est d'aménager ce territoire, mais également de préserver ses richesses et sa diversité. C'est pourquoi il faut, avant de classer une zone constructible, étudier des accès ou des systèmes d'épuration des eaux qui soient en accord avec la protection de l'environnement. C'est un travail très valorisant et pas monotone du tout.»

	Salaire hebdo moyen	Proportion de dipl. en emploi	Emploi relié	Chômage	Nombre de diplômés
2006	593 $	81,3 %	92,3 %	13,3 %	20
2005	582 $	70,0 %	57,1 %	22,2 %	11
2004	N/D	N/D	N/D	N/D	N/D

Statistiques tirées de la *Relance* - Ministère de l'Éducation, du Loisir et du Sport. Voir données complémentaires, page 369.

Comment interpréter l'information, page 15.

QUALITÉS RECHERCHÉES

L'esprit d'analyse et l'objectivité sont deux qualités primordiales pour travailler dans ce domaine. Les technologues en aménagement et urbanisme doivent pouvoir synthétiser de nombreuses informations avant d'arriver à une conclusion. «Il faut vraiment penser à tout, croiser les données et vérifier tous les facteurs, estime Stéphanie. Nos décisions doivent être réfléchies et étayées. Nous sommes d'abord au service des citoyens», insiste-t-elle. Il faut également aimer le travail en équipe. «Je dois souvent appeler d'autres départements du ministère pour recevoir ou transmettre des informations, explique Stéphanie. Il faut avoir une bonne expression écrite et verbale ainsi que le sens de la communication.»

DÉFIS ET PERSPECTIVES

«De nombreux défis attendent les jeunes diplômés, affirme Louis Fradette, coordonnateur du Département d'aménagement et d'urbanisme au Cégep de Matane. L'inspecteur municipal est de plus en plus sensibilisé à son rôle de protecteur de l'environnement; il sait que les développements urbains ont un impact sur le milieu naturel et il essaie de préserver cet équilibre écologique.»

> «L'inspecteur municipal est de plus en plus sensibilisé à son rôle de protecteur de l'environnement; il sait que les développements urbains ont un impact sur le milieu naturel et il essaie de préserver cet équilibre écologique.»
>
> — Louis Fradette

Photo : Collège de Rosemont

Selon lui, l'autre tendance forte du moment est la géomatique. «C'est un domaine encore peu connu, mais qui se développe énormément, dit-il. Il s'agit de la gestion du territoire par informatique. Certaines compagnies proposent ainsi des cartes topographiques et des modélisations en trois dimensions grâce à la numérisation de photos aériennes ou satellites. C'est le secteur à surveiller.» Si l'on en croit Louis Fradette, le placement ne pose pas de problème pour les diplômés de ce programme. À son avis, c'est toujours le domaine municipal qui offre le plus d'ouvertures. «Le nombre de diplômés a du mal à couvrir les besoins d'inspecteurs des municipalités, dit-il. On compte en effet au moins un inspecteur municipal dans chaque ville d'environ 5 000 habitants et un dans chaque municipalité régionale de comté (MRC); ça fait beaucoup de postes à renouveler.» D'autres pistes d'emploi existent du côté des compagnies spécialisées dans l'arpentage et la cartographie ainsi que dans les services du ministère des Ressources naturelles et de la Faune qui s'occupent de la gestion et de l'aménagement des territoires ruraux. 02/01

HORAIRES ET MILIEUX DE TRAVAIL

- Les diplômés sont employés par les municipalités, les bureaux d'arpenteurs et de cartographes et par le ministère des Ressources naturelles et de la Faune.

- Les missions d'arpentage ou de contrôle se font à l'extérieur, le plus souvent en milieu urbain.

- L'environnement de travail est de plus en plus informatisé.

- Le travail se fait selon des horaires réguliers.

DEC

Techniques de bioécologie

Plein air ne rime pas avec vacances pour le technicien en bioécologie, car la nature est son lieu de travail. Curieux de tout, il œuvre parmi les insectes, les arbres et les plantes, souvent en équipe avec des professionnels comme les ingénieurs forestiers et les biologistes.

PROG. 145.C0
PRÉALABLES : 11,30, VOIR P. 16

RÔLE ET TÂCHES

Le technicien en bioécologie dresse des inventaires de végétaux ou d'animaux, aménage des habitats pour ces derniers, participe à des études pour évaluer les impacts d'un projet sur l'environnement (l'installation d'une ligne de transport d'électricité sur les populations d'amphibiens et de reptiles, par exemple) et assiste des biologistes. Doué d'un excellent sens de l'observation, il doit décrire avec précision les sujets étudiés. L'identification erronée d'une espèce d'oiseau peut fausser les conclusions de toute une étude.

Le technicien travaille sur le terrain où il note ses observations et saisit les données. Il peut aussi participer à des expéditions de plusieurs jours dans des régions éloignées.

DÉFIS ET PERSPECTIVES

«Les interventions dans les différents écosystèmes ne se font pas à l'aveuglette», souligne Clément Ouellet, professeur et responsable du programme en bioécologie au Cégep de La Pocatière. Le technicien doit respecter scrupuleusement la marche à suivre. Dans un cas d'échantillonnage de petits cours d'eau par exemple, le protocole indiquera exactement à quelle profondeur l'échantillon doit être prélevé. Les manipulations de spécimens, animaux ou végétaux, s'effectuent avec minutie.

Ses tâches peuvent être répétitives, comme lorsqu'il collecte les mêmes données durant des semaines. Il doit malgré tout s'assurer chaque fois de l'exactitude des résultats. 03/07

HORAIRES ET MILIEUX DE TRAVAIL

• Les techniciens travaillent pour des ministères provinciaux ou fédéraux (Ressources naturelles et Faune; Développement durable, Environnement et Parcs; Pêches et Océans), des entreprises, par exemple des bureaux d'ingénieurs, ou des instituts de recherche universitaires.

• Le travail est effectué sur le terrain (parcs, forêts, lacs, marécages, etc.), en laboratoire ou dans un bureau.

• Les horaires varient selon le type de recherches effectuées, parfois tôt le matin, durant la soirée ou la nuit. En hiver, une saison peu occupée, le technicien peut travailler en laboratoire ou bénéficier de l'assurance-emploi.

OFFRE DU PROGRAMME PAR RÉGIONS : Bas-Saint-Laurent, Capitale-Nationale, Estrie, Montréal

Pour connaître les établissements qui offrent ce programme : **www.inforoutefpt.org**

	Salaire hebdo moyen	Proportion de dipl. en emploi	Emploi relié	Chômage	Nombre de diplômés
2006	N/D	N/D	N/D	N/D	N/D
2005	N/D	N/D	N/D	N/D	N/D
2004	N/D	N/D	N/D	N/D	N/D

Statistiques tirées de la *Relance* - Ministère de l'Éducation, du Loisir et du Sport. Voir données complémentaires, page 369.

Comment interpréter l'information, page 15.

Questionnaire

À VOUS LA PAROLE!

1. Le guide *LES CARRIÈRES DE LA FORMATION COLLÉGIALE*
répond-t-il à vos besoins d'information en matière d'emploi et de formation?

○ Oui, dans l'ensemble
○ Oui, à part quelques lacunes (veuillez préciser)
_____
○ Non (veuillez indiquer pourquoi)
_____
_____

2. Quelle(s) section(s) du guide avez-vous consultée(s)?
(Vous pouvez choisir plus d'une section.)

○ Les portraits   ○ Les dossiers   ○ Les guides pratiques
○ Le répertoire des établissements de formation
○ Les statistiques de placement des diplômés

3. À l'aide des chiffres 1 à 5, veuillez numéroter les sections du guide,
de la plus utile (1) à la moins utile (5).

○ Les portraits   ○ Les dossiers   ○ Les guides pratiques
○ Le répertoire des établissements de formation
○ Les statistiques de placement des diplômés

4. Y a-t-il des sujets en particulier que vous souhaiteriez retrouver
dans la prochaine édition? (Veuillez préciser.)

_____
_____

5. Commentaires généraux relatifs à la publication.

_____
_____

6. Êtes-vous :

○ Un élève en processus de choix de carrière   ○ Le parent d'un élève
○ Un travailleur en processus de réorientation   ○ Un conseiller d'orientation
○ Un enseignant, un conseiller ou un directeur dans un établissement de formation
○ Autre (veuillez préciser) : _____
_____

jobboom
PRÉSENTE

LES CARRIÈRES DE LA FORMATION
COLLÉGIALE

Détachez cette page ou photocopiez-la, et envoyez vos
réponses par télécopieur, au 514 373-9117.

Techniques du milieu naturel*

«J'ai toujours été attirée par la nature. Je voulais tout connaître d'elle et toucher à tous ses aspects. Lorsque j'étais jeune, j'observais les animateurs dans les centres d'interprétation et j'imaginais avoir, comme eux, un groupe de personnes suspendues à mes lèvres...»

PROG. 147.AO
PRÉALABLES : 10, 20, VOIR P. 16

CHAMPS D'INTÉRÊT
- aime la nature et les sciences
- aime travailler avec le public
- souci de l'environnement
- aime le travail en plein air

APTITUDES
- facilité pour les sciences (biologie)
- beaucoup de curiosité et bonne capacité à apprendre
- polyvalence et grande débrouillardise
- talents d'animateur et de vulgarisateur (écouter, raconter, captiver l'attention, expliquer)

OFFRE DU PROGRAMME PAR RÉGIONS
Saguenay–Lac-Saint-Jean

Pour connaître les établissements qui offrent ce programme : **www.inforoutefpt.org**

RÔLE ET TÂCHES

Les rêves d'enfant de Julie Bolduc, naturaliste, se sont matérialisés. Cette jeune femme qui travaille pour l'Association forestière du Saguenay–Lac-Saint-Jean se promène dans les écoles primaires de la région et donne ce qu'on appelle des classes vertes, c'est-à-dire des cours ayant trait à l'environnement. Elle visite les classes de 1re, 2e, 3e et 5e année et parle surtout des arbres à ses jeunes auditeurs. «Dans ces cours, on vise à sensibiliser les jeunes aux arbres et à l'environnement.» Mais la compréhension des élèves n'est pas la même à chaque niveau. La jeune femme doit donc adapter son cours en conséquence. Tout comme elle doit adapter sa matière en fonction des objectifs scolaires et des programmes du ministère de l'Éducation. Ainsi, comme les jeunes de 5e année doivent étudier les insectes, Julie Bolduc leur parle des maladies des arbres. Les tout-petits de 1re année, eux, auront plutôt droit à un cours général sur les arbres. «Je leur explique, par exemple, pourquoi les animaux ont besoin de la forêt et pourquoi on plante des arbres dans les villes», raconte la naturaliste.

Est-il gênant de faire des exposés devant une classe? «Ce n'est pas intimidant parce que ce sont des enfants, affirme Julie. De plus, leurs questions sont faciles! dit-elle en riant. J'aime ce que je fais. J'aime aussi beaucoup les enfants, alors je suis à ma place.»

	Salaire hebdo moyen	Proportion de dipl. en emploi	Emploi relié	Chômage	Nombre de diplômés
Aménagement de la faune – 147.14					
2006	319 $	60,0 %	33,3 %	0,0 %	5
Aménagement de la ressource forestière – 147.11					
2006	N/D	N/D	N/D	N/D	N/D
Aménagement et interprétation du patrimoine – 147.15					
2006	473 $	31,3 %	0,0 %	28,6 %	21
Protection de l'environnement – 147.18					
2006	609 $	54,5 %	80,0 %	14,3 %	13

Statistiques tirées de la *Relance* - Ministère de l'Éducation, du Loisir et du Sport. Voir données complémentaires, page 369.

Comment interpréter l'information, page 15.

Son emploi précédent touchait l'aménagement. Une station de ski l'avait embauchée pour qu'elle aménage une île en aire de jeu pour les jeunes l'été. Un travail qui demandait de connaître la flore et la faune dans leurs moindres détails et de savoir les respecter.

QUALITÉS RECHERCHÉES

«Il faut aimer la nature et le travail en équipe. Avoir du leadership est également utile lorsqu'il s'agit de coordonner des groupes. On doit aussi être dynamique pour capter l'attention du public et curieux parce que l'on doit répondre à de nombreuses questions. Et il faut bien sûr aimer les gens», conclut Julie. La capacité d'analyse et le sens de l'observation sont des qualités recherchées, de même que l'autonomie et la débrouillardise.

Depuis quelques années, les gens vont de plus en plus en forêt et fréquentent davantage les milieux naturels.

DÉFIS ET PERSPECTIVES

«Le territoire québécois devient de moins en moins sauvage», annonce Claude Dionne, coordonnateur au Département de techniques du milieu naturel du Cégep de Saint-Félicien. Cette réalité fait en sorte que les mêmes espaces naturels seront utilisés pour plusieurs types d'activités, comme l'exploitation forestière, la chasse ou encore les randonnées en traîneaux à chiens. Comment concilier des intérêts aussi divergents? Comment faire pour que tous ces gens puissent s'entendre? «C'est là que résidera le défi des futurs diplômés, estime M. Dionne. Ils devront faire de la gestion intégrée de territoire, consulter les différents utilisateurs et trouver des façons de satisfaire chacun d'entre eux.» Le coordonnateur raconte que les Québécois ont découvert leur nature et veulent la protéger. «Leurs préoccupations environnementales font qu'ils exigent maintenant une meilleure gestion de l'eau, de l'air et du sol, explique-t-il. Pour cette raison, la demande de diplômés travaillant en protection de l'environnement ou dans des laboratoires environnementaux augmentera.» 03/01

Photo: FPN

* Ce programme offre quatre options : *Aménagement de la faune, Aménagement de la ressource forestière, Aménagement et interprétation du patrimoine naturel* et *Protection de l'environnement.*

HORAIRES ET MILIEUX DE TRAVAIL

• Les diplômés trouveront du travail dans les parcs, les réserves, les centres touristiques, les centres d'interprétation, les colonies de vacances, les musées, les pourvoiries.

• D'autres employeurs sont l'industrie forestière, les compagnies de décontamination de l'eau, de l'air et du sol, les entreprises piscicoles et les laboratoires.

• Dans ce domaine, on a des horaires réguliers de 9 h à 17 h, mais aussi des heures de soir et de fin de semaine.

• Il y a beaucoup d'emplois saisonniers.

ÉLECTROTECHNIQUE

CHAMPS D'INTÉRÊT

- aime observer et démonter des mécanismes et des systèmes électriques et électroniques pour en comprendre le fonctionnement
- aime le travail manuel et de précision
- aime analyser et résoudre des problèmes pratiques

APTITUDES

- sens de l'observation et facilité d'apprentissage intellectuel et technique
- esprit logique, méthodique et analytique
- curiosité, mémoire, discernement et ingéniosité
- dextérité, concentration, acuité visuelle et auditive
- initiative et sens des responsabilités

RESSOURCES INTERNET

**MINISTÈRE DE L'ÉDUCATION,
DU LOISIR ET DU SPORT
DU QUÉBEC – SECTEURS
DE FORMATION
www.meq.gouv.qc.ca/
ens-sup/ens-coll/program/
ProgEtab.asp?vToken=s90**
Vous trouverez sur cette page une
description des programmes de ce
secteur de formation, comprenant,
pour chacun, les exigences
d'admission, les objectifs de
formation et une liste d'établissements d'enseignement.

**CONSEIL CANADIEN DES
ÉLECTROTECHNOLOGIES
www.cce.qc.ca/frame_f.htm**
Ceux qui veulent mieux
comprendre en quoi consiste
l'électrotechnique trouveront ici
une brève introduction aux
technologies courantes.

**TECHNOCOMPÉTENCES
www.technocompetences.qc.ca**
Ce site vous offre un tour de piste
des carrières offertes dans le
domaine des technologies de
l'information.

**CENTRE D'ADAPTATION DE LA
MAIN-D'ŒUVRE AÉROSPATIALE
AU QUÉBEC (CAMAQ)
www.camaq.org**
En plus de présenter les objectifs
et les principales réalisations de
cet organisme, le site du CAMAQ
offre une série de publications
portant sur le secteur, la situation
de l'emploi et la formation.

Avionique

Sébastien Bouthillette est technologue en avionique pour le compte de Mechtronix Systems, une compagnie qui fabrique des simulateurs de vol. «Plus jeune, j'aidais mon père à réparer des télés et des magnétoscopes, se souvient-il. Il a toujours été passionné d'électronique et m'a sûrement passé le virus...»

PROG. 280.04
PRÉALABLES : 12, 40, VOIR P. 16

CHAMPS D'INTÉRÊT

- aime l'électricité et les avions
- aime faire un travail manuel et de précision
- aime travailler en usine et en équipe
- aime observer et vérifier

APTITUDES

- habileté au travail manuel (dextérité, précision)
- concentration, force et résistance physique
- autonomie et grand sens des responsabilités
- être prêt à travailler selon un horaire variable et à se déplacer

---

OFFRE DU PROGRAMME PAR RÉGIONS
Montérégie

Pour connaître les établissements qui offrent ce programme : **www.inforoutefpt.org**

RÔLE ET TÂCHES

Le rôle du technologue en avionique est d'installer, d'entretenir, de vérifier et de réparer le matériel électrique et électronique des aéronefs. «Chez Mechtronix, on conçoit des simulateurs de vol qui sont en tous points conformes aux appareils réels, dit Sébastien. Comme sur une vraie machine, mon rôle est de faire le schéma des tableaux électriques et de vérifier que les câblages des différents systèmes envoient les bonnes informations au bon moment. La seule différence avec un véritable avion est que les systèmes ne réagissent pas à des facteurs extérieurs réels, mais à des programmes qui simulent la réalité. Les ingénieurs qui font la programmation modélisent des données sur la pression, le vent ou les turbulences qui vont faire réagir les systèmes de pilotage automatique, de communication ou de navigation.» Les clients de Mechtronix sont des écoles de vol ou des compagnies aériennes. Ils n'ont pas tous besoin des mêmes simulateurs. Sébastien doit donc analyser précisément les manuels et la documentation qui se rapportent au type d'appareil qu'ils désirent. Une petite cabine de pilotage de Cessna n'a que peu de chose en commun avec une cabine de Boeing 737. Il faut qu'il étudie le design électrique des panneaux de commandes pour que les commutateurs ou les potentiomètres soient placés aux bons endroits et, surtout, que les connecteurs d'entrée ou de sortie reçoivent les bons programmes en temps réel.

«Je travaille en collaboration avec les personnes qui s'occupent de l'aspect mécanique, explique-t-il. Ils prennent les mesures d'une vraie cabine de pilotage et en font un moulage en fibres de verre qui a les dimensions exactes du modèle original. En fonction des systèmes que le client veut

	Salaire hebdo moyen	Proportion de dipl. en emploi	Emploi relié	Chômage	Nombre de diplômés
2006	679 $	50,0 %	72,7 %	0,0 %	31
2005	572 $	50,0 %	54,5 %	0,0 %	33
2004	590 $	46,2 %	41,2 %	10,0 %	55

Statistiques tirées de la *Relance* - Ministère de l'Éducation, du Loisir et du Sport. Voir données complémentaires, page 369.

Comment interpréter l'information, page 15.

intégrer dans son simulateur, je leur indique où découper les emplacements qui me permettront d'installer les bons interrupteurs et les bonnes commandes. Il faut que je compile le plus de données possible sur l'ingénierie pour que les programmeurs puissent ensuite connecter leurs microprocesseurs et leurs projecteurs d'images.»

QUALITÉS RECHERCHÉES

Les systèmes installés dans les simulateurs doivent être aussi précis et fiables que ceux des vrais avions. «Il faut vraiment avoir le souci du détail et une bonne habileté manuelle pour manipuler les petites pièces et les circuits imprimés.» Les compagnies qui œuvrent dans le domaine de l'aéronautique sont très exigeantes en ce qui concerne la fiabilité de leurs employés. Le sens des responsabilités est une qualité que doivent posséder les technologues en avionique, dont le travail a une influence directe sur la sécurité des appareils et des passagers.

Le sens des responsabilités est une qualité que doivent posséder les technologues en avionique, dont le travail a une influence directe sur la sécurité des appareils et des passagers.

DÉFIS ET PERSPECTIVES

«Le secteur de l'entretien et de la construction aéronautique fonctionne à plein régime», constate Marcel Dubois, enseignant à l'École nationale d'aéro-technique. Les besoins augmentent constamment, au point où l'École peine à suffire à la demande. Un rapport du Comité sectoriel de main-d'œuvre en aérospatiale (CAMAQ)[1] indique d'ailleurs que, de 2006 à 2008 seulement, le secteur devra pourvoir à quelque 500 postes de techniciens.

Pour ce faire, l'industrie aérospatiale mise sur des conditions salariales parmi les meilleures du secteur manufacturier. Selon le CAMAQ, les avantages offerts sont multiples : les nombreuses occasions de formation et de progression de carrière, les régimes de pension bien garnis et la conciliation travail famille de plus en plus prise en compte.

Dans ce milieu aux normes de sécurité très sévères où règne une vive concurrence, on exige du personnel beaucoup de minutie et de rigueur. De plus, les employeurs recherchent aussi des techniciens capables de résoudre des problèmes concrets et d'évoluer au sein d'une équipe de travail soudée. 03/01 (mise à jour 03/07)

1. CAMAQ. *Recensement des prévisions de main-d'œuvre. Industrie aérospatiale au Québec 2006-2008*, 2007.

HORAIRES ET MILIEUX DE TRAVAIL

• Les diplômés de ce programme sont embauchés par les constructeurs d'avions, d'hélicoptères ou de simulateurs.

• Il y a aussi des possibilités d'emploi dans les compagnies de transport, les entreprises d'électronique ou de télécommunications.

• Pour faire leur travail, ils utilisent des outils traditionnels et font parfois du dessin assisté par ordinateur.

• Le travail suit des horaires variables, soit le jour, le soir, la nuit ou la fin de semaine.

Technologie de conception électronique

«J'aime beaucoup créer et c'est pour cette raison que je me suis dirigé vers la conception électronique», raconte Hugo Laporte, qui travaille comme soutien électronique chez CAE Électronique, une entreprise fabriquant des simulateurs de vol.

PROG. 243.16
PRÉALABLES : 11, 20, VOIR P. 16

CHAMPS D'INTÉRÊT

- aime travailler avec des circuits électroniques
- aime travailler seul et en équipe
- aime résoudre des problèmes
- aime se tenir au courant des progrès technologiques

APTITUDES

- autonomie et capacité d'adaptation
- minutie et bonne dextérité manuelle
- capacité d'apprendre par soi-même
- débrouillardise

OFFRE DU PROGRAMME PAR RÉGIONS
Laurentides, Mauricie, Montréal

Pour connaître les établissements qui offrent ce programme : **www.inforoutefpt.org**

RÔLE ET TÂCHES

De façon générale, le technicien de conception électronique entre en jeu après que l'ingénieur a produit, sur plan, un schéma. Le technicien monte alors un modèle à partir de ce dernier. Dans certains cas, cette répartition des tâches peut cependant varier. Il existe des bureaux d'ingénieurs où le technicien participe à la conception des schémas. C'est évidemment une question de connaissances, mais aussi de confiance entre les ingénieurs et les techniciens. Par la suite, le technicien est chargé de faire passer une batterie de tests au prototype afin de vérifier que celui-ci répond bien dans toutes les conditions. Chez CAE, le travail de Hugo consiste à concevoir et à fabriquer des appareils servant à éprouver la qualité des différentes cartes à puces qui composent le simulateur de vol. Selon la complexité des cartes, la création d'une station peut prendre de huit à cent heures de travail, et même plus. La mise en production de ces cartes se fait surtout de façon automatisée, du moins lorsqu'il s'agit de grandes séries. Généralement, le technicien travaillera en développement de produits et en fabrication. Il est rare que le technicien de conception électronique s'occupe de service à la clientèle. Il peut cependant offrir des services de dépannage spécialisé. Ses connaissances technologiques, alliées à de bonnes habiletés relationnelles, peuvent lui permettre d'œuvrer dans le domaine des ventes. Finalement, il touche aux branches de plusieurs spécialisations. Audiovisuel, biomédical, aéronautique et télécommunication en sont quelques exemples. Le mot clé : polyvalence.

	Salaire hebdo moyen	Proportion de dipl. en emploi	Emploi relié	Chômage	Nombre de diplômés
2006	650 $	12,9 %	75,0 %	33,3 %	43
2005	565 $	32,4 %	44,4 %	8,3 %	44
2004	635 $	20,0 %	33,3 %	0,0 %	39

Statistiques tirées de la *Relance* - Ministère de l'Éducation, du Loisir et du Sport. Voir données complémentaires, page 369.

Comment interpréter l'information, page 15.

QUALITÉS RECHERCHÉES

Claude Barbaud, directeur du programme au Collège de Maisonneuve, estime que le candidat doit posséder un esprit scientifique et une bonne capacité d'abstraction, car il est chargé d'appliquer des phénomènes physiques grâce à des méthodes de calculs mathématiques. Est-il besoin de préciser qu'il faut être fort en sciences? «Le programme nous permet d'approfondir considérablement nos connaissances en mathématiques et en physique», selon Hugo. «Étant donné qu'il fait beaucoup de montage, le technicien de conception électronique doit avoir une bonne dextérité manuelle. Il faut aimer les montages et travailler de façon précise», dit M. Barbaud. La curiosité intellectuelle est aussi de mise. Hugo ajoute que la patience et la concentration sont très importantes. «Il y a beaucoup de monde autour de moi et je dois constamment venir en aide aux gens avec lesquels je travaille. Il faut donc être capable de "sortir de sa bulle" et d'y rentrer facilement.»

> Le candidat doit posséder un esprit scientifique et une bonne capacité d'abstraction, car il est chargé d'appliquer des phénomènes physiques grâce à des méthodes de calculs mathématiques.

Savoir travailler en équipe est un atout majeur : le technicien est appelé à collaborer étroitement avec les ingénieurs et les chercheurs. Et à l'instar de bien d'autres domaines de pointe, la connaissance de l'anglais est presque obligatoire. Les spécifications de certaines composantes accessibles grâce à Internet et les manuels d'instructions sont, la plupart du temps, dans cette langue. Finalement, parce qu'il travaille dans le domaine de l'électronique, le technicien doit s'attendre à être en formation continue.

DÉFIS ET PERSPECTIVES

Après avoir développé certaines aptitudes au cours de leurs études collégiales, il n'est pas rare que des techniciens aient le goût de pousser plus loin leur apprentissage en allant à l'université. C'est d'ailleurs l'un des «problèmes» du programme, d'après M. Barbaud : pas assez de techniciens vont tout de suite sur le marché du travail. Pour sa part, Hugo Laporte mentionne que les six diplômés avec lesquels il est encore en contact ont tous choisi de poursuivre leurs études à l'université. «J'étudie actuellement en génie de production automatisée, dans le domaine de l'instrumentation et du contrôle. De toute façon, la formation en conception électronique est tellement poussée qu'elle offre la possibilité de se diriger dans plusieurs domaines», conclut Hugo. 09/99

Photo : Cégep Lionel-Groulx

HORAIRES ET MILIEUX DE TRAVAIL

- Une très grande variété de bureaux embauchent des technologues en conception électronique.

- On peut travailler pour de grosses entreprises ou pour de petites compagnies qui produisent des appareils hautement spécialisés.

- En général, les horaires de travail sont très stables.

- Cependant, pour de grosses entreprises, il n'est pas impossible de travailler selon plusieurs horaires (jour ou nuit).

Technologie de l'électronique

«J'ai toujours baigné dans le milieu de l'électronique», dit Sylvain Mayer. Diplômé en technologie de l'électronique, il travaille chez Aube Technologies, une compagnie spécialisée dans les systèmes de gestion d'énergie.

PROG. 243.11
PRÉALABLES : 11, 20, VOIR P. 16

CHAMPS D'INTÉRÊT

- est passionné par les mécanismes, les appareils, les circuits
- aime observer, analyser et manipuler (démonter, faire des tests, réparer)
- aime résoudre des problèmes, améliorer, créer, innover

APTITUDES

- facilité pour les mathématiques
- grande faculté d'observation et grande dextérité
- esprit curieux et ingénieux (excelle à analyser et à résoudre un problème, et à innover)
- facilité à comprendre et à utiliser la technologie
- bilinguisme et facilité à communiquer

OFFRE DU PROGRAMME PAR RÉGIONS
Bas-Saint-Laurent, Capitale-Nationale, Centre- du-Québec, Estrie, Gaspésie—Îles-de-la-Madeleine, Lanaudière, Laurentides, Laval, Mauricie, Montérégie, Montréal, Outaouais, Saguenay—Lac-Saint-Jean
Pour connaître les établissements qui offrent ce programme : **www.inforoutefpt.org**

RÔLE ET TÂCHES

Aube Technologies est une entreprise spécialisée dans la réalisation de thermostats et de minuteries qui gèrent des systèmes de chauffage, des thermopompes ou de l'éclairage. «Mon rôle, dit Sylvain, c'est de programmer et de coder ces appareils afin qu'ils réagissent conformément aux tâches qui leur sont demandées. Je m'occupe de programmer les microcontrôleurs, qui sont un peu l'équivalent des microprocesseurs d'ordinateurs. C'est le cerveau de nos appareils. Je me fonde sur le modèle mathématique du système, développé par les ingénieurs, pour créer le circuit imprimé de base. Je programme ensuite le contrôleur afin qu'il déclenche les bonnes commandes.» Pour gérer le chauffage ou la lumière, ce contrôleur doit analyser plusieurs paramètres et surtout recevoir et envoyer des données fiables. Sylvain effectue ensuite une série de tests, notamment pour étudier le comportement du boîtier dessiné par le designer industriel. «Les composants électroniques ont tendance à chauffer; il faut donc que le boîtier qui les abrite puisse supporter cette contrainte sans nuire au fonctionnement de l'appareil.»

Aube Technologies distribue ses produits partout en Amérique et en Europe. Pour Sylvain, cela sous-entend qu'il faut adapter les systèmes à ces différents marchés. «Par exemple, les normes de qualité et de sécurité sont très différentes entre les États-Unis et la France. Je dois me tenir au courant des réglementations en vigueur pour que nos produits répondent à ces exigences et puissent être commercialisés.»

	Salaire hebdo moyen	Proportion de dipl. en emploi	Emploi relié	Chômage	Nombre de diplômés
2006	N/D	N/D	N/D	N/D	N/D
2005	N/D	N/D	N/D	N/D	N/D
2004	N/D	N/D	N/D	N/D	10

Statistiques tirées de la *Relance* - Ministère de l'Éducation, du Loisir et du Sport. Voir données complémentaires, page 369.

Comment interpréter l'information, page 15.

QUALITÉS RECHERCHÉES

L'électronique, au même titre que l'informatique, est un domaine où les changements sont nombreux et rapides. «Il faut sans cesse remettre ses connaissances à jour, regarder ce qui se fait de nouveau en matière de produits et de composants. Quand on travaille en recherche et en développement, on n'arrête jamais d'apprendre. C'est un peu comme si on retournait chaque jour à l'école.» Il faut également être minutieux et très patient, car il est rare qu'un système fonctionne parfaitement du premier coup. Le technologue en électronique doit évidemment être à l'aise avec l'informatique.

DÉFIS ET PERSPECTIVES

«L'électronique pure est un domaine qui ouvre bien des portes, estime Michel Lévesque, coordonnateur du Département de génie électronique au Cégep de Saint-Jean-sur-Richelieu. Les diplômés peuvent aussi bien se spécialiser dans les domaines des télécommunications, des systèmes informatiques ou des appareils audiovisuels. L'électronique étant omniprésente, les possibilités sont quasiment infinies.»

«Il ne faut cependant pas oublier que les grandes industries sont toujours à la merci des fluctuations économiques, fait remarquer M. Lévesque. Celles qui proposent aujourd'hui les meilleurs salaires aux débutants peuvent demain les mettre à pied avec la même rapidité.» Le coordonnateur poursuit en affirmant que si le travail est plus routinier dans les grandes compagnies que dans les PME, l'évolution des carrières est en revanche très bonne dans les deux cas. Après quelques années, il n'est pas rare de voir ces technologues à des postes de responsabilité.

Selon Michel Lévesque, les diplômés devront faire preuve de beaucoup d'autonomie et de débrouillardise pour mener à bien leurs projets. «Dans les entreprises de moindre importance, ils seront les personnes-ressources sur lesquelles on compte pour penser la conception, réaliser des prototypes, faire du montage ou de la réparation. Cette polyvalence leur permettra de s'adapter sans mal à l'évolution de leur métier.» 03/01

> «Les diplômés peuvent aussi bien se spécialiser dans les domaines des télécommunications, des systèmes informatiques ou des appareils audiovisuels. L'électronique étant omniprésente, les possibilités sont quasiment infinies.»
>
> — Michel Lévesque

HORAIRES ET MILIEUX DE TRAVAIL

- Les principaux employeurs de ce secteur sont les compagnies qui développent, fabriquent ou utilisent du matériel électronique.

- Les technologues en électronique utilisent appareils de mesure, multimètres et fers à souder.

- Leur environnement de travail est très informatisé.

- Ils travaillent selon des horaires de bureau réguliers.

- Il est possible de travailler sur appel le soir, la nuit et les fins de semaine dans certaines compagnies.

- Les déplacements chez les clients sont fréquents.

DEC

Technologie de l'électronique industrielle

Titulaire d'un diplôme d'études professionnelles en mécanique automobile mais peu satisfait de son sort, Daniel Pelletier a décidé de retourner aux études à 25 ans. Il suit alors l'exemple de son frère et opte pour une formation en technologie de l'électronique industrielle. Aujourd'hui au service d'Hydro-Québec, il est loin de regretter son choix.

PROG. 243.06
PRÉALABLES : 11, 20, VOIR P. 16

CHAMPS D'INTÉRÊT

- est passionné par les mécanismes, les appareils, les circuits
- aime observer, analyser et manipuler (démonter, faire des tests, réparer)
- aime résoudre des problèmes, améliorer, créer, innover

APTITUDES

- facilité pour les mathématiques
- grande faculté d'observation et grande dextérité
- esprit curieux et ingénieux (excelle à analyser et à résoudre un problème, et à innover)
- facilité à comprendre et à utiliser la technologie
- bilinguisme et facilité à communiquer

OFFRE DU PROGRAMME PAR RÉGIONS
Abitibi-Témiscamingue, Bas-Saint-Laurent, Capitale-Nationale, Centre-du-Québec, Chaudière-Appalaches, Côte-Nord, Estrie, Gaspésie—Îles-de-la-Madeleine, Laval, Mauricie, Montérégie, Montréal, Outaouais, Saguenay—Lac-Saint-Jean
Pour connaître les établissements qui offrent ce programme : **www.inforoutefpt.org**

RÔLE ET TÂCHES

«C'est un métier autant intellectuel que manuel, parce qu'il faut réfléchir aux tâches que l'on va accomplir avant d'agir. C'est passionnant», s'exclame Daniel Pelletier. Employé de la société d'État depuis moins d'un an, il déborde d'enthousiasme quand il parle de son travail.

Récemment, il a travaillé à installer correctement les mécanismes qui servent à détecter la perte de tension sur les lignes de transport de l'électricité et à régulariser la puissance qui est envoyée sur ces lignes. Ensuite, il a installé les mécanismes de protection des câbles qui relient la centrale au poste de transport.

«Je dois définir le niveau de déclenchement, une sorte d'alarme pour les opérateurs qui utilisent la machine, explique-t-il. Cela permet de surveiller s'il y a trop de courant ou de vibrations, si la température est trop élevée, ce qui pourrait endommager les machines.»

Les tâches des diplômés peuvent être très variées et changent selon le milieu dans lequel ils travaillent : entretien de systèmes et de mécanismes divers, conception de circuits, assemblages d'appareils, calibrage de machines-outils, etc.

QUALITÉS RECHERCHÉES

«Chez Hydro-Québec, nous sommes toujours en équipe de deux, mais il faut quand même faire preuve de beaucoup d'autonomie parce qu'on

	Salaire hebdo moyen	Proportion de dipl. en emploi	Emploi relié	Chômage	Nombre de diplômés
2006	747 $	69,2 %	66,7 %	30,8 %	17
2005	669 $	93,8 %	53,3 %	6,3 %	19
2004	768 $	78,3 %	81,3 %	10,0 %	29

Statistiques tirées de la *Relance* - Ministère de l'Éducation, du Loisir et du Sport. Voir données complémentaires, page 369.

Comment interpréter l'information, page 15.

travaille souvent sans supervision. On doit aussi avoir le souci du détail et du travail bien fait», souligne le diplômé.

Une excellente organisation du travail et un grand sens des responsabilités sont aussi de rigueur, puisque dans le cas de Daniel Pelletier, la moindre erreur pourrait priver une ville entière de son alimentation électrique! Il faudra donc être capable de composer avec un certain stress.

Le leadership est nécessaire, car il n'est pas rare qu'une promotion se présente rapidement dans ce domaine : chez Hydro-Québec par exemple, un poste de chef d'équipe serait à portée de main après seulement 12 ou 18 mois, et pratiquement garanti après deux ans de service.

DÉFIS ET PERSPECTIVES

Le secteur des techniques d'électronique industrielle est appelé à se moderniser sans cesse, et les diplômés devront faire preuve d'une bonne dose de curiosité et de détermination afin de suivre l'évolution technologique.

Toutefois, la formation de base qu'ils ont reçue leur donne un bon coup de pouce. «Nos élèves ont souvent appris à l'école des techniques qui ne sont même pas encore arrivées sur le marché du travail!» explique Gérard Godbout, coordonnateur du programme de technologie de l'électronique industrielle au Cégep de Matane.

À court terme, l'électronique industrielle devrait aussi étendre ses ramifications dans plusieurs domaines, ce qui exigera des diplômés une bonne polyvalence. «Prenons l'exemple de l'environnement, souligne M. Godbout. Pour mesurer les gaz à effet de serre ou la qualité de l'eau, il faut des capteurs électroniques. Cela va donc multiplier les occasions d'emploi pour les diplômés.»

Le Cégep de Matane vient d'ailleurs, à la demande de l'industrie, de mettre sur pied un nouveau programme qui combinera des connaissances sur la puissance électrique qui alimente la majorité des équipements électriques du milieu industriel (électrodynamique) et les signaux électriques de plus faible intensité (instrumentation de contrôle), ce qui formera des technologues très polyvalents, capables de travailler à différents systèmes. 03/07

> À court terme, l'électronique industrielle devrait étendre ses ramifications dans plusieurs domaines, ce qui exigera des diplômés une bonne polyvalence.

Photo : Institut Teccart inc.

HORAIRES ET MILIEUX DE TRAVAIL

- Les technologues travaillent pour toutes sortes d'entreprises qui utilisent des machines industrielles : compagnies de ventilation, stations d'épuration des eaux, centrales électriques, entreprises manufacturières, etc.

- Les horaires sont variables et dépendent de la compagnie pour laquelle travaillent les diplômés.

- Le travail de soir et de nuit est pratiquement inexistant, hormis dans quelques centrales électriques du Grand Nord québécois. Mais en cas d'urgence, le technologue pourra être appelé à toute heure du jour ou de la nuit.

- Le milieu de travail peut être bruyant. On peut avoir à porter des bouchons pour protéger son ouïe.

Technologie de systèmes ordinés

Hami Monsarrat travaille chez Morgan Schaffer Systems, une compagnie qui fabrique des moniteurs conçus pour analyser l'état des transformateurs électriques. «Je conçois les circuits électroniques qui vont permettre aux capteurs d'envoyer les bonnes informations au bon moment», explique-t-il.

PROG. 243.15
PRÉALABLES : 11, 20, VOIR P. 16

CHAMPS D'INTÉRÊT

• aime concevoir et fabriquer du matériel
• aime travailler seul et en équipe
• aime résoudre des problèmes
• aime se tenir au courant des progrès technologiques

APTITUDES

• facilité pour les mathématiques
• patience et persévérance
• minutie et bonne dextérité manuelle
• capacité de faire face aux imprévus
• esprit curieux et ingénieux

OFFRE DU PROGRAMME PAR RÉGIONS
Capitale-Nationale, Estrie, Laurentides, Montréal, Outaouais

Pour connaître les établissements qui offrent ce programme : **www.inforoutefpt.org**

RÔLE ET TÂCHES

Les systèmes ordinés sont des systèmes commandés par ordinateur. Il peut s'agir d'une machine à laver dont les cycles sont gérés par un microprocesseur ou bien de systèmes industriels beaucoup plus complexes comme ceux dont s'occupe Hami. «Je travaille pour le service de recherche et développement de Morgan Schaffer Systems. Je suis chargé de développer les circuits électroniques qui se trouvent à l'intérieur des moniteurs que nous fabriquons. Il s'agit d'appareils qui sont utilisés par les compagnies de production et de transport d'électricité pour contrôler la présence de gaz et leur concentration dans les transformateurs de haut voltage.» Hami travaille en collaboration avec un chef de projet qui est ingénieur-chimiste. Ensemble, ils font le design mécanique du moniteur. «Je m'occupe ensuite de dessiner le circuit imprimé grâce à un logiciel de dessin spécialisé, puis je choisis et je commande les pièces électroniques dont j'ai besoin pour fabriquer le prototype. J'assemble ces composants en les soudant selon le schéma préétabli.» Le cerveau de ces appareils est constitué de microcontrôleurs, qui sont l'équivalent des microprocesseurs d'ordinateurs. Ils sont utilisés dans le domaine industriel et servent à traiter les données recueillies par les capteurs. Les senseurs et les chromatographes prélèvent et analysent des échantillons de fluides et envoient leurs résultats dans le système électronique conçu par Hami. Toutefois, il ne faut pas uniquement recueillir les données; il faut aussi pouvoir les transmettre et les lire pour en interpréter les résultats. «Il faut faire en sorte que le système transmette correctement et sans

	Salaire hebdo moyen	Proportion de dipl. en emploi	Emploi relié	Chômage	Nombre de diplômés
2006	628 $	45,6 %	70,8 %	13,3 %	81
2005	503 $	60,0 %	58,3 %	7,1 %	91
2004	492 $	62,8 %	54,2 %	7,5 %	112

Statistiques tirées de la *Relance* - Ministère de l'Éducation, du Loisir et du Sport. Voir données complémentaires, page 369.

Comment interpréter l'information, page 15.

problème les informations qui sont ensuite envoyées vers un logiciel spécialement adapté.»

QUALITÉS RECHERCHÉES

Hami considère qu'il faut avant tout aimer les technologies et la résolution de problèmes pour travailler dans le domaine des systèmes ordinés. Comme il est rare que les prototypes fonctionnent du premier coup, cela demande également pas mal de persévérance. «Cela fait près de huit mois que je travaille au même projet, dit-il. C'est un travail à long terme, mais il n'y a pas de routine, car j'ai chaque jour de nouveaux défis à relever», s'empresse-t-il d'ajouter. Ces travailleurs sont souvent amenés à effectuer un travail de précision sur de très petites pièces. Les montages électroniques et la soudure sur les circuits imprimés nécessitent une grande habileté manuelle ainsi que beaucoup de minutie. Et comme dans toutes les techniques, l'évolution est rapide, les changements, nombreux.

«Il faut faire en sorte que le système transmette correctement et sans problème les informations qui sont ensuite envoyées vers un logiciel spécialement adapté.»

— Hami Monsarrat

DÉFIS ET PERSPECTIVES

Selon Alain Sirois, enseignant au Département des technologies du génie électrique du Cégep de Sherbrooke, la montée de l'automatisation et de l'informatisation dans la majorité des secteurs laisse présager de très bonnes perspectives pour ces diplômés. «La plupart des compagnies cherchent à automatiser une partie ou l'ensemble de leur production, a-t-il constaté. Les diplômés sont en mesure de mettre en place des automates programmables et de concevoir l'interface entre les opérateurs et les machines. On leur demande également de créer des liens, des réseaux entre les systèmes de production et les outils de gestion informatisés. C'est une tendance très marquée dans l'industrie d'aujourd'hui.» Les diplômés devront aussi bien travailler à la conception électronique des systèmes qu'au développement des logiciels qui permettront de les utiliser. «Nous entrons dans une ère où l'automatisation n'est plus réservée qu'aux entreprises riches, prédit M. Sirois. Les PME accèdent de plus en plus à ces technologies. Même les particuliers les utilisent couramment pour régler la température de leur maison ou ouvrir la porte de leur garage. Les technologues en systèmes ordinés ont donc un bel avenir.» 03/01

Photo : Cégep Limoi-Gérald

HORAIRES ET MILIEUX DE TRAVAIL

- Les diplômés sont employés par des compagnies qui fabriquent des produits ou des systèmes électroniques. .

- Ils peuvent faire de l'installation ou de la réparation pour des entreprises de services.

- Leur environnement de travail est très informatisé.

- En recherche et développement, les horaires sont réguliers et flexibles.

- Les horaires sont plus irréguliers en production ou en service à la clientèle.

Technologie physique

Après avoir achevé un DEC en sciences humaines et avoir exercé quelque temps dans ce domaine, Éric Jarry a décidé de revenir à ses premières amours en s'inscrivant au DEC en technologie physique. «Je suis très manuel et j'aime tout ce qui touche à la physique, dit-il. Cette formation correspondait donc parfaitement à mon profil.»

PROG. 244.A0
PRÉALABLES : 12, 40, VOIR P. 16

CHAMPS D'INTÉRÊT

- aime calculer, mesurer, vérifier, analyser
- aime utiliser des appareils et travailler sur ordinateur
- aime diagnostiquer et résoudre un problème
- aime apprendre et communiquer

APTITUDES

- facilité pour les mathématiques
- aisance avec la technologie (informatique et appareils de mesure)
- débrouillardise et polyvalence
- facilité à apprendre, à s'adapter et à communiquer
- sens de l'observation et de l'analyse

OFFRE DU PROGRAMME PAR RÉGIONS
Bas-Saint-Laurent, Montréal

Pour connaître les établissements qui offrent ce programme : **www.inforoutefpt.org**

RÔLE ET TÂCHES

Éric est technologue en physique pour une compagnie qui œuvre dans le domaine de la photonique. «Lorsqu'on débute dans ce métier, il ne faut pas s'attendre à faire immédiatement de la recherche, dit-il. On passe toujours quelques mois à acquérir de l'expérience en production. J'ai occupé un certain temps un poste proche de celui d'opérateur.»

Éric travaille aujourd'hui en équipe pour développer les fibres optiques de demain. «Les chercheurs possèdent une connaissance de la technologie extrêmement théorique. Mon rôle est de les aider à faire évoluer les proto-types de laboratoire pour que ceux-ci puissent être produits en série, de façon industrielle. Les procédés de production sont en constante évolution; j'essaie d'y apporter toutes les améliorations possibles. Je travaille au sein d'un groupe de recherche où je mène généralement un ou deux projets à la fois. Nous nous réunissons beaucoup pour échanger des idées. Je dois m'assurer qu'elles sont applicables sur le plan pratique et, lorsqu'elles fonctionnent, je dois trouver des procédés stables pouvant se répéter en production. C'est un secteur très dynamique où il faut constamment innover si l'on veut rester compétitif.» Éric a aussi pour mandat de superviser les nouveaux techniciens qui intègrent la compagnie. Son travail se partage donc entre le bureau et le laboratoire.

QUALITÉS RECHERCHÉES

La curiosité technique est une base essentielle du travail en technologie physique. «Dans un contexte de recherche et de développement, on doit être à la fois curieux et débrouillard, estime Éric. C'est primordial pour

	Salaire hebdo moyen	Proportion de dipl. en emploi	Emploi relié	Chômage	Nombre de diplômés
2006	579 $	64,5 %	61,1 %	4,8 %	43
2005	501 $	50,0 %	54,2 %	20,0 %	66
2004	535 $	42,1 %	40,9 %	11,1 %	75

Statistiques tirées de la *Relance* - Ministère de l'Éducation, du Loisir et du Sport. Voir données complémentaires, page 369.

Comment interpréter l'information, page 15.

résoudre les problèmes.» Un goût prononcé pour les sciences et le sens de l'observation sont également requis. «Certains champs de la photonique sont encore vierges. Il n'est pas rare de voir naître des nouvelles technologies.» Les technologues en physique travaillent tous en équipe et sont parfois responsables de leur laboratoire. Il faut qu'ils aiment communiquer, mais qu'ils soient aussi autonomes. «L'écoute et le dialogue sont très importants dans les groupes de recherche. Il faut s'adapter à chacun, surtout dans un domaine en pleine expansion. Lorsque je suis arrivé chez mon employeur actuel, nous étions 60. Nous sommes aujourd'hui plus de 700», dit-il pour illustrer ses propos.

DÉFIS ET PERSPECTIVES

Selon Jean-François Doucet, enseignant en technologie physique au Cégep André-Laurendeau, plusieurs secteurs de pointe sont en plein développement – nanotechnologie, microtechnologie, robotique, optique-photonique – et recherchent activement les compétences des diplômés.

Dans ce domaine, il est essentiel de maintenir ses connaissances à jour et de continuer à se perfectionner. Au terme de leur DEC, certains diplômés font d'ailleurs le saut à l'université, généralement en génie, profitant ainsi du fait que les unités de plusieurs cours leur sont accordées.

S'ils optent pour le marché du travail, ces techno-logues sont appelés à collaborer étroitement avec ingénieurs et chercheurs en prenant une part active aux essais. D'après M. Doucet, les diplômés s'étonnent de constater l'importance de leur travail dans tous les secteurs de l'entreprise : «Ils œuvrent à la gestion des laboratoires ainsi qu'à l'achat, à la mise en route et à l'entretien de matériel spécialisé. Ils participent aussi à la mise au point et au développement de prototypes. C'est un beau défi de pouvoir contribuer concrètement à l'avancement des nouvelles technologies.» 03/03 (mise à jour 04/07)

> «Les chercheurs possèdent une connaissance de la technologie extrêmement théorique. Mon rôle est de les aider à faire évoluer les prototypes de laboratoire pour que ceux-ci puissent être produits en série, de façon industrielle.»
>
> — Éric Jarry

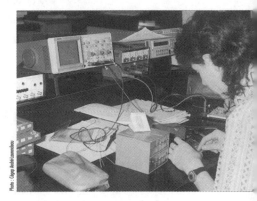

Photo : Cégep André-Laurendeau

HORAIRES ET MILIEUX DE TRAVAIL

- Les diplômés sont employés par des centres de recherche, des cabinets de consultants et des compagnies de technologie de pointe, en photonique, en physique nucléaire ou en acoustique.

- Le travail se fait au bureau, en laboratoire ou sur les sites de production.

- L'environnement de travail est systématiquement informatisé.

- Le travail se fait de jour, selon des horaires réguliers.

- En production, il est possible de travailler le soir, la nuit ou les fins de semaine.

PAGES 212
↓
215

ENTRETIEN D'ÉQUIPEMENT MOTORISÉ

CHAMPS D'INTÉRÊT

- aime la mécanique
- aime le travail physique et manuel
- aime travailler en équipe
- accorde de la valeur à la qualité et à l'efficacité de son travail

APTITUDES

- dextérité et résistance physique
- facilité à communiquer et à travailler en équipe
- sens des responsabilités
- débrouillardise et capacité d'adaptation
- atout : bilinguisme

Les pays qui s'industrialisent ont besoin de plus d'avions pour transporter marchandises et passagers. Ils sollicitent alors les grands centres aérospatiaux du monde, dont le Québec, pour construire, réparer et entretenir leurs aéronefs. Le Conference Board du Canada prévoit une croissance continue des profits en aérospatiale jusqu'en 2010.

Source :
Les carrières d'avenir 2007,
Les Éditions Jobboom.

RESSOURCES INTERNET

MINISTÈRE DE L'ÉDUCATION, DU LOISIR ET DU SPORT DU QUÉBEC – SECTEURS DE FORMATION
www.meq.gouv.qc.ca/ ens-sup/ens-coll/program/ ProgEtab.asp?vToken=s100
Vous trouverez sur cette page une description des programmes de ce secteur de formation, comprenant, pour chacun, les exigences d'admission, les objectifs de formation et une liste d'établissements d'enseignement.

ÉCOLE NATIONALE D'AÉROTECHNIQUE – ENTRETIEN D'AÉRONEFS
www.collegeem.qc.ca/ena/ program/entret.htm
L'École nationale d'aérotechnique est le seul établissement à offrir le programme d'entretien d'aéronefs. Vous trouverez ici des renseignements détaillés sur cette formation.

INSTITUT MARITIME DU QUÉBEC – GÉNIE MÉCANIQUE DE MARINE
www.imq.qc.ca/carrieres/ mecaniqu.htm
L'Institut maritime du Québec est le seul à offrir le programme *Techniques en génie mécanique de marine*. Son site vous permet d'en savoir plus sur la formation, sur le métier de mécanicien et sur les perspectives d'avenir.

Techniques de génie mécanique de marine

La mécanique vous intéresse mais vous aimeriez aussi voir du pays? Une bonne façon de concilier ces deux penchants est d'opter pour le métier d'officier mécanicien de marine. Larguez les amarres!

PROG. 248.CO
PRÉALABLES : 10, 20, VOIR P. 16

CHAMPS D'INTÉRÊT

- aime les sciences, la mécanique et les bateaux
- aime le travail physique et manuel
- aime travailler en équipe
- aime voyager et communiquer

APTITUDES

- polyvalence, sens des responsabilités, méthode
- grande capacité d'adaptation; débrouillardise
- habileté pour le travail manuel et la mécanique
- force et résistance physique
- facilité à communiquer et à travailler en équipe
- grande disponibilité

OFFRE DU PROGRAMME PAR RÉGIONS
Bas-Saint-Laurent

Pour connaître les établissements qui offrent ce programme : **www.inforoutefpt.org**

RÔLE ET TÂCHES

Attiré depuis toujours par la mécanique, David Doucet a tout d'abord songé à une carrière dans le domaine des véhicules lourds. Cette formation n'étant pas offerte dans sa région, à Rimouski, il examine d'autres options et découvre l'existence du programme de mécanique de marine donné à l'Institut maritime du Québec, à Rimouski. Les officiers mécaniciens de marine assurent le fonctionnement et l'entretien des moteurs, des machines et des appareils auxiliaires (chauffage, climatisation, etc.). Ils surveillent et coordonnent également le travail du personnel affecté à la salle des machines.

Après sa formation d'une durée de quatre ans, David a réussi les examens de Transports Canada et obtenu son brevet d'officier mécanicien de quatrième classe en 2001. Il a depuis progressé au niveau d'officier mécanicien de deuxième classe, et son prochain objectif est d'obtenir le grade d'officier mécanicien de première classe, ou chef mécanicien. «Chaque classe a des responsabilités différentes, et plus on progresse dans la hiérarchie, plus elles sont élevées, dit-il. Par exemple, en tant qu'officier de marine de deuxième classe, je suis responsable des moteurs de propulsion du navire.»

QUALITÉS RECHERCHÉES

«Il faut aimer travailler de ses mains et être très polyvalent pour exercer ce métier, explique David. Je peux être appelé à faire de la plomberie, de l'électricité, de la soudure, de l'hydraulique [liquides sous pression qui font fonctionner certains mécanismes], etc. C'est très varié.»

	Salaire hebdo moyen	Proportion de dipl. en emploi	Emploi relié	Chômage	Nombre de diplômés
2006	1 099 $	44,4 %	100,0 %	33,3 %	14
2005	N/D	N/D	N/D	N/D	N/D
2004	N/D	N/D	N/D	N/D	N/D

Statistiques tirées de la *Relance* - Ministère de l'Éducation, du Loisir et du Sport. Voir données complémentaires, page 369.

Comment interpréter l'information, page 15.

Les officiers mécaniciens de marine doivent aussi posséder un bon jugement afin de pouvoir cerner et régler les problèmes mécaniques rapidement. La débrouillardise est également nécessaire ainsi qu'un sens aigu des responsabilités. C'est en effet sur leurs épaules que repose la bonne marche du navire.

De plus, puisqu'on peut se retrouver pendant plusieurs semaines à bord d'un navire en compagnie des mêmes personnes, avoir l'esprit d'équipe est très important.

DÉFIS ET PERSPECTIVES

Les diplômés, s'ils le désirent, prennent rapidement du galon. En quelques années seulement, ils peuvent en effet passer du rang initial d'officier de quatrième classe à celui de chef mécanicien. Pour cela, ils doivent réussir les examens, un pour chaque classe, de Transports Canada, échelonnés en fonction du nombre de mois qu'ils auront passés en mer, explique Denis Bédard, enseignant en techniques de génie mécanique de marine à l'Institut maritime du Québec.

Par ailleurs, s'ils souhaitent poursuivre des études en administration, une entente entre l'Institut maritime et l'Université du Québec à Rimouski permet aux officiers de s'inscrire au baccalauréat en sciences appliquées avec majeure en transport maritime et mineure en administration. Ce baccalauréat intégré peut être décroché après avoir obtenu le brevet de chef mécanicien au terme d'une formation de quatre années, incluant douze mois de stages en mer. Ce diplôme en poche, ils auront alors accès à des postes de gestion.

Les défis ne manquent pas dans ce domaine. Ainsi, le biodiésel (un nouveau carburant moins polluant) commence à être utilisé sur plusieurs navires. De plus, la flotte canadienne vieillit et devra être renouvelée : de nouveaux types de navires – comme les méthaniers ou ceux qui transportent le gaz naturel liquéfié – feront bientôt leur apparition sur le fleuve Saint-Laurent. «Les diplômés vont devoir s'adapter, car qui dit nouveaux navires dit nouveaux moteurs et nouvelles technologies», conclut Denis Bédard. 03/07

> Les officiers mécaniciens de marine doivent posséder un bon jugement afin de pouvoir cerner et régler les problèmes mécaniques rapidement.

Photo : Sylvain Gélinas

HORAIRES ET MILIEUX DE TRAVAIL

- Les diplômés trouvent du travail auprès de compagnies maritimes canadiennes et étrangères.

- On peut travailler en mer ou sur des chantiers de construction et d'essai de navires.

- Les diplômés peuvent aussi œuvrer comme experts pour Transports Canada ou des compagnies d'assurance.

- Le travail est organisé en quarts de 8 ou 12 heures, mais en cas de problème, on peut faire appel à l'officier mécanicien en tout temps.

- Certaines compagnies donnent 28 jours consécutifs de congé après 28 jours de travail. Les escales offrent aussi des périodes de repos et permettent aux officiers de visiter d'autres pays et de travailler à l'échelon international.

Technique de maintenance d'aéronefs

Jean-Sébastien Roy a réussi à assouvir sa passion de la mécanique lorsqu'il a entrepris sa formation en entretien d'aéronefs. Il est aujourd'hui mécanicien pour la compagnie aérienne Air Transat.

PROG. 280.CO
PRÉALABLES : 12,40, VOIR P. 16

CHAMPS D'INTÉRÊT
- aime la mécanique et les avions
- aime faire un travail manuel et aime la précision
- aime observer et vérifier
- aime travailler en équipe

APTITUDES
- dextérité et résistance physique
- sens de l'observation, sens des responsabilités et minutie
- facilité à communiquer et à coopérer
- bilinguisme

OFFRE DU PROGRAMME PAR RÉGIONS
Montérégie, Montréal

Pour connaître les établissements qui offrent ce programme : www.inforoutefpt.org

RÔLE ET TÂCHES

Les technologues en entretien d'aéronefs peuvent travailler pour de grandes lignes aériennes ou pour de petites compagnies d'aviation. Ils font la maintenance des appareils, généralement dans les aéroports. Ils s'occupent du nettoyage des avions, de leur ravitaillement et de leur entretien en inspectant attentivement tous les éléments mécaniques. «Lorsqu'un avion atterrit, dit Jean-Sébastien, on commence toujours par faire ce qu'on appelle un "walk around", c'est-à-dire un examen visuel de l'extérieur de l'appareil. On s'assure, par exemple, qu'il n'y a pas de bosse sur le revêtement ou de coulées d'huile suspectes. On vérifie également le bon état des pièces mobiles et des joints de portes.» Les technologues entretiennent aussi bien la structure de l'aéronef que ses moteurs et ses différents systèmes. Ainsi, Jean-Sébastien inspecte les commandes, les moteurs, les feux de navigation, les niveaux d'huile. Il contrôle également les freins et graisse les éléments du train d'atterrissage. Chaque type d'appareil nécessite une série d'actions de maintenance spécifiques décrites avec précision dans des guides spécialisés. «Les procédures sont très strictes, affirme Jean-Sébastien. Et même si les avions ne restent parfois qu'une heure au sol, il faut que les résultats de notre inspection soient parfaits avant que l'appareil ne décolle à nouveau.» Régulièrement, les mécaniciens effectuent des opérations de contrôle en profondeur. «Toutes les 5 000 heures de vol, les avions prennent la direction des hangars pour y être presque entièrement démontés, explique le jeune homme. On inspecte chaque pièce en détail. L'opération peut prendre plusieurs semaines.» Le technologue est également compétent pour

	Salaire hebdo moyen	Proportion de dipl. en emploi	Emploi relié	Chômage	Nombre de diplômés
2006	N/D	N/D	N/D	N/D	N/D
2005	N/D	N/D	N/D	N/D	N/D
2004	N/D	N/D	N/D	N/D	N/D

Statistiques tirées de la *Relance* - Ministère de l'Éducation, du Loisir et du Sport. Voir données complémentaires, page 369.

Comment interpréter l'information, page 15.

intervenir sur des systèmes ou des installations situés dans la cabine de l'appareil. «Certains avions possèdent des ascenseurs intérieurs. En cas de dysfonctionnement, c'est à moi de trouver la cause de la panne et de la réparer.»

QUALITÉS RECHERCHÉES

L'entretien d'aéronefs est un domaine nécessitant une bonne habileté manuelle ainsi que le goût de la mécanique. Le technologue doit également être très consciencieux et pourvu d'un grand sens des responsabilités. «Rien n'est laissé au hasard. Et même si on a 10 ans de métier, il y a toujours quelqu'un qui passe derrière nous pour vérifier si le travail est bien fait. C'est la sécurité des passagers qui est en jeu.» Le secteur aéronautique exige une certaine flexibilité quant aux horaires de travail. Pour sa part, Jean-Sébastien travaille quatre soirs consécutifs suivis de quatre jours de congé. La connaissance de l'anglais est aussi nécessaire pour comprendre les termes des guides de procédures toujours rédigés dans cette langue.

> «Et même si les avions ne restent parfois qu'une heure au sol, il faut que les résultats de notre inspection soient parfaits avant que l'appareil ne décolle à nouveau.»
>
> — Jean-Sébastien Roy

DÉFIS ET PERSPECTIVES

Jacques Jobin enseigne cette technique à l'École nationale d'aérotechnique du Collège Édouard-Montpetit. Il souligne que les perspectives d'emploi des diplômés ne sont pas limitées aux compagnies aériennes. «Les techniciens en entretien d'aéronefs travaillent principalement pour les compagnies aériennes, mais ils sont également sollicités par des constructeurs, comme Bombardier. Sur ces appareils flambant neufs, ils s'occupent moins de la maintenance que de ce qu'on appelle le "préenvol". En fait, il s'agit d'une phase de tests, de vérifications et de contrôle de la qualité.» Les diplômés ont aussi la possibilité de se diriger vers l'entretien d'hélicoptères qui offre des perspectives intéressantes. Il faut toutefois être prêt à faire de la «brousse», car les hélicoptères travaillent souvent dans des endroits isolés. L'enseignant soutient que, peu importe leur milieu de travail, les diplômés devront relever de nombreux défis. «Le travail de maintenance s'effectue, la plupart du temps, la nuit et pas toujours dans des hangars chauffés, dit-il. Les journées les plus chargées sont souvent celles où les conditions météorologiques sont mauvaises. Ça demande une bonne résistance au stress, surtout lorsqu'on a 200 passagers bloqués au sol par une panne mécanique...» 03/01

Photo : Collège Édouard-Montpetit

HORAIRES ET MILIEUX DE TRAVAIL

• Les employeurs de ce secteur sont les compagnies de transport et les constructeurs d'avions ou d'hélicoptères.

• Il est possible pour les diplômés de devoir encadrer du personnel en tant que chefs d'équipe ou responsables de l'inspection.

• Le travail se fait à l'extérieur ou en hangar, parfois sur des échafaudages. C'est un environnement de travail très bruyant.

• Le travail s'effectue de jour, de soir, de nuit ou les fins de semaine. L'horaire est souvent planifié en rotation.

FABRICATION MÉCANIQUE

CHAMPS D'INTÉRÊT

- aime la technologie, la mécanique et l'électronique
- aime travailler avec des machines automatisées ou informatisées
- aime analyser et résoudre des problèmes
- accorde de la valeur à la précision, à l'efficacité et à la qualité du travail

APTITUDES

- sens de l'observation et grande facilité d'apprentissage technique
- esprit logique, méthodique et analytique
- dextérité, rapidité et précision d'exécution
- curiosité, mémoire, discernement et ingéniosité
- autonomie, minutie et sens des responsabilités

RESSOURCES INTERNET

MINISTÈRE DE L'ÉDUCATION, DU LOISIR ET DU SPORT DU QUÉBEC – SECTEURS DE FORMATION
www.meq.gouv.qc.ca/
ens-sup/ens-coll/program/
ProgEtab.asp?vToken=s110
Vous trouverez sur cette page une description des programmes de ce secteur de formation, comprenant, pour chacun, les exigences d'admission, les objectifs de formation et une liste d'établissements d'enseignement.

ÉCOLE NATIONALE D'AÉROTECHNIQUE (ENA)
http://www.collegeem.qc.ca/ena
Les programmes de techniques de construction aéronautique et d'avionique sont offerts à l'École nationale d'aérotechnique seulement. Vous pourrez accéder à leur description à partir du site de l'ENA.

COMITÉ SECTORIEL DE MAIN-D'ŒUVRE DE LA FABRICATION MÉTALLIQUE INDUSTRIELLE
www.csmofmi.qc.ca
Ce site propose une foule de renseignements sur l'industrie de la fabrication métallique industrielle, la formation et les métiers qui y sont liés.

PLASTICOMPÉTENCES, COMITÉ SECTORIEL DE MAIN-D' ŒUVRE DE L'INDUSTRIE DES PLASTIQUES ET DES COMPOSITES
www.plasticompetences.ca
La section «Jeunes» de ce site donne un aperçu de l'industrie des plastiques et des composites, ainsi que des emplois que l'on peut y occuper.

Techniques de construction aéronautique

Passionné par les avions depuis sa plus tendre enfance, Mario Sevigny ne s'est pas posé beaucoup de questions quand est venu le moment de choisir quelles études il ferait : la formation en techniques de construction aéronautique semblait toute indiquée.

PROG. 280.B0
PRÉALABLES : 12, 40, VOIR P. 16

CHAMPS D'INTÉRÊT

- aime la mécanique et la technologie
- aime se sentir utile et responsable
- accorde de la valeur à la qualité et à la productivité
- aime communiquer, expliquer et rédiger
- aime travailler sur ordinateur
- aime le travail en usine

APTITUDES

- grande curiosité et grande capacité à apprendre
- sens des responsabilités et de l'initiative
- excellentes capacités d'adaptation
- bilinguisme et habileté à communiquer et à vulgariser
- facilité pour les sciences et la mécanique

OFFRE DU PROGRAMME PAR RÉGIONS
Montérégie

Pour connaître les établissements qui offrent ce programme : www.inforoutefpt.org

RÔLE ET TÂCHES

Mario a obtenu son diplôme d'études collégiales (DEC) en techniques de construction aéronautique en 1993. Il a d'abord travaillé pour deux petites entreprises liées à l'aéronautique avant d'être embauché comme machiniste chez Pratt & Whitney, un leader mondial parmi les constructeurs de moteurs équipant les hélicoptères et les avions d'affaires. «Ensuite, j'ai été engagé par Inter Canadien, une compagnie aérienne. Mon rôle était de planifier la maintenance des avions : déterminer le type d'entretien, estimer le temps à y consacrer et gérer le stock de pièces de rechange.» Aujourd'hui, Mario travaille chez Bombardier au centre de finition des avions d'affaires. «J'ai la responsabilité d'implanter un nouveau logiciel de dessin, Catia V5, pour effectuer la modélisation de pièces en 3D. Ces dernières sont destinées à l'ameublement intérieur des avions, les tables et les sièges par exemple.»

Actuellement, Mario continue de peaufiner la méthodologie d'utilisation de Catia V5 pour obtenir des modèles en 3D très détaillés. Ensuite, il formera 43 employés à l'utilisation de ce logiciel.

QUALITÉS RECHERCHÉES

«Dans le domaine de la construction aéronautique, il faut être soucieux du détail et perfectionniste, affirme Mario. Ce sont des avions, on ne peut prendre ça à la légère!» En effet, les techniciens en construction aéronautique ont à assembler ou à fabriquer des composantes de haute

	Salaire hebdo moyen	Proportion de dipl. en emploi	Emploi relié	Chômage	Nombre de diplômés
2006	837 $	59,6 %	91,2 %	0,0 %	81
2005	723 $	50,0 %	69,6 %	7,7 %	135
2004	550 $	36,3 %	43,3 %	13,2 %	122

Statistiques tirées de la *Relance* - Ministère de l'Éducation, du Loisir et du Sport. Voir données complémentaires, page 369.

Comment interpréter l'information, page 15.

précision et le moindre défaut sur une pièce, la moindre erreur dans un assemblage, peuvent être lourds de conséquences pour la sécurité des passagers.

Il faut donc avoir un sens des responsabilités aigu et rester vigilant, même lorsqu'il faut travailler sous pression afin de respecter les échéanciers. Une bonne dextérité manuelle est également de mise pour l'assemblage de pièces, ainsi qu'une excellente acuité visuelle.

Le diplômé doit aussi avoir l'esprit d'équipe, car il aura à collaborer avec d'autres personnes dans son travail, notamment les assembleurs-mécaniciens, les mécaniciens d'aéronefs, les ingénieurs.

De bonnes aptitudes à la communication sont donc indispensables, ainsi que la maîtrise de l'anglais, nécessaire pour lire les manuels d'assemblage.

Dans un contexte où la production doit se conformer à des normes sévères, où les règles de sécurité sont draconiennes et la concurrence féroce, le souci de la qualité et du travail bien fait est extrêmement important.

DÉFIS ET PERSPECTIVES

«L'aéronautique est un secteur de haute technologie très concurrentiel, affirme Jean Comeau, professeur à l'École nationale d'aérotechnique au Collège Édouard-Montpetit. Il faut constamment améliorer le produit tout en optimisant les méthodes de production pour diminuer les coûts.»

Dans un contexte où la production doit se conformer à des normes sévères, où les règles de sécurité sont draconiennes et la concurrence féroce, le souci de la qualité et du travail bien fait est extrêmement important. Il est également essentiel de maintenir à jour ses connaissances et de savoir s'adapter aux nombreux changements technologiques.

Photo : École nationale d'aérotechnique

«Il y a énormément de défis à relever en aéronautique, poursuit M. Comeau. Les compagnies rivalisent entre elles pour construire des aéronefs plus rapides, plus gros, moins bruyants et consommant moins de carburant.» 02/05

HORAIRES ET MILIEUX DE TRAVAIL

• Les diplômés qui travaillent dans les bureaux ont généralement des horaires réguliers de jour. Par contre, ceux qui œuvrent en atelier à la construction ou à l'entretien des avions doivent s'attendre à travailler en rotation, soit de jour, de soir, de nuit ou durant les fins de semaine.

• Le milieu de travail est calme au bureau, mais peut être bruyant en milieu de production (atelier).

• Les diplômés sont embauchés par les grands fabricants de l'aérospatiale et leurs sous-traitants, soit les entreprises d'assemblage de composantes aéronautiques. Ils peuvent également être employés par les compagnies aériennes et certains organismes gouvernementaux (ministères des Transports, forces armées).

Techniques de génie mécanique

Tommy Châteauneuf a décroché un emploi chez Marmen avant même d'avoir terminé sa formation en techniques de génie mécanique. Sa volonté de réussir conjuguée au souci du travail bien fait ont compensé son manque d'expérience. Des qualités qui lui ont permis de se démarquer et d'attirer l'attention des dirigeants de cette entreprise où il effectuait son stage final.

PROG. 241.A0
PRÉALABLES : 12, 40, VOIR P. 16

CHAMPS D'INTÉRÊT
- aime le dessin, le travail avec les ordinateurs
- aime la mécanique
- aime le travail de bureau, la recherche et le développement
- aime les applications mathématiques et physiques
- aime le travail varié et en équipe

APTITUDES
- autonomie, persévérance, minutie, polyvalence, débrouillardise
- faculté d'adaptation face aux changements
- habileté pour la gestion des ressources humaines et la communication
- habileté pour le calcul, la géométrie et la résolution de problèmes
- bon sens de l'observation et de l'organisation spatiale

OFFRE DU PROGRAMME PAR RÉGIONS
Bas-Saint-Laurent, Capitale-Nationale, Centre-du-Québec, Chaudière-Appalaches, Estrie, Laurentides, Mauricie, Montérégie, Montréal, Outaouais, Saguenay–Lac-Saint-Jean

Pour connaître les établissements qui offrent ce programme : www.inforoutefpt.org

RÔLE ET TÂCHES

Après avoir fait une session en techniques policières et une autre en sciences pures, Tommy désirait s'attaquer à une formation pratique. Le génie mécanique semblait être la solution idéale, puisqu'il possédait déjà une expérience dans l'industrie de la fabrication, ayant travaillé comme machiniste à l'Aluminerie de Bécancourt durant ses études secondaires.

Depuis près d'un an, Tommy est chargé de projet chez Marmen inc., une entreprise spécialisée dans l'usinage de haute précision, la fabrication et l'assemblage mécanique de pièces de toutes dimensions. «Mon patron semble satisfait de moi, car il me donne toujours plus de responsabilités», raconte le diplômé qui poursuit à temps partiel des études universitaires en génie mécanique, afin d'avoir plus de possibilités d'avancement.

Une des principales fonctions du technicien en génie mécanique consiste à faire du dessin technique assisté par ordinateur. «Aujourd'hui, on embauche des dessinateurs dans toutes les sphères industrielles pour qu'ils dessinent toutes sortes de structures et de pièces, pour qu'ils améliorent les chaînes de montage et automatisent des industries», affirme Tommy.

Il a successivement occupé les fonctions de dessinateur et d'inspecteur du contrôle de la qualité. Des postes qu'on retrouve dans de nombreux domaines et dans toute entreprise de production. Maintenant qu'il est chargé de projet, il inspecte des pièces dimensionnelles, c'est-à-dire des morceaux de pièces qui entrent dans la fabrication des pièces pour leur

	Salaire hebdo moyen	Proportion de dipl. en emploi	Emploi relié	Chômage	Nombre de diplômés
2006	616 $	56,4 %	87,3 %	5,3 %	400
2005	601 $	54,4 %	86,0 %	2,5 %	400
2004	574 $	50,9 %	82,5 %	6,6 %	436

Statistiques tirées de la *Relance* - Ministère de l'Éducation, du Loisir et du Sport. Voir données complémentaires, page 369.

Comment interpréter l'information, page 15.

client manufacturier, fait des rapports d'inspection et voit à ce que les pièces soient conformes à la commande.

QUALITÉS RECHERCHÉES

Le technicien en génie mécanique doit absolument aimer le travail manuel, être débrouillard, autonome et travailleur. Il faut aussi être ordonné et minutieux, posséder un bon sens de l'observation et le souci du détail. La dextérité manuelle est également un atout, puisque le travailleur doit régulièrement manipuler des pièces et des équipements.

«Être polyvalent et chercher à se dépasser est un bon moyen de se faire remarquer par le patron et d'amorcer son ascension dans l'entreprise. Il faut aussi savoir être à l'écoute des besoins du client et être capable de s'adapter facilement aux changements de technologies et de produits à concevoir. Mais au-delà des compétences techniques, il faut avoir confiance en soi, être tenace, rigoureux et persévérant parce qu'on doit souvent faire des ajustements et des modifications au dessin lorsqu'on tente de concevoir une pièce. Une besogne qui peut parfois sembler longue, mais qui n'est jamais ennuyeuse», dit Tommy.

«La tendance actuelle est d'en faire des gérants de projet pour qu'ils implantent les normes de contrôle de qualité ISO 9000, conjointement avec les ingénieurs.»

— Jocelyn Grenier

DÉFIS ET PERSPECTIVES

«Si la plupart des diplômés font du dessin, ils sont également formés pour réaliser la robotisation, l'automatisation et la modernisation des chaînes de production dans les entreprises manufacturières ou les compagnies d'alimentation, par exemple. La tendance actuelle est d'en faire des gérants de projet pour qu'ils implantent les normes de contrôle de qualité ISO 9000, conjointement avec les ingénieurs, indique Jocelyn Grenier, professeur et responsable du Département de génie mécanique, option dessin assisté par ordinateur, au Cégep de Thetford. Ce sont des travailleurs polyvalents, et plusieurs entreprises n'hésiteront pas à payer une formation universitaire en génie à leurs employés afin de les rendre encore plus performants et compétents, soutient M. Grenier. Les défis sont nombreux, poursuit-il. Particulièrement en ce qui a trait à la formation continue. Il faut demeurer à la fine pointe de la technologie, pour voir venir les changements et être capable de s'y adapter.» 03/03

Photo : Cégep de Jonquière - Carol Doily

HORAIRES ET MILIEUX DE TRAVAIL

• Le dessinateur, ou technicien, en génie mécanique qui travaille dans de grandes entreprises telles que Bombardier, Culinar, CAE, Général Électrique, etc., ou dans les services de recherche et développement, a des horaires réguliers, soit de 9 h à 17 h, et parfois de soir.

• Lorsque la rentabilité de l'entreprise dépend d'un projet ou d'un contrat, il arrive qu'on doive travailler beaucoup plus qu'on ne le voudrait et qu'on doive faire des heures supplémentaires.

• Lorsqu'on travaille en automatisation ou sur des chaînes de montage, il arrive qu'on doive être de garde la fin de semaine afin que la production ou l'expédition de pièces ne soient pas retardées advenant un problème.

DEC

Techniques de transformation des matériaux composites

Les matériaux composites sont des matériaux de pointe généralement utilisés dans la fabrication de véhicules variés. En usine, les tâches du technicien concernent surtout la recherche et le développement de nouveaux produits. Pour sa part, Frédéric Lucas a choisi d'être représentant technique dans la vente de matières premières.

PROG. 241.C0
PRÉALABLE : 10, VOIR PAGE 16

CHAMPS D'INTÉRÊT
- aime la précision et l'efficacité
- aime utiliser une méthode rigoureuse et suivre des normes
- aime travailler en laboratoire
- aime observer, manipuler, calculer et analyser
- aime communiquer et travailler en équipe

APTITUDES
- sens de l'ordre et respect des normes et des règles
- être consciencieux, rigoureux et méthodique
- facilité pour les sciences (math, physique, chimie)
- dextérité et sens de l'observation
- facilité à communiquer et bilinguisme

OFFRE DU PROGRAMME PAR RÉGIONS
Laurentides

Pour connaître les établissements qui offrent ce programme : **www.inforoutefpt.org**

RÔLE ET TACHES

C'est durant sa formation en techniques de génie mécanique que Frédéric Lucas a découvert les matériaux composites. Dès lors, il a souhaité en apprendre davantage et, une fois son diplôme en poche, il s'est inscrit au programme *Techniques de transformation des matériaux composites*. Après son DEC, il a ensuite été embauché comme représentant technique par Amisol, à Toronto, une compagnie qui distribue les matières premières pour la fabrication de pièces en matériaux composites.

Frédéric offre principalement des adhésifs et des agents de démoulage aux entreprises qui œuvrent dans ce domaine. «Je présente aux clients ma gamme de produits et je les conseille dans leurs achats, en fonction des procédés de fabrication qu'ils utilisent.»

Mais son travail ne se limite pas à la vente. Frédéric doit également assurer le soutien technique. «J'aide les clients à tirer le meilleur parti des produits, explique-t-il. Je fais avec eux des essais, des démonstrations, et si cela ne fonctionne pas comme il le faudrait, j'effectue de la recherche de données techniques pour trouver la solution. Mon travail comporte donc un volet vente et un volet technique.»

Frédéric passe la moitié de son temps sur la route pour aller rencontrer ses clients disséminés sur le territoire qu'il couvre (l'est de l'Ontario, le Québec et les provinces maritimes). L'autre moitié est consacrée au travail de bureau, chez lui. «Je rends les appels téléphoniques et je réponds

	Salaire hebdo moyen	Proportion de dipl. en emploi	Emploi relié	Chômage	Nombre de diplômés
2006	507 $	50,0 %	25,0 %	0,0 %	10
2005	603 $	71,4 %	40,0 %	0,0 %	8
2004	456 $	60,0 %	62,5 %	10,0 %	18

Statistiques tirées de la *Relance* - Ministère de l'Éducation, du Loisir et du Sport. Voir données complémentaires, page 369.

Comment interpréter l'information, page 15.

à mes courriels. Je fais aussi de la traduction de fiches techniques pour ma clientèle francophone.»

QUALITÉS RECHERCHÉES

Frédéric doit posséder de bonnes aptitudes à communiquer pour expliquer les propriétés des produits à ses clients. Les techniciens en transformation des matériaux composites doivent aussi avoir des connaissances très poussées en physique et des habiletés pour la lecture de plans et de dessins techniques.

Il leur faut faire preuve d'un esprit logique, méthodique et analytique et savoir faire face aux imprévus dans le déroulement des opérations de transformation des matériaux composites.

Ils doivent aussi rester à l'affût de tous les nouveaux produits qui arrivent sur le marché, les essayer et en évaluer le potentiel.

Les techniciens en transformation des matériaux composites doivent faire preuve d'un esprit logique, méthodique et analytique et savoir faire face aux imprévus.

DÉFIS ET PERSPECTIVES

Les résines utilisées dans les matériaux composites sont des produits dérivés du pétrole qui génèrent des vapeurs toxiques. Le technicien sera donc amené à développer des procédés de transformation à la fois plus performants et plus respectueux de la santé et de l'environnement.

«L'un des défis de cette profession est de recréer en composites une pièce habituellement faite en métal. La pièce en composites ne rouillera pas et durera plus longtemps. Beaucoup de nos diplômés sortent de l'école avec l'intention de lancer leur propre compagnie, en créant la pièce qui leur permettra de percer le marché industriel», souligne Tina Joubert, professeure au Cégep de Saint-Jérôme. 03/05

HORAIRES ET MILIEUX DE TRAVAIL

- La plupart des diplômés trouvent de l'emploi dans l'industrie de la transformation manufacturière.

- Les techniciens ont un horaire régulier, généralement de jour. Mais il n'est pas exclu de devoir travailler les soirs et les fins de semaine dans certaines entreprises qui sont en activité 24 heures sur 24.

- En atelier, les techniciens sont exposés à la poussière et aux odeurs dégagées par les procédés chimiques de transformation des matériaux composites. Le port d'un masque et de gants en latex est généralement obligatoire.

Techniques de transformation des matières plastiques

Alain Gouin travaille chez Ipex, une compagnie spécialisée dans la fabrication de tuyaux en plastique. «C'est un secteur vraiment intéressant. Les avancées technologiques dans le domaine des résines et de l'outillage m'obligent à améliorer sans cesse la production. Mon but est d'avoir le meilleur rendement et la meilleure qualité au prix le plus avantageux.»

PROG. 241.12
PRÉALABLES : 12, 20, VOIR P. 16

CHAMPS D'INTÉRÊT
• accorde de la valeur à la qualité et à l'efficacité
• aime manipuler et comprendre les mécanismes
• aime calculer, mesurer, vérifier, faire des tests
• aime analyser et résoudre des problèmes pratiques
• aime apprendre et innover

APTITUDES
• polyvalence, sens de l'observation, de l'innovation et pragmatisme
• facilité pour les mathématiques et la mécanique
• assimile rapidement des connaissances technologiques
• facilité à communiquer

OFFRE DU PROGRAMME PAR RÉGIONS
Chaudière-Appalaches, Montréal

RÔLE ET TÂCHES

Ipex est une compagnie fabriquant des tuyaux et des raccords en plastique pour les canalisations résidentielles et industrielles. Alain y a débuté comme dessinateur à la conception des moules à l'intérieur desquels on injecte le plastique. Le service de l'ingénierie lui fournissait alors les travaux à accomplir. Il en faisait l'étude et dessinait, par ordinateur, les moules qui étaient ensuite réalisés à l'extérieur par un sous-traitant. «Maintenant, j'occupe un poste différent, dit Alain. Je travaille à la gestion de la production. En tant qu'adjoint au gérant, mon rôle est d'optimiser les cycles de production. Pour cela, je règle les machines, j'apporte des modifications aux moules, je contrôle la vitesse d'injection du plastique et l'efficacité de refroidissement du démoulage. C'est un jeu très subtil où il faut gagner du temps sans nuire à la qualité du produit et sans risquer d'endommager les moules. Il s'agit de trouver le juste équilibre. Quelques dixièmes de seconde gagnés sur la réalisation d'une pièce peuvent faire une grosse différence sur la production annuelle. Surtout si l'on pense que certains de nos raccords de plomberie en ABS sont produits à plus de deux millions d'exemplaires par an.»

Alain Gouin apprécie que son métier lui permette de toucher à la conception, à la fabrication, à la gestion de la production et à la supervision des opérateurs de machines. «C'est assez rare d'avoir autant de responsabilités après seulement quelques années», dit-il.

Pour connaître les établissements qui offrent ce programme : **www.inforoutefpt.org**

	Salaire hebdo moyen	Proportion de dipl. en emploi	Emploi relié	Chômage	Nombre de diplômés
2006	N/D	N/D	N/D	N/D	N/D
2005	692 $	66,7 %	100,0 %	0,0 %	10
2004	609 $	50,0 %	83,3 %	25,0 %	15

Statistiques tirées de la *Relance* - Ministère de l'Éducation, du Loisir et du Sport. Voir données complémentaires, page 369.

Comment interpréter l'information, page 15.

QUALITÉS RECHERCHÉES

Les techniciens sont en contact direct avec le secteur de la production. Ils interviennent sur les machines pour effectuer différents réglages et participent parfois à la conception des moules qui les équipent. Ils doivent donc être dotés d'un bon sens de la mécanique. «Si tu veux optimiser tous les paramètres, tu as plutôt intérêt à savoir comment cela fonctionne», considère Alain. À son avis, ceux qui désirent travailler dans ce domaine doivent avoir de bonnes connaissances en informatique, être observateurs et être des communicateurs efficaces. «C'est un métier où l'on n'arrête pas de communiquer. On communique avec les ingénieurs sur le plan de la conception, avec les opérateurs dans la chaîne ou avec la direction pour analyser les résultats et choisir de nouvelles directives.»

DÉFIS ET PERSPECTIVES

Les entreprises du secteur de la plasturgie ont beaucoup de difficultés à recruter suffisamment de techniciens qualifiés. «Le manque de main-d'œuvre dans l'industrie des plastiques n'est pas un mythe. Les besoins de personnel sont réels et le nombre de diplômés est toujours relativement faible», confirme Marquis Lambert, coordonnateur du programme des techniques de transformation des matières plastiques au Cégep de Thetford. Selon M. Lambert, les compétences multiples de ces techniciens leur ouvrent des perspectives dans tous les champs de l'industrie des plastiques. «On compte plusieurs centaines d'entreprises au Québec qui sont directement liées à ce secteur, dit-il. Les diplômés peuvent aussi bien concevoir ou fabriquer des moules pour l'injection de thermoplastique que travailler au contrôle de la qualité de pièces en caoutchouc pour l'automobile ou encore faire de la recherche dans le domaine des composites. C'est un domaine intéressant à la condition de savoir s'adapter rapidement aux changements.»

Marquis Lambert croit que les jeunes sont peu motivés en raison des salaires à l'embauche qui ne correspondent pas à leurs attentes. «Or, ils ignorent que dès les premières années, les salaires sont bien meilleurs et le niveau de responsabilité qui leur est confié est incomparable, affirme le coordonnateur. Certains jeunes ont moins de 20 ans et sont déjà contremaîtres, alors que d'autres sont devenus directeurs de production avec ce DEC.» 02/01

> **C'est un domaine qui ne cesse de croître et les entreprises qui en font partie ont beaucoup de difficultés à recruter suffisamment de techniciens qualifiés.**

HORAIRES ET MILIEUX DE TRAVAIL

- Les diplômés sont embauchés par les compagnies du secteur du plastique, le plus souvent des PME.
- Ils font de la mise en œuvre, du contrôle de la qualité, de la conception ou de la fabrication de moules ou d'outillage, de la recherche et du développement.
- Leur environnement de travail peut être bruyant, car ils œuvrent en usine, à proximité des chaînes de production.

- Ils travaillent le jour, selon des horaires réguliers.
- Il est possible, pour les contremaîtres et les inspecteurs au contrôle de la qualité, de travailler en rotation, le soir ou la nuit.

Technologie de l'architecture navale

Les diplômés en architecture navale ont en commun une certaine fascination pour les bateaux, et sur cette passion, ils fondent une carrière stimulante et enrichissante. De la conception des yachts de milliardaires à l'inspection de navires qui s'apprêtent à prendre la mer, la profession peut adopter plusieurs visages. Dans tous les cas, les défis à relever sont nombreux.

PROG. 248.01
PRÉALABLES : 11, 20, VOIR P. 16

CHAMPS D'INTÉRÊT
- aime les sciences
- aime faire un travail méthodique et de précision
- aime travailler avec l'informatique
- aime communiquer et travailler en équipe

APTITUDES
- bonne perception spatiale
- être consciencieux, minutieux et méthodique
- polyvalence et initiative
- facilité à communiquer et à vulgariser

OFFRE DU PROGRAMME PAR RÉGIONS
Bas-Saint-Laurent

Pour connaître les établissements qui offrent ce programme : **www.inforoutefpt.org**

RÔLE ET TÂCHES

«Mes parents avaient un voilier et j'ai toujours été captivé par les phénomènes physiques reliés à la navigation», explique Jean-Claude Laurin, technologue en architecture navale chez Concept Naval, une entreprise de conception de navires de Québec. «Dans mes temps libres, je construisais de petits bateaux, j'essayais de reproduire la réalité à une moindre échelle pour voir si j'avais bien compris les principes en action.» Après avoir fait une année d'études collégiales en sciences pures, Jean-Claude Laurin découvre que l'Institut maritime du Québec à Rimouski offre une formation qui lui permettrait de gagner sa vie avec sa passion. Il s'y inscrit donc, et obtient un emploi avant même d'avoir terminé le programme. Il consacre aujourd'hui ses journées à la conception de divers types de bateaux beaucoup plus gros que ceux de son enfance.

«On fait de nombreux calculs et dessins assistés par ordinateur, explique-t-il. Par exemple, il faut évaluer la stabilité du navire et la résistance des matériaux. Chaque projet est particulier. On ne conçoit pas de la même façon un bateau de pêche et un navire de croisière.» Le technologue en architecture navale, en collaboration avec des architectes et des ingénieurs, participe à toutes les étapes de la réalisation d'un navire, de la définition des besoins du client à la vérification des systèmes installés à l'intérieur du bateau en passant par l'établissement des échéanciers.

QUALITÉS RECHERCHÉES

«On est presque tous des "patenteux" dans l'âme, explique Jean-Claude Laurin. Il faut avoir aimé jouer, enfant, avec des blocs de construction, à

	Salaire hebdo moyen	Proportion de dipl. en emploi	Emploi relié	Chômage	Nombre de diplômés
2006	548 $	75,0 %	100,0 %	25,0 %	6
2005	N/D	50,0 %	50,0 %	0,0 %	6
2004	648 $	66,7 %	60,0 %	14,3 %	12

Statistiques tirées de la *Relance* - Ministère de l'Éducation, du Loisir et du Sport. Voir données complémentaires, page 369.

Comment interpréter l'information, page 15.

faire, défaire et rebâtir...» En plus d'avoir de la facilité à percevoir les objets en trois dimensions, le technologue en architecture navale doit s'intéresser à la physique, aux mathématiques et au dessin. Il lui faut aussi posséder des méthodes de travail efficaces et une bonne logique.

Le technologue doit faire montre d'initiative et être doté d'un bon jugement, puisqu'il est appelé à prendre plusieurs décisions, comme opter pour tel matériau plutôt que tel autre. Il doit aussi être capable de travailler en collaboration avec d'autres personnes parce que la conception d'un bateau est une affaire d'équipe où l'apport de chacun des membres est important. Le métier demande également une certaine mobilité, les chantiers maritimes étant situés hors des grands centres.

> «Chaque projet est particulier. On ne conçoit pas de la même façon un bateau de pêche et un navire de croisière.»
>
> — Jean-Claude Laurin

DÉFIS ET PERSPECTIVES

Paule Simoneau, coordonnatrice du Département d'architecture navale à l'Institut maritime du Québec, souligne qu'un des principaux défis reliés à ce métier réside dans le fait qu'il n'y a pas deux projets identiques. Chaque fois, il faut s'assurer de répondre aux besoins des clients en tenant compte de ce que la physique et les normes de construction et de sécurité en vigueur permettent, explique-t-elle.

C'est aussi un métier qui offre au diplômé une certaine liberté quant à la manière dont il entend pratiquer sa profession. Par exemple, il peut devenir travailleur autonome et agir comme consultant pour la préparation des plans et devis ou l'inspection des navires. Il peut préférer la stabilité d'un emploi dans la fonction publique, mais là encore, il devra se montrer polyvalent, puisque les navires concernés ne sont pas tous identiques et ils sont soumis à des réglementations différentes.

Le diplômé peut également poursuivre des études en génie dans une université québécoise, ou encore s'inscrire en architecture navale ou en génie maritime à l'Université Memorial de Terre-Neuve ou dans certaines universités d'Angleterre, d'Écosse ou des États-Unis. Il lui est aussi possible de se spécialiser dans certains domaines, comme en restauration de bateaux de bois, formation offerte aux États-Unis. 03/07

HORAIRES ET MILIEUX DE TRAVAIL

- Les diplômés peuvent travailler dans des chantiers navals, des bureaux de conception et de production, des bureaux de dessin, à la fonction publique fédérale ou provinciale dans des ministères comme Transports Canada, Pêches et Océans Canada, la Défense nationale, les Forces canadiennes, dans les services des traversiers et des pêcheries des provinces et pour la Garde côtière.

- Les sociétés de classification internationales (chargées d'inspecter et de certifier la sécurité des navires) et les services techniques des entreprises maritimes embauchent également ce type de diplômés.

- Les diplômés peuvent aussi œuvrer pour des entreprises de construction de bateaux de plaisance.

- Les horaires sont en général réguliers.

Technologie du génie industriel

Martine Lefrançois travaille chez Bombardier Aéronautique. Sa formation en technologie du génie industriel lui a ouvert les portes du service Planification, matières et travaux du grand constructeur. «J'ai toujours été attirée par le défi consistant à optimiser le rendement et la qualité. Chez Bombardier, c'est une mission qui prend tout son sens.»

PROG. 235.BO
PRÉALABLE : 11, VOIR PAGE 16

CHAMPS D'INTÉRÊT
- aime prendre des décisions et assumer des responsabilités
- aime communiquer, persuader et superviser
- aime observer, calculer, analyser, contrôler et organiser
- aime les mathématiques et la technologie
- aime résoudre des problèmes pratiques

APTITUDES
- autonomie, polyvalence, créativité et pragmatisme
- doué pour les chiffres, la géométrie et la mécanique
- méthodique, habile à la planification et à l'organisation
- habileté à convaincre et à communiquer

OFFRE DU PROGRAMME PAR RÉGIONS
Capitale-Nationale, Chaudière-Appalaches, Laurentides, Mauricie, Montérégie, Montréal, Saguenay—Lac-Saint-Jean

Pour connaître les établissements qui offrent ce programme : **www.inforoutefpt.org**

RÔLE ET TÂCHES

«Dans une compagnie aussi importante que Bombardier, les tâches de chacun sont bien définies, explique Martine. Mon rôle est d'apporter un soutien à la production en veillant à l'approvisionnement en matières premières. Je fournis les pièces nécessaires au bon fonctionnement de différents postes de travail. Il peut s'agir de petites pièces ou d'éléments plus importants tels que des trains d'atterrissage ou des pare-brise d'avions. Ce n'est pas un travail routinier. Je peux aussi bien collaborer avec les chaînes de montage s'occupant de la structure des appareils qu'avec celles effectuant les finitions.» Martine considère que le poste qu'elle occupe exige une grande facilité à communiquer. «Je fais le relais entre le plan de production mis en place par la direction et les postes de travail, explique-t-elle. Les contremaîtres et les chefs d'équipe m'indiquent si les délais sont raisonnables ou s'il faut revoir les cadences. Je fais part de cette information à la direction et je contacte les acheteurs afin qu'ils me fournissent la quantité exacte de pièces qui est nécessaire pour obtenir le meilleur rendement.» Un certain nombre de tâches administratives s'ajoutent aux responsabilités de Martine. Elle fait le suivi de tout le matériel qui va en production grâce à un système de codes à barres qui lui indique précisément où se trouvent les pièces. Si l'une d'entre elles n'est pas conforme aux normes, la production en avise la technologue et lui retourne la pièce en question pour qu'elle soit inspectée, mise en quarantaine puis jetée au rebut ou envoyée en réparation. C'est Martine qui gère ces étapes grâce à des logiciels spécialement adaptés et qui émet les rapports de non-conformité.

	Salaire hebdo moyen	Proportion de dipl. en emploi	Emploi relié	Chômage	Nombre de diplômés
2006	651 $	51,2 %	80,0 %	19,2 %	58
2005	562 $	63,0 %	74,1 %	9,4 %	64
2004	602 $	57,1 %	83,3 %	3,0 %	74

Statistiques tirées de la *Relance* - Ministère de l'Éducation, du Loisir et du Sport. Voir données complémentaires, page 369.

Comment interpréter l'information, page 15.

QUALITÉS RECHERCHÉES

«Le technologue en génie industriel doit procéder de façon très rigoureuse, affirme Martine. Ses choix et ses recommandations influencent directement la production; il faut donc être méthodique et savoir anticiper les problèmes. Il faut aussi être en mesure de garder la tête froide lorsqu'on apprend que la production va passer d'un avion aux quatorze jours à un avion aux six jours...» La jeune femme considère qu'il faut être capable de communiquer avec de nombreux intervenants. «Un bon sens de la diplomatie est nécessaire pour expliquer à un chef de service que son équipe va devoir travailler plus vite ou pour dire à la direction que ses objectifs sont vraiment hors d'atteinte.» Les diplômés doivent maîtriser l'anglais, être réceptifs aux nouvelles technologies, aimer l'informatique et les mathématiques. Ces deux derniers points sont essentiels pour gérer les stocks, planifier la production, faire des statistiques ou calculer des coûts.

> **«Il faut être en mesure de garder la tête froide lorsqu'on apprend que la production va passer d'un avion aux quatorze jours à un avion aux six jours...»**
>
> — **Martine Lefrançois**

DÉFIS ET PERSPECTIVES

«Toutes les entreprises désirant améliorer leur productivité, leurs délais de livraison ou la qualité de leurs produits sont susceptibles d'engager nos diplômés», dit Marie-Claude Belhumeur, qui coordonne les stages de la formation en technologie du génie industriel au Collège de Valleyfield. «Le domaine manufacturier est évidemment celui qui demande ce type de compétences, mais il se trouve aussi des technologues dans de grandes entreprises de services telles que Bell Canada ou Hydro-Québec.»

Photo : Cégep Lionel-Groulx

La mondialisation des marchés ouvre grandes les portes de la concurrence. Les compagnies n'ont d'autre choix que d'accroître leur compétitivité. «Cela signifie de nombreux défis pour ces diplômés qui doivent planifier la production avec le souci constant de diminuer les coûts, dit Mme Belhumeur. Il faut des gens réfléchis, capables d'analyser les projets dans leur ensemble et qui aiment autant travailler dans les bureaux qu'en usine. Leurs champs d'action sont très étendus. Ils doivent repenser l'aménagement des postes de travail ou même d'usines entières, simplifier les méthodes et les procédés tout en respectant les normes de santé et de sécurité. C'est un secteur où la veille technologique est également fort importante.» 03/01

HORAIRES ET MILIEUX DE TRAVAIL

- Les diplômés de ce programme peuvent trouver du travail auprès des entreprises manufacturières ou de services ayant besoin de planifier et d'organiser leur production.
- Il y a de l'emploi possible dans certains bureaux de consultants.

- L'environnement de travail est très informatisé.
- Ils travaillent selon des horaires de bureau réguliers.
- Dans ce domaine, il est possible de travailler le soir ou les fins de semaine, là où la production se fait jour et nuit.

FORESTERIE ET PAPIER

CHAMPS D'INTÉRÊT

- aime le travail manuel, en usine ou à l'extérieur
- aime régler et manœuvrer de la machinerie
- aime observer, calculer, analyser, planifier
- aime faire un travail manuel minutieux
- aime le travail en équipe

APTITUDES

- habiletés pour le calcul, l'analyse et les sciences
- dextérité, habileté en mécanique et efficacité d'exécution
- sens de l'observation, logique et discernement
- résistance au bruit et à la poussière
- rigueur et minutie
- autonomie et débrouillardise
- bonne condition physique
- esprit de collaboration

Les entreprises les plus avancées sur le plan technologique seront certainement les plus performantes de l'industrie forestière ces prochaines années. Peu nombreux, les techniciens qualifiés qui maîtrisent parfaitement la technologie seront donc recherchés dans les régions-ressources du Québec, comme l'Abitibi-Témiscamingue et le Saguenay–Lac-Saint-Jean.

Source :
Les carrières d'avenir 2007,
Les Éditions Jobboom.

RESSOURCES INTERNET

MINISTÈRE DE L'ÉDUCATION, DU LOISIR ET DU SPORT DU QUÉBEC – SECTEURS DE FORMATION
www.meq.gouv.qc.ca/ ens-sup/ens-coll/program/ ProgEtab.asp?vToken=s120
Vous trouverez sur cette page une description des programmes de ce secteur de formation, comprenant, pour chacun, les exigences d'admission, les objectifs de formation et une liste d'établissements d'enseignement.

COMITÉ SECTORIEL DE MAIN-D'ŒUVRE DES INDUSTRIES DE LA TRANSFORMATION DU BOIS
www.csmobois.qc.ca
Ce site est tout indiqué pour en savoir plus sur l'industrie de la transformation du bois. Vous y trouverez notamment des renseignements sur les programmes de formation offerts à chacun des ordres d'enseignement.

COMITÉ SECTORIEL DE MAIN-D'ŒUVRE EN AMÉNAGEMENT FORESTIER
www.csmoaf.com
Un site qui ouvre une fenêtre sur le dynamisme de ce secteur d'activité et de sa main-d'œuvre. Au menu : de l'information sur les métiers, les dernières nouvelles de l'industrie et des rapports d'études.

CONSEIL DE L'INDUSTRIE FORESTIÈRE
www.cifq.qc.ca
Un site qui présente une description détaillée des industries de la forêt, du bois de sciage et des pâtes et papiers au Québec.

Technologie de la transformation des produits forestiers

«J'ai choisi cette profession, car elle me permet d'exercer des tâches aussi bien manuelles qu'intellectuelles et de travailler autant dans une usine que dans un bureau», précise Richard Therriault. Contrôleur de la qualité chez Bois BSL, une entreprise de transformation de planchers de bois franc, il se dit comblé par la diversité de son travail.

PROG. 190.AO
PRÉALABLE : 10, VOIR PAGE 16

CHAMPS D'INTÉRÊT
• aime superviser et coordonner des activités de production
• aime résoudre des problèmes
• aime travailler en usine
• aime travailler en équipe

APTITUDES
• polyvalence
• leadership
• sens des responsabilités et de l'organisation
• habileté en informatique

OFFRE DU PROGRAMME PAR RÉGIONS
Bas-Saint-Laurent, Capitale-Nationale, Laurentides, Saguenay—Lac-Saint-Jean

Pour connaître les établissements qui offrent ce programme : www.inforoutefpt.org

RÔLE ET TÂCHES

Dans le bruit et la poussière des usines de Bois BSL, à Mont-Joli, dans le Bas-Saint-Laurent, Richard s'assure de la qualité des produits à toutes les étapes de la production. Pour cela, le diplômé en transformation des produits forestiers voit à ce que la réglementation de l'entreprise soit bien respectée et qu'il y ait le moins de perte de bois possible. Casque protecteur sur la tête, bottes de sécurité aux pieds, son travail l'amène à se déplacer à travers les cinq usines juxtaposées de la compagnie afin d'être présent à chacune des étapes du processus de transformation.

La première étape est la vérification du délignage du bois, qui consiste à scier des planches selon une largeur et une épaisseur préétablies. À partir d'un échantillonnage, Richard s'assure que les dimensions ont été respectées. Puis, il voit à ce que les employés fassent une utilisation optimale du bois afin qu'il y ait le moins de résidus possible. Il en profite pour répondre à leurs questions et n'hésite pas à leur prodiguer des conseils. Il fait aussi une évaluation de leur travail en remplissant des fiches prévues à cet effet.

La deuxième étape de sa tournée l'amène à voir le processus de fabrication des planches de bois. Richard veille alors à ce que tous les paramètres de fabrication soient respectés. Il évalue aussi le travail des employés. «C'est essentiel, car un employé qui ne fait pas son travail correctement peut facilement entraîner des pertes de 250 $ l'heure pour l'entreprise.»

	Salaire hebdo moyen	Proportion de dipl. en emploi	Emploi relié	Chômage	Nombre de diplômés
2006	708 $	71,4 %	100,0 %	16,7 %	8
2005	777 $	78,6 %	100,0 %	0,0 %	18
2004	714 $	79,2 %	76,5 %	0,0 %	31

Statistiques tirées de la *Relance* - Ministère de l'Éducation, du Loisir et du Sport. Voir données complémentaires, page 369.

Comment interpréter l'information, page 15.

Le dernier point de contrôle se trouve au moment du vernissage des planches. Là, Richard s'assure que les travailleurs vernissent les planches selon les normes de l'entreprise et il évalue encore une fois leur travail.

En plus des tâches en usine qui occupent 70 % de son temps, Richard donne de la formation aux nouveaux employés. Il les renseigne sur la transformation du bois ainsi que sur les normes à respecter. Dans son bureau, il compile et analyse les résultats obtenus en usine sur le pourcentage de bois récupéré.

QUALITÉS RECHERCHÉES

Pour mener à bien ses fonctions et diriger des dizaines d'employés, il est nécessaire selon Richard de posséder des qualités de leadership et d'aimer travailler en équipe. De plus, il est essentiel d'être responsable et débrouillard. «Personne ne me donne de directives. Je dois donc prendre l'initiative lorsque les problèmes se présentent», précise le technicien.

La mission première du technicien de la transformation des produits forestiers est de faire une utilisation optimale du bois transformé en entreprise. Être minutieux et avoir toujours en tête le souci de la récupération sont donc des qualités à posséder.

DÉFIS ET PERSPECTIVES

Isabelle Frigon, enseignante au Cégep de Saint-Félicien, estime que les diplômés auront le défi de faire participer activement tous les travailleurs à l'amélioration des performances de l'usine. «De plus en plus, on assiste à l'implantation d'une gestion participative dans les entreprises; tous les employés sont appelés à trouver des solutions aux problèmes liés à la qualité et à la production.» Les diplômés auront donc à intégrer ce nouveau style de gestion et à l'appliquer.

Selon l'enseignante, l'utilisation maximale des matières premières devrait se complexifier davantage dans l'avenir. Cela amènera les techniciens à devoir innover. «Les matières premières sont de plus en plus coûteuses, notamment par l'augmentation du coût des droits de coupe. Comme la marge de profit s'amincit, il revient au technicien d'optimiser le rendement du bois lors de la production.» 03/03

> **La mission première du technicien de la transformation des produits forestiers est de faire une utilisation optimale du bois transformé en entreprise.**

Photo - André Bléhen

HORAIRES ET MILIEUX DE TRAVAIL

- Les techniciens exercent leur métier dans des entreprises de première et deuxième transformation du bois telles que les usines de sciage, de traitement de bois, de fabrication de panneaux et de fabrication de composantes de meubles.

- Les techniciens peuvent être appelés à travailler de jour, de soir ou de nuit dans les usines qui fonctionnent 24 heures par jour.

- Les techniciens partagent leur temps entre l'usine, le bureau ou le laboratoire.

DEC

Technologie forestière

Mario Cousineau considère la forêt comme sa deuxième maison. Enfant, il adorait l'explorer, et la chasse et la pêche le passionnaient. Aujourd'hui, même si son travail actuel le confine dans un bureau — il est responsable de la mise en marché au Syndicat des producteurs de bois de l'Abitibi-Témiscamingue —, la forêt a toujours une place dans son cœur.

PROG. 190.B0
PRÉALABLE : 0, VOIR PAGE 16

CHAMPS D'INTÉRÊT

- aime le travail en forêt
- aime faire un travail saisonnier et à horaire irrégulier
- aime observer, calculer et dessiner
- aime lire et analyser des cartes et des données
- aime communiquer, coordonner, superviser

APTITUDES

- bonne condition physique
- excellente faculté d'adaptation et débrouillardise
- bonne perception spatiale et facilité à calculer
- initiative et facilité à communiquer
- aisance avec l'informatique

OFFRE DU PROGRAMME PAR RÉGIONS
Abitibi-Témiscamingue, Bas-Saint-Laurent, Capitale-Nationale, Côte-Nord, Gaspésie—Îles-de-la-Madeleine, Saguenay—Lac-Saint-Jean

Pour connaître les établissements qui offrent ce programme : **www.inforoutefpt.org**

RÔLE ET TÂCHES

Tout particulier propriétaire d'un boisé et qui désire l'exploiter doit contacter le Syndicat des producteurs de bois de sa région pour obtenir un certificat d'autorisation de coupe et de récolte de son lot, dont le bois sera vendu en usine. «On sert d'intermédiaire entre le producteur privé et l'usine de sciage ou de transformation du bois», explique Mario.

Dans ses fonctions, le responsable de la mise en marché rencontre les producteurs, les informe des procédures et négocie les ententes avec les usines quant aux volumes à produire et aux prix du bois.

«Je reçois environ 70 appels téléphoniques par jour, précise Mario. La majeure partie de mon travail concerne le règlement des conflits entre les producteurs et les transporteurs de bois ou l'usine. J'ai deux inspecteurs qui sont en quelque sorte mes yeux sur le terrain : ils vont sur place constater les faits et m'en informent.»

En début de carrière, la formation conduit habituellement au métier de technologue forestier. De concert avec l'ingénieur forestier, son patron, il travaille à maximiser le rendement à long terme des forêts, en respectant des critères et des normes d'exploitation forestière et de conservation des ressources. La plantation, l'entretien, les traitements sylvicoles – comme le reboisement ou le dégagement d'une plantation – et la coupe, incluant la construction de chemins, le choix des méthodes de récolte et de transport du bois, constituent l'essentiel de ses responsabilités.

	Salaire hebdo moyen	Proportion de dipl. en emploi	Emploi relié	Chômage	Nombre de diplômés
2006	641 $	44,2 %	64,7 %	17,4 %	61
2005	596 $	34,2 %	84,6 %	31,6 %	108
2004	599 $	47,3 %	73,2 %	27,1 %	121

Statistiques tirées de la *Relance* - Ministère de l'Éducation, du Loisir et du Sport. Voir données complémentaires, page 369.

Comment interpréter l'information, page 15.

Le technologue forestier doit planifier, organiser et diriger les opérations – lesquelles sont effectuées par une équipe d'ouvriers forestiers spécialisés – et s'assurer que le travail respecte les normes de qualité préétablies. Son intervention prend fin lorsque le bois entre à l'usine.

QUALITÉS RECHERCHÉES

Le sens de l'organisation est l'une des qualités premières des diplômés dans ce domaine. «Le sens de l'initiative et la débrouillardise sont également essentiels, fait valoir Mario, car on est confronté à toutes sortes d'imprévus qui demandent de prendre des décisions rapidement. Il faut être fonceur, tenace et ne pas se laisser marcher sur les pieds, tout en faisant preuve de diplomatie.» Un bon esprit d'équipe facilite également les relations avec les autres travailleurs.

Le travail du technologue s'effectue souvent en forêt dans des conditions climatiques qui peuvent être difficiles, en régions éloignées et pendant plusieurs heures d'affilée.

Douillets s'abstenir! Le travail du technologue s'effectue souvent en forêt dans des conditions climatiques qui peuvent être difficiles, en régions éloignées et pendant plusieurs heures d'affilée. Cela nécessite une excellente forme physique et une capacité à supporter l'isolement. Enfin, un bon sens de l'orientation est indispensable pour ne pas se perdre en forêt.

DÉFIS ET PERSPECTIVES

Selon Pierre Brochu, coordonnateur du programme *Technologie forestière* au Cégep de Sainte-Foy, le secteur connaît depuis quelques années un important virage technologique. Ainsi, aujourd'hui, les travailleurs utilisent couramment des logiciels de cartographie et des systèmes mondiaux de positionnement (GPS).

Photo : Cégep de l'Abitibi-Témiscamingue

Par ailleurs, la tendance au développement durable et à la préservation des écosystèmes est à la hausse, souligne le responsable. Il cite en exemples les positions du chanteur Richard Desjardins et le rapport de la commission Coulombe déposé en décembre 2004, sur la gestion de la forêt. «Pour éviter les ruptures de stock, il faut bien gérer la ressource et penser aux conséquences à long terme.»

L'industrie a aussi comme défi de redorer son blason, croit Pierre Brochu. «Nous sommes parfois perçus comme les méchants qui coupent les arbres... En outre, les conditions de travail des travailleurs gagnent à être améliorées.» 02/05

HORAIRES ET MILIEUX DE TRAVAIL

- Les principaux employeurs sont le ministère des Ressources naturelles du Canada, les organismes de gestion en commun (OGC), les scieries, les papetières et les usines de transformation des produits forestiers.

- L'hiver, le travail se fait généralement à l'intérieur, pour la rédaction des rapports ou l'interprétation des photos aériennes par exemple, et les horaires sont réguliers, soit de 9 h à 17 h, cinq jours par semaine.

- L'été, pendant les périodes de pointe (de mai à décembre), le technicien peut travailler de 50 à 60 heures par semaine. Le travail en forêt se fait du lever au coucher du soleil. En région éloignée, le travailleur peut être en service neuf jours consécutifs, suivis de cinq jours de congé.

Technologies des pâtes et papiers

«C'est un stage dans l'industrie des pâtes et papiers qui m'a donné le goût de travailler dans ce domaine», explique Yannick Dubois, diplômé en techniques papetières. Aujourd'hui, il travaille pour EKA Chimie Canada, un fabricant de produits chimiques qui vend notamment des produits développés spécifiquement pour les usines de désencrage.

PROG. 232.AO
PRÉALABLES : 12, 30, 40, VOIR P. 16

CHAMPS D'INTÉRÊT

- aime observer, calculer, vérifier et manipuler
- aime analyser et résoudre des problèmes concrets
- aime la chimie et le travail en laboratoire
- aime le travail manuel en usine et la technologie (opérateur)
- aime la vente et le public (représentant)

APTITUDES

- facilité pour les sciences (chimie, physique, math)
- habileté à utiliser l'informatique
- sens de l'observation, minutie et débrouillardise
- initiative et jugement
- facilité à communiquer et bilinguisme

OFFRE DU PROGRAMME PAR RÉGIONS
Mauricie

Pour connaître les établissements qui offrent ce programme : www.inforoutefpt.org

RÔLE ET TÂCHES

En tant que technologue chargé du service à la clientèle, Yannick Dubois cumule différentes responsabilités, tant techniques que commerciales. «L'entreprise pour laquelle je travaille est spécialisée dans les savons servant à éliminer l'encre du papier recyclé, dit-il. Mon rôle auprès des clients est d'effectuer le suivi de la qualité et des procédés. Je m'assure que le désencrage est optimal, qu'il ne subsiste pas de matières collantes et que la blancheur et la brillance de la pâte sont conformes aux normes de qualité.» Le jeune homme doit également veiller à l'entretien des équipements, car la compagnie loue à ses clients des systèmes de pompes utilisés lors du traitement. «Je collabore aussi bien avec les opérateurs de production qu'avec les directeurs d'usine, dit-il. Ma double qualité de technicien et de représentant m'amène à dispenser des programmes de formation aux opérateurs, mais aussi à informer nos clients des nouvelles technologies développées par la compagnie.» Yannick considère que lorsqu'on travaille pour les papetières, il est aussi important de se spécialiser dans un secteur précis que de connaître tous les domaines de la filière. Dans les produits recyclés, par exemple, il faut savoir que l'on distingue la période estivale de la période hivernale. En été, à cause de la chaleur, l'encre s'incruste dans les fibres et il est plus difficile de l'en extraire. Il faut donc tenir compte de ces détails dans la recette de produits chimiques utilisée. Yannick apprécie également la partie de son travail lui permettant de faire de la représentation. «J'ai la chance d'avoir un mandat commercial en plus de mes tâches techniques, dit-il. La représentation me

	Salaire hebdo moyen	Proportion de dipl. en emploi	Emploi relié	Chômage	Nombre de diplômés
2006	923 $	91,7 %	45,5 %	0,0 %	18
2005	950 $	80,0 %	90,9 %	7,7 %	20
2004	840 $	75,0 %	88,9 %	10,0 %	16

Statistiques tirées de la *Relance* - Ministère de l'Éducation, du Loisir et du Sport. Voir données complémentaires, page 369.

Comment interpréter l'information, page 15.

permet de voyager à travers le Canada et les États-Unis et de faire des rencontres professionnelles très enrichissantes sur le plan humain.»

QUALITÉS RECHERCHÉES

Le technologue en pâtes et papiers travaille constamment en équipe. Il lui faut s'adapter aux personnes qu'il rencontre. «C'est encore plus vrai dans mon cas, affirme Yannick. Je suis en contact avec les représentants, la direction, la production, les techniciens de laboratoire. Des gens tous aussi différents les uns que les autres.» La complexité du contrôle de la qualité exige rigueur et minutie. La disponibilité fait également partie des qualités nécessaires à l'exercice du métier. «Dans le domaine de la production, les usines tournent 24 heures sur 24. Il m'arrive de travailler parfois très tard pour régler un problème sur la qualité de la pâte. Il faut être flexible et disponible.» La maîtrise de l'anglais est un bon atout pour ceux qui se destinent au soutien technique ou à la représentation pour les fournisseurs des papetières.

> «Je m'assure que le désencrage est optimal, qu'il ne subsiste pas de matières collantes et que la blancheur et la brillance de la pâte sont conformes aux normes de qualité.»
>
> — Yannick Dubois

DÉFIS ET PERSPECTIVES

«La polyvalence et la compétence de nos diplômés en techniques papetières en font des recrues de choix pour l'industrie des pâtes et papiers, soutient Jean Leclerc, coordonnateur du programme au Cégep de Trois Rivières. Certaines usines exigent même ce DEC pour leurs postes d'opérateurs.» Selon lui, le secteur des pâtes et papiers a besoin de relève. De nombreux travailleurs du secteur partent à la retraite et le renouvellement pourrait être insuffisant. C'est un constat qui est malgré tout tempéré par les rachats et les fusions qui touchent le secteur et modifient le tableau à court terme. À la suite de ces restructurations, certaines compagnies ont en effet gelé l'embauche de nouveaux employés. «Mais le développement des techniques de recyclage, de désencrage et de blanchiment exige l'embauche de techniciens très qualifiés», tient à souligner M. Leclerc.

Photo : Cégep de Trois-Rivières

Même si le secteur a longtemps véhiculé l'image d'une industrie tradition-nelle un peu vieillotte, Jean Leclerc affirme qu'il n'en est rien. «C'est un do-maine de technologie de pointe, très dynamique, où il faut sans cesse se tenir au courant des innovations. Avec une formation en techniques papetières, les diplômés peuvent aussi bien travailler en production qu'au contrôle de la qualité ou comme représentants pour les fournisseurs des papetières.» 02/01

HORAIRES ET MILIEUX DE TRAVAIL

• Les diplômés peuvent travailler pour les compagnies papetières et leurs fournisseurs.

• Ils travaillent en usine, à la production ou au contrôle de la qualité.

• Ils peuvent aussi faire du soutien technique auprès des fournisseurs de biens et de services ou travailler en recherche et en développement.

• C'est un milieu de travail bruyant, en usine.

• Les horaires de travail peuvent s'établir de jour, de soir et de nuit, parfois par tranches de 12 heures.

COMMUNICATION ET DOCUMENTATION

CHAMPS D'INTÉRÊT

- aime le travail en équipe
- aime la lecture et les arts en général
- aime imaginer et innover en fonction d'un besoin précis
- aime le travail de précision
- aime manipuler de l'équipement électronique ou informatique

APTITUDES

- acuité (visuelle ou auditive) et dextérité manuelle
- créativité, précision et minutie
- grande faculté de concentration
- sens esthétique
- maîtrise de la langue parlée et écrite

La radio, la télévision,
le cinéma, les médias écrits
et la publicité emploient environ
67 000 personnes au Québec.
Les spécialistes de l'industrie
prévoient que le nombre
de professionnels des
communications augmentera
au cours des prochaines
années. En radiodiffusion
et en presse écrite, l'emploi
créé est toutefois synonyme
de travail à la pige dans bien
des cas.

Source :
Les carrières d'avenir 2007,
Les Éditions Jobboom.

RESSOURCES INTERNET

MINISTÈRE DE L'ÉDUCATION, DU LOISIR ET DU SPORT DU QUÉBEC – SECTEURS DE FORMATION
www.meq.gouv.qc.ca/
ens-sup/ens-coll/program/
ProgEtab.asp?vToken=s130
Vous trouverez sur cette page une description des programmes de ce secteur de formation, comprenant, pour chacun, les exigences d'admission, les objectifs de formation et une liste d'établissements d'enseignement.

COMITÉ SECTORIEL DE MAIN-D'ŒUVRE DES COMMUNICATIONS GRAPHIQUES DU QUÉBEC
www.impressionsgraphiques.qc.ca
Pour en savoir plus sur les besoins de main-d'œuvre en communications graphiques.

ASSOCIATION POUR L'AVANCEMENT DES SCIENCES ET DES TECHNIQUES DE LA DOCUMENTATION
www.asted.org
Un site essentiel pour ceux qui s'intéressent aux métiers de la documentation. On y trouve des nouvelles sur l'évolution du secteur, de même que des études et des publications.

FÉDÉRATION NATIONALE DES COMMUNICATIONS
www.fncom.org
Cette fédération défend les intérêts économiques, sociaux, politiques et professionnels des travailleurs de l'industrie des communications.

Dessin animé

Si vous avez un talent manifeste pour le dessin et que vous aimeriez voir bouger les personnages que vous griffonnez, vous auriez avantage à considérer la formation collégiale en dessin animé. À ne pas confondre avec l'animation 3D par ordinateur, dont sont issues des productions comme *Shrek* et autres *Némo*, le dessin animé doit plutôt être associé à des films comme *Bambi* ou *Le Roi Lion*, qui sont l'œuvre d'artistes de la planche à dessin.

PROG. 574.A0
PRÉALABLE : 0, VOIR PAGE 16

CHAMPS D'INTÉRÊT

- se passionne pour les arts et le secteur culturel en général
- aime les jeux vidéo
- aime dessiner au crayon et à l'ordinateur
- aime faire un travail de précision
- aime travailler dans un milieu hautement informatisé et créatif

APTITUDES

- créativité, grand talent en dessin et bonne connaissance des arts en général
- facilité à communiquer et à travailler en équipe
- facilité d'adaptation aux horaires variables
- curiosité intellectuelle

OFFRE DU PROGRAMME PAR RÉGIONS
Montréal

Pour connaître les établissements qui offrent ce programme : **www.inforoutefpt.org**

RÔLE ET TÂCHES

«Une journée type? Il n'y en a pas!» s'exclame Marie-Ève Chartrand, diplômée du DEC en dessin animé du Cégep du Vieux Montréal. Le travail étant presque exclusivement à forfait, les tâches varient en effet constamment. Actuellement, elle est artiste-démo chez Toon Boom Animation; elle forme des animateurs afin qu'ils puissent travailler avec de nouveaux logiciels de traitement de dessin animé. À la base, un diplômé peut concevoir des personnages, des lieux ou des accessoires pour un long métrage, une série télévisée ou des publicités. Les artistes en dessin animé sont également sollicités pour l'animation de sites Web. Plusieurs se dirigent vers l'illustration, qui consiste à dessiner pour illustrer des ouvrages généralement imprimés.

Le processus d'animation comporte plusieurs étapes. Le dessinateur principal prépare des croquis, des ébauches. Ceux-ci sont ensuite numérisés pour être traités à l'ordinateur par d'autres artistes, qui feront ce qu'on appelle la mise au net, afin d'ajouter la couleur, les mouvements de caméra, etc. La plupart des artistes en dessin animé font d'ailleurs leur entrée dans le domaine comme artistes de mise au net. C'est toutefois le réalisateur qui leur dicte les effets voulus, les couleurs et les mouvements de caméra recherchés.

Marie-Ève, elle, est tombée dans l'univers du dessin quand elle était petite! «J'ai toujours adoré dessiner; quand je faisais un dessin, j'aurais voulu le voir bouger. Je suis arrivée au cégep au moment où la formation commençait et j'ai sauté dedans à pieds joints!»

	Salaire hebdo moyen	Proportion de dipl. en emploi	Emploi relié	Chômage	Nombre de diplômés
2006	539 $	80,0 %	33,3 %	0,0 %	25
2005	501 $	76,9 %	80,0 %	9,1 %	14
2004	369 $	61,5 %	42,9 %	20,0 %	19

Statistiques tirées de la *Relance* - Ministère de l'Éducation, du Loisir et du Sport. Voir données complémentaires, page 369.

Comment interpréter l'information, page 15.

QUALITÉS RECHERCHÉES

Une maîtrise parfaite du dessin est évidemment un préalable. Mais il faut aussi savoir se vendre et être persévérant. «Après chaque contrat, tout est à recommencer en ce qui concerne la recherche d'emploi», souligne Marie-Ève.

Une bonne résistance au stress est souhaitable, car les heures de travail s'allongent à l'approche des dates de tombée des productions.

De plus, il faut apprendre à mettre sa propre créativité de côté quand on travaille aux projets d'autres créateurs. Il est également nécessaire de maintenir à jour sa connaissance des nouveaux logiciels.

DÉFIS ET PERSPECTIVES

Selon Pierre Grenier, coordonnateur du Département de cinéma d'animation au Cégep du Vieux Montréal, «les diplômés doivent éviter de tout faire à la dernière minute et être conscients de l'importance des dates de tombée. S'ils ne livrent pas le travail à temps, c'est catastrophique à la fois pour le client et pour leur propre réputation.» Or, se faire connaître et respecter dans le milieu représente justement un autre défi de taille.

> Une maîtrise parfaite du dessin est évidemment un préalable. Mais il faut aussi savoir se vendre et être persévérant.

Dans un monde idéal, tous les diplômés pourraient aspirer au rôle de dessinateur principal mais, dans les faits, les artistes d'ici œuvrent surtout à la postproduction (coloration, assemblage, etc.). Les grandes séries télévisées sont animées en Chine ou au Chili, notamment. Caillou, par exemple, est chinois! Quant aux longs métrages, ils sont généralement faits aux États-Unis et en Angleterre. Cependant, une personne qui parvient à établir sa réputation peut rapidement devenir superviseur d'une équipe d'artistes de mise au net, chef de service ou même réalisateur.

À la base, le dessin animé provient et proviendra toujours d'une planche à dessin. Son traitement, cependant, est en évolution, souligne Pierre Grenier. «Le dessin animé utilise de plus en plus le 3D pour réaliser certaines choses très difficiles à faire à la main, des véhicules par exemple, ou encore des mouvements de caméra très compliqués. Ces temps-ci, le dessin animé se cherche un peu, mais il ne risque pas de disparaître.» 03/05

HORAIRES ET MILIEUX DE TRAVAIL

- Les milieux de travail varient énormément, de l'atelier à dessin où les ordinateurs sont installés les uns à côté des autres et les artistes payés au dessin, au studio où les artistes ont de l'espace, du temps et des moyens considérables.

- Les horaires sont irréguliers et dépendent entièrement de la nature du contrat.

- L'attribution du travail fonctionne par contrats, dont la durée peut varier de quelques jours à quelques mois ou davantage.

- L'ambiance de travail est habituellement très conviviale.

Gestion de projet en communications graphiques

C'est un pur hasard qui a amené Annie Boucher vers des études en gestion de l'imprimerie. «J'ai voulu essayer, j'ai adoré et j'y suis restée!» lance la diplômée qui travaille aujourd'hui chez Graphiscan, à Québec, une entreprise spécialisée en impression.

PROG. 581.CO
PRÉALABLE : 10, VOIR PAGE 16

CHAMPS D'INTÉRÊT
- aime coordonner et superviser des projets
- aime travailler en équipe
- aime travailler sous pression
- aime exploiter les nouvelles technologies

APTITUDES
- facilité à résoudre des problèmes
- sens des responsabilités et de l'éthique
- sens de l'organisation
- bilinguisme

OFFRE DU PROGRAMME PAR RÉGIONS
Chaudière-Appalaches, Montréal

Pour connaître les établissements qui offrent ce programme : **www.inforoutefpt.org**

RÔLE ET TÂCHES

Annie a eu la piqûre du métier au cours des stages en milieu de travail qu'elle a effectués lors de ses études au Cégep Beauce-Appalaches. «J'ai fait mon dernier stage chez Graphiscan et j'y suis restée», raconte la jeune femme. Engagée comme estimatrice, son rôle consiste à évaluer le coût de production de chacune des étapes du processus d'impression. Quel que soit le produit demandé – affiches, dépliants, brochures, cartes professionnelles –, Annie évalue les coûts de préimpression (infographie, numérisation d'images), d'impression et de finition (pliage, assemblage des documents) afin d'offrir aux clients les meilleurs prix.

Tout d'abord, le représentant des ventes de l'entreprise lui transmet la commande du client. Cela la renseigne sur le produit demandé, le genre de papier désiré, le format, la quantité, le nombre de couleurs, etc. Une fois l'information en main, Annie estime à l'aide d'un logiciel maison le coût lié à chacune des étapes de l'impression. Pour obtenir certains prix, elle s'informe auprès de sous-traitants et consulte les catalogues des fournisseurs. Il lui arrive aussi de se renseigner auprès des employés de la production afin de connaître le meilleur procédé technique pour atteindre le résultat d'impression voulu. Finalement, elle donne son estimation au représentant, qui la présentera au client.

Les diplômés en gestion de l'imprimerie ne deviennent pas tous estimateurs comme Annie. Certains optent pour la vente, d'autres pour la production. Les premiers négocient et concluent les ventes de produits

	Salaire hebdo moyen	Proportion de dipl. en emploi	Emploi relié	Chômage	Nombre de diplômés
2006	632 $	70,0 %	100,0 %	0,0 %	12
2005	514 $	72,7 %	87,5 %	11,1 %	13
2004	528 $	100,0 %	62,5 %	0,0 %	11

Statistiques tirées de la *Relance* - Ministère de l'Éducation, du Loisir et du Sport. Voir données complémentaires, page 369.

Comment interpréter l'information, page 15.

imprimés avec des compagnies ou des particuliers. Quant aux seconds, ils supervisent et coordonnent les activités d'employés chargés de la fabrication des produits imprimés.

QUALITÉS RECHERCHÉES

Selon Annie, l'esprit d'analyse se révèle essentiel pour arriver à de justes estimations. «On doit avoir une vision globale des différentes étapes par lesquelles va passer le produit. Il est important de connaître toute la chaîne de production, des matières premières aux équipements.» Comme l'estimatrice travaille à la fois avec les clients, les représentants et les responsables de la production, il faut aimer travailler en équipe et savoir établir de bonnes relations avec les autres. Avoir une bonne résistance au stress et le sens de l'organisation sont des atouts pour pouvoir gérer plusieurs commandes à la fois et résoudre les problèmes qui surgissent régulièrement en cours de production. La diplômée qui jongle quotidiennement avec les chiffres doit également avoir une certaine facilité avec les mathématiques. La rigueur et la précision aident aussi à réaliser les meilleures estimations.

> «On doit avoir la vision globale des différentes étapes par lesquelles va passer le produit. Il est important de connaître toute la chaîne de production, des matières premières aux équipements.»
>
> — Annie Boucher

Finalement, le technicien de gestion de l'imprimerie est appelé à prendre des décisions qui vont entraîner des coûts de production importants pour l'entreprise pour laquelle il travaille. Il lui faut donc avoir le sens des responsabilités et une bonne éthique.

Photo : Cégep Beauce-Appalaches

DÉFIS ET PERSPECTIVES

Pour être compétitif dans ce milieu, le diplômé doit maintenir à jour ses connaissances des dernières technologies et des méthodes de production utilisées dans les autres entreprises, estime Jean-Philippe Aubé, coordonnateur du programme de techniques de gestion de l'imprimerie au Cégep Beauce-Appalaches. «Le technicien devra régulièrement mettre à jour ses connaissances en ce qui a trait aux nouveaux procédés et aux nouveaux équipements de production, qui continueront d'évoluer considérablement au cours des prochaines années. Il devra également connaître les caractéristiques techniques d'outils plus informatisés et automatisés.» Posséder une excellente maîtrise de l'anglais permet de décrocher un emploi plus rapidement, ajoute Jean-Philippe Aubé. 03/03

HORAIRES ET MILIEUX DE TRAVAIL

• Les diplômés peuvent travailler dans les imprimeries, les ateliers de préimpression et de reliure et les maisons d'édition.

• L'horaire de travail des techniciens est généralement de 9 h à 17 h, mais peut aussi être de soir et de nuit chez certains imprimeurs.

Graphisme

«Je suis tombé amoureux du graphisme, déclare tout de go Martin Dubois. Avant le cégep, je ne savais même pas de quoi il s'agissait. J'aimais le dessin, et mon conseiller d'orientation m'avait inscrit à un stage d'une journée en graphisme. Ç'a été une révélation!»

PROG. 570.A0
PRÉALABLE : 0, VOIR PAGE 16

CHAMPS D'INTÉRÊT

- aime communiquer et traduire un message en images
- aime le dessin, les formes et les images
- aime le travail sur ordinateur
- aime imaginer et créer à partir d'un besoin précis

APTITUDES

- grande acuité de perception visuelle et de discrimination des formes
- sens esthétique et de la créativité
- être consciencieux et très minutieux
- grande facilité à utiliser l'informatique
- résistance au stress

OFFRE DU PROGRAMME PAR RÉGIONS
Bas-Saint-Laurent, Capitale-Nationale, Estrie, Montréal

Pour connaître les établissements qui offrent ce programme : **www.inforoutefpt.org**

RÔLE ET TÂCHES

Martin travaille aux Ateliers graphiques de Saint-Jean-sur-Richelieu. Il conçoit et met en pages des publicités. «Mon rôle est de faire le montage des publicités qui sont insérées dans les différentes publications. À la demande du client, je scanne les photos, je choisis les typographies et les couleurs, puis je dispose tous ces éléments le plus efficacement possible. En fonction de l'emplacement qui a été acheté par le client, les contraintes peuvent être différentes. Je travaille en couleurs ou en noir et blanc, sur des pleines pages ou des formats plus petits. C'est toujours un défi d'obtenir le meilleur résultat malgré toutes les contraintes.» Dans le domaine de la presse et de l'édition, le graphiste doit souvent composer avec des délais serrés.

Martin travaille exclusivement pour des hebdomadaires qui bouclent leurs pages lors de la fin de semaine. Sa journée commence à 16 heures et s'achève vers minuit et demi. Il s'occupe parfois de cahiers spéciaux. Ce sont des projets particuliers qui demandent plus de temps et de recherches. Dans ces cahiers, les annonceurs se regroupent pour présenter leurs produits ou leurs services sur plusieurs pages. C'est un travail de conception beaucoup plus créatif, qu'il adore. «Lorsqu'on travaille en graphisme, il faut s'attendre à passer environ 80 % de son temps devant un ordinateur, dit Martin. Tout le processus est informatisé. Je reçois les pages des journaux dans lesquelles le texte est déjà monté. J'y ajoute mes publicités, qui vont ensuite en correction et sont validées par le vendeur. Il ne reste plus qu'à envoyer le tout chez l'imprimeur. Même si l'on fait quelques croquis à la main, il est impératif de maîtriser les trois logiciels

	Salaire hebdo moyen	Proportion de dipl. en emploi	Emploi relié	Chômage	Nombre de diplômés
2006	477 $	60,3 %	78,4 %	4,7 %	288
2005	420 $	63,3 %	52,0 %	9,4 %	279
2004	424 $	59,9 %	65,3 %	10,1 %	286

Statistiques tirées de la *Relance* - Ministère de l'Éducation, du Loisir et du Sport. Voir données complémentaires, page 369.

Comment interpréter l'information, page 15.

de mise en pages, de retouche d'image et d'illustration qui sont devenus des références dans le domaine.»

QUALITÉS RECHERCHÉES

Le graphisme est une discipline où la créativité tient une place importante. «Le client n'a bien souvent qu'un vague concept en tête, raconte Martin. Il faut pouvoir imaginer le visuel qui correspond le mieux à ses attentes.»

À son avis, la rigueur est aussi essentielle. En effet, une erreur dans le texte ou dans la mise en pages d'une publicité implique des frais et des délais supplémentaires. Le stress fait partie intégrante du métier. «C'est sûr que ce n'est pas facile de travailler sous pression, mais on finit par s'y faire. Il ne faut pas avoir peur de passer des heures à l'ordinateur tout en étant un peu bousculé.»

Dans le domaine de la presse et de l'édition, le graphiste doit souvent composer avec des délais serrés.

DÉFIS ET PERSPECTIVES

«Les diplômés en graphisme sont des gens foncièrement motivés, dit Michel Godin, coordonnateur du programme au Cégep Marie-Victorin. C'est un domaine qui demande de la passion et de la persévérance. Munis de ces deux qualités, les graphistes peuvent intégrer des agences de publicité, des bureaux de graphisme, des maisons d'édition ou toute entreprise qui aurait besoin de leurs talents de conception et de réalisation.»

Dans ce domaine, la capacité d'adaptation et l'ouverture d'esprit l'emportent sur la technique, selon M. Godin. «On cherche des gens qui ont un esprit créatif et une certaine curiosité, dit-il. On leur enseigne des méthodes de travail et c'est ensuite à eux de s'adapter aux besoins de leurs clients ou de leurs employeurs. Cela nécessite beaucoup d'autonomie et de disponibilité, surtout dans un milieu où la plupart des travaux sont à terminer pour hier...» M. Godin explique que le multimédia emploie de plus en plus de graphistes, qui sont appelés à concevoir des pages Web ou des documents interactifs. «Quasiment toutes les entreprises possèdent leur site Internet, dit-il. Ça prend des gens qui ont le sens de la mise en pages et qui savent manipuler les images. Si les graphistes ne sont pas des programmeurs, ils peuvent malgré tout avoir à réaliser des sites complets. Les logiciels qu'ils utilisent s'intègrent en effet très bien à la technologie d'Internet.» 03/01

Photo : Collège Édouard-Montpetit

Infographie en préimpression

Réjean Boyer travaille à l'Institut des communications graphiques du Québec. Les documents et les rapports de l'Institut passent entre ses mains pour être mis en pages avant leur impression. «C'est un travail très technique, mais qui demande aussi un certain sens créatif», dit-il.

PROG. 581.A0
PRÉALABLE : 0, VOIR PAGE 16

CHAMPS D'INTÉRÊT
• aime la technologie et les images
• aime travailler sur ordinateur
• aime observer, manipuler, faire des essais
• aime faire un travail de précision

APTITUDES
• grande acuité de perception et de discrimination visuelle (formes et couleurs) et faculté de concentration
• sens esthétique et excellente faculté d'adaptation aux technologies
• débrouillardise et sens de l'organisation
• sens des responsabilités, minutie et résistance au stress

OFFRE DU PROGRAMME PAR RÉGIONS
Montréal

Pour connaître les établissements qui offrent ce programme : **www.inforoutefpt.org**

RÔLE ET TÂCHES

«J'ai la chance de travailler à des projets dont le volume est assez restreint, dit-il. Cela me donne l'occasion de toucher à presque toutes les phases de la production d'un document imprimé. On me fournit généralement le texte à mettre en pages et les éléments visuels qui illustrent le document. Je dois en faire le montage, c'est-à-dire assembler textes, images et tableaux.» La nature des documents dont il s'occupe est assez variée. Il peut s'agir de rapports annuels, de brochures de cours, d'affiches ou de dépliants. Les contraintes de mise en pages ou de format sont donc très différentes. «J'ai malgré tout une certaine autonomie sur le plan créatif pour réaliser des photomontages, retoucher les images ou choisir les typographies qui me paraissent les plus adaptées», dit-il. Après avoir vérifié et corrigé le document, c'est l'étape des films. Il faut sortir les plaques qui seront utilisées pour l'impression. Pour un document en couleurs, on utilisera quatre films photographiques, soit un pour chacune des couleurs de base : noir, cyan, jaune et magenta. «Aujourd'hui, dit Réjean, il est possible d'éliminer l'étape du pelliculage grâce aux presses numériques. Le document passe alors directement de l'ordinateur à l'impression. Je travaille à la fois avec ce type de presse et avec des machines plus classiques qui sont mises en œuvre par un pressier dont c'est le métier. Dans tous les cas, mes outils de base restent l'ordinateur et les logiciels de mise en pages ou de traitement de l'image. En graphisme et en infographie, on travaille davantage avec l'environnement Macintosh. On doit cependant maîtriser l'univers du PC, car certains clients n'ont leurs documents que dans ce format.»

	Salaire hebdo moyen	Proportion de dipl. en emploi	Emploi relié	Chômage	Nombre de diplômés
2006	466 $	80,0 %	84,4 %	5,3 %	64
2005	467 $	75,6 %	69,0 %	6,1 %	56
2004	502 $	78,2 %	64,1 %	8,5 %	73

Statistiques tirées de la *Relance* - Ministère de l'Éducation, du Loisir et du Sport. Voir données complémentaires, page 369.

Comment interpréter l'information, page 15.

QUALITÉS RECHERCHÉES

Réjean considère que son métier exige beaucoup de minutie. «Les logiciels ont beau offrir une grande précision, encore faut-il savoir les utiliser au maximum de leurs capacités», dit-il. Il ajoute que la débrouillardise est une qualité essentielle si l'on ne veut pas rester coincé avec un problème... Comme l'infographiste travaille souvent seul, c'est aussi seul qu'il lui faut trouver les solutions. Il doit également être en mesure de gérer son stress, car il est souvent bousculé par le temps. Une bonne capacité de concentration est nécessaire, parce que certains travaux peuvent le tenir plusieurs heures devant son écran. «Finalement, il faut faire preuve de patience lorsque ça ne fonctionne pas comme prévu.»

DÉFIS ET PERSPECTIVES

«Le métier est en pleine évolution», dit d'emblée Jean Lemaire, responsable du département au Collège Ahuntsic, le seul cégep à proposer cette formation. «Les développements informatiques ont énormément modifié le travail de ces techniciens. De nouveaux procédés, telle la plaque sur la presse, ne cessent d'apparaître; ils permettent, par exemple, de passer directement de l'ordinateur à la presse en éliminant l'étape des films. Ces progrès technologiques constituent un véritable défi pour les diplômés qui doivent toujours renouveler leurs connaissances et se tenir au courant des nouveautés.» L'imprimerie reste le débouché numéro un pour les infographistes en impression. Pour les plus créatifs d'entre eux, il existe également des possibilités intéressantes au sein des agences de publicité ou dans les services de communication des grosses entreprises publiques ou privées. «De nombreux documents ne sont plus destinés à l'impression papier, mais sont directement publiés sous forme électronique dans les pages Web des sites Internet, observe toutefois Jean Lemaire. Ce domaine propose des défis intéressants aux techniciens, qui doivent adapter leurs compétences à ce nouveau média. Leur travail sur l'image et le texte n'est alors plus seulement une étape du processus, mais un produit fini en soi.» 03/01

> «Les développements informatiques ont énormément modifié le travail de ces techniciens.»
>
> — Jean Lemaire

HORAIRES ET MILIEUX DE TRAVAIL

- Les diplômés peuvent travailler dans les imprimeries, les ateliers de préimpression, les agences de publicité, les services de communication, les maisons d'édition.
- L'environnement de travail est entièrement informatisé.

- Le technicien travaille souvent seul.
- Le travail s'effectue selon des horaires de bureau réguliers.
- Les heures supplémentaires sont fréquentes dans ce domaine.

DEC

Techniques de communication dans les médias (Journalisme)*

Plus jeune, Serge Boire était partagé entre deux choix de carrière : comédien et journaliste. Il a finalement penché pour la deuxième option. Il est aujourd'hui journaliste pour *J.E.*, une émission d'enquête portant sur la consommation présentée au réseau TVA.

PROG. 589.BD
PRÉALABLE : 0, VOIR PAGE 16

CHAMPS D'INTÉRÊT
- aime le travail d'équipe et les contacts humains
- aime les médias et la communication
- aime lire et écrire, écouter, parler, apprendre, analyser et critiquer (journalisme)
- aime manipuler des appareils (son ou image)
- aime imaginer et innover (publicité)

APTITUDES
- esprit vif, méthodique et critique
- esprit d'équipe et de coopération
- grande acuité de perception (visuelle et auditive) et dextérité (technique)
- grande faculté de concentration

OFFRE DU PROGRAMME PAR RÉGIONS
Saguenay–Lac-Saint-Jean

Pour connaître les établissements qui offrent ce programme : **www.inforoutefpt.org**

RÔLE ET TÂCHES

Au huitième étage de l'édifice qui abrite les locaux de TVA à Montréal se trouve la salle de rédaction de l'équipe de *J.E.*, où s'affairent journalistes, recherchistes et réalisateurs. Chaque semaine, l'équipe reçoit plus de 200 appels téléphoniques de gens aux prises avec des problèmes de consommation. Une personne est chargée de retranscrire chaque message dans un logiciel. C'est en consultant ces messages que Serge décide du sujet de son prochain reportage, dont la préparation lui demandera 15 jours de travail.

Tout d'abord, Serge contacte la personne qui a téléphoné pour qu'elle lui raconte son histoire. «Je vérifie sa crédibilité en confirmant son histoire auprès d'autres intervenants», précise Serge. Commence alors le processus de recherche durant lequel le journaliste contacte les différentes personnes qu'il souhaite interroger (témoins, experts, etc.). Puis, avec le réalisateur, Serge décide de la scénarisation du reportage (plans à tourner, images à montrer, etc.).

Pendant deux ou trois jours, Serge part ensuite en tournage avec un cadreur. De retour à TVA, il visionne les cassettes de tournage et retranscrit les extraits pertinents. «Par la suite, je m'enferme chez moi pour trouver l'angle que je souhaite donner au récit et j'écris la narration de mon reportage», raconte Serge. Finalement, il rencontre son supérieur, le rédacteur en chef et le réalisateur et leur explique de quelle façon il désire présenter son reportage. Il enregistre la narration pendant que le réalisateur procède au montage. Le reportage est alors prêt à être diffusé.

	Salaire hebdo moyen	Proportion de dipl. en emploi	Emploi relié	Chômage	Nombre de diplômés
2006	533 $	40,6 %	77,8 %	7,1 %	44
2005	555 $	43,5 %	85,7 %	9,1 %	32
2004	437 $	50,0 %	46,2 %	0,0 %	42

Statistiques tirées de la *Relance* - Ministère de l'Éducation, du Loisir et du Sport. Voir données complémentaires, page 369.

Comment interpréter l'information, page 15.

Une fois son diplôme en poche, Serge a occupé un poste de journaliste à CKRS Télévision (aujourd'hui CKTV) et à CJPM Chicoutimi. Puis, pendant cinq ans, il a été correspondant dans l'Ouest canadien avant de revenir à Montréal pour y être journaliste à l'information à Radio-Canada. Depuis février 2003, il travaille pour l'émission *J.E.* à TVA.

QUALITÉS RECHERCHÉES

En journalisme, il faut s'intéresser à tout et désirer aller au fond des choses. Cette curiosité saura également mettre sur la piste de bons sujets de reportages. Le journaliste doit aimer le contact avec les gens et savoir établir rapidement un rapport avec eux. «Il faut respecter les personnes que l'on rencontre et avoir de la compassion pour ce qu'elles vivent. Lorsqu'elles se sentent en confiance, elles se confient aussi plus facilement», explique Serge. Honnêteté et intégrité constituent la base du professionnalisme du journaliste. Il doit rapporter la nouvelle telle qu'elle est, et non pas comme il voudrait qu'elle soit.

> **Honnêteté et intégrité constituent la base du professionnalisme du journaliste. Il doit rapporter la nouvelle telle qu'elle est, et non pas comme il voudrait qu'elle soit.**

DÉFIS ET PERSPECTIVES

Selon André Brassard-Aubin, professeur de journalisme au Cégep de Jonquière, les politiciens et les administrateurs parlent de plus en plus «la langue de bois». «Ils sont conseillés par des spécialistes en relations publiques et font preuve de moins de transparence. Le journaliste doit pouvoir dépasser cette difficulté et aller chercher l'information pertinente.»

Si Internet est une source inépuisable d'information, il faut tout de même rester prudent face à son contenu et distinguer le bon grain de l'ivraie. «Internet, c'est génial et fou à la fois... Génial parce que le journaliste a un accès facile à de l'information, et fou parce que celle-ci peut être erronée. Le diplômé doit donc toujours vérifier ses sources et avoir le souci de la véracité de l'information qu'il rapporte», explique M. Brassard-Aubin.

Pour bien pratiquer son métier, le journaliste doit aussi posséder une bonne culture générale afin de saisir tous les enjeux d'un dossier. 02/05

* Ce programme offre aussi les options *Animation et production radiophoniques* ainsi que *Conseil et coordination publicitaires.*

HORAIRES ET MILIEUX DE TRAVAIL

- Le journaliste peut œuvrer pour des stations de radio, des stations de télévision, des quotidiens, des hebdomadaires et des magazines.

- Il peut travailler dans la salle de rédaction d'un média ou comme recherchiste pour des émissions d'information. Plusieurs journalistes exercent à leur compte.

- Le journaliste peut être appelé à travailler sur le terrain, lors de reportages.

- L'horaire varie selon le poste occupé : horaire stable en semaine de 9 h à 17 h; travail le soir ou les fins de semaine. Les heures supplémentaires sont courantes.

Techniques de l'impression

Diplômé depuis peu, Sylvain Lécuyer est intarissable lorsqu'il s'agit de décrire le rôle du pressier. «J'adore ce métier! J'ai la chance de travailler pour l'imprimerie Quebecor de Sherbrooke, qui est spécialisée dans les impressions de haute qualité. C'est extrêmement valorisant d'achever une commande qui se rapproche de la perfection...»

PROG. 581.BO
PRÉALABLE : 0, VOIR PAGE 16

CHAMPS D'INTÉRÊT

- aime travailler avec des machines
- aime le travail technique et routinier
- aime manipuler, observer, vérifier
- aime le travail d'équipe
- accorde de la valeur à l'efficacité et à la qualité

APTITUDES

- habileté manuelle et rapidité
- sens des responsabilités, minutie et autonomie
- résistance au stress
- capacité à supporter facilement le bruit et les odeurs
- bon sens de l'observation

OFFRE DU PROGRAMME PAR RÉGIONS
Montréal

Pour connaître les établissements qui offrent ce programme : www.inforoutefpt.org

RÔLE ET TÂCHES

Sylvain Lécuyer raconte qu'il a fait ses études au cégep tout en travaillant dans une imprimerie 40 heures par semaine. Pour lui, c'était une chance. «Mon rythme de vie était plutôt soutenu, mais je ne le regrette pas, car ça m'a permis d'acquérir beaucoup d'expérience et d'être aujourd'hui deuxième pressier chez Quebecor, un poste convoité lorsqu'on sait que le grade le plus élevé est celui de premier pressier.»

Sur la presse à feuilles, son rôle est d'alimenter la machine en encres et de calibrer la position de la presse pour que les couleurs s'agencent parfaitement les unes par rapport aux autres. «Pour effectuer ce travail, il faut être à la fois minutieux et rapide, dit Sylvain. Les presses que j'utilise fournissent des produits de très grande qualité. On s'en sert notamment pour imprimer des affiches, des jeux de cartes ainsi que des documents qui possèdent une valeur monétaire comme les chèques ou les chèques-cadeaux. Je ne peux pas me permettre d'être approximatif, il faut toujours viser la perfection.» Pour atteindre ce but, le jeune homme examine attentivement les feuilles à la loupe. L'opération lui permet de traquer le moindre défaut de calibrage. Sur les grosses presses, Sylvain travaille au sein d'une équipe où les mandats sont bien définis. «Je supervise la personne chargée d'alimenter la presse en papier, explique-t-il. Il faut veiller à ne pas manquer de papier au beau milieu d'une impression. Je collabore également avec le premier pressier, dont le rôle est d'obtenir les teintes idéales pour le document. Nous devons tous être parfaitement synchronisés afin d'obtenir le meilleur rendement de la presse.» Avec les machines

	Salaire hebdo moyen	Proportion de dipl. en emploi	Emploi relié	Chômage	Nombre de diplômés
2006	519 $	100,0 %	100,0 %	0,0 %	8
2005	N/D	N/D	N/D	N/D	N/D
2004	482 $	85,7 %	83,3 %	14,3 %	9

Statistiques tirées de la *Relance* - Ministère de l'Éducation, du Loisir et du Sport. Voir données complémentaires, page 369.

Comment interpréter l'information, page 15.

modernes commandées numériquement, de 50 à 60 % de son travail se fait à distance. C'est ainsi qu'il gère le positionnement des couleurs par ordinateur. Dans le métier, ce type de presse remplace progressivement les modèles entièrement manuels.

QUALITÉS RECHERCHÉES

Le travail du pressier exige une grande minutie dans son exécution. «Je suis un incorrigible perfectionniste, avoue Sylvain. Même si je sais que l'impression parfaite n'existe pas, je tente toujours de m'en rapprocher le plus possible.» Pour lui, rigueur n'est pas synonyme de lenteur dans ce métier. La rapidité est tout aussi importante, car elle permet de répondre aux impératifs de la production. «Ça prend des gens vifs et adroits pour travailler sur une presse qui passe 13 000 feuilles de 28 pouces sur 40 en une heure.» Le milieu de l'imprimerie exige aussi disponibilité et endurance.

Si les presses numériques n'ont pas encore supplanté les presses manuelles, elles se sont malgré tout beaucoup développées durant ces dernières années.

DÉFIS ET PERSPECTIVES

Si les presses numériques n'ont pas encore supplanté les presses manuelles, elles se sont malgré tout beaucoup développées durant ces dernières années. C'est ce qu'a constaté Benoît Pothier, coordonnateur du Département des technologies de l'impression au Collège Ahuntsic, le seul cégep à offrir le programme. Il ajoute qu'en revanche, les équipements traditionnels offset se sont de plus en plus automatisés. On y a ajouté des commandes numériques perfectionnées et performantes. Ces nouvelles technologies demandent évidemment des compétences accrues que doivent posséder les jeunes diplômés. «Grâce à notre partenariat avec l'Institut des communications graphiques du Québec, nos élèves ont accès à ces machines et arrivent encore mieux préparés sur le marché du travail.» Benoît Pothier souligne que les pressiers doivent aujourd'hui être en mesure de faire leurs ajustements à distance au moyen de l'ordinateur. Leur travail n'en est pas pour autant facilité, selon lui, puisqu'il leur faut sans cesse mettre à jour leurs connaissances et s'adapter aux changements qui touchent les logiciels. Pour sa part, Jean-François Desjardins, enseignant au Collège Ahuntsic, estime qu'il y a de la place sur le marché pour les deux technologies (offset et numérique), car chacune possède ses avantages. «De plus, l'impression offset mise beaucoup sur l'informatisation et la qualité d'impression de ses machines pour garder sa place.» 03/01 (mise à jour 06/05)

Photo : Québecor Maping

HORAIRES ET MILIEUX DE TRAVAIL

- Les diplômés sont généralement embauchés comme pressiers.

- Ils peuvent aussi travailler comme représentants pour des imprimeurs ou des entreprises qui vendent des fournitures et des encres, être employés dans des services techniques pour diagnostiquer les pannes ou devenir estimateurs de devis.

- L'environnement de travail est difficile en raison du bruit, de la poussière, des odeurs d'encre ou de solvant.

- Le travail s'organise en rotation de jour ou de nuit et les travailleurs effectuent habituellement 12 heures consécutives.

Techniques de la documentation

C'est au comptoir de prêts de la bibliothèque de l'École secondaire Marcellin-Champagnat, à Saint-Athanase, que l'on peut rencontrer Marc Antoine Sauvé. Technicien en documentation, il oriente les élèves dans leurs recherches comme dans leur choix de livres.

PROG. 393.A0
PRÉALABLE : 0, VOIR PAGE 16

CHAMPS D'INTÉRÊT
- aime travailler avec le public
- aime travailler en équipe
- aime faire de l'animation auprès de clientèles variées
- aime la recherche, l'analyse et la synthèse de l'information

APTITUDES
- esprit méthodique et sens de l'organisation
- sens des responsabilités
- aisance avec les outils informatiques
- débrouillardise, polyvalence et autonomie
- habileté à communiquer

RÔLE ET TÂCHES

Rédaction sur la mondialisation, projet d'études sur le tigre du Bengale ou exposé oral sur la Seconde Guerre mondiale? Peu importe le sujet, Marc Antoine se fera un plaisir de guider l'élève dans sa recherche parmi les 13 000 livres et les 60 titres de revues que compte la bibliothèque scolaire. «J'assiste l'élève dans ses méthodes de recherche. Je lui propose, en premier lieu, de consulter notre banque de livres, ensuite les magazines, les encyclopédies, puis Internet.»

L'animation d'ateliers et la formation font aussi partie des activités que Marc Antoine met en place pour informer les élèves et les intéresser à la lecture. «Il peut s'agir de concevoir des ateliers expliquant le fonctionnement de la bibliothèque, par exemple, ou d'organiser des rencontres avec des conteurs et des écrivains.»

Si l'aide aux élèves demeure sa mission première, Marc Antoine s'assure aussi du bon fonctionnement de la bibliothèque avec l'aide d'une collègue, elle aussi technicienne en documentation. «Nous partageons cette responsabilité. Elle veille aux budgets et à l'achat des livres, pendant que je m'occupe principalement des magazines.»

En effet, lors de la réception des revues, le technicien s'assure que la commande est complète. Si ce n'est pas le cas, il procède à des réclamations auprès des différents distributeurs. Puis, il prépare les magazines à l'utilisation publique. C'est-à-dire qu'il les recouvre, les renforce et leur

OFFRE DU PROGRAMME PAR RÉGIONS
Capitale-Nationale, Laurentides, Mauricie, Montréal, Outaouais

Pour connaître les établissements qui offrent ce programme : **www.inforoutefpt.org**

	Salaire hebdo moyen	Proportion de dipl. en emploi	Emploi relié	Chômage	Nombre de diplômés
2006	524 $	83,1 %	84,6 %	8,6 %	109
2005	521 $	80,8 %	89,1 %	11,3 %	108
2004	534 $	85,3 %	79,6 %	6,5 %	90

Statistiques tirées de la *Relance* - Ministère de l'Éducation, du Loisir et du Sport. Voir données complémentaires, page 369.

Comment interpréter l'information, page 15.

appose une étiquette de date de retour. Il s'occupe aussi de réparer les manuels, d'enregistrer les prêts et les retours de documents dans un système informatisé, d'informer les élèves de leurs retards et de remettre les livres empruntés sur les rayons.

QUALITÉS RECHERCHÉES

Le travail de Marc Antoine requiert une bonne dose d'organisation et de la rigueur. «C'est essentiel pour mener à bien les recherches, la classification des livres de la bibliothèque et par conséquent son bon fonctionnement.» L'accueil des usagers et l'écoute de leurs besoins sont aussi indispensables pour bien les diriger. «Il est important d'aimer travailler avec le public et de savoir établir de bonnes relations avec lui. La patience s'impose parfois auprès de certains élèves, mais aussi dans la recherche en elle-même, précise Marc Antoine. On peut facilement passer plusieurs heures avant de trouver une information.» La curiosité et la débrouillardise sont d'autres qualités essentielles au bon technicien en documentation.

> «Il est important d'aimer travailler avec le public et de savoir établir de bonnes relations avec lui.»
>
> — Marc Antoine Sauvé

DÉFIS ET PERSPECTIVES

Œuvrer activement au développement de bibliothèques scolaires et publiques afin d'améliorer l'offre de documentation, voilà un des défis qui attendent les techniciens. «On constate un manque important de ressources dans les bibliothèques, explique Mario Goupil, responsable du programme de techniques de la documentation au Collège François-Xavier-Garneau de Québec. Le technicien doit s'impliquer pour tenter de trouver des subventions et développer des activités d'animation afin d'amener les gens à lire et à utiliser davantage les bibliothèques.»

Photo : Collège François-Xavier-Garneau.

Avec l'avènement de l'informatique, les techniciens doivent également développer des méthodes de travail adaptées à la gestion des documents électroniques, note M. Goupil. Pour les techniciens intéressés par la gestion de documents administratifs, un certificat universitaire en archivistique peut se révéler un complément de formation intéressant, ajoute le responsable du programme. «Certains diplômés le font après s'être trouvé un emploi dans ce secteur afin d'améliorer leurs chances de promotion. Un technicien responsable d'un centre de documentation peut également s'inscrire à un certificat en gestion des ressources humaines.» 03/03

HORAIRES ET MILIEUX DE TRAVAIL

• Les diplômés peuvent travailler auprès des bibliothèques, des centres de documentation d'entreprises et d'associations, des centres d'archives, des librairies et des photothèques.

• En général, les techniciens travaillent de jour, 40 heures par semaine. Cependant, certains sont appelés à travailler le soir et la fin de semaine selon les besoins de la clientèle desservie, comme dans les bibliothèques municipales, collégiales et universitaires.

Techniques de muséologie

C'est le hasard qui a amené Marie-Ève Bertrand en techniques de muséologie. Le côté artistique de la profession, ajouté à son penchant pour les tâches manuelles, ont fait le reste. Depuis l'obtention de son diplôme en 1998, elle travaille au prestigieux Centre canadien d'architecture (CCA) de Montréal.

PROG. 570.B0
PRÉALABLE : 0, VOIR PAGE 16

CHAMPS D'INTÉRÊT

- pour les arts et le secteur culturel
- aime travailler avec des matériaux (bois, carton, plastique, etc.)
- aime manipuler et conserver des articles de collection
- aime fabriquer (supports, boîtes, emballages, etc.) et se servir d'outils

APTITUDES

- polyvalence
- grande dextérité manuelle
- sens du respect et de la protection des articles de collection
- flexibilité et capacité de travailler en équipe
- minutie et créativité

OFFRE DU PROGRAMME PAR RÉGIONS
Laval

Pour connaître les établissements qui offrent ce programme : www.inforoutefpt.org

RÔLE ET TÂCHES

Lors de son stage au service des archives de collections du CCA, Marie-Ève s'est retrouvée sous la supervision d'un technicien. «On s'occupait de l'emballage et du déballage d'œuvres d'art. Dans une base de données, on inscrivait la description de chacune des œuvres qui passaient entre nos mains», dit la jeune femme. Ils étaient aussi chargés du déplacement des œuvres dans le CCA ou de leur encaissage, si elles étaient entreposées à l'extérieur du centre. Les deux collègues manipulaient autant les œuvres des quatre différentes collections du CCA que celles des expositions qui s'y tenaient. Après son stage, Marie-Ève s'est frayé un chemin dans les dédales du CCA jusqu'au poste qu'elle occupe au service des archives, soit celui d'adjointe à l'enregistrement de la collection. Un poste pour lequel elle vient d'obtenir sa permanence. «Nous sommes peu de diplômés à bénéficier d'un emploi stable. Ce n'est facile pour personne dans ce domaine. Au moins 75 % des gens travaillent à forfait», déplore la jeune femme. Des maquettes, des photographies, des dessins et des documents textuels sont entreposés à son service. «Mon rôle est de protéger matériellement les œuvres qui sont sous ma responsabilité, explique-t-elle. Je mets à plat les dessins qui arrivent en rouleaux, je place les photos dans des pochettes de plastique, je range les maquettes et documents textuels dans des contenants non acides afin de bien les conserver.»

Marie-Ève s'occupe également d'aller cueillir des archives chez les architectes donataires. Parallèlement à tout ça, elle est chargée de

	Salaire hebdo moyen	Proportion de dipl. en emploi	Emploi relié	Chômage	Nombre de diplômés
2006	608 $	75,0 %	50,0 %	25,0 %	8
2005	439 $	66,7 %	40,0 %	20,0 %	14
2004	356 $	54,5 %	40,0 %	14,3 %	15

Statistiques tirées de la *Relance* - Ministère de l'Éducation, du Loisir et du Sport. Voir données complémentaires, page 369.

Comment interpréter l'information, page 15.

numéroter les documents d'archives, d'en faire une description et d'entrer le tout dans une base de données. Elle s'assure ensuite d'être en mesure de les localiser dans les trois entrepôts réservés à cette fin, car lorsque des chercheurs demandent à consulter ces documents, c'est elle qui doit les leur procurer. «Je suis comme la mémoire du service, dit-elle. Je dois savoir où est chaque œuvre.» Grande responsabilité si l'on considère que le service compte 500 000 dessins, 50 000 documents photographiques, 300 maquettes et 700 mètres linéaires de documents textuels!

QUALITÉS RECHERCHÉES

Le travail de Marie-Ève requiert une bonne dose d'autonomie et un sens aigu des responsabilités. «Si tu as un Rodin entre les mains, tu ne niaises pas avec ça!» dit Marie-Ève en riant. Le diplômé doit aussi s'intéresser de près aux biens culturels, à leur conservation et à leur mise en valeur dans le respect de leur intégrité. Il est également utile d'avoir le souci du travail bien fait et de posséder une excellente dextérité, car les tâches à exécuter exigent minutie et précision. Michel Huard, coordonnateur du programme de techniques de muséologie, estime que la polyvalence est essentielle lorsqu'on travaille dans ce domaine. «Le diplômé assume plusieurs tâches, explique-t-il. Il peut participer à un montage d'exposition, faire du catalogage, prendre la photo d'un objet de collection, faire un devis ou, même, couper du bois sur un "banc de scie"...» Des aptitudes pour l'analyse et la synthèse ainsi qu'une certaine facilité à résoudre les problèmes sont d'autres talents recherchés. La créativité et l'imagination sont aussi demandées.

DÉFIS ET PERSPECTIVES

Le Collège Montmorency est le seul établissement à donner le programme de techniques de muséologie. Deux voies s'offrent aux personnes qui sortent de ce programme : travailler dans les institutions ou pour leur propre compte. «On va de plus en plus vers la numérisation des collections, dit Michel Huard. Cela va prendre davantage d'importance au cours des prochaines années.» Voilà un défi que les diplômés auront à relever. 03/01

> «Si tu as un Rodin entre les mains, tu ne niaises pas avec ça!»
>
> — Marie-Ève Bertrand

HORAIRES ET MILIEUX DE TRAVAIL

• Les employeurs principaux sont les musées, les centres d'exposition, les sites ou parcs historiques, les centres d'interprétation, les centres d'archives, les galeries d'art, les entreprises privées et les centres de documentation.

• Dans ce milieu, les employés travaillent généralement de 9 h à 17 h et sont embauchés sous contrat.

DEC

Techniques de production télévisuelle et de postproduction (Production télévisuelle)*

Maxime Théorêt porte plusieurs chapeaux. Il est réalisateur, cadreur et monteur pour une émission au canal Évasion. «C'est pour moi une passion. J'ai eu la piqûre très jeune. Mon père était réalisateur. Son métier et le monde du spectacle me fascinaient. En première année, caméra à la main, je tournais déjà des films avec mes amis.»

PROG. 589.AO
PRÉALABLE : 0, VOIR PAGE 16

CHAMPS D'INTÉRÊT
• aime la télévision et les médias
• aime manipuler des appareils (son ou image)
• aime les contacts humains et le travail d'équipe

APTITUDES
• esprit vif et méthodique
• bonne faculté de concentration
• capacité de gérer une équipe de travail
• vitesse d'exécution
• bonne condition physique

OFFRE DU PROGRAMME PAR RÉGIONS
Saguenay–Lac-Saint-Jean

RÔLE ET TÂCHES

Le réalisateur est en quelque sorte le directeur de l'équipe de production. Il est responsable de la conception d'une émission, de sa structuration (choix du type de tournage, décors, angles, présence ou non de figurants, etc.) et de la production proprement dite. Un vrai chef d'orchestre!

Maxime est réalisateur, cadreur et monteur pour les tournages extérieurs d'une émission qui fait découvrir aux téléspectateurs des lieux où l'on peut s'adonner à des loisirs. «De concert avec le chroniqueur, nous décidons du contenu de la capsule à partir des résumés fournis par les recherchistes. Une fois sur place, je dois faire un choix des lieux et des angles de tournage. En plus de filmer, je dois m'assurer qu'à la fin du tournage, j'ai en main tout le matériel nécessaire [images, renseignements, etc.] pour le montage du topo. Ensuite, je fais le tri et je garde ce qui est le plus pertinent.»

La formation qu'a suivie Maxime mène à des emplois relatifs à la coordination et à l'encadrement d'une émission (directeur de production, coordonnateur de production, assistant à la réalisation, assistant de production, régisseur) ou à des postes liés à la production proprement dite (cadreur, éclairagiste, preneur de son, perchiste, aiguilleur, technicien de production). Maxime, lui, a d'abord fait ses armes comme monteur, puis cadreur, avant de décrocher son emploi actuel.

Pour connaître les établissements qui offrent ce programme : www.inforoutefpt.org

	Salaire hebdo moyen	Proportion de dipl. en emploi	Emploi relié	Chômage	Nombre de diplômés
2006	535 $	88,2 %	80,4 %	1,6 %	97
2005	480 $	85,3 %	74,5 %	9,4 %	97
2004	496 $	84,0 %	61,4 %	8,7 %	103

Statistiques tirées de la *Relance* - Ministère de l'Éducation, du Loisir et du Sport. Voir données complémentaires, page 369.

Comment interpréter l'information, page 15.

QUALITÉS RECHERCHÉES

Une main de fer dans un gant de velours : voilà qui résume le travail du réalisateur. «Il faut savoir gérer et diriger le travail de plusieurs personnes, avoir du leadership et mettre de l'avant ses idées, tout en restant ouvert à celles d'autrui. C'est un travail d'équipe avec les chroniqueurs, recherchistes, monteurs, cadreurs et tous les assistants. Il faut faire preuve de diplomatie, mais en bout de ligne, la décision finale me revient.»

Par ailleurs, la créativité et l'originalité sont des qualités essentielles pour traiter un sujet sous un angle nouveau. La vivacité d'esprit, la vitesse d'exécution et une saine gestion du stress demeurent également indispensables. Une bonne condition physique est de mise, puisque le travail s'effectue souvent debout et peut nécessiter le transport d'équipements de tournage. La dextérité manuelle est importante, en particulier si l'on occupe des fonctions techniques (cadreur, monteur).

«Travailleurs autonomes, les diplômés doivent apprendre à planifier, et mettre de l'argent de côté pour les périodes moins occupées, les impôts et leur retraite.»

— Jean Fortin

DÉFIS ET PERSPECTIVES

Les diffuseurs produisent de moins en moins d'émissions, car il est plus économique de confier cette tâche à des maisons de production, affirme Jean Fortin, coordonnateur du Département de techniques de production télévisuelle et de postproduction, au Cégep de Jonquière.

Cela a pour conséquence de favoriser le travail à la pige – la norme dans les maisons de production –, au détriment de postes salariés et d'horaires réguliers. «Les diplômés doivent être capables de s'adapter à ce rythme de vie. Il n'est pas rare que l'on ne travaille que 30 semaines par an, mais à raison de 80 heures hebdomadaires...» Dans ce contexte, l'un des principaux défis est la gestion des finances personnelles, met en garde Jean Fortin. «Travailleurs autonomes, les diplômés doivent apprendre à planifier, et mettre de l'argent de côté pour les périodes moins occupées, les impôts et leur retraite.»

Photo : Jean Briand, Cégep de Jonquière

Enfin, M. Fortin remarque qu'il faut maintenir ses connaissances à jour, car les progrès technologiques font évoluer les équipements (caméras, tables de montage, etc.). 02/05

* Ce programme offre aussi une option postproduction télévisuelle. Il s'intitulait anciennement *Arts et technologies des médias.*

HORAIRES ET MILIEUX DE TRAVAIL

• En début de carrière, il faut être prêt à travailler en tout temps. Dans les maisons de production indépendantes, on embauche des pigistes à forfait. Les diplômés peuvent être en disponibilité et travailler les jours, soirs et week-ends, voire la nuit. Les emplois de jour, suivant un horaire régulier, sont plus courants chez les grands diffuseurs généralistes. Certains travailleurs des chaînes spécialisées sont en rotation (ils travaillent trois journées de 12 heures par semaine, suivies de quatre jours de congé).

• Les diplômés travaillent pour les grands diffuseurs, généralistes et spécialisés, mais surtout pour les maisons de production indépendantes et les maisons de postproduction.

• Les tournages extérieurs s'effectuent parfois dans des conditions difficiles (froid, canicule, etc.).

Techniques d'animation 3D et de synthèse d'images

Au cinéma, il y a de la fumée sans feu. Ou du feu sans fumée. Tout ça, grâce aux diplômés en techniques d'animation 3D et de synthèse d'images.

PROG. 574.B0
PRÉALABLE : 0, VOIR PAGE 16

RÔLE ET TÂCHES

Selon Pierre Grenier, coordonnateur du Département d'animation au Cégep du Vieux Montréal, presque tous les films intègrent maintenant des effets quasi indétectables. «Il suffit que le réalisateur n'ait pas trouvé le reflet dans la bouilloire assez convaincant pour qu'il en fasse générer un par ordinateur.»

Véritables artistes, les diplômés de ce programme ont pour rôle de produire des séquences animées d'après une commande précise. «On peut prendre un film normal et y ajouter un personnage, une créature, un effet, de la fumée ou des flammes. À l'inverse, on peut aussi incruster des personnages réels dans un décor généré par ordinateur», explique Pierre Grenier.

Une semaine de travail typique commence par une réunion durant laquelle un réalisateur explique à une équipe d'animateurs ce qu'il recherche pour une scène en particulier. Les membres de l'équipe se partageront ensuite les éléments d'animation à produire, puis le fruit du travail de chacun sera graduellement intégré dans un tout.

DÉFIS ET PERSPECTIVES

Le principal défi? «Respecter les délais de production, déclare Pierre Grenier. Les dates de livraison sont toujours un cauchemar dans ce domaine.» Par ailleurs, s'il faut constamment suivre l'évolution des outils informatiques, il faut aussi composer avec les limites des ordinateurs qui, contrairement à ce que l'on a tendance à croire, ne peuvent pas encore tout faire.

À court terme, le mariage animation 3D et prises de vues réelles devrait devenir la norme. À plus long terme, le domaine de la simulation (de vols, de combats, de situations d'urgence, etc.) devrait connaître une évolution. 05/03

HORAIRES ET MILIEUX DE TRAVAIL

• Les productions qui requièrent les services des animateurs sont les films, les téléfilms, les séries télé, les documentaires, les sites Internet, les cédéroms, les jeux vidéo.

• Le milieu de travail est souvent un studio à aires ouvertes, où les employés sont assez jeunes et où règne un climat de création stimulant.

• Le respect des échéanciers exige souvent des heures supplémentaires.

OFFRE DU PROGRAMME PAR RÉGIONS : Bas-Saint-Laurent, Capitale-Nationale, Montréal

Pour connaître les établissements qui offrent ce programme : **www.inforoutefpt.org**

	Salaire hebdo moyen	Proportion de dipl. en emploi	Emploi relié	Chômage	Nombre de diplômés
2006	N/D	N/D	N/D	N/D	N/D
2005	N/D	N/D	N/D	N/D	N/D
2004	N/D	N/D	N/D	N/D	N/D

Statistiques tirées de la *Relance* - Ministère de l'Éducation, du Loisir et du Sport. Voir données complémentaires, page 369.

Comment interpréter l'information, page 15.

DEC

Techniques d'intégration multimédia

Dès qu'il a décroché son diplôme d'études collégiales (DEC) en techniques d'intégration multimédia, Jean-Michel Cotton a été engagé chez Azentic Communication, une entreprise spécialisée en production multimédia située à Gaspé. Comblé, il adore son travail, surtout pour la diversité des tâches qu'il doit accomplir.

PROG. 582.A1
PRÉALABLE : 0, VOIR PAGE 16

CHAMPS D'INTÉRÊT

- aime créer à partir d'un besoin précis
- aime imaginer et innover
- aime travailler en équipe, dans un milieu hautement informatisé et créatif
- s'intéresse au développement de la technologie dans le domaine du multimédia

APTITUDES

- facilité à visualiser les concepts abstraits; créativité
- débrouillardise, polyvalence et autonomie
- grande aisance avec les outils informatiques (dont Internet)
- facilité à communiquer et à travailler en équipe

OFFRE DU PROGRAMME PAR RÉGIONS
Bas-Saint-Laurent, Capitale-Nationale, Laurentides, Montérégie, Montréal, Outaouais, Saguenay—Lac-Saint-Jean

Pour connaître les établissements qui offrent ce programme : **www.inforoutefpt.org**

RÔLE ET TÂCHES

Jean-Michel a eu la piqûre pour l'intégration multimédia alors qu'il était inscrit au programme collégial en art et technologie des médias (aujourd'hui *Techniques de communication dans les médias*). «En créant quelques produits médiatiques sur ordinateur [pages Web, publicités], j'ai compris que c'était ça qui m'attirait», explique-t-il. Il a donc par la suite suivi le DEC en techniques d'intégration multimédia. Aujourd'hui programmeur et intégrateur de sites Internet, le jeune diplômé participe aussi à la production de cédéroms.

Concrètement, son travail consiste à réunir plusieurs éléments médias (vidéo, son, photo, animation) et à les combiner pour en faire une application multimédia. Il peut, par exemple, construire une animation Flash, créer un cédérom ou un site Web en fonction d'objectifs précis, comme la diffusion d'information sur un événement ou une entreprise. Ses outils de travail sont des logiciels spécialisés, comme Dreamweaver, Flash et Director.

L'emploi du temps de Jean-Michel est très varié. «Au cours de la journée, je procède à l'intégration des différents éléments multimédias et je fais de la programmation pour rendre le résultat interactif, mais il faut aussi répondre aux exigences des clients qui appellent pour demander qu'on apporte une modification à leur produit ou pour signaler un problème [une image qui ne s'affiche pas correctement dans une animation, par exemple]», précise-t-il.

QUALITÉS RECHERCHÉES

À cheval entre le graphisme (la création visuelle) et l'informatique (la programmation), l'intégration multimédia requiert une grande polyvalence

	Salaire hebdo moyen	Proportion de dipl. en emploi	Emploi relié	Chômage	Nombre de diplômés
2006	504 $	68,3 %	74,3 %	6,7 %	173
2005	507 $	64,3 %	73,1 %	10,0 %	156
2004	494 $	60,6 %	77,4 %	4,8 %	132

Statistiques tirées de la *Relance* - Ministère de l'Éducation, du Loisir et du Sport. Voir données complémentaires, page 369.

Comment interpréter l'information, page 15.

et la capacité d'œuvrer au sein d'une équipe multidisciplinaire. «Nous travaillons en étroite collaboration avec les directeurs artistiques et les graphistes. Ils conçoivent le visuel, moi je m'occupe de l'aspect technique», souligne Jean-Michel.

Le souci du détail et la minutie sont indispensables, car on doit offrir aux clients un produit de qualité. La capacité de gérer son stress est également un atout lorsque les échéanciers sont serrés.

DÉFIS ET PERSPECTIVES

«Les techniques et les outils utilisés sont en constante évolution, ce qui demande aux intégrateurs d'être toujours à l'affût des changements et de constamment tenir leurs connaissances à jour», souligne Sylvain Lamoureux, coordonnateur du programme *Techniques d'intégration multimédia* au Cégep de Sainte-Foy. Trouver rapidement des solutions à des problèmes complexes se révèle parfois ardu, étant donné les nombreux paramètres techniques dont il faut tenir compte. «Satisfaire les clients est un autre défi, poursuit le coordonnateur. Les intégrateurs doivent répondre à une commande et se détacher de leurs goûts personnels.»

Les perspectives s'annoncent favorables, souligne Sylvain Lamoureux. «Actuellement et pour les prochaines années, les sites Web des organismes gouvernementaux auront un grand besoin d'uniformisation parce qu'ils devront se conformer aux standards Web mondiaux en matière d'accessibilité.»

Par ailleurs, les diplômés en techniques d'intégration multimédia sont recherchés par les employeurs, qui apprécient leur autonomie et leur excellente connaissance du processus de production (planification, réalisation et test des produits). «Les employeurs sont souvent étonnés de voir tout ce que les jeunes sont en mesure de faire après trois années d'études au cégep», précise le coordonnateur. L'expérience aidant, les diplômés peuvent aussi aspirer à devenir directeurs artistiques ou chargés de projets en programmation. 02/05

> Les diplômés en techniques d'intégration multimédia sont recherchés par les employeurs, qui apprécient leur autonomie et leur excellente connaissance du processus de production.

Photo : Cégep de Sainte-Foy

HORAIRES ET MILIEUX DE TRAVAIL

- Les intégrateurs multimédias travaillent généralement le jour, dans un bureau, mais les heures supplémentaires le soir et la fin de semaine sont à prévoir lorsque les échéanciers sont serrés.

- Les entreprises de production multimédia de toutes tailles embauchent ces spécialistes.

- Les intégrateurs multimédias trouvent aussi des emplois à temps partiel ou à temps plein dans de grandes entreprises œuvrant dans différents domaines. Ils y assurent notamment la mise à jour de sites Internet.

- L'entrepreneuriat et le travail à la pige sont répandus.

MÉCANIQUE D'ENTRETIEN

CHAMPS D'INTÉRÊT

- aime observer, analyser et résoudre des problèmes pratiques
- aime démonter, réparer et remonter des objets, des mécanismes et des appareils
- aime le travail manuel
- accorde de la valeur à la qualité et à l'efficacité de son travail

APTITUDES

- dextérité, acuité et mémoire visuelles
- sens de l'observation et concentration
- facilité d'apprentissage intellectuel et technique
- faculté d'analyse et esprit logique
- discernement et ingéniosité
- esprit rigoureux et méthodique

Au Québec, 97,5 % des emplois en technologie de maintenance industrielle sont occupés par des hommes. Le secteur est bien implanté un peu partout en province. On remarque cependant une concentration plus importante des emplois en Montérégie, à Montréal, au Saguenay–Lac-Saint-Jean, dans la Capitale-Nationale et en Mauricie.

Source :
Site Emploi-Avenir Québec
de Ressources humaines et
Développement social Canada

RESSOURCES INTERNET

MINISTÈRE DE L'ÉDUCATION, DU LOISIR ET DU SPORT DU QUÉBEC – SECTEURS DE FORMATION
www.meq.gouv.qc.ca/ ens-sup/ens-coll/program/ ProgEtab.asp?vToken=s140
Vous trouverez sur cette page une description des programmes de ce secteur de formation, comprenant, pour chacun, les exigences d'admission, les objectifs de formation et une liste d'établissements d'enseignement.

ORDRE DES TECHNOLOGUES PROFESSIONNELS DU QUÉBEC
www.otpq.qc.ca
Ce site vous permet de mieux comprendre le rôle que jouent les technologues dans les industries québécoises.

TECHNOLOGIE DE MAINTENANCE INDUSTRIELLE
www.meq.gouv.qc.ca/ ens-sup/ens-coll/cahiers/ program/ 241D0.asp
Un aperçu du programme comprenant les objectifs de la formation, la liste des cours offerts et les perspectives professionnelles.

Technologie de maintenance industrielle

«Mon métier, c'est l'assistance et le conseil. Lorsqu'une machine fonctionne mal, c'est moi qu'on appelle.» C'est ainsi que Robert Leclerc définit son travail. Diplômé en maintenance industrielle, l'homme a mis son expérience au service d'Engrenage provincial, une compagnie qui distribue des produits hydrauliques.

PROG. 241.D0
PRÉALABLES : 12, 40, VOIR P. 16

CHAMPS D'INTÉRÊT

- aime travailler sur de la machinerie
- aime la physique (mécanique, électricité)
- aime le travail manuel et le travail d'équipe
- aime résoudre des problèmes concrets et innover

APTITUDES

- curiosité, polyvalence et débrouillardise
- habileté manuelle et facilité pour les sciences (physique, math)
- excellent sens de l'observation et bonne mémoire visuelle
- sens de la méthode et minutie

OFFRE DU PROGRAMME PAR RÉGIONS

Abitibi-Témiscamingue, Bas-Saint-Laurent, Centre-du-Québec, Chaudière-Appalaches, Côte-Nord, Estrie, Gaspésie–Îles-de-la-Madeleine, Mauricie, Montréal

Pour connaître les établissements qui offrent ce programme : **www.inforoutefpt.org**

RÔLE ET TÂCHES

Les technologues en maintenance industrielle travaillent à l'entretien et à la réparation de la machinerie spécialisée, principalement utilisée dans les usines et les manufactures. «Mais mon rôle est encore plus large que cela, explique Robert. En plus de l'assistance technique, je fournis des conseils à nos clients et je leur vends des produits. Nous distribuons des composants de systèmes hydrauliques, comme des valves ou des pompes, qui servent à fabriquer ou à réparer de nombreuses machines.»

Lorsqu'il vend de nouveaux produits à ses clients et que ceux-ci les utilisent pour la première fois, Robert fait ce que l'on appelle de l'assistance au démarrage. C'est-à-dire qu'il va rencontrer le client avec la documentation adéquate pour lui expliquer comment cela fonctionne. Il donne alors une formation de base au mécanicien ou à l'opérateur qui utilise et entretient la machine. Les compétences de Robert sont également mises à contribution lorsqu'une machine est en panne ou ne fonctionne pas correctement. «Je reçois une vingtaine d'appels par jour concernant ce type de problème. La plupart du temps, je connais bien le client et ses équipements, alors je suis en mesure de le guider par téléphone dans les étapes du dépannage.» Si le problème se révèle trop complexe, Robert se rend lui-même chez le client. «J'étudie le schéma hydraulique et, avec mon équipement, je vérifie la pression et le débit. Il me faut être à l'aise dans plusieurs domaines pour poser le bon diagnostic, car je dois aussi bien vérifier l'aspect hydraulique que les systèmes mécanique, électrique ou pneumatique.

	Salaire hebdo moyen	Proportion de dipl. en emploi	Emploi relié	Chômage	Nombre de diplômés
2006	784 $	85,2 %	84,3 %	7,1 %	86
2005	747 $	74,3 %	82,4 %	11,9 %	100
2004	687 $	80,3 %	75,0 %	8,1 %	93

Statistiques tirées de la *Relance* - Ministère de l'Éducation, du Loisir et du Sport. Voir données complémentaires, page 369.

Comment interpréter l'information, page 15.

Une fois que j'ai isolé la composante défectueuse, il ne reste plus qu'à la remplacer ou à la réparer.»

QUALITÉS RECHERCHÉES

Robert Leclerc insiste sur l'importance de la polyvalence lorsqu'on exerce ce métier. «Les machines sont de plus en plus sophistiquées et nécessitent un large champ de compétences dans tous les domaines de la mécanique, dit-il. Il faut aussi être très curieux et vouloir sans cesse apprendre.» Le sens des responsabilités est, à son avis, une des qualités appréciées. «Lorsqu'une panne paralyse toute la production, c'est sur toi que l'on compte pour la faire démarrer à nouveau.» L'habileté manuelle est aussi bien utile. Elle doit s'accompagner d'un bon sens de l'observation, permettant de détecter rapidement les problèmes. «On finit par avoir le coup d'œil pour repérer les mécanismes anormaux. Tous les sens travaillent et sont en alerte. Une pièce plus chaude que la normale, c'est déjà un indice.»

Les technologues en maintenance industrielle travaillent à l'entretien et à la réparation de la machinerie spécialisée, principalement utilisée dans les usines et les manufactures.

DÉFIS ET PERSPECTIVES

«La maintenance industrielle est un secteur très prometteur, affirme Daniel Légaré, coordonnateur du Département de mécanique au Cégep de Lévis-Lauzon. Toutes les usines, toutes les compagnies manufacturières, tous les sites où l'on transforme des produits utilisent des machines. Plus la conjoncture économique est bonne, plus nous produisons et avons besoin de machines. Plus nous avons de machines, plus elles tombent en panne et requièrent des gens qualifiés pour les réparer.» La pénurie de technologues incite ceux-ci à se diriger en priorité vers les grandes entreprises qui offrent

souvent les meilleurs salaires. «Le vrai défi de ces jeunes consiste à aller plutôt du côté des moyennes entreprises. Malgré qu'elles offrent des salaires moindres, elles donnent beaucoup de responsabilités à leurs technologues. On leur propose des tâches variées qui mettent à profit leur grande polyvalence plutôt que de les garder cantonnés dans des tâches très spécialisées et plus routinières.» M. Légaré poursuit en faisant remarquer que les possibilités d'avancement sont également plus rapides dans les petites structures, où les diplômés peuvent très vite avoir la charge d'une équipe de travail, devenir contremaîtres ou faire de la planification d'entretien. 03/01

HORAIRES ET MILIEUX DE TRAVAIL

- Les diplômés peuvent trouver du travail auprès des compagnies qui fabriquent, distribuent ou utilisent des machines industrielles.

- Ils travaillent à la gestion de l'entretien, à la planification ou font du travail de bureau.

- L'environnement de travail, en exploitation, est souvent bruyant.

- Le travail se fait généralement de jour, selon des horaires réguliers.

- En dépannage d'urgence, il est possible de travailler sur appel 24 heures sur 24.

MINES ET TRAVAUX DE CHANTIER

CHAMPS D'INTÉRÊT

- aime se dépenser physiquement
- aime faire fonctionner de la machinerie ou des systèmes informatiques
- aime participer à un travail en équipe
- accorde de la valeur à la qualité et à l'efficacité de son travail

APTITUDES

- dextérité, rigueur et précision
- acuité et mémoire visuelles, sens de l'observation
- excellente coordination et excellents réflexes
- vigilance, discernement et capacité à respecter des règlements de sécurité
- grande capacité de travail et de collaboration

En 2007, l'industrie minière québécoise fournissait 50 000 emplois directs et indirects, incluant l'exploration, l'exploitation et la transformation primaire. Quelque 3 000 emplois devraient être créés entre 2007 et 2012. Pendant la même période, 1 000 autres postes seront libérés par des départs à la retraite.

Source :
50 carrières de l'industrie minière
(à paraître),
Les Éditions Jobboom.

RESSOURCES INTERNET

MINISTÈRE DE L'ÉDUCATION, DU LOISIR ET DU SPORT DU QUÉBEC – SECTEURS DE FORMATION
www.meq.gouv.qc.ca/ ens-sup/ens-coll/program/ ProgEtab.asp?vToken=s150
Vous trouverez sur cette page une description des programmes de ce secteur de formation, comprenant, pour chacun, les exigences d'admission, les objectifs de formation et une liste d'établissements d'enseignement.

CONSEIL CANADIEN D'ADAPTATION ET DE FORMATION DE L'INDUSTRIE MINIÈRE
www.mitac.ca
Découvrez dans ce site les orientations du Conseil, le profil de l'industrie minière au Canada de même qu'une banque d'emplois.

MINISTÈRE DES RESSOURCES NATURELLES ET DE LA FAUNE DU QUÉBEC
www.mrn.gouv.qc.ca
Ce site trace un profil détaillé de l'industrie minière québécoise. Vous y trouverez des dossiers sur le diamant, le potentiel minéral du Québec et les titres miniers.

ASSOCIATION MINIÈRE DU QUÉBEC
www.amq-inc.com
Ce site renvoie à toute une panoplie de ressources Web liées à l'industrie des mines : des associations, des ministères, des centres de recherche et des centres d'interprétation y sont répertoriés.

Exploitation

Depuis sa tendre jeunesse, Nathaniel Chouinard collectionne des roches et des minéraux. Aujourd'hui, il est coordonnateur en fosses et environnement pour Stratmin graphite inc., une entreprise spécialisée dans la production de graphite naturel destiné, en grande partie, au secteur automobile.

PROG. 271.02
PRÉALABLES : 11, 20, VOIR P. 16

CHAMPS D'INTÉRÊT

- aime travailler en équipe
- aime observer, manipuler, analyser, contrôler
- aime utiliser un ordinateur
- aime calculer et dessiner (cartographie)

APTITUDES

- résistance physique et grande faculté d'adaptation (sous terre, bruit, poussière, boue, risques; horaire variable)
- esprit d'équipe
- sens de l'observation, de la précision et de l'analyse
- habileté en mathématiques et avec l'informatique
- bonne perception spatiale

OFFRE DU PROGRAMME PAR RÉGIONS
Abitibi-Témiscamingue, Chaudière-Appalaches

Pour connaître les établissements qui offrent ce programme : www.inforoutefpt.org

RÔLE ET TÂCHES

L'une des tâches de Nathaniel consiste à évaluer minutieusement l'environnement des sites désignés pour l'exploitation. Par la suite, c'est lui qui doit s'assurer du respect des différentes normes environnementales, soit celles édictées par le gouvernement fédéral et les autres, promulguées par les autorités provinciales. Il collabore activement aux démarches nécessaires à l'obtention de permis d'exploitation. «La roche acheminée à l'usine doit être composée à 5 ou 6 % de graphite, explique-t-il. On doit donc s'assurer que le site pourra répondre aux besoins de l'entreprise.» Après son arrivée à l'usine, le minerai sera réduit en granules de graphite naturel et ensuite exporté vers les États-Unis, ces ventes représentant 65 % des exportations totales. Le reste sera dirigé vers l'Europe et l'Asie. Le travail du technicien en exploitation est très diversifié. Il est en quelque sorte le bras droit de l'ingénieur minier, car il participe à de nombreuses tâches dont celui-ci est responsable. Il doit être en mesure d'effectuer des activités d'arpentage, c'est-à-dire faire des levés de terrain pour ensuite les mettre en plan; assurer la mise en place de l'instrumentation pour détecter les composantes des roches; planifier le dynamitage et le forage sous la supervision de l'ingénieur minier responsable; assurer la ventilation, le contrôle des émanations de gaz et de poussière et la sécurité dans les sites d'exploitation, tout en prenant les moyens nécessaires pour prévenir les risques d'accidents; surveiller les travaux dans les mines, chantiers et carrières, etc. En plus de ces responsabilités, Nathaniel est en charge de la planification minière. À ce titre, il doit élaborer l'ordre des tâches

	Salaire hebdo moyen	Proportion de dipl. en emploi	Emploi relié	Chômage	Nombre de diplômés
2006	N/D	N/D	N/D	N/D	N/D
2005	778 $	80,0 %	100,0 %	20,0 %	6
2004	749 $	100,0 %	100,0 %	0,0 %	6

Statistiques tirées de la *Relance* - Ministère de l'Éducation, du Loisir et du Sport. Voir données complémentaires, page 369.

Comment interpréter l'information, page 15.

à accomplir, distribuer et répartir les travaux aux superviseurs et faire le suivi des activités sur le chantier.

QUALITÉS RECHERCHÉES

Nathaniel considère que son travail exige qu'il fasse preuve de leadership. «Il ne faut pas avoir peur de prendre des initiatives, dit-il. On doit être capable de défendre ses idées et ses décisions. Il faut aussi être diplomate. Il y a des façons de s'adresser aux gens et de leur transmettre notre point de vue. Je n'avais pas acquis de notion de supervision de personnel à l'école. L'expérience m'a montré que les messages passent beaucoup mieux si on respecte les employés.» Nathaniel doit aussi faire preuve d'innovation afin d'optimiser la production et de réduire les coûts d'exploitation. «Il faut toujours imaginer de nouvelles façons d'améliorer les techniques de dynamitage et de forage, des manières de bonifier le chargement et le transport des minerais ou les méthodes de concassage», dit-il. De bonnes habiletés physiques et une capacité à s'adapter rapidement aux différentes conditions de travail sont requises. Enfin, un intérêt pour le dessin technique, une bonne capacité à travailler en équipe et des aptitudes en informatique sont également des atouts incontournables pour ceux qui aspirent à travailler dans l'industrie de l'exploitation minière.

> «Le mineur au visage noirci est encore très présent dans l'imaginaire collectif. Pourtant, avec les normes d'hygiène et de sécurité, mais surtout avec les instruments de haute précision que l'on utilise, le métier s'exerce aujourd'hui de façon tout à fait différente.»
>
> — Daniel Faucher

DÉFIS ET PERSPECTIVES

Même s'il se pratique en alternance avec les tâches de bureau, le travail manuel réalisé à l'extérieur domine. Il faut donc s'intéresser au travail sur le terrain. La formation tente d'ailleurs de donner aux élèves l'idée la plus proche possible de la réalité professionnelle qui les attend. Certains mythes ont aussi la vie dure. «Le mineur au visage noirci est encore très présent dans l'imaginaire collectif. Pourtant, avec les normes d'hygiène et de sécurité, mais surtout avec les instruments de haute précision que l'on utilise, le métier s'exerce aujourd'hui de façon tout à fait différente», précise Daniel Faucher, professeur au Département de technologie minérale du Cégep de Thetford. Le secteur minier est cyclique, alternant des phases prospères avec des périodes plus creuses. En 2007, les perspectives sont excellentes pour les diplômés. «Une pénurie de main-d'œuvre, autant dans les firmes d'ingénieurs que dans les compagnies minières, coïncide avec une période de nombreux départs à la retraite. Cela assurera une embauche importante pour les prochaines années», prévoit M. Faucher. 03/01 (mise à jour 03/07)

Photo : Cambior inc.

HORAIRES ET MILIEUX DE TRAVAIL

- Les principaux employeurs de ce domaine sont les entreprises d'exploitation minière, soit les mines à ciel ouvert et les mines souterraines.

- Les diplômés trouveront aussi de l'emploi dans les carrières, les chantiers et les firmes d'ingénieurs-conseils.

- Le domaine est cyclique.

- Les employés travaillent généralement le jour, selon un horaire de huit heures et plus.

- Le travail s'effectue principalement en plein air et les conditions sont parfois difficiles.

Géologie appliquée

Passionné de nature et amoureux des grands espaces et des bois, Christian Jalbert n'aurait pu trouver meilleur emploi. Technicien principal en exploration minière à la SOQEM (anciennement la Société québécoise d'exploration minière), il adore son métier.

PROG. 271.01
PRÉALABLES : 11, 20, VOIR P. 16

CHAMPS D'INTÉRÊT
- aime travailler en équipe
- aime observer, manipuler, analyser, contrôler
- aime utiliser un ordinateur
- aime calculer et dessiner (cartographie)

APTITUDES
- résistance physique et grande faculté d'adaptation (sous terre, bruit, poussière, boue, risques; horaire variable)
- esprit d'équipe
- sens de l'observation, de la précision et de l'analyse
- habileté en mathématiques et avec l'informatique
- bonne perception spatiale

OFFRE DU PROGRAMME PAR RÉGIONS
Abitibi-Témiscamingue, Chaudière-Appalaches

Pour connaître les établissements qui offrent ce programme : **www.inforoutefpt.org**

RÔLE ET TÂCHES

Christian a obtenu son diplôme du Cégep de Thetford. Aujourd'hui, il est un peu l'homme à tout faire de l'entreprise pour laquelle il travaille. Ses tâches sont en effet très diversifiées. «Par exemple, lorsqu'on doit monter un camp pour un projet donné, je m'occupe de la logistique et de la planification afin que tout soit en place à temps, explique-t-il. Ainsi, je veille à ce qu'il y ait assez de bois, que le téléphone et le chauffage fonctionnent et que l'approvisionnement en eau réponde aux besoins.»

En plus de la planification des camps, Christian est aussi responsable des échantillons qui sont prélevés sur le terrain. C'est lui qui en assure la numérotation et la classification. Le tout est par la suite remis au laboratoire à des fins d'analyse. «Ces échantillons sont le fruit de notre travail, explique-t-il. On doit donc s'assurer que leur prélèvement s'effectue d'une façon adéquate parce qu'il est très facile de fausser les résultats d'analyse.» Des compilations, des statistiques et différentes cartes (géologiques, physiques et géographiques) seront réalisées selon les résultats obtenus en laboratoire.

Les tâches du technicien en géologie appliquée sont variées et multiples. Il doit identifier les minéraux et les roches; les inventorier et les classer; planifier et réaliser les levés de terrain; rechercher différents matériaux comme des granulats, de l'eau, des minerais; superviser les travaux de forage; effectuer des dessins techniques assistés par ordinateur, etc.

	Salaire hebdo moyen	Proportion de dipl. en emploi	Emploi relié	Chômage	Nombre de diplômés
2006	853 $	42,9 %	66,7 %	0,0 %	10
2005	630 $	50,0 %	75,0 %	0,0 %	10
2004	N/D	N/D	N/D	N/D	N/D

Statistiques tirées de la *Relance* - Ministère de l'Éducation, du Loisir et du Sport. Voir données complémentaires, page 369.

Comment interpréter l'information, page 15.

QUALITÉS RECHERCHÉES

La débrouillardise, l'esprit d'initiative et de bonnes habiletés manuelles sont des qualités importantes pour quelqu'un qui fait un travail comme celui de Christian. «Certains des élèves avec lesquels j'ai étudié, et qui ont très bien réussi, n'ont pu se trouver un emploi de technicien, car ils avaient des lacunes du côté des habiletés manuelles, dit Christian. Moi, j'ai une base dans plusieurs domaines et ça me permet de me débrouiller sur le terrain», ajoute-t-il. Pour lui, la polyvalence est indispensable. «Quand on se retrouve sur un site à des kilomètres des principales ressources, on ne peut pas se fier à l'aide extérieure pour régler les problèmes qui surviennent. Il faut être en mesure de les régler soi-même, sur les lieux de travail.»

Le technicien est souvent appelé à se rendre sur les lieux de forage, qui se déroule essentiellement en région éloignée. Celui qui veut travailler dans ce domaine doit donc être prêt à se déplacer pendant quelques semaines, voire quelques mois.

> La débrouillardise, l'esprit d'initiative et de bonnes habiletés manuelles sont des qualités importantes pour quelqu'un qui fait un travail comme celui de Christian.

Des notions de gestion sont également très utiles lorsque vient le temps de planifier les coûts de déplacement d'une équipe de travail ou quand on doit prévoir l'achat d'équipements. La capacité de travailler en équipe, un bon sens de l'observation, la minutie ainsi qu'un véritable intérêt pour le travail en plein air s'ajoutent au lot des qualités requises.

DÉFIS ET PERSPECTIVES

Le secteur minier est cyclique et alterne les phases prospères avec des phases plus creuses. Il traverse en 2007 une période très favorable qui devrait durer encore quelques années. Les prix des métaux étant très élevés, l'exploration a repris après plusieurs années de vaches maigres : le ministère des Ressources naturelles et de la Faune et les compagnies d'exploration embauchent constamment. La décontamination et la restauration des sols constituent également des débouchés pour les diplômés, remarque Sophie Côté, professeure en géologie au Cégep de Thetford. Il en va de même pour la production de pierres concassées dans les carrières et les gravières. «Nos diplômés travaillent tant en zone urbaine qu'en régions éloignées, du centre-ville de Montréal jusqu'à la baie d'Ungava. Le défi de partir vivre dans des camps très éloignés pique souvent leur curiosité», observe Sophie Côté. 03/01 (mise à jour 03/07)

Photo : Cambior inc.

HORAIRES ET MILIEUX DE TRAVAIL

- Les employeurs dans ce domaine sont les entreprises d'exploitation et de prospection minières, les différents services gouvernementaux en environnement et en ressources naturelles, les firmes d'ingénieurs-conseils en environnement, les entreprises d'hydrogéologie.

- Les diplômés sont également susceptibles de trouver du travail dans les bureaux d'études géotechniques, les sociétés pétrolières et les entrepreneurs de grands travaux de chantier.

- Les diplômés peuvent occuper divers postes : technicien en environnement, technicien en hydrogéologie, technicien en prospection et exploration, technicien en géologie minière, technicien en géotechnique, etc.

- Le travail s'effectue principalement de jour. Le travail de soir et de nuit est plutôt rare dans ce domaine.

- Lors de la préparation des camps, les journées peuvent facilement dépasser les 10 heures de travail.

Minéralurgie

Depuis toujours intéressée par les minéraux et les roches, Alexandra Béland a opté pour le programme en minéralurgie. «Je me passionne pour la profession», affirme la jeune femme, maintenant technicienne en laboratoire pour le ministère des Ressources naturelles à Ottawa.

PROG. 271.03
PRÉALABLES : 11, 20, VOIR P. 16

CHAMPS D'INTÉRÊT

- aime la chimie, les roches et le minerai
- aime travailler dans un laboratoire
- aime le travail méthodique, de précision et de concentration
- aime observer, manipuler et faire des tests
- aime résoudre des problèmes et innover

APTITUDES

- facilité pour la chimie et les mathématiques
- excellent sens de l'observation
- beaucoup de rigueur et de minutie
- initiative et autonomie

OFFRE DU PROGRAMME PAR RÉGIONS
Abitibi-Témiscamingue, Chaudière-Appalaches

Pour connaître les établissements qui offrent ce programme : **www.inforoutefpt.org**

RÔLE ET TÂCHES

Alexandra admet que son travail n'est pas toujours facile, mais elle l'adore. En bref, il consiste à assister les scientifiques dans la poursuite de différents travaux visant à améliorer les procédés de transformation. Occasionnellement, elle travaillera à en développer de nouveaux. Ses tâches sont diversifiées. «Je dois préparer les échantillons en vue d'analyses chimiques et minéralogiques, explique-t-elle. Je fais ensuite les tests en laboratoire et je compile les résultats. Je participe à la rédaction des rapports et à la recherche, tant dans Internet qu'en bibliothèque.» Le technicien en minéralurgie travaille principalement dans les services techniques ou dans le secteur de la production. Il est responsable du traitement et de l'évaluation de différents procédés comme le broyage, le concassage, le tamisage et le séchage des minerais. Il veille à trouver de nouvelles solutions pour séparer le minerai lourd du minerai léger. Ainsi, il peut tenter d'améliorer les opérations de broyage du minerai en changeant la dimension des bouliers. Il peut effectuer des essais sur différents réactifs, etc. Son rôle est important puisqu'il participe activement à l'élaboration de diverses solutions visant, en bout de ligne, à réduire les coûts de production. «Il m'arrive parfois de me déplacer dans certaines régions du Québec, raconte Alexandra. Comme à Val-d'Or, où j'ai dû aller recueillir des échantillons dans le moulin de la mine. Étant donné que tous ces échantillons étaient dans l'eau, j'ai dû les faire sécher, les rendre homogènes et les séparer les uns des autres dans des sacs pour des analyses subséquentes. Parfois, des compagnies nous envoient des échantillons que nous devrons concasser et broyer, selon la

	Salaire hebdo moyen	Proportion de dipl. en emploi	Emploi relié	Chômage	Nombre de diplômés
2006	542 $	80,0 %	100,0 %	0,0 %	5
2005	665 $	83,3 %	100,0 %	16,7 %	7
2004	N/D	N/D	N/D	N/D	N/D

Statistiques tirées de la *Relance* - Ministère de l'Éducation, du Loisir et du Sport. Voir données complémentaires, page 369.

Comment interpréter l'information, page 15.

condition des minerais à la réception.» Le technicien peut aussi travailler dans le domaine de la géologie appliquée en environnement, pour la gestion de l'eau et des résidus, ainsi que dans le secteur de la décontamination des sols.

QUALITÉS RECHERCHÉES

Pour Alexandra, la capacité de s'adapter rapidement aux différentes tâches de travail est une qualité importante dans ce domaine. «Il faut avoir de la facilité à s'adapter parce que les tâches changent tous les jours, dit-elle. C'est aussi pour cette raison qu'il est difficile pour moi de décrire avec précision mon travail...»

La rigueur et la minutie sont des atouts de taille pour le technicien en minéralurgie. Il doit également se sentir tout aussi à l'aise de travailler au sein d'une équipe que de travailler seul, car il aura à le faire en laboratoire. Ceux qui aspirent à œuvrer dans ce domaine doivent évidemment manifester un intérêt particulier tant pour la chimie et les activités en laboratoire que pour le travail en usine et sur les sites miniers. La débrouillardise, l'autonomie et un bon sens de l'organisation sont aussi de mise à cause des nombreux séjours en régions éloignées. Ces aptitudes sont également bien utiles en raison des tâches multiples et complexes que le technicien doit accomplir dans l'exercice de ses fonctions.

Même si le métier ne se pratique plus dans les conditions d'autrefois, il n'en reste pas moins que l'environnement demeure le même. Un site minier est bruyant et poussiéreux, et les déplacements en régions éloignées constituent aussi un défi pour les diplômés qui doivent se montrer très mobiles.

DÉFIS ET PERSPECTIVES

Le secteur minier est cyclique et alterne les périodes de prospérité avec des phases plus creuses. En 2007, il est sur une belle lancée, qui devrait durer quelques années. Les diplômés trouvent donc facilement du travail, aussi bien en zones urbaines qu'en Abitibi ou sur la Côte-Nord. Les salaires augmentent avec l'éloignement.

«La haute technologie est très présente dans ce domaine. C'est un milieu moderne et automatisé où les conditions de travail sont excellentes», remarque Daniel Pelchat, professeur en minéralurgie au Cégep de Thetford. Même si le métier ne se pratique plus dans les conditions d'autrefois, il n'en reste pas moins que l'environnement demeure le même. Un site minier est bruyant et poussiéreux, et les déplacements en régions éloignées constituent aussi un défi pour les diplômés qui doivent se montrer très mobiles. 03/01 (mise à jour 03/07)

Photo : Cégep de l'Abitibi-Témiscamingue

HORAIRES ET MILIEUX DE TRAVAIL

- Les diplômés de ce programme peuvent travailler en laboratoire, en usine, dans les centres de recherche (COREM – Consortium en recherche minérale), dans les industries de concentration et de transformation des minerais, dans les mines, les carrières ou les fonderies.

- Le travail se fait généralement le jour, de 9 h à 17 h.

- Les employés de ce secteur doivent souvent travailler en régions éloignées. Ces déplacements s'étendent parfois sur de longues périodes.

- Les employés sont embauchés sous contrat ou de façon permanente.

- Le travail s'effectue tant en équipe que de façon solitaire.

MÉTALLURGIE

CHAMPS D'INTÉRÊT

- aime les sciences (en particulier la physique et la chimie)
- aime mesurer, calculer, assembler des pièces de métal
- aime le travail manuel, en usine ou sur un chantier
- aime analyser et concrétiser un plan
- aime le travail créatif
- aime le dessin technique

APTITUDES

- facilité en mathématiques et en dessin technique
- faculté d'imagination et de visualisation en trois dimensions
- dextérité, minutie, précision et rapidité d'exécution
- force et résistance physiques
- capacité de travailler sous pression
- discipline et prudence
- esprit logique et méthodique
- acuité visuelle, concentration et sens de l'observation
- esprit de collaboration

Le Québec est un grand producteur et transformateur de métaux et de minéraux comme l'or, le cuivre, le zinc, le nickel, le fer ou le magnésium. Ses usines métallurgiques se concentrent surtout en Montérégie, au Saguenay–Lac-Saint-Jean, sur la Côte-Nord et dans la région de Montréal.

Source :
Les carrières d'avenir 2007,
Les Éditions Jobboom.

RESSOURCES INTERNET

MINISTÈRE DE L'ÉDUCATION, DU LOISIR ET DU SPORT DU QUÉBEC – SECTEURS DE FORMATION
www.meq.gouv.qc.ca/ ens-sup/ens-coll/program/ ProgEtab.asp?vToken=s160
Vous trouverez sur cette page une description des programmes de ce secteur de formation, comprenant, pour chacun, les exigences d'admission, les objectifs de formation et une liste d'établissements d'enseignement.

COMITÉ SECTORIEL DE MAIN-D'ŒUVRE DE LA MÉTALLURGIE DU QUÉBEC
www.metallurgie.ca
Pour en apprendre davantage sur les travaux de ce comité, sur l'industrie métallurgique et sur le développement de sa main-d'œuvre.

CONSEIL CANADIEN DU COMMERCE ET DE L'EMPLOI DANS LA SIDÉRURGIE
www.cstec.ca/French/index.html
Ce site vous renseignera sur les programmes de formation de cet organisme voué au développement de la main-d'œuvre dans le domaine de la sidérurgie au Canada.

MINISTÈRE DU DÉVELOPPEMENT ÉCONOMIQUE, DE L'INNOVATION ET DE L'EXPORTATION DU QUÉBEC
www.mderr.gouv.qc.ca/mder/web/ portail/entreprises/nav/Secteurs_ industriels/44001.html?iddoc=44001
Cette page présente un portrait du secteur métallurgique en plus de donner accès à un répertoire des fonderies québécoises et à une série de liens vers des associations québécoises ayant un rapport avec la métallurgie.

Technologie du génie métallurgique (Contrôle des matériaux)

Éric Trottier travaille à la fonderie Laforo comme technicien de laboratoire de nuit. À son avis, le programme qu'il a suivi au cégep se rapproche d'une formation universitaire, car les diplômés occupent souvent des postes de cadres ou de contremaîtres.

PROG. 270.AO
PRÉALABLES : 12, 40, VOIR P. 16

CHAMPS D'INTÉRÊT

- aime travailler avec les métaux et l'électricité
- aime les sciences (particulièrement : chimie et physique)
- aime faire le travail de précision, sur microscope et avec des appareils de mesure
- aime analyser, contrôler, résoudre des problèmes et innover

APTITUDES

- facilité pour les mathématiques, la chimie et la physique
- rigueur, minutie et méthode
- facilité à communiquer et à coopérer
- initiative
- aisance avec l'informatique

OFFRE DU PROGRAMME PAR RÉGIONS
Mauricie

Pour connaître les établissements qui offrent ce programme : www.inforoutefpt.org

RÔLE ET TÂCHES

L'entreprise pour laquelle Éric travaille est située à Sainte-Claire-de-Bellechasse. Elle est spécialisée dans la fabrication de pièces métalliques intermédiaires en fonte (non finies) pour les freins à disque de voitures et pour les composantes mécaniques des autobus, des tracteurs et des machines fixes en usine. À titre de technicien de laboratoire, Éric est responsable de la qualité des produits usinés. Il doit tenir compte des exigences des clients et veiller à ce que les normes de qualité soient respectées.

Les journées d'Éric sont bien remplies. Malgré cela, il doit constamment faire preuve d'une rigueur exemplaire dans son travail. «Comme le métal liquide est coulé dans un moule en sable, je dois effectuer un test de sable une fois l'heure, explique le diplômé du Cégep de Trois-Rivières. Je dois aussi faire des analyses chimiques d'échantillons de fonte à l'aide d'un spectromètre. Je procède à ces tests en étirant les échantillons sur une machine à traction afin de connaître la résistance mécanique du métal.»

Le travail d'un technicien dans le domaine du contrôle des matériaux s'apparente beaucoup à celui d'un analyste scrutant les différentes étapes de procédés métallurgiques. Travaillant principalement dans des laboratoires et des usines, généralement de concert avec des ingénieurs, le technicien doit être en mesure d'effectuer des contrôles de la qualité des produits en utilisant des tests physiques, chimiques (chaleur), mécaniques (résistance) ou non destructifs (radiographie, ultrasons).

	Salaire hebdo moyen	Proportion de dipl. en emploi	Emploi relié	Chômage	Nombre de diplômés
2006	674 $	50,0 %	100,0 %	0,0 %	8
2005	725 $	92,3 %	75,0 %	0,0 %	16
2004	686 $	85,7 %	66,7 %	0,0 %	8

Statistiques tirées de la *Relance* - Ministère de l'Éducation, du Loisir et du Sport. Voir données complémentaires, page 369.

Comment interpréter l'information, page 15.

Le travail du technicien est important, car en plus de l'analyse des produits finis, ou en processus de traitement, il devra veiller à la résistance, à la durabilité et à la conformité des produits aux normes exigées. En fait, il joue un rôle essentiel dans le maintien de la qualité et dans l'amélioration des produits. Il contribue aussi à réduire les coûts inutiles liés à leur production. Au poste qu'il occupe, Éric explique qu'il n'a aucune autorité sur les employés qui travaillent avec lui. «Je ne peux pas commenter la façon dont ils font leur travail ni les avertir si c'est mal fait, dit-il. Je dois simplement surveiller leur façon de faire et faire un rapport au contremaître responsable.»

QUALITÉS RECHERCHÉES

Éric Trottier considère qu'un diplômé espérant occuper un poste comme le sien doit être autonome et responsable. «Il faut prendre en considération le fait qu'on travaille généralement seul en laboratoire, prévient-il. Il faut donc avoir des aptitudes en ce sens.» Il explique que le contremaître intervient très peu dans son travail parce que les tâches à effectuer nécessitent une spécialisation. La minutie et la précision sont également des qualités importantes pour le technicien en laboratoire, car il doit veiller à la conformité des produits aux normes imposées et mener à bien les différents contrôles prévus tout au long du processus de fabrication. La polyvalence, la curiosité, un intérêt pour le travail manuel et pour la science ainsi qu'une bonne gestion du stress et de son temps complètent les atouts nécessaires à un technologue en contrôle des matériaux.

DÉFIS ET PERSPECTIVES

Ce secteur est rempli de défis pour les diplômés. «Pour faire fonctionner une usine ou un service, le technologue joue un rôle fondamental, affirme Claude Lord, coordonnateur du programme au Cégep de Trois-Rivières. Dans bien des cas, l'ingénieur dépend du technicien, car, à l'université, il n'a pas été formé pour faire des tests chimiques, physiques et métallurgiques. Il est bien sûr responsable de la planification à plus long terme, mais, pour prendre ses décisions, il a besoin des résultats d'essais et d'analyses réalisés par le technicien.» Par conséquent, ces spécialistes occupent une place de choix et sont très recherchés sur le marché du travail, précise M. Lord. 03/01

> «Pour faire fonctionner une usine ou un service, le technologue joue un rôle fondamental.»
>
> — Claude Lord

Photo : Claude Rousselle

HORAIRES ET MILIEUX DE TRAVAIL

- Les employeurs se retrouvent dans le secteur de la production primaire de métaux (acier, cuivre, aluminium, etc.).

- Les diplômés travailleront en laboratoire ou en usine. Dans ce dernier cas, ils devront s'attendre à travailler dans un environnement bruyant et poussiéreux.

- Ils peuvent faire de la représentation et de la vente de produits métallurgiques.

- Les diplômés peuvent aussi trouver du travail auprès des centres de recherche universitaires, gouvernementaux ou privés, auprès des centrales nucléaires, des entreprises du secteur aéronautique, etc.

- Les employés sont appelés à travailler le jour, le soir ou la nuit.

- Les journées comptent généralement huit heures, et la semaine, cinq jours.

Technologie du génie métallurgique (Fabrication mécanosoudée)

La technique en fabrication mécanosoudée ne forme pas seulement des soudeurs. Les diplômés peuvent aussi être appelés à travailler en usine et dans les bureaux. Le technicien spécialisé dans ce domaine se situe à mi-chemin entre l'ingénieur et le personnel de production. Il joue un rôle important dans l'inspection des produits finis et le suivi des procédures en usine.

PROG. 270.AO
PRÉALABLES : 12, 40, VOIR P. 16

CHAMPS D'INTÉRÊT
- aime les sciences (chimie, mécanique, math)
- aime le travail manuel
- aime observer, contrôler, manipuler
- aime se déplacer, travailler en usine et sur un chantier
- aime communiquer, conseiller et écrire
- aime utiliser des logiciels

APTITUDES
- facilité pour la physique, la chimie et les maths
- dextérité et excellent sens de l'observation
- sens des responsabilités, rigueur et méthode
- facilité à communiquer, à convaincre et à rédiger
- mobilité

OFFRE DU PROGRAMME PAR RÉGIONS
Mauricie

Pour connaître les établissements qui offrent ce programme : www.inforoutefpt.org

RÔLE ET TÂCHES

Sylvain Hubert est inspecteur en assurance qualité pour SABSPEC, une entreprise spécialisée dans la production de vaisseaux pressurisés, de grosses pièces massives en métal comme les plates-formes de forage et dans la fabrication de pièces en métal utilisées dans la construction des barrages. Les tâches sont nombreuses et diversifiées pour le jeune homme qui participe activement à plusieurs étapes de la production.

«Je m'occupe du suivi des contrats avec les clients, du respect des normes, des plans d'inspection, des essais non destructifs et j'assure la communication avec les firmes pour les inspections et la vérification des rapports, explique-t-il. Je dois vérifier tout le matériel qui entre, comme les plaques et les tuyaux. Je dois aussi inspecter visuellement les pièces et m'assurer que les composantes chimiques et les propriétés mécaniques sont conformes aux normes établies.» Le technicien en soudage doit être en mesure de contrôler les soudures par métallographie (structure et propriétés des métaux), par essais mécaniques et non destructifs en plus de collaborer à la conception de différentes pièces soudées. Il sera responsable de l'interprétation des normes et des codes de la profession et veillera au suivi des différentes procédures de soudage.

En plus de toutes ces tâches, Sylvain reçoit les clients qui tiennent à faire un suivi de leur commande et accueille les inspecteurs du gouvernement. La fabrication des vaisseaux pressurisés étant régie par

	Salaire hebdo moyen	Proportion de dipl. en emploi	Emploi relié	Chômage	Nombre de diplômés
2006	N/D	N/D	N/D	N/D	N/D
2005	623 $	88,9 %	87,5 %	11,1 %	10
2004	N/D	N/D	N/D	N/D	N/D

Statistiques tirées de la *Relance* - Ministère de l'Éducation, du Loisir et du Sport. Voir données complémentaires, page 369.

Comment interpréter l'information, page 15.

des normes gouvernementales, ces inspecteurs font des radiographies et des inspections internes durant toute la durée des contrats.

QUALITÉS RECHERCHÉES

Le technicien en fabrication mécanosoudée doit faire preuve de minutie et de précision, car les erreurs peuvent être coûteuses sur le plan de la production. La résistance au stress est aussi indiquée puisque dans ce domaine, on travaille souvent sous pression. Appelé à collaborer tant avec les soudeurs qu'avec les ingénieurs, le diplômé de ce programme devra être en mesure de travailler en équipe et démontrer de bonnes habiletés à communiquer. La capacité d'adaptation, des aptitudes en informatique, la polyvalence ainsi que le sens des responsabilités sont des qualités fortement recommandées pour ceux qui aspirent à la profession. La connaissance de l'anglais est également un outil précieux. «J'ai dû suivre des cours d'anglais parce que je n'étais pas tellement bon, avoue Sylvain. Les manuels sont tous écrits dans cette langue et les trois quarts de nos clients sont anglophones.»

> «Je m'occupe du suivi des contrats avec les clients, du respect des normes, des plans d'inspection, des essais non destructifs et j'assure la communication avec les firmes pour les inspections et la vérification des rapports.»
>
> — **Sylvain Hubert**

DÉFIS ET PERSPECTIVES

La perception qu'ont les gens du domaine de la fabrication mécanosoudée est souvent biaisée. On présente le métier comme un travail sale, baignant dans la fumée et dans la poussière. Stéphane Cossette est professeur en fabrication mécanosoudée au Cégep de Trois-Rivières. Il croit qu'on devrait y penser deux fois avant de se laisser influencer par ces mythes. «En réalité, c'est un milieu de technologie de pointe qui peut être très propre et, surtout, très intéressant, affirme-t-il. Les usines ont de plus en plus recours à la robotisation, alors qu'avant, les procédés de soudage se faisaient tous manuellement. Les techniciens s'occupent donc davantage, aujourd'hui, de la programmation des machines et de la mise en œuvre de l'équipement.» Les diplômés ont de belles perspectives professionnelles, mais ils devront rester attentifs au développement des nouvelles technologies. Robotisation, soudage au laser, etc., sont en voie de devenir incontournables. Mentionnons également que deux secteurs sont actuellement avides de ce type de main-d'œuvre : l'enseignement en soudure au niveau professionnel, ainsi que la représentation et le soutien technique pour les distributeurs de matériel de fabrication mécanosoudée. 03/01

HORAIRES ET MILIEUX DE TRAVAIL

- Parmi les employeurs figurent les usines de fabrication de produits soudés et les entreprises de distribution et de vente de produits de soudage.

- Les diplômés de ce programme pourront travailler en usine, en laboratoire ou effectuer du travail de bureau.

- Les diplômés peuvent devenir techniciens en soudage, inspecteurs en qualité, vendeurs ou représentants techniques. Certains peuvent se diriger vers l'enseignement professionnel.

- Le travail et les horaires sont très diversifiés. Les employés doivent s'attendre à travailler le jour, le soir ou la nuit.

Technologie du génie métallurgique (Procédés de transformation)

Après avoir bourlingué au cégep, à l'université et même dans les mines, Patrick Régimbal a décidé de consacrer ses énergies à une passion de jeunesse : le béton! Seulement une journée après avoir obtenu son diplôme en procédés de transformation, il commençait à travailler.

PROG. 270.AO
PRÉALABLES : 12, 40, VOIR P. 16

CHAMPS D'INTÉRÊT

- aime la physique et la chimie
- aime observer, vérifier, organiser et superviser
- accorde de la valeur au résultat, à la qualité (du produit)
- aime communiquer et travailler en équipe
- aime travailler en usine

APTITUDES

- sens de l'observation, débrouillardise et autonomie
- habiletés manuelles
- sens de la communication et de la coopération
- sens de l'organisation et des responsabilités

OFFRE DU PROGRAMME PAR RÉGIONS
Mauricie, Saguenay–Lac-Saint-Jean

Pour connaître les établissements qui offrent ce programme : **www.inforoutefpt.org**

RÔLE ET TÂCHES

Patrick est technicien en contrôle de la qualité pour une entreprise de Cap-de-la-Madeleine spécialisée dans la fabrication de pièces en aluminium pour l'industrie automobile. On y fabrique entre autres des pièces de radiateurs de voitures, des pièces pour les systèmes de chauffage, des alliages, etc. «Ma responsabilité est de m'assurer de la qualité des produits avant qu'ils soient envoyés aux clients, explique-t-il. Je vérifie les propriétés mécaniques de l'aluminium, comme la traction, et je peux décider de suspendre la production en cas de problème afin que les ingénieurs puissent faire les vérifications nécessaires.» Patrick voit à ce que toutes les procédures soient respectées lors des différentes étapes de la production. Ainsi, dans le cas de la fabrication d'un alliage en aluminium pour un cadre de radiateur, il doit s'assurer que la largeur et l'épaisseur de l'aluminium répondent aux exigences des clients. «Pour certaines pièces conçues pour les systèmes de chauffage ou de climatisation, il faut considérer qu'elles seront exposées à la chaleur ou aux changements de température, dit-il. Il faut donc s'assurer qu'elles pourront résister à ces conditions particulières.» Le technicien en procédés de transformation occupe généralement des postes directement liés à la production. Il est appelé à participer activement à la mise en fabrication, au développement et au contrôle des procédés de production des métaux primaires. Il s'occupe de la préparation d'alliages fins, supervise la fabrication des pièces par moulage, planifie le démoulage, les traitements thermiques et la déformation à chaud ou à froid selon les besoins. Il peut aussi être chargé d'effectuer diverses expériences sur les

	Salaire hebdo moyen	Proportion de dipl. en emploi	Emploi relié	Chômage	Nombre de diplômés
2006	856 $	85,7 %	100,0 %	14,3 %	8
2005	517 $	83,3 %	70,0 %	9,1 %	13
2004	641 $	66,7 %	83,3 %	14,3 %	15

Statistiques tirées de la *Relance* - Ministère de l'Éducation, du Loisir et du Sport. Voir données complémentaires, page 369.

Comment interpréter l'information, page 15.

procédés métallurgiques. En marge de ces tâches, le technicien accomplit également du travail de bureau et de laboratoire. C'est là qu'il préparera les alliages ou qu'il procédera au calcul de la charge en fonction des exigences des clients ou selon des normes comme ISO 9000. Le cycle de travail de Patrick s'échelonne sur neuf jours, soit six journées de travail consécutives suivies d'un congé de trois jours. «Il faut aussi être prêt à travailler le soir, la nuit et la fin de semaine, car les postes de jour sont généralement occupés par des techniciens plus expérimentés.» Le technicien peut travailler dans des centres de recherche et de développement comme le Centre de technologie Noranda.

QUALITÉS RECHERCHÉES

«Pour faire ce métier, il faut être responsable et autonome, explique Patrick, car on travaille souvent seul, surtout le soir et la nuit. La maîtrise de la langue anglaise est aussi importante parce que tous les livres dans le domaine sont en anglais.» Le diplômé insiste également sur la nécessité de bien savoir gérer son temps pour ne pas retarder son travail et, conséquemment, la production en usine. Selon Patrick, la facilité de travailler en équipe, la rigueur, la minutie et une bonne capacité d'adaptation aux situations imprévues sont aussi des habiletés appréciées chez les jeunes diplômés de ce programme.

DÉFIS ET PERSPECTIVES

L'un des défis du secteur est certainement de faire connaître le programme à un plus vaste éventail de personnes. «On a beaucoup de difficultés à recruter des élèves pour le programme, indique Bernard Duchesne, enseignant au Cégep de Trois-Rivières. La métallurgie, tant au collégial qu'à l'université, est un secteur mal connu et, par conséquent, le nombre de diplômés est relativement faible.» M. Duchesne explique que la formation prépare les futurs diplômés pour le marché de l'emploi en leur donnant la base nécessaire leur permettant de répondre immédiatement aux besoins de l'industrie et du marché. Ils sortent du cégep avec une connaissance des métaux et des différents procédés de transformation suffisante pour assister l'ingénieur dans son travail. «Après avoir acquis quelques années d'expérience, si le diplômé a du potentiel, il peut obtenir d'autres responsabilités, par exemple s'occuper des problèmes d'approvisionnement», ajoute l'enseignant. 03/01

«Ma responsabilité est de m'assurer de la qualité des produits avant qu'ils soient envoyés aux clients.»

— Patrick Régimbal

HORAIRES ET MILIEUX DE TRAVAIL

• Les principaux employeurs de ce secteur sont les usines de transformation primaire des métaux, les entreprises de production de pièces fabriquées à partir de procédés de fonderie, les entreprises de métaux de toutes sortes (aluminium, zinc, magnésium, cuivre), les aciéries, les centres de recherche en métallurgie.

• Le travail s'effectue principalement le jour et le soir. Il est possible de travailler la nuit, à l'occasion.

• Les journées de travail comptent souvent 12 heures dans les grandes entreprises.

TRANSPORT

CHAMPS D'INTÉRÊT

- aime se déplacer, voyager et se sentir autonome
- aime les véhicules lourds, le domaine de l'aviation ou de la navigation
- aime observer, calculer et planifier
- aime analyser et résoudre des problèmes
- aime prendre des décisions et assumer des responsabilités

APTITUDES

- discernement, initiative et leadership
- excellente coordination et capacité de concentration
- résistance à la fatigue et au stress
- facilité pour le calcul et la résolution de problèmes mathématiques
- aisance avec les équipements électroniques et informatiques
- excellentes facultés d'analyse, de synthèse et de logique
- grande clarté et précision de l'expression verbale

RESSOURCES INTERNET

MINISTÈRE DE L'ÉDUCATION, DU LOISIR ET DU SPORT DU QUÉBEC – SECTEURS DE FORMATION
www.meq.gouv.qc.ca/ens-sup/ens-coll/program/ProgEtab.asp?vToken=s170
Vous trouverez sur cette page une description des programmes de ce secteur de formation, comprenant, pour chacun, les exigences d'admission, les objectifs de formation et une liste d'établissements d'enseignement.

CENTRE QUÉBÉCOIS DE FORMATION AÉRONAUTIQUE
www.cqfa.ca
Ce centre, affilié au Cégep de Chicoutimi, est le seul établissement public à offrir le programme *Techniques de pilotage d'aéronefs*. Découvrez dans son site des renseignements sur cette formation et ses débouchés.

INSTITUT MARITIME DU QUÉBEC – NAVIGATION
www.imq.qc.ca/carrieres/navigati.htm
L'Institut maritime du Québec forme des commandants de navire. Consultez la description du programme *Navigation* pour en savoir plus sur la formation et les perspectives d'emploi qui attendent les diplômés.

MINISTÈRE DES TRANSPORTS DU QUÉBEC
www.mtq.gouv.qc.ca
Le point de départ de toute recherche sur l'industrie québécoise des transports. Ce site propose un tour de piste du secteur avec de l'information sur les modes de transport et la sécurité.

Navigation

Certains seraient prêts à tout laisser tomber pour répondre à l'appel du large. Les technologues en navigation, eux, ont trouvé le moyen de passer du rêve à la réalité. Et, qu'ils naviguent sur le fleuve Saint-Laurent ou sur le Pacifique, sur le lac Supérieur ou en mer de Chine, ils ont en commun leur soif de grands espaces et leur désir de découvrir le monde.

PROG. 248.BO
PRÉALABLES : 10, 20, VOIR P. 16

CHAMPS D'INTÉRÊT
- aime bouger, découvrir de nouveaux horizons
- aime la mer et la vie en groupe
- aime observer, calculer, analyser et planifier
- aime assumer des responsabilités

APTITUDES
- bonne condition physique et excellente faculté d'adaptation
- intérêt pour le travail à l'étranger, bilinguisme
- jugement, sens des responsabilités et de l'organisation
- habiletés en calcul et pour l'utilisation d'instruments électroniques

OFFRE DU PROGRAMME PAR RÉGIONS
Bas-Saint-Laurent

Pour connaître les établissements qui offrent ce programme : www.inforoutefpt.org

RÔLE ET TÂCHES

Félix Banville s'est inscrit au programme *Navigation* de l'Institut maritime du Québec après avoir pratiqué le métier de soudeur pendant quatre ans. Il cherchait une formation qui lui ouvrirait plusieurs portes en plus d'assouvir sa passion pour le voyage. «Le travail du technicien de navigation diffère selon que l'on est sur un pétrolier ou sur un bateau de la Garde côtière, selon que le navire est au port ou en déplacement», dit M. Banville, qui œuvre pour différentes compagnies maritimes. En mer, il contribue à assurer la progression sécuritaire du navire, à l'intérieur de la route qui a été tracée avant le départ. À quai, il veille au chargement et au déchargement du bateau. Il agit toujours dans le respect des règles en vigueur.

En mer, chaque officier doit effectuer un quart de travail à la passerelle où se trouvent les outils de navigation. Il assure la veille radar et observe la mer autour de lui. Il est responsable des communications et il contrôle la position du bateau. Il se sert d'instruments électroniques comme les radars et les systèmes de positionnement, mais il utilise aussi des outils traditionnels comme la carte et le sextant.

À ce quart de travail, des tâches s'ajoutent selon le grade de l'officier, qui doit en obtenir quatre pour devenir capitaine. Le troisième maître veille à la sécurité sur le navire; le deuxième s'occupe de la planification du voyage; le premier est responsable du chargement et de l'entretien du navire, et le capitaine est le grand patron. Félix Banville détient, quant à lui, le grade de deuxième maître.

	Salaire hebdo moyen	Proportion de dipl. en emploi	Emploi relié	Chômage	Nombre de diplômés
2006	938 $	68,4 %	83,3 %	18,8 %	34
2005	674 $	57,9 %	100,0 %	15,4 %	30
2004	N/D	N/D	N/D	N/D	N/D

Statistiques tirées de la *Relance* - Ministère de l'Éducation, du Loisir et du Sport. Voir données complémentaires, page 369.

Comment interpréter l'information, page 15.

QUALITÉS RECHERCHÉES

Le métier de technicien en navigation n'est pas pour ceux qui souhaitent travailler près de chez eux, de 9 à 5. En moins de deux ans de carrière, Félix Banville a pratiquement fait le tour du monde.

De plus, il faut aimer les sciences puisque la formation suppose l'acquisition de connaissances avancées en cartographie, en météorologie, en stabilité et construction de navires, en navigation astronomique et en navigation à l'aide d'appareils électroniques. Le diplômé doit se tenir au fait des nouveaux règlements en vigueur et des nouvelles technologies. Dans les petites entreprises, il est souvent responsable de son propre perfectionnement.

L'esprit d'équipe et la discipline sont des qualités essentielles à bord d'un bateau. «Il faut aussi être très sociable parce que tu partages un espace restreint avec d'autres gens, pendant plusieurs jours», dit Félix Banville. S'ajoutent le sens des responsabilités, de l'initiative et un bon jugement. «Si tu es seul sur le pont la nuit et qu'il y a un problème, tu dois être capable de prendre des décisions rapidement.» Avoir le pied marin est, bien sûr, une nécessité!

L'arrivée éventuelle, en eaux canadiennes, de navires de transport du méthane ou du gaz naturel liquéfié présentera de nouvelles occasions de carrière et de nouveaux défis pour les officiers, qui devront adapter leur pratique à ce type de navires.

DÉFIS ET PERSPECTIVES

«En cinq ans, un diplômé peut passer de troisième maître à capitaine, explique Christian Cormier, coordonnateur du Département de navigation à l'Institut maritime du Québec. Il n'y a pas beaucoup de métiers où on peut atteindre le sommet aussi rapidement.»

Avec un brevet de capitaine, l'officier pourra devenir pilote sur le Saint-Laurent, occuper des postes de gestion pour des administrations portuaires ou des compagnies maritimes ou devenir expert maritime pour des organismes gouvernementaux. Les jeunes poussés par l'ambition seront donc heureux dans cette profession, tout comme ceux qui adorent la technologie, puisque celle-ci évolue sans cesse.

M. Cormier souligne que l'arrivée éventuelle, en eaux canadiennes, de navires de transport du méthane ou du gaz naturel liquéfié présentera de nouvelles occasions de carrière et de nouveaux défis pour les officiers, qui devront adapter leur pratique à ce type de navires. 03/07

Photo : Les Croisières Richelieu inc.

HORAIRES ET MILIEUX DE TRAVAIL

• Les diplômés en navigation peuvent travailler dans la fonction publique fédérale ou provinciale et pour des compagnies maritimes étrangères et canadiennes, à titre d'officiers de navigation, de gérants, ou encore au sein d'entreprises connexes.

• Un troisième maître travaille deux quarts de quatre heures par jour (de 8 h à midi et de 20 h à minuit), auxquels peuvent s'ajouter des heures supplémentaires. Les officiers sont susceptibles de passer quelques semaines en mer, suivies d'un congé d'une durée égale.

Techniques de la logistique du transport

Travailler dans le domaine des transports, c'est une histoire de famille pour Andréane Fraser! Plusieurs de ses oncles sont camionneurs et son grand-père était propriétaire d'une compagnie de transport. Il n'est donc pas étonnant de la voir aujourd'hui gérer l'acheminement de la marchandise pour une entreprise spécialisée dans la fabrication de mobilier et d'équipement médicaux.

PROG. 410.A0
PRÉALABLE : 11, VOIR PAGE 16

CHAMPS D'INTÉRÊT
- aime gérer des situations problématiques
- aime assumer des responsabilités
- aime travailler en équipe
- aime travailler avec le public

APTITUDES
- sens de l'organisation
- bonne résistance au stress
- facilité à communiquer
- facilité pour les mathématiques
- bilinguisme

OFFRE DU PROGRAMME PAR RÉGIONS
Bas-Saint-Laurent, Capitale-Nationale, Centre-du-Québec, Chaudière-Appalaches, Laurentides, Mauricie, Montérégie, Montréal

Pour connaître les établissements qui offrent ce programme : **www.inforoutefpt.org**

RÔLE ET TÂCHES

Diplômée en techniques de la logistique du transport, Andréane est représentante au service à la clientèle internationale chez Bertec Médical, à l'Islet, dans la région de Chaudière-Appalaches. Dans un bureau ouvert, en constante interaction avec son équipe composée d'un superviseur et d'une collègue attitrée aux commandes, Andréane voit au transport de la marchandise. Elle doit respecter les échéanciers tout en optimisant les coûts de transport. Peu importe que le lieu d'expédition se situe aux États-Unis, en Europe, au Moyen-Orient ou en Russie, Andréane doit déterminer l'itinéraire de la marchandise et les meilleurs modes de transport à utiliser. Son principal outil de travail est le téléphone, mais elle fait aussi grand usage de l'ordinateur, qui lui donne accès à des logiciels de cartographie.

Tout d'abord, elle vérifie les commandes et les exigences des clients qui précisent parfois le nom de la compagnie et le type de transport qu'ils souhaitent voir utilisé. Andréane contacte ensuite les transporteurs pour les informer de la date de cueillette de la marchandise. Elle remplit pour eux une déclaration avec les noms de l'expéditeur et du destinataire ainsi que la quantité et le poids de l'équipement à livrer. C'est également Andréane qui prépare tous les documents pour fins de douane dont auront besoin les transitaires internationaux. Elle se rend enfin sur l'aire d'expédition de la compagnie pour s'assurer que la marchandise sera prête à partir au moment voulu.

Le travail en logistique du transport demeure complexe et il n'est pas rare que des pépins surviennent en cours de route. «Il y a bien des personnes et

	Salaire hebdo moyen	Proportion de dipl. en emploi	Emploi relié	Chômage	Nombre de diplômés
2006	705 $	75,0 %	85,7 %	4,0 %	45
2005	558 $	80,0 %	85,7 %	0,0 %	59
2004	573 $	79,5 %	87,1 %	8,8 %	56

Statistiques tirées de la *Relance* - Ministère de l'Éducation, du Loisir et du Sport. Voir données complémentaires, page 369.

Comment interpréter l'information, page 15.

des modes de transport impliqués dans une livraison. Les problèmes peuvent donc surgir à tout moment. Par exemple, une livraison destinée à une entreprise située aux États-Unis est arrivée plus tôt que prévu, raconte Andréane. Cette entreprise ne pouvait pas entreposer la marchandise. Grâce à mon réseau de contacts, j'ai pu trouver un entrepôt non loin de là qui a pris l'équipement.»

QUALITÉS RECHERCHÉES

Le travail du technicien en logistique du transport comporte de lourdes responsabilités. «Il y a beaucoup d'argent en jeu, sans compter les difficultés qui surviennent constamment. Le métier exige une bonne résistance au stress en plus d'une certaine maturité», précise Andréane. Le technicien doit pouvoir faire face à un ensemble de problèmes sans paniquer.

Il est essentiel d'aimer travailler en équipe et de savoir établir de bonnes relations avec ses collègues, ses clients et son réseau de contacts, ajoute la diplômée. «Il faut être attentif aux besoins des autres pour maintenir de bons rapports et répondre aux exigences des clients. Selon moi, l'humour demeure l'outil le plus efficace.»

Diplomatie et sang-froid sont d'autres qualités indispensables pour transiger avec des clients mécontents. Mondialisation oblige : une excellente maîtrise de l'anglais et même de l'espagnol est un atout non négligeable.

Peu importe que le lieu d'expédition se situe aux États-Unis, en Europe, au Moyen-Orient ou en Russie, Andréane doit déterminer l'itinéraire de la marchandise et les meilleurs modes de transport à utiliser.

DÉFIS ET PERSPECTIVES

Avec la mondialisation, les territoires à desservir se sont élargis. Le marché autrefois provincial est maintenant national et international. «Par conséquent, les tâches des techniciens en logistique du transport se sont complexifiées, notamment par l'augmentation des réglementations liées au transport», explique Paul Rouleau, enseignant au Cégep de Lévis-Lauzon.

Les diplômés doivent donc maîtriser tous les aspects de la chaîne logistique de transport des marchandises, qui comprend l'approvisionnement, la gestion des stocks, l'entreposage, la distribution et le transport local, national et international. Ils doivent être à l'aise dans la coordination du transport sous tous ses modes : qu'il soit terrestre, ferroviaire, maritime ou aérien, conclut l'enseignant. 03/03

HORAIRES ET MILIEUX DE TRAVAIL

• Les techniciens peuvent travailler pour des centres de distribution, des entrepôts, des compagnies de transport. On les retrouve aussi au service de logistique de diverses entreprises.

• En général, les techniciens travaillent de jour suivant des horaires réguliers. Ils peuvent être appelés à faire des heures supplémentaires.

Techniques de pilotage d'aéronefs

«Quand on pilote en vol à vue et que le soleil brille, c'est exceptionnel. C'est à ces moments que je réalise que je fais le plus beau métier du monde», lance Marie-Josée Boivin, copilote chez Geffair, une entreprise de nolisement et de photographie aérienne.

PROG. 280.A0
PRÉALABLES : 13, 40, VOIR PAGE 16

CHAMPS D'INTÉRÊT

• aime les avions
• aime l'action, l'imprévu
• aime conduire, observer et découvrir
• aime assumer des responsabilités et prendre des décisions

APTITUDES

• confiance en soi et facilité à prendre des décisions
• grand sens des responsabilités et beaucoup de rigueur
• excellent sens de l'observation
• très bonne capacité d'analyse et de synthèse
• sang-froid et excellents réflexes
• bilinguisme

OFFRE DU PROGRAMME PAR RÉGIONS
Saguenay–Lac-Saint-Jean

Pour connaître les établissements qui offrent ce programme : www.inforoutefpt.org

RÔLE ET TÂCHES

Marie-Josée est heureuse d'avoir pu se trouver un emploi immédiatement après avoir terminé sa formation au Centre québécois de formation aéronautique (CQFA) du Cégep de Chicoutimi. Son travail l'enchante. «J'assiste le pilote en vol et je m'occupe de toute la planification, dit-elle. J'élabore un plan de vol, je m'assure que le niveau d'essence est bon, que le calcul des distances est exact, j'effectue le dégivrage de l'avion au besoin, je fais réchauffer le moteur, je m'occupe du confort et de la sécurité des passagers. Bref, je vois à ce que tout soit prêt et en bon état de marche pour le vol. C'est beaucoup de petites choses à penser en même temps.»

Marie-Josée travaille avec un Piper Navao 310, un appareil qui peut transporter entre six et huit personnes incluant les pilotes. Les clients faisant appel aux services de l'entreprise sont principalement des gens d'affaires et leurs déplacements par avion durent généralement une ou deux heures, bien que certains s'étirent parfois jusqu'à trois ou quatre heures. Geffair est en quelque sorte une entreprise qui offre un service de taxi aérien.

«Nous faisons effectivement du transport de passagers sur demande, explique Marie-Josée. Les clients peuvent nous demander de les déposer à New York pour une réunion d'affaires et de les ramener à Montréal en fin de journée. Il peut aussi arriver que les vols se fassent sur deux jours et que certains soient consacrés au transport de marchandises.»

Au CQFA, les élèves en techniques de pilotage d'aéronefs doivent en premier lieu suivre une formation sur les fondements du pilotage et peuvent par la

	Salaire hebdo moyen	Proportion de dipl. en emploi	Emploi relié	Chômage	Nombre de diplômés
2006	N/D	N/D	N/D	N/D	N/D
2005	N/D	N/D	N/D	N/D	N/D
2004	N/D	N/D	N/D	N/D	N/D

Statistiques tirées de la *Relance* - Ministère de l'Éducation, du Loisir et du Sport. Voir données complémentaires, page 369.

Comment interpréter l'information, page 15.

suite choisir entre le pilotage d'hélicoptères, d'appareils multimoteurs ou d'hydravions et d'avions monomoteurs sur roues et sur skis.

QUALITÉS RECHERCHÉES

«La disponibilité est très importante dans ce métier, considère Marie-Josée. Pour ma part, je suis toujours "sur appel". De plus, parce que la sécurité et la vie des gens sont entre mes mains, je dois faire preuve d'un jugement et d'un sens des responsabilités exemplaires.» La jeune femme fait ensuite remarquer combien il est essentiel de bien gérer son stress et de s'adapter facilement et rapidement aux circonstances imprévues. «Les conditions sont parfois difficiles et la visibilité peut être réduite; je dois donc avoir une bonne concentration», ajoute-t-elle.

La facilité à travailler en équipe et la débrouillardise sont aussi des qualités nécessaires dans ce métier. Il est bien utile également de posséder de bonnes capacités physiques pour ceux qui auront à travailler pour des entreprises de brousse exigeant le chargement de marchandises. Enfin, des habiletés manuelles, de l'assurance et un bon sens de l'organisation sont essentiels.

La mobilité des diplômés est exigée pour certains types de pilotage. Ainsi, les pilotes d'hélicoptères, souvent sous contrat, doivent parfois passer quelques mois en région éloignée afin de faire la navette et assurer le déplacement d'une équipe travaillant, par exemple, pour une mine. Leur tâche consistera à amener les employés du camp où ils séjournent à l'emplacement des travaux.

DÉFIS ET PERSPECTIVES

«Certains élèves croient que, sitôt diplômés, ils dégoteront l'emploi à 200 000 $ par année et se promèneront en Porsche, raconte Serge Boucher, directeur de l'enseignement au Centre québécois de formation en aéronautique du Cégep de Chicoutimi. Il faut être honnête avec eux et reconnaître que les deux premières années de travail ne sont pas faciles; ils décrochent souvent des boulots sous contrat et les salaires ne sont pas très élevés. Sans parler qu'après la formation, pour obtenir leur licence, les diplômés doivent effectuer entre 1 000 et 1 500 heures de vol. Acquérir cette expérience peut leur prendre jusqu'à deux ans.» Les licences de pilote sont octroyées et réglementées par le gouvernement fédéral. 03/01

«Parce que la sécurité et la vie des gens sont entre mes mains, je dois faire preuve d'un jugement et d'un sens des responsabilités exemplaires.»

— **Marie-Josée Boivin**

Archives - Canadair

HORAIRES ET MILIEUX DE TRAVAIL

- Les principaux employeurs de ces diplômés sont les entreprises de transport aérien et de nolisement (taxi sur demande), de transport de fret et de courrier, de cartographie et de brousse.

- Les diplômés peuvent aussi piloter des appareils de patrouille de feu, travailler dans des entreprises de sauts en parachute, devenir instructeurs de pilotage, etc.

- Les horaires de travail sont très variés.

- Les pilotes peuvent être appelés à travailler le jour, le soir, la nuit et la fin de semaine. Au Québec, le travail de nuit est toutefois interdit pour les pilotes de brousse.

- Dans ce secteur, le travail est souvent saisonnier, notamment pour les pilotes de brousse.

- Les pilotes de ligne bénéficient d'un horaire plus régulier, et ce milieu offre davantage de postes permanents.

CUIR, TEXTILE ET HABILLEMENT

CHAMPS D'INTÉRÊT

- aime le dessin, les couleurs, les formes, les nouveaux matériaux
- aime les vêtements ou les chaussures
- aime manipuler, couper, assembler les tissus ou le cuir
- aime utiliser des outils, des instruments ou des machines
- accorde de la valeur à la qualité et à l'efficacité de son travail

APTITUDES

- acuité sensorielle (vision et toucher)
- sens de l'observation, de l'analyse et de l'innovation
- grande faculté de concentration
- dextérité, grande précision et rapidité d'exécution
- imagination et sens de l'esthétique
- faculté de visualisation en trois dimensions
- connaissances en informatique

Le Québec compte près de 600 entreprises actives dans le textile, dont la majorité sont des PME. Le secteur emploie près de 30 000 travailleurs. Le sous-secteur des textiles techniques (tissus étanches, réfléchissants, etc.) figure parmi les plus dynamiques. Il enregistre une croissance de 3 à 4 % par an.

Source :
Les carrières d'avenir 2007,
Les Éditions Jobboom.

RESSOURCES INTERNET

MINISTÈRE DE L'ÉDUCATION, DU LOISIR ET DU SPORT DU QUÉBEC – SECTEURS DE FORMATION
www.meq.gouv.qc.ca/ ens-sup/ens-coll/program/ ProgEtab.asp?vToken=s180
Vous trouverez sur cette page une description des programmes de ce secteur de formation, comprenant, pour chacun, les exigences d'admission, les objectifs de formation et une liste d'établissements d'enseignement.

COMITÉ SECTORIEL DE MAIN-D'ŒUVRE DE L'INDUSTRIE TEXTILE DU QUÉBEC
www.comitesectoriel textile.qc.ca
Une référence pratique sur l'industrie du textile à l'échelle provinciale.

CONSEIL DES RESSOURCES HUMAINES DE L'INDUSTRIE DU TEXTILE
www.thrc-crhit.org
Un site complet qui vous renseignera sur l'industrie du textile au Canada.

CONSEIL DES RESSOURCES HUMAINES DE L'INDUSTRIE DU VÊTEMENT
www.apparel-hrc.org
À consulter pour connaître les besoins de main-d'œuvre des entreprises de l'industrie canadienne de la fabrication du vêtement.

Commercialisation de la mode

«J'ai toujours été passionnée par la mode. Je ne savais pas où ça allait me mener, mais je tenais à travailler dans ce domaine.» Mission accomplie! Nathalie Wilson est aujourd'hui responsable des achats et de la mise en marché des vêtements et des produits des boutiques du Centre de golf UFO.

PROG. 571.CO
PRÉALABLE : 0, VOIR PAGE 16

CHAMPS D'INTÉRÊT
• est passionné par la mode
• aime persuader, négocier, vendre
• aime contrôler, calculer
  et organiser
• a besoin de créer, d'innover
• aime faire un travail varié

APTITUDES
• dynamisme, initiative,
  jugement et autonomie
• créativité et grand
  sens esthétique
• sens de l'observation et intuition
• audace et persévérance
• polyvalence et grand sens
  de l'organisation
• grande facilité à communiquer
  (vente, négociation)

OFFRE DU PROGRAMME PAR RÉGIONS
Capitale-Nationale, Estrie, Mauricie,
Montréal, Outaouais

Pour connaître les établissements qui offrent
ce programme : **www.inforoutefpt.org**

RÔLE ET TÂCHES

Nathalie Wilson est responsable de la mise en marché des vêtements et des articles vendus dans les cinq boutiques du Centre de golf UFO situées au centre-ville de Montréal ainsi que dans la région environnante. Les tâches sont diversifiées pour Nathalie, qui partage son temps entre le bureau et les magasins dont elle a la responsabilité de la mise en marché. Comme elle est chargée notamment de l'approvisionnement des boutiques, ce n'est certes pas le boulot qui manque. «Je dois penser à long terme et m'assurer que l'on ne manque de rien, dit-elle. Je travaille avec près de 40 fournisseurs. Je dois mettre en valeur les produits, gérer les stocks, créer de nouveaux produits, m'occuper des codes à barres, etc.» Afin de mieux saisir les goûts et les demandes des clients, Nathalie se présente régulièrement dans les boutiques et y travaille. Ce contact direct avec la clientèle lui facilite la tâche lorsque vient le temps de choisir les produits et d'orienter les ventes des saisons à venir. Nathalie doit également être bien au fait des stocks afin d'équilibrer les entrées et les sorties des produits dans les magasins. «C'est un emploi qui exige le sens des responsabilités et une bonne autonomie, dit-elle. Il faut bien gérer son temps et ne pas attendre à la dernière minute pour faire son travail, car la saison de golf ne dure que sept mois. Tout doit être prêt à temps.»

Les diplômés en commercialisation de la mode doivent analyser les besoins du marché, évaluer les fournisseurs et leurs différentes gammes de produits, planifier les budgets, les achats et les collections saisonnières,

	Salaire hebdo moyen	Proportion de dipl. en emploi	Emploi relié	Chômage	Nombre de diplômés
2006	453 $	61,6 %	63,0 %	1,3 %	177
2005	448 $	61,7 %	61,8 %	0,0 %	199
2004	435 $	62,3 %	58,2 %	0,0 %	191

Statistiques tirées de la *Relance* - Ministère de l'Éducation, du Loisir et du Sport. Voir données complémentaires, page 369.

Comment interpréter l'information, page 15.

contrôler la distribution, organiser la présentation visuelle et physique et utiliser des stratégies de marketing visant à rendre les produits plus intéressants.

QUALITÉS RECHERCHÉES

Nathalie Wilson estime que, pour travailler dans ce domaine, il faut d'abord être sociable. «Moi, par exemple, je travaille en équipe et je dois souvent entrer en contact avec les fournisseurs et les clients. Il faut que je sois aussi à l'aise avec un type de personne qu'avec un autre, considère-t-elle. La polyvalence est aussi très importante, surtout lorsqu'on gère plusieurs choses en même temps, comme lors de la planification des collections à venir.» Appelée à travailler avec un ordinateur, notamment pour la gestion des stocks, Nathalie doit maîtriser certains logiciels, dont Word et Excel. Une grande partie du travail des diplômés tournant autour de la planification et de la gestion d'un budget, de bonnes notions en gestion sont très utiles. Le sens de l'organisation, l'esprit d'analyse, la capacité de vendre une idée et des habiletés en communication sont des conditions gagnantes pour les gens qui aspirent à travailler dans le domaine de la commercialisation de la mode.

> «Actuellement, le nombre de produits offerts dépasse la demande des clients. C'est là que les diplômés devront concentrer leur énergie : trouver différentes stratégies pour rendre les produits plus attrayants aux yeux des consommateurs.»
>
> — Anita Turano

DÉFIS ET PERSPECTIVES

Le secteur de la commercialisation des produits de la mode propose certains défis stimulants pour les diplômés, particulièrement pour ceux qui ont un esprit créatif. «Actuellement, le nombre de produits offerts dépasse la demande des clients. C'est là que les diplômés devront concentrer leur énergie : trouver différentes stratégies pour rendre les produits plus attrayants aux yeux des consommateurs», explique Anita Turano, directrice du programme de commercialisation de la mode à l'École internationale de mode du Collège LaSalle. Mme Turano insiste sur la nécessité de doter les élèves de bonnes connaissances en gestion et en marketing afin de bien les préparer au marché de l'emploi. À cette fin, les notions enseignées sont souvent accompagnées d'exemples très concrets. «Tous les cours touchant au marketing, comme les achats ou le développement de produits exclusifs, sont appliqués à un produit de la mode», illustre Mme Turano. Un projet final est d'ailleurs prévu; les diplômés auront à démontrer, devant un jury composé de gens de l'industrie de la mode, la pertinence de commercialiser un produit donné. 04/01

HORAIRES ET MILIEUX DE TRAVAIL

- Les principaux employeurs sont les grandes compagnies de vêtements et d'accessoires de mode (bijoux, chaussures, produits de la mode), le secteur des cosmétiques et des produits de beauté, et celui des produits et des accessoires de décoration intérieure.

- Les diplômés peuvent travailler comme acheteurs, responsables des ventes, assistants au directeur du marketing.

- Ils peuvent aussi devenir superviseurs, gérants de boutique ou assister la personne responsable de la présentation visuelle.

- Les horaires sont variés et fluctuent selon les saisons. Les heures de travail sont nombreuses lors des grosses périodes de l'année, soit celles des commandes, des ventes et de la préparation de nouvelles collections saisonnières.

Design de mode

Diplômée en design de mode à l'École internationale de mode du Collège LaSalle, Patricia Moreau est maintenant directrice de production chez Souris Mini, une entreprise de Cap-Rouge spécialisée dans la fabrication de vêtements pour enfants. «J'ai fait un stage pour l'entreprise. À la fin, on m'a proposé un poste de production. Je l'ai accepté sans hésiter!»

PROG. 571.AO
PRÉALABLE : 0, VOIR PAGE 16

CHAMPS D'INTÉRÊT

- accorde de la valeur à la beauté et à l'originalité
- aime la mode, les textures, les formes et les couleurs (comme moyens d'expression)
- a un grand besoin de créer, d'innover
- aime communiquer et coopérer

APTITUDES

- créativité, audace et grand talent pour le dessin (organisation picturale)
- grand sens esthétique et beaucoup d'imagination
- facilité à communiquer et à travailler en équipe
- minutie, initiative et débrouillardise
- pragmatisme, polyvalence et persévérance

OFFRE DU PROGRAMME PAR RÉGIONS
Capitale-Nationale, Montréal

Pour connaître les établissements qui offrent ce programme : www.inforoutefpt.org

RÔLE ET TÂCHES

Le travail de Patricia débute une fois les vêtements vendus. «Je dois m'assurer du respect des quantités commandées et de la qualité impeccable des vêtements, dit-elle. Je dois aussi vérifier les tailles, la sérigraphie du tissu et m'assurer que le tout soit fait selon les exigences des clients et prêt dans les délais prévus.» Patricia doit également réagir aux nombreux imprévus qui surgissent en cours de route, qu'il s'agisse de problèmes liés au tissu, de défauts dans la broderie, de difficultés dans la fabrication.

En plus de superviser les différentes étapes de la production, Patricia prépare des dossiers pour des échantillons à produire et s'envole vers l'Europe et l'Asie deux fois par année lors de la sélection des tissus et des modèles pour les collections. Des voyages d'affaires bien intéressants. «Après avoir fait le tour des nouvelles tendances et matières, c'est la designer qui sélectionne les tissus qui seront achetés en Europe, explique la jeune femme. Les modèles pour nos collections sont ensuite fabriqués en Inde.» Le designer est responsable de la création et du suivi de la production des vêtements. Son travail est régi par toutes sortes de contraintes. Ainsi, avant de prendre une quelconque décision, il y a de nombreux éléments à considérer : les périodes de l'année, la recherche des nouvelles tendances et des nouvelles matières premières, la création de modèles et de prototypes, le suivi des collections et l'analyse du marché permettant de mieux connaître la clientèle visée, les nouveautés dans les collections à venir, la concurrence, etc.

	Salaire hebdo moyen	Proportion de dipl. en emploi	Emploi relié	Chômage	Nombre de diplômés
2006	436 S	71,8 %	70,4 %	4,5 %	171
2005	414 S	64,6 %	58,7 %	11,6 %	184
2004	403 S	68,1 %	64,9 %	1,1 %	196

Statistiques tirées de la *Relance* - Ministère de l'Éducation, du Loisir et du Sport. Voir données complémentaires, page 369.

Comment interpréter l'information, page 15.

QUALITÉS RECHERCHÉES

«Quand on travaille dans ce domaine, il faut être polyvalent et avoir un bon sens de l'organisation, car ça bouge beaucoup, dit Patricia. On ne produit pas un vêtement en cinq minutes. Il faut s'assurer que toutes les étapes de la production se déroulent comme prévu. Les clients doivent recevoir les commandes à temps, alors il faut que je veille à ce que tout le processus de production aille bon train.» La débrouillardise et l'esprit d'initiative représentent des qualités importantes pour tout bon designer. «Près de 90 % du travail du designer consiste à solutionner des problèmes, souligne François Bousquet, coordonnateur du programme de design de mode à l'École internationale de mode du Collège LaSalle. Il doit être en mesure de faire face aux imprévus et de se retourner rapidement lorsque la situation l'exige.» La minutie et la précision sont des aspects essentiels aux designers, car ils sont appelés à effectuer du travail délicat qui se calcule bien souvent au millimètre près. Enfin, des aptitudes en informatique pour ceux qui auront à dessiner et à faire des patrons par ordinateur, une bonne connaissance de l'anglais et la capacité de travailler en équipe sont des qualités importantes.

Le designer est responsable de la création et du suivi de la production des vêtements.

DÉFIS ET PERSPECTIVES

Le marché des importations et des exportations représente une avenue intéressante pour les diplômés compte tenu que la production de vêtements se fait de plus en plus à l'étranger. «La récession des années 80 a coûté cher au milieu de la mode au Québec. Par contre, avec les importations, on peut dessiner un modèle par ordinateur le lundi matin, l'envoyer par Internet à Hong Kong où il sera réalisé, et recevoir les morceaux complets à Montréal pour le lundi suivant», indique M. Bousquet.

Photo : Collège LaSalle

Il insiste sur le fait que les débouchés sont nombreux dans le domaine et que tout le monde peut y trouver sa place. «Certaines entreprises de production de vêtements industriels exigent un niveau de création moins élevé, mais offrent souvent des salaires plus intéressants. La personne qui fait des pyjamas pour les magasins Zellers, par exemple, peut gagner autant d'argent sinon plus que Marie Saint Pierre, une designer québécoise très connue. Chacun peut donc dénicher le créneau qui lui convient et des défis à sa mesure», considère M. Bousquet. 03/01

HORAIRES ET MILIEUX DE TRAVAIL

- Les principaux employeurs de ce domaine sont les grandes et les petites manufactures, les PME spécialisées dans la production de vêtements, les magazines de mode, les grands magasins.

- Les diplômés peuvent notamment être embauchés comme stylistes pour les grandes chaînes de magasins ou les magazines de mode.

- C'est un domaine cyclique, avec des périodes plus intenses, comme lors de la production. À ces moments, les horaires de travail sont chargés.

- On exige souvent une grande disponibilité de la part des travailleurs.

Gestion de la production du vêtement

Habile avec les chiffres, Danny Corbeil se croyait destiné à une carrière scientifique. C'est cependant dans l'industrie textile qu'il fait aujourd'hui des mathématiques. Commis à la planification pour Christina Amérique, une entreprise de fabrication de maillots de bain, il passe ses journées à faire des calculs!

PROG. 571.B0
PRÉALABLE : 10, VOIR PAGE 16

CHAMPS D'INTÉRÊT
- aime organiser et superviser des activités de production
- aime les mathématiques
- aime résoudre des problèmes
- aime travailler en équipe

APTITUDES
- capacité de communication et d'écoute
- organisation et discipline
- rigueur et concentration
- bonne résistance au stress
- débrouillardise

OFFRE DU PROGRAMME PAR RÉGIONS
Capitale-Nationale, Montréal

Pour connaître les établissements qui offrent ce programme : www.inforoutefpt.org

RÔLE ET TÂCHES

Les diplômés en gestion de la production du vêtement deviennent des gestionnaires pour l'industrie manufacturière de l'habillement. Ils apprennent notamment à programmer, contrôler et gérer la production d'une usine de vêtements. Danny, pour sa part, veille sur la production des 16 usines de Christina Amérique qui sont réparties dans la grande région de Montréal et en République Dominicaine. Le diplômé n'a pas le temps de flâner puisqu'en forte période de production, la compagnie confectionne plus de 120 000 maillots par semaine. Afin que toute cette marchandise soit livrée à temps, Danny voit à ce que les délais de production soient respectés. Son outil de travail? Un ordinateur qui lui donne accès à toutes les opérations effectuées dans chacune des usines de l'entreprise.

D'abord, le commis vérifie tous les lots de commandes inscrits au système informatique. Il s'assure qu'ils correspondent bien aux demandes des clients en ce qui concerne la couleur, le style, la taille et la quantité des maillots commandés. Une fois que la production est lancée, il veille à ce que les délais prévus soient respectés grâce à divers rapports générés par ordinateur. «Plusieurs problèmes peuvent se présenter à cette étape, précise Danny. Certains lots sont en retard. Il faut alors trouver des solutions pour qu'ils soient livrés à temps. Parfois, il s'agira d'accélérer la production d'un lot et d'en ralentir d'autres qui sont moins urgents.»

Le commis voit également à ce que la capacité de rendement des usines respecte la production en cours. «Chaque jour, des commandes s'ajoutent,

	Salaire hebdo moyen	Proportion de dipl. en emploi	Emploi relié	Chômage	Nombre de diplômés
2006	N/D	N/D	N/D	N/D	N/D
2005	N/D	N/D	N/D	N/D	N/D
2004	N/D	N/D	N/D	N/D	N/D

Statistiques tirées de la *Relance* - Ministère de l'Éducation, du Loisir et du Sport. Voir données complémentaires, page 369.

Comment interpréter l'information, page 15.

d'autres s'annulent. Je dois donc m'organiser pour conserver un équilibre entre la quantité de maillots commandée et la quantité produite.» Finalement, Danny compile sur une base hebdomadaire le nombre de maillots fabriqués durant la semaine afin de s'assurer que les objectifs de production ont été atteints.

QUALITÉS RECHERCHÉES

Pour exercer ce métier, il faut nécessairement aimer les mathématiques. «Je suis constamment en train de jongler avec les chiffres, note Danny. Il faut le faire avec beaucoup de rigueur et de concentration. Une erreur de calcul ou même de frappe peut avoir de graves conséquences.»

Le poste de Danny l'amène à gérer la fabrication de milliers de maillots de bain par semaine. Il est donc primordial qu'il possède le sens de l'organisation, de la discipline et un esprit méthodique. Ses responsabilités exigent aussi une bonne capacité à travailler sous pression et à régler des situations problématiques. La débrouillardise, la créativité et une communication efficace avec les différents services de l'entreprise sont alors de mise pour trouver des solutions.

> «Je suis constamment en train de jongler avec les chiffres. Il faut le faire avec beaucoup de rigueur et de concentration. Une erreur de calcul ou même de frappe peut avoir de graves conséquences.»
>
> — Danny Corbeil

Photo : Collège LaSalle

DÉFIS ET PERSPECTIVES

Jocelyne Dubé Lavoie, enseignante au Cégep Marie-Victorin, estimait qu'une éventuelle abolition des barrières tarifaires entre les pays membres de l'Organisation mondiale du commerce amènerait des transformations dans la gestion de la production du vêtement. C'est désormais chose faite. «Il n'y a plus de quotas imposés sur la quantité de vêtements qu'une manufacture désire exporter ici, il faut revoir nos façons de faire. Dans ce contexte, la Chine, qui possède une main-d'œuvre bon marché, exporte de grandes quantités de vêtements à un moindre coût. Afin de rester compétitifs, les diplômés doivent trouver des méthodes leur permettant de fabriquer des produits de haute qualité pour moins cher.» Les diplômés de demain devront également relever le défi de la gestion à distance, ajoute l'enseignante. Beaucoup d'entreprises québécoises produisent leurs vêtements dans des pays où la main-d'œuvre est moins coûteuse. «Les diplômés devront gérer la production à distance et s'assurer de donner les bonnes directives pour que le vêtement reste de qualité.» 03/03

HORAIRES ET MILIEUX DE TRAVAIL

- Les diplômés œuvrent dans des entreprises manufacturières de l'industrie textile. Ils peuvent aussi être engagés par des chaînes de boutiques de vêtements, des fournisseurs de logiciels de gestion manufacturière et des firmes de consultants en gestion de production de vêtements.

- En général, les diplômés travaillent le jour, 40 heures par semaine.

Technologie de la production textile

Jonathan Guay est contremaître d'équipe chez Cavalier textiles, une entreprise de Sherbrooke spécialisée dans la production de fils à valeur ajoutée comme le Gore-Tex, le lycra et le polyester. Son rôle? Faire en sorte que le service dont il a la responsabilité soit plus efficace en tenant compte des moyens disponibles.

PROG. 251.B0
PRÉALABLES : 11, 20, VOIR P. 16

CHAMPS D'INTÉRÊT
- aime résoudre des problèmes
- accorde de la valeur à la qualité et à l'efficacité
- aime assumer des responsabilités et prendre des décisions
- aime observer, vérifier, superviser, organiser
- aime les rapports humains

APTITUDES
- bon jugement et sens des responsabilités
- dynamisme et leadership
- sens de l'analyse et de l'observation
- sens de l'organisation
- grande facilité à communiquer

OFFRE DU PROGRAMME PAR RÉGIONS
Montérégie

Pour connaître les établissements qui offrent ce programme : www.inforoutefpt.org

RÔLE ET TÂCHES

Embauché trois semaines après avoir terminé ses cours, Jonathan est maintenant en charge de la supervision de l'équipe de production de nuit au service de filage et renvidage. «Je suis responsable des deux dernières étapes de la production, dit-il. Le filage consiste à ouvrir les fibres d'un ballot de coton compressé, à les étirer plusieurs fois pour en faire des rubans de coton et ensuite à fabriquer le fil à partir du ruban; alors que le renvidage consiste à mettre le fil sur des cônes, à l'épurer pour en extraire les défauts passés inaperçus en cours de production et à faire parvenir le produit à nos clients», explique ce diplômé du Cégep de Saint-Hyacinthe. À titre de contremaître, Jonathan veille à ce que la production aille bon train. Il est responsable de 22 employés. Sa journée de travail débute vers 18 h 30, moment où il vérifie les présences et organise son équipe pour la soirée. C'est lui qui prépare l'assignation des tâches pour l'équipe qui prendra la relève le jour venu. Il effectue ensuite la mise à jour des données de production sur ordinateur et procède, s'il y a lieu, à quelques vérifications visant à s'assurer de la qualité ou de l'efficacité du nettoyage des produits. «Les machines fonctionnent 24 heures sur 24 et ne doivent pas s'arrêter. Je dois donc faire en sorte que le service roule à plein régime», souligne Jonathan. L'entreprise peut produire une vingtaine de fils différents au même moment. Le bris d'une machine ou un autre pépin en cours de route peut avoir des conséquences importantes sur la production.

Le technologue en production textile est appelé à superviser le travail de plusieurs personnes, à établir les priorités selon la demande des clients et à

	Salaire hebdo moyen	Proportion de dipl. en emploi	Emploi relié	Chômage	Nombre de diplômés
2006	N/D	N/D	N/D	N/D	N/D
2005	N/D	N/D	N/D	N/D	N/D
2004	N/D	60,0 %	50,0 %	0,0 %	7

Statistiques tirées de la *Relance* - Ministère de l'Éducation, du Loisir et du Sport. Voir données complémentaires, page 369.

Comment interpréter l'information, page 15.

contrôler les paramètres de production. C'est lui qui s'assure que la température et le taux d'humidité sont adéquats et que les variables, comme la vitesse et les composantes chimiques des solutions de teinture, sont respectées. On le voit, les responsabilités sont grandes pour le technologue, qui doit souvent participer à plusieurs étapes de la production.

QUALITÉS RECHERCHÉES

«Il faut aimer travailler avec les gens et s'assurer d'avoir une belle relation avec les employés. Je supervise le travail de nombreuses personnes et je dois tenir compte des conditions syndicales et les respecter. Je dois aussi régler certains conflits, mais jusqu'à présent ça va bien; je n'ai pas eu de problèmes importants avec les employés», explique Jonathan, qui insiste aussi sur la capacité de gérer son stress et l'importance de ne pas paniquer devant les problèmes qui peuvent survenir en cours de production. Le technologue en production textile doit être en mesure de diriger une équipe de travail et faire preuve de polyvalence. En effet, il arrive souvent qu'il doive s'occuper, de concert avec des planificateurs et des contremaîtres, de la planification et de l'organisation du travail. Le dynamisme et un esprit alerte, qui permettra de repérer rapidement les problèmes et de les résoudre efficacement, sont des atouts importants. À ces qualités s'ajoute une bonne connaissance de l'anglais puisque la plupart de la documentation et des revues dans le domaine sont rédigées essentiellement dans cette langue.

> «Les machines fonctionnent 24 heures sur 24 et ne doivent pas s'arrêter. Je dois donc faire en sorte que le service roule à plein régime.»
>
> — Jonathan Guay

Photo : Dominion Textile inc.

DÉFIS ET PERSPECTIVES

Sophie Dorais, professeure au Département de textiles au Cégep de Saint-Hyacinthe, constate que la plupart des élèves déjà titulaires d'un diplôme de niveau collégial ou universitaire se dirigent généralement vers le programme en production textile; par contre, les diplômés du secondaire optent plutôt pour la formation en matières textiles. Le programme vise notamment à former des futurs contremaîtres d'équipe qui seront en charge de la production. Selon Mme Dorais, ce sont en général de meilleurs candidats pour les entreprises parce qu'ils sont plus mûrs et mieux à même de gérer du personnel. Ce travail comportant d'importantes responsabilités, il est parfois difficile pour un jeune de 18 ans de faire face à la pression que suppose le fait d'être à la tête d'une équipe de travail. 03/01

HORAIRES ET MILIEUX DE TRAVAIL

- Les principaux employeurs de ce secteur sont les usines de textile (tissus, fils, matériaux pour la fabrication de vêtements), les usines de fabrication de carreaux de céramique, l'industrie du tapis (tissus, couleurs), les entreprises de sérigraphie, de peinture ou de teinture et les entreprises spécialisées dans les matériaux servant à la fabrication de vêtements de sport.

- Les horaires sont diversifiés et peuvent s'échelonner sur 24 heures par jour, sept jours par semaine, là où la production l'exige.

- Le travail peut se faire le jour, le soir, la nuit et la fin de semaine.

Technologie des matières textiles

Édith Lajoie travaille pour Les textiles Silver, une entreprise montréalaise spécialisée dans le tricotage circulaire, une étape dans la fabrication de certains vêtements. «C'est le type d'emploi que je cherchais. L'ambiance est super bonne, l'équipe est dynamique et le travail n'est pas répétitif. Quand je me lève le matin, j'ai le goût d'aller travailler!»

PROG. 251.AO
PRÉALABLES : 11, 20, VOIR P. 16

CHAMPS D'INTÉRÊT
• aime résoudre des problèmes
• aime gérer et superviser des activités de production
• aime améliorer le rendement et la qualité de la production
• aime travailler en équipe

APTITUDES
• facilité à communiquer
• tact et diplomatie
• imagination et créativité
• bon sens de l'observation
• connaissances de base en anglais

OFFRE DU PROGRAMME PAR RÉGIONS
Montérégie

Pour connaître les établissements qui offrent ce programme : **www.inforoutefpt.org**

RÔLE ET TÂCHES

Pour Édith, qui possède également un diplôme en design de mode, ce travail se révèle une excellente combinaison de ses deux formations. «Avec ma formation en design de mode, j'ai appris à créer le vêtement, alors que la technique en matières textiles, ajoutée à mon stage au sein de l'entreprise, m'a permis de voir comment se fabriquent les tissus et les tricots.» Les tâches d'Édith sont complexes et diversifiées. De la création à la production, elle est appelée à jouer un rôle important dans toutes les étapes de la fabrication du nouveau produit. «Je touche au design du tricot par ordinateur, je vois aux motifs dans les tissus et aux reliefs dans les tricots, explique-t-elle. Je travaille aussi à la recherche et au développement de nouveaux tissus, de nouveaux fils et de nouvelles idées pour les clients.» La jeune femme s'est déniché un poste à temps plein à peine trois mois après avoir terminé sa formation au Cégep de Saint-Hyacinthe. «Aux Textiles Silver, nos clients sont les grandes chaînes de magasins comme Jacob et San Francisco. Nous sommes en quelque sorte le maillon les reliant aux manufacturiers, dit-elle. La fabrication des tissus varie selon les exigences et les besoins des clients. C'est pourquoi je dois effectuer certains tests de stabilité, de couleur et de poids et faire des rapports aux clients pour m'assurer que le tout répondra à leurs besoins et sera conforme à leur commande.»

Le technicien en matières textiles est appelé à développer des produits en choisissant les matériaux, en établissant certaines recettes de teinture, etc.

	Salaire hebdo moyen	Proportion de dipl. en emploi	Emploi relié	Chômage	Nombre de diplômés
2006	N/D	N/D	N/D	N/D	N/D
2005	N/D	N/D	N/D	N/D	N/D
2004	563 $	100,0 %	66,7 %	0,0 %	14

Statistiques tirées de la *Relance* - Ministère de l'Éducation, du Loisir et du Sport. Voir données complémentaires, page 369.

Comment interpréter l'information, page 15.

Il doit faire un contrôle de la qualité des produits en effectuant des essais et en vérifiant si les procédures en laboratoire ou les normes, comme les programmes d'assurance qualité ISO, sont respectées. Il doit aussi pouvoir résoudre les problèmes de qualité, remédier aux défauts imprévus, ajuster les nuances de couleur, entre autres. En plus de superviser le travail en laboratoire, le technicien veille à améliorer, à adapter et à optimiser le produit afin de le rendre plus efficace et moins coûteux.

QUALITÉS RECHERCHÉES

Le sens de l'initiative et l'esprit créatif sont deux qualités importantes pour quiconque veut travailler dans ce domaine. «Il faut aussi être capable d'accepter la critique, considère Édith. On travaille en équipe et l'on doit être ouvert aux idées des autres. Il arrive que nos idées soient refusées, mais ça ne doit pas nous empêcher de prendre des risques et de tenter de nouvelles choses.» Puisqu'elle participe à plusieurs étapes de la production, Édith doit faire preuve d'autonomie et d'un vigoureux sens de l'organisation. Appelée à toucher au design de tricot par ordinateur, elle a dû aussi maîtriser rapidement certains logiciels comme Illustrator et PhotoShop. Dans ce domaine, on doit être en mesure de bien gérer son temps pour que tout soit prêt dans les délais imposés. La minutie et la précision sont également des atouts. Une connaissance de base de l'anglais est souhaitée, car la plupart des termes employés sont dans cette langue. Finalement, des aptitudes pour la communication et un goût pour le travail en équipe sont également des qualités importantes.

DÉFIS ET PERSPECTIVES

Gérard Lombard, coordonnateur et professeur au Département de textiles du Cégep de Saint-Hyacinthe, estime que les entreprises spécialisées dans des produits textiles performants, comme le lycra et le Gore-Tex, représentent une voie de sortie intéressante pour les diplômés. M. Lombard souligne que les diplômés peuvent également se diriger vers la production de certains produits plus techniques et à valeur ajoutée, ces produits nécessitant des connaissances plus poussées comme dans le cas des pièces destinées au secteur de la construction. 03/01

En plus de superviser le travail en laboratoire, le technicien veille à améliorer, à adapter et à optimiser le produit afin de le rendre plus efficace et moins coûteux.

Photo : Cégep de Saint-Hyacinthe

HORAIRES ET MILIEUX DE TRAVAIL

• Les principaux employeurs de ces diplômés sont les entreprises spécialisées dans la production textile : vêtements, tapis, peinture, teinture; les secteurs de l'environnement, de la construction et de l'architecture, qui nécessitent des connaissances plus pointues, et le secteur manufacturier.

• Le travail se fait principalement en laboratoire et dans un bureau. Les employés peuvent travailler seuls ou en équipe.

• L'horaire est assez conventionnel, le travail se faisant généralement le jour et par périodes de huit heures.

SANTÉ

CHAMPS D'INTÉRÊT

- se soucie du bien-être et de la santé
- aime rendre service ou prendre soin des personnes
- aime les sciences : chimie et biologie
- aime transmettre de l'information (éduquer)

APTITUDES

- habileté pour les sciences
- sens des responsabilités et sens de l'organisation développés
- dévouement, respect et capacité d'écoute des personnes
- facilité d'apprentissage intellectuel
- connaissances informatiques
- résistance au stress

Il est possible de travailler dans le domaine de la santé partout au Québec. Les régions éloignées comme l'Abitibi-Témiscamingue, l'Outaouais et la Côte-Nord figurent parmi les plus touchées par le manque de personnel. Mais les grands centres urbains ont aussi une pénurie de main-d'œuvre, surtout en personnel infirmier.

Sources :
Les carrières d'avenir 2007 et *100 carrières de la santé et des services sociaux*, Les Éditions Jobboom.

RESSOURCES INTERNET

MINISTÈRE DE L'ÉDUCATION, DU LOISIR ET DU SPORT DU QUÉBEC – SECTEURS DE FORMATION
www.meq.gouv.qc.ca/ ens-sup/ens-coll/program/ ProgEtab.asp?vToken=s190
Vous trouverez sur cette page une description des programmes de ce secteur de formation, comprenant, pour chacun, les exigences d'admission, les objectifs de formation et une liste d'établissements d'enseignement.

ORDRE DES INFIRMIÈRES ET INFIRMIERS DU QUÉBEC (OIIQ)
www.oiiq.org
Ce site explique les procédures d'admission à l'Ordre pour les jeunes diplômés. Il propose aussi de l'information sur la nature du travail d'infirmier.

AVENIR EN SANTÉ
www.avenirensante.com
Un site qui explore chacune des professions liées à la santé. Toute l'information dont vous avez besoin pour choisir une carrière dans le domaine!

MINISTÈRE DE LA SANTÉ ET DES SERVICES SOCIAUX DU QUÉBEC
www.msss.gouv.qc.ca
Des renseignements complets sur le réseau québécois de la santé et des services sociaux.

Acupuncture

Quiconque entend parler d'acupuncture pense inévitablement... aux aiguilles. Mais loin d'infliger de la douleur, cette technique millénaire a plutôt pour effet de la soulager. Ceux qui la pratiquent sont motivés par un désir profond d'aider leur prochain et de contribuer à son mieux-être quotidien. Mais attention : aussi valorisant soit-il, le métier d'acupuncteur n'est pas pour tout le monde.

PROG. 112.A0
PRÉALABLE : 20, VOIR PAGE 16

CHAMPS D'INTÉRÊT
- aime le domaine de la santé et préfère les médecines «douces»
- aime écouter et aider les personnes
- aime faire un travail autonome
- aime l'observation et les manipulations délicates
- aime apprendre et se perfectionner

APTITUDES
- faculté d'empathie et capacité à créer un lien de confiance
- grande ouverture d'esprit
- grande acuité de perception (visuelle et tactile)
- grande dextérité manuelle
- initiative et persévérance

OFFRE DU PROGRAMME PAR RÉGIONS
Montréal

RÔLE ET TÂCHES

Impliquée dans la production de spectacles de danse, Judith Curnew se rend en Chine en 1984 où elle découvre l'acupuncture. De retour au Québec, elle se tourne vers cette discipline quand la médecine occidentale est incapable de soulager l'insomnie sévère qui l'afflige. «J'ai obtenu des résultats presque instantanés, dit-elle, ce qui m'a donné le coup de foudre pour cette pratique.»

Judith suit la formation offerte dans ce domaine au Collège de Rosemont et commence à pratiquer en 2002. De la femme enceinte au jeune sportif, sa clientèle est très variée.

Dans un premier temps, elle cherche à identifier les déséquilibres énergétiques à l'origine des maux de son patient, entre autres en lui posant des questions et en vérifiant son pouls. Elle détermine ensuite la stratégie de traitement, en consultant si nécessaire des études de cas dans Internet ou dans des revues spécialisées. Puis, elle insère des aiguilles, à peine trois fois plus grosses qu'un cheveu, sur des points précis de la peau de son patient, appelés points d'acupuncture, afin de les stimuler. Elle peut aussi utiliser d'autres techniques comme l'électro-acupuncture, l'acupuncture au laser, l'application de ventouses... ou encore une combinaison de ces techniques, pour donner des stimuli. Son but : rééquilibrer l'énergie et stimuler le processus d'autoguérison.

Pour connaître les établissements qui offrent ce programme : **www.inforoutefpt.org**

	Salaire hebdo moyen	Proportion de dipl. en emploi	Emploi relié	Chômage	Nombre de diplômés
2006	790 $	100,0 %	90,9 %	0,0 %	32
2005	N/D	88,2 %	100,0 %	0,0 %	22
2004	N/D	91,7 %	100,0 %	4,3 %	34

Statistiques tirées de la *Relance* - Ministère de l'Éducation, du Loisir et du Sport. Voir données complémentaires, page 369.

Comment interpréter l'information, page 15.

QUALITÉS RECHERCHÉES

L'acupuncteur doit avoir de la facilité à entrer en relation avec les gens. «Il faut savoir écouter nos patients pour comprendre leur problème et être capable de bien leur expliquer le traitement», dit Judith Curnew. Un bon esprit d'analyse et de synthèse est aussi requis pour poser le diagnostic. Comme il œuvre dans le domaine de la santé, l'acupuncteur doit par ailleurs avoir un grand sens des responsabilités et faire montre de professionnalisme.

Il faut être autonome, avoir un jugement solide et une bonne dose de confiance en soi. Œuvrant seul, l'acupuncteur ne peut se fier à personne d'autre que lui-même pour cerner la problématique de son patient. Par ailleurs, comme il est travailleur indépendant, il doit voir à la bonne marche de son entreprise et être capable de faire face aux contraintes de sa situation, notamment les fluctuations de revenus en début de carrière.

D'ailleurs, la formation attire rarement des jeunes issus directement du secondaire. Environ 96 % des personnes inscrites à ce programme ont déjà un DEC ou un baccalauréat dans un autre domaine.

> «Il faut savoir écouter nos patients pour comprendre leur problème et être capable de bien leur expliquer le traitement.»
>
> — Judith Curnew

DÉFIS ET PERSPECTIVES

«C'est un des programmes les plus difficiles au collégial. Pour réussir, il faut être prêt à y mettre les efforts», explique Ghyslaine Douville, coordonnatrice du Département d'acupuncture au Collège de Rosemont. «Mais c'est tellement valorisant de pouvoir soulager la douleur des gens», souligne Mme Curnew.

La moyenne d'âge des élèves inscrits à ce programme est de 27 ans. Les connaissances acquises dans d'autres programmes de formation, par exemple en soins infirmiers et en psychologie, leur sont généralement utiles. «Nous avons même déjà eu un élève qui avait étudié en musique», dit Mme Douville, expliquant que sa sensibilité était un atout dans sa pratique.

L'acupuncteur est appelé à relever plusieurs défis au cours de sa carrière. Au début, il doit bâtir sa clientèle et apprendre à gérer son entreprise. Plus tard, il peut développer certains aspects de sa pratique (par exemple, l'utilisation de l'acupuncture en obstétrique), notamment grâce à la formation continue offerte au Collège de Rosemont ou en étudiant à l'étranger. 03/07

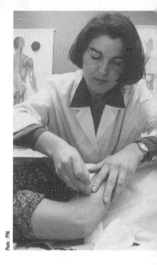

Photo: PPM

HORAIRES ET MILIEUX DE TRAVAIL

- L'acupuncteur est généralement appelé à fonder sa propre entreprise.
- Il peut faire cavalier seul ou louer des locaux dans une clinique multidisciplinaire, par exemple une clinique de réadaptation ou une clinique de la douleur, où travaillent aussi des chiropraticiens, des physiothérapeutes, etc.

- Les horaires varient dans cette profession. L'acupuncteur peut créer le sien en fonction du genre de pratique qu'il désire.

DEC

Techniques d'archives médicales

Suivant la recommandation d'un conseiller d'orientation, Véronique Gignac a opté pour cette formation sans trop savoir à quoi s'attendre. «Je pensais que j'allais classer des dossiers à longueur de journée, mais c'est bien plus que ça!» soutient celle qui est aujourd'hui archiviste médicale au Centre hospitalier universitaire de Montréal.

PROG. 411.AO
PRÉALABLE : 10, VOIR PAGE 16

CHAMPS D'INTÉRÊT
- aime la médecine, le domaine de la santé
- aime la lecture, l'analyse et le classement
- aime communiquer, coopérer et travailler avec le public
- aime se sentir utile et responsable

APTITUDES
- bonnes connaissances en anatomie et en physiologie
- sens de l'organisation et esprit méthodique
- sens des responsabilités
- habiletés à la communication verbale et écrite

OFFRE DU PROGRAMME PAR RÉGIONS
Lanaudière, Mauricie, Montréal

Pour connaître les établissements qui offrent ce programme : www.inforoutefpt.org

RÔLE ET TÂCHES

«Mon travail consiste à analyser les dossiers des patients et à cibler toute l'information médicale pertinente.» En lisant les consultations des médecins et des infirmières, elle note les maladies aiguës ou chroniques des patients, les diagnostics posés, les traitements donnés, les ressources utilisées (scanners, chirurgies, etc.) et les complications survenues lors de leur hospitalisation.

Une fois l'information médicale analysée, l'archiviste en effectue le codage. «À partir de la Classification internationale des maladies [banque de données informatisée], on code tous les diagnostics et les traitements trouvés dans le dossier. Chacun a un sigle très précis.»

L'enregistrement de ces données dans un logiciel informatique permet d'en tirer des rapports statistiques. «Par exemple, un cardiologue pourra nous demander combien de patients ont été opérés suivant tel ou tel problème et combien ont eu des complications ou sont décédés par la suite», dit Véronique Gignac. Ces statistiques sont utiles tant pour les médecins, les centres de recherche que pour le gouvernement du Québec.

La divulgation d'informations est un autre aspect du travail de l'archiviste. Toutes les demandes de consultation de dossiers médicaux passent par le service d'archives. «Notre travail consiste à appliquer les lois reliées à l'accès à l'information pour la protection des renseignements personnels, explique la diplômée. Par exemple, une mère qui veut consulter le dossier de son enfant qui a plus de 14 ans ne peut le faire sans son consentement.»

	Salaire hebdo moyen	Proportion de dipl. en emploi	Emploi relié	Chômage	Nombre de diplômés
2006	553 $	82,8 %	95,7 %	5,9 %	82
2005	541 $	87,0 %	100,0 %	7,0 %	64
2004	520 $	100,0 %	88,9 %	0,0 %	52

Statistiques tirées de la *Relance* - Ministère de l'Éducation, du Loisir et du Sport. Voir données complémentaires, page 369.

Comment interpréter l'information, page 15.

QUALITÉS RECHERCHÉES

Le diplômé doit avant tout aimer le travail de bureau. Plongé toute la journée dans des dossiers médicaux, il doit posséder un grand intérêt pour l'anatomie et la médecine. Un bon esprit de synthèse et d'analyse est également nécessaire à l'archiviste, car il faut constamment faire des liens entre les maladies, les diagnostics et les traitements, noter si des complications sont survenues pendant l'hospitalisation.

La minutie et la précision sont tout autant nécessaires. «Il est très important de répertorier toute l'information présente au dossier afin de produire des statistiques exactes», explique Véronique Gignac.

DÉFIS ET PERSPECTIVES

L'archiviste médical qui le souhaite peut se perfectionner dans la gestion du registre de traumatologie ou des cancers. «Tous les cas de traumatismes et de cancers de patients enregistrés dans les centres hospitaliers de traumatologie du Québec doivent être inscrits par les archivistes médicaux dans une base de données qui est ensuite transférée au ministère de la Santé et des Services sociaux», explique Johanne Castonguay, coordonnatrice du Département d'archives médicales au Collège Ahuntsic.

La gestion du registre des cancers exige toutefois une formation complémentaire. Le diplômé l'obtiendra avec l'attestation d'études collégiales (AEC) en oncologie. Il peut également poursuivre des études universitaires en administration, option gestion. Cette formation lui permettra de gravir les échelons et d'occuper le poste de chef du département d'archives médicales.

Avec le développement et la modification du réseau de la santé, depuis le virage ambulatoire notamment, les tâches et les milieux de travail des archivistes médicaux se sont beaucoup diversifiés. «Les CLSC prennent de plus en plus d'ampleur, constate Mme Castonguay. Ils ont maintenant besoin d'archivistes pour gérer les dossiers des patients.»

Depuis une dizaine d'années, les compagnies d'assurance embauchent aussi des archivistes. Les diplômés sont employés pour faire de la recherche et analyser les dossiers et les réclamations des assurés. 03/07

Avec le développement et la modification du réseau de la santé, depuis le virage ambulatoire notamment, les tâches et les milieux de travail des archivistes médicaux se sont beaucoup diversifiés.

Photo : Collège Ahuntsic

HORAIRES ET MILIEUX DE TRAVAIL

• L'archiviste médical œuvre entre autres dans les hôpitaux, les CLSC, les compagnies d'assurance, aux directions régionales de santé publique, à la Société de l'assurance automobile du Québec, la Commission de la santé et de la sécurité du travail, etc.

• Le travail s'effectue dans un environnement calme.

• Le diplômé travaille généralement du lundi au vendredi, de 9 h à 17 h.

Audioprothèse

«Les élèves dans ce domaine ont de très gros défis à relever. Les cours sont extrêmement exigeants, il faut être tenace pour réussir à obtenir son diplôme, mais croyez-moi, ça vaut la peine!» Gaston Girard a trouvé du travail dans un cabinet privé aussitôt son diplôme en poche.

PROG. 160.B0
PRÉALABLES : 13, 40, VOIR PAGE 16

CHAMPS D'INTÉRÊT

- aime écouter et aider les personnes, expliquer et vulgariser
- aime la médecine, le domaine de la santé
- aime faire un travail autonome
- aime créer (à partir de problèmes concrets)
- aime le travail manuel et les instruments de précision

APTITUDES

- autonomie et initiative
- patience et sensibilité envers les personnes
- facilité à communiquer (écouter et expliquer)
- grande dextérité et grande acuité de perception visuelle
- grand souci du détail et sens des responsabilités

OFFRE DU PROGRAMME PAR RÉGIONS
Montréal

Pour connaître les établissements qui offrent ce programme : www.inforoutefpt.org

RÔLE ET TÂCHES

L'audioprothésiste est un professionnel de la santé qui vend, pose, ajuste et répare les prothèses auditives nécessaires aux personnes atteintes d'un problème d'audition. Il détermine la solution prothétique optimale à partir d'une batterie de tests et de l'analyse des problèmes d'écoute et de communication du patient. Les prothèses sont de plus en plus sophistiquées et esthétiques et peuvent être installées dans l'oreille ou derrière le pavillon de l'oreille.

L'audioprothésiste ne peut vendre d'appareil sans une attestation du besoin d'appareillage émise par un médecin, un oto-rhino-laryngologiste ou un audiologiste; il travaille donc en collaboration avec eux.

Il prépare ensuite l'appareil qu'il a sélectionné et préréglé et reçoit le client pour l'installation et les ajustements finaux. «Plus le problème d'audition est lourd, plus la prothèse peut être grosse. C'est parfois difficile à faire accepter aux patients, car c'est souvent un des premiers signes de perte d'autonomie pour eux», explique Gaston.

QUALITÉS RECHERCHÉES

L'audioprothésiste doit posséder un bon esprit d'analyse qui lui permettra de prendre les décisions qui s'imposent selon le cas qui lui est soumis. «Il s'agit d'optimiser le rendement audioprothétique en tenant compte des choix du patient et des limites de la technologie utilisée. On peut donc dire que notre domaine allie la compétence sur le plan de la technologie et au point de vue de la relation d'aide avec les patients, l'une étant tout aussi

	Salaire hebdo moyen	Proportion de dipl. en emploi	Emploi relié	Chômage	Nombre de diplômés
2006	638 $	100,0 %	100,0 %	0,0 %	10
2005	555 $	100,0 %	100,0 %	0,0 %	12
2004	731 $	100,0 %	100,0 %	0,0 %	8

Statistiques tirées de la *Relance* - Ministère de l'Éducation, du Loisir et du Sport. Voir données complémentaires, page 369.

Comment interpréter l'information, page 15.

importante que l'autre», précise Yves Tougas, responsable de la coordination du programme d'audioprothèse et professeur au Collège de Rosemont.

Aimer travailler avec les personnes âgées et être patient sont de précieux atouts, car l'audioprothésiste doit expliquer le fonctionnement de l'appareil et prodiguer des conseils d'adaptation personnalisés. «Les personnes âgées composent la majeure partie de notre clientèle. Ces personnes ont souvent des troubles de mémoire et le soutien de la famille est souhaitable. Ça prend beaucoup de tact, de diplomatie, d'empathie, mais surtout une bonne capacité d'écoute», ajoute Gaston.

L'audioprothésiste doit être minutieux et habile manuellement, car il est appelé à faire de délicates manipulations sur des prothèses de plus en plus miniaturisées. «Il faut aimer à la fois l'électronique et la technologie», souligne Gaston.

Évidemment, pour le diplômé qui a choisi d'ouvrir son propre cabinet, des qualités de gestionnaire sont essentielles.

> «Notre domaine allie la compétence sur le plan de la technologie et au point de vue de la relation d'aide avec les patients, l'une étant tout aussi importante que l'autre.»
>
> — Yves Tougas

DÉFIS ET PERSPECTIVES

L'audioprothésiste doit se mettre à jour continuellement pour suivre l'évolution de la technologie. L'Ordre des audioprothésistes du Québec organise un congrès annuel et convie les diplômés et les étudiants à y assister. «Les appareils sont de plus en plus performants, dit M. Tougas. L'intégration de la technologie numérique à la microamplification permet un ajustement plus raffiné qui optimise le confort dans différents environnements, par exemple quand on est au restaurant ou à l'extérieur. Deux ou trois programmes d'écoute sont possibles.» Après avoir analysé le son, le microprocesseur effectue automatiquement les adaptations selon l'endroit où se trouve le porteur, et ce, de façon continue.

Selon M. Tougas, outre la miniaturisation des appareils, l'évolution la plus constante de la technologie se remarque dans la précision de l'ajustement et la qualité du son. «On a le son d'un disque laser, très pur, presque sans distorsion.»

«La nouvelle ère numérique est prometteuse. Nos limites sont constamment repoussées, ce qui permet de répondre toujours plus efficacement aux besoins des personnes malentendantes. C'est motivant de savoir que l'on peut aider de plus en plus de personnes!» conclut Gaston. 09/99

HORAIRES ET MILIEUX DE TRAVAIL

- L'audioprothésiste travaille toujours en pratique privée, que ce soit pour son compte ou en tant qu'employé.
- Certains diplômés choisissent de devenir représentants pour une compagnie de prothèses auditives.
- Les horaires sont très réguliers : jour, du lundi au vendredi, sauf dans certains cabinets qui ouvrent le soir ou le samedi.

Soins infirmiers

Avec un DEC en soins infirmiers, on peut bien sûr travailler dans les hôpitaux, où les besoins sont grands. Mais les diplômées peuvent aussi poursuivre leur formation à l'université ou encore explorer d'autres milieux de travail. C'est ce qu'a fait Karine Bonsaint, qui s'est retrouvée à Santé Canada.

PROG. 180.A0
PRÉALABLES : 20, 30, VOIR P. 16

CHAMPS D'INTÉRÊT
- se préoccupe de la santé et du bien-être des personnes
- aime se sentir responsable (des personnes)
- aime écouter, encourager, aider et soigner
- aime le travail en équipe
- aime observer, analyser, évaluer et prendre des décisions

APTITUDES
- empathie et grand sens des responsabilités
- résistance physique et émotionnelle
- bonnes aptitudes aux sciences
- excellents réflexes en situation d'urgence et de stress
- sens de l'organisation, jugement et initiative
- grande disponibilité (horaire)

OFFRE DU PROGRAMME PAR RÉGIONS
Abitibi-Témiscamingue, Bas-Saint-Laurent, Capitale-Nationale, Centre-du-Québec, Chaudière-Appalaches, Côte-Nord, Estrie, Gaspésie–Îles-de-la-Madeleine, Lanaudière, Laurentides, Laval, Mauricie, Montérégie, Montréal, Outaouais, Saguenay–Lac-Saint-Jean

Pour connaître les établissements qui offrent ce programme : www.inforoutefpt.org

RÔLE ET TÂCHES

Son DEC en poche, Karine Bonsaint obtient un baccalauréat en soins infirmiers de même qu'un certificat en santé et sécurité au travail. Après avoir travaillé dans un CLSC de la région de Québec, elle déniche finalement l'emploi de ses rêves à Santé Canada, pour lequel elle possède la formation universitaire requise.

Dans le cadre de ce poste, elle procède à des examens de santé sur des fonctionnaires fédéraux. Elle peut, par exemple, examiner un agent correctionnel qui désire se joindre à une équipe tactique, pour vérifier qu'il en est capable physiquement. Elle aide aussi les employés à adapter leur environnement de travail dans le but d'éviter les blessures liées à leurs tâches, en offrant des formations en ergonomie.

Lorsqu'elle travaille en milieu hospitalier, l'infirmière veille généralement à tous les aspects qui ont rapport avec la condition de santé des patients dont elle a la responsabilité. Elle peut ainsi administrer et ajuster les médicaments prescrits par le médecin, effectuer des examens (par exemple, utiliser un appareil de surveillance de haute technologie pour faire le monitorage de fœtus ou de personnes souffrant de problèmes cardiaques) ou des prélèvements, utiliser des équipements médicaux complexes et spécialisés (comme des équipements d'hémodialyse), etc.

QUALITÉS RECHERCHÉES

Que ce soit dans les hôpitaux, à Santé Canada ou dans le secteur privé, l'infirmière doit posséder de bonnes connaissances cliniques et

	Salaire hebdo moyen	Proportion de dipl. en emploi	Emploi relié	Chômage	Nombre de diplômés
2006	665 $	62,9 %	97,2 %	1,1 %	2 351
2005	658 $	64,6 %	97,6 %	1,4 %	2 198
2004	648 $	79,5 %	97,7 %	0,7 %	2 325

Statistiques tirées de la *Relance* - Ministère de l'Éducation, du Loisir et du Sport. Voir données complémentaires, page 369.

Comment interpréter l'information, page 15.

scientifiques. Il lui faut aussi être très rigoureuse, minutieuse et s'assurer que les gestes qu'elle pose sont les bons. La curiosité est également essentielle, puisque les connaissances médicales, les technologies et les traitements évoluent constamment.

Le goût de venir en aide aux autres est une qualité indispensable, tout comme le sont l'empathie et l'aptitude pour les relations interpersonnelles, en particulier avec les malades.

La résistance au stress, le sens des responsabilités et de l'initiative, ainsi que la capacité de prendre des décisions rapidement dans des situations critiques sont également incontournables.

L'infirmière doit aimer travailler en équipe, aussi bien avec ses collègues qu'avec les autres professionnels de la santé avec lesquels elle collabore quotidiennement (médecins, techniciens, infirmières auxiliaires, etc.).

Que ce soit dans les hôpitaux, à Santé Canada ou dans le secteur privé, l'infirmière doit posséder de bonnes connaissances cliniques et scientifiques.

DÉFIS ET PERSPECTIVES

«Les soins sont de plus en plus complexes, la technologie évolue rapidement, tout va de plus en plus vite. Il faut donc être en mesure de s'adapter, apprendre rapidement, car une infirmière peut être appelée à travailler dans plusieurs domaines», explique Lucille Veilleux, coordonnatrice du programme de soins infirmiers au Cégep de Beauce-Appalaches.

Les jeunes diplômées trouvent cette situation difficile, reconnaît Mme Veilleux, puisque le fait d'avoir à travailler un jour en chirurgie et le lendemain en obstétrique, par exemple, font qu'elles peuvent moins approfondir leurs connaissances dans un domaine précis, ou développer des relations étroites avec leurs collègues.

D'ailleurs, de plus en plus, les employeurs demandent des études supplémentaires pour travailler dans certains secteurs : certificats en santé communautaire, en santé mentale, en prévention des infections, en soins critiques, etc. 03/07

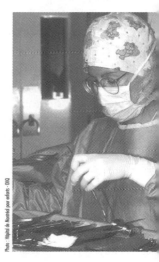

Photo : Hôpital de Montréal pour enfants - CHU

HORAIRES ET MILIEUX DE TRAVAIL

- L'hôpital est souvent le point de départ dans la carrière d'une infirmière, où elle peut œuvrer dans de multiples domaines : pédiatrie, cardiologie, etc. En dehors de l'hôpital, d'autres secteurs s'offrent aussi à elle : soins à domicile, soins communautaires, enseignement, etc.

- On trouve les infirmières dans tous les établissements de soins de santé : hôpitaux, CLSC, CHSLD, centres de réadaptation, centres jeunesse, etc.

- Le secteur privé recherche également des diplômées : par exemple, les laboratoires privés qui effectuent des essais cliniques, les entreprises offrant des soins de santé en milieu de travail, etc.

- Les horaires de travail sont généralement atypiques : de jour, de soir, de nuit, le week-end et les jours fériés.

Soins préhospitaliers d'urgence

Le technicien ambulancier carbure à l'adrénaline. Loin de se limiter à transporter les blessés, il sauve aussi des vies. Il intervient immédiatement sur les lieux d'une chute, d'un malaise, d'un accident, d'un incendie ou même d'une fusillade, bref, dans toutes les situations d'urgence médicales et traumatiques.

PROG. 181.A0
PRÉALABLE : 0, VOIR PAGE 16

RÔLE ET TÂCHES

Lorsque son quart de travail commence, le technicien ambulancier se rend au point de service où il prendra possession de son véhicule. Il procédera à une inspection mécanique sommaire et vérifiera son matériel d'intervention.

Travaillant en équipe de deux, les paramédicaux sont ensuite affectés à différents points d'attente de la zone géographique qu'ils desservent. Ces points sont déterminés par leur employeur de façon stratégique, selon l'heure de la journée, afin de permettre des interventions auprès du plus grand nombre de citoyens. Quand ils reçoivent un appel, ils portent immédiatement secours à la personne en détresse. Leur rôle est de stabiliser l'état du patient. Par exemple, dans le cas d'une hémorragie, il s'agit de contrôler le saignement afin que celui-ci ne s'aggrave pas. Pour un arrêt cardiorespiratoire, un défibrillateur sera utilisé afin de stimuler le cœur et lui permettre de reprendre un rythme normal.

DÉFIS ET PERSPECTIVES

«On ne connaît jamais réellement la gravité d'un cas avant d'arriver sur les lieux», prévient Jean-Jacques Lapointe, enseignant au Collège Ahuntsic. Il faut donc être en état d'alerte constant, prêt à agir promptement. Il faut être autonome, débrouillard, savoir bien communiquer, avoir un bon sens de l'initiative et du jugement. La gestion du stress est également essentielle. Au Québec, le champ d'action des diplômés est limité en comparaison du reste du Canada. Néanmoins, leurs responsabilités pourraient être appelées à augmenter et on espère un jour voir la création d'un ordre professionnel. 03/07

HORAIRES ET MILIEUX DE TRAVAIL

• Les techniciens peuvent œuvrer pour Urgences-Santé, qui dessert les régions de Montréal et de Laval. Ailleurs au Québec, ils travaillent pour des coopératives ambulancières ou des entreprises privées de services d'urgence.

• Les paramédicaux travaillent selon des quarts de travail : jour, soir, nuit, comme dans les autres services publics (police, pompiers, hôpitaux).

OFFRE DU PROGRAMME PAR RÉGIONS : Capitale-Nationale, Montréal
Pour connaître les établissements qui offrent ce programme : **www.inforoutefpt.org**

	Salaire hebdo moyen	Proportion de dipl. en emploi	Emploi relié	Chômage	Nombre de diplômés
2006	N/D	N/D	N/D	N/D	N/D
2005	N/D	N/D	N/D	N/D	N/D
2004	N/D	N/D	N/D	N/D	N/D

Statistiques tirées de la *Relance* - Ministère de l'Éducation, du Loisir et du Sport. Voir données complémentaires, page 369.

Comment interpréter l'information, page 15.

Techniques de denturologie

«Au Québec, 45 % de la population est partiellement ou complètement édentée», note France Bélanger, professeure en denturologie au Collège Édouard-Montpetit. Si la demande de prothèses complètes diminue, elle est largement compensée par celle de prothèses partielles et de protecteurs buccaux. Bref, la profession de denturologiste a plus que jamais de très beaux jours devant elle.

PROG. 110.BO
PRÉALABLE : 40, VOIR PAGE 16

CHAMPS D'INTÉRÊT

- aime écouter et aider les personnes, expliquer et vulgariser
- aime la médecine, le domaine de la santé
- aime faire un travail autonome
- aime créer (à partir de problèmes concrets)
- aime le travail manuel et les instruments de précision

APTITUDES

- autonomie et initiative
- patience et sensibilité envers les personnes
- facilité à communiquer (écouter et expliquer)
- grande dextérité et grande acuité de perception visuelle
- grand souci du détail et sens des responsabilités

OFFRE DU PROGRAMME PAR RÉGIONS
Montérégie

Pour connaître les établissements qui offrent ce programme : **www.inforoutefpt.org**

RÔLE ET TÂCHES

Le denturologiste conçoit, répare, fabrique et ajuste des prothèses dentaires amovibles, afin de restaurer les fonctions masticatoires et esthétiques chez les patients n'ayant plus toutes leurs dents. Comme la moitié des membres de l'Ordre des denturologistes du Québec, Stéphanie Dubuc est travailleuse autonome, c'est-à-dire qu'elle possède sa propre entreprise. «Dès ma sortie de l'école, j'ai eu la chance de m'associer à un denturologiste déjà établi, qui débordait de travail», mentionne-t-elle.

Ayant pignon sur rue à Lachine, Stéphanie Dubuc traite directement avec les patients. «Il est très important de les écouter attentivement, pour bien saisir ce qu'ils veulent comme résultat. D'ailleurs, du premier rendez-vous jusqu'à l'ajustement final de la prothèse, il faut compter cinq visites en moyenne, qui correspondent chacune à une étape en laboratoire.»

Concrètement, le denturologiste prend d'abord l'empreinte des gencives du patient. Il crée ensuite une maquette en cire, adaptée à l'articulation de la mâchoire. Puis, il choisit les dents selon des critères esthétiques tels que la forme du visage, le teint et les goûts personnels du client. Il ajuste ensuite la prothèse d'essai dans la bouche du patient. Enfin, il fabrique la prothèse définitive et effectue les dernières retouches pour assurer un confort maximal.

Dans le cadre de son travail, Stéphanie Dubuc peut aussi fabriquer des protecteurs buccaux, pour les hockeyeurs par exemple. «Comme n'importe

	Salaire hebdo moyen	Proportion de dipl. en emploi	Emploi relié	Chômage	Nombre de diplômés
2006	500 $	100,0 %	100,0 %	0,0 %	14
2005	552 $	92,9 %	83,3 %	7,1 %	17
2004	483 $	100,0 %	100,0 %	0,0 %	16

Statistiques tirées de la *Relance* - Ministère de l'Éducation, du Loisir et du Sport. Voir données complémentaires, page 369.

Comment interpréter l'information, page 15.

quel travailleur autonome, je dois aussi prévoir du temps pour la prospection et la tenue de livres», tient-elle à signaler.

QUALITÉS RECHERCHÉES

Il ne faut pas avoir peur du travail manuel, qui est parfois très exigeant, affirme Stéphanie Dubuc. Dextérité, minutie et souci du détail sont nécessaires pour créer, réparer et ajuster de façon précise les pièces délicates des prothèses.

Le denturologiste doit aussi faire preuve de débrouillardise et d'ingéniosité, notamment lorsqu'il modifie ou répare une prothèse existante. Comme il travaille sans supervision, il porte l'entière responsabilité quant à la qualité du produit fini, ce qui demande toujours une grande rigueur.

Bien entendu, quand on travaille avec le public, l'entregent est une qualité essentielle. «Il faut aimer servir les gens et, à titre de professionnel, savoir bien se présenter», ajoute la diplômée.

L'implantologie, un secteur en plein essor, pourrait aussi accroître les débouchés pour les professionnels de la denturologie.

Si le denturologiste choisit d'exploiter sa propre entreprise, il doit s'attendre à des revenus très variables d'une semaine à l'autre. «Au début surtout, ça prend des reins solides», souligne Stéphanie Dubuc. Même une fois qu'on a bâti sa clientèle, il faut gérer ses finances de façon responsable et se garder un coussin pour les imprévus.

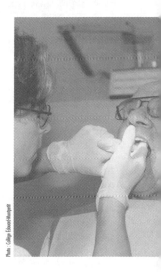

DÉFIS ET PERSPECTIVES

«Quand on lance une entreprise, les premières années ne sont pas faciles», reconnaît France Bélanger, du Collège Édouard-Montpetit. Cependant, le vieillissement de la population devrait faciliter l'insertion professionnelle des jeunes denturologistes.

D'une part, le bassin de clientèle s'agrandira, et d'autre part, beaucoup de denturologistes partiront à la retraite. «Déjà, on trouve de belles ouvertures en région», remarque l'enseignante. Par contre, comme l'espérance de vie augmente, les denturologistes feront aussi face à un nouveau défi, celui de servir une clientèle de plus en plus âgée, parfois en perte d'autonomie.

Enfin, l'implantologie, un secteur en plein essor, pourrait aussi accroître les débouchés pour les professionnels de la denturologie. 03/07

HORAIRES ET MILIEUX DE TRAVAIL

• Le diplômé peut ouvrir son propre cabinet, seul ou avec des associés. Il peut aussi s'établir à même un cabinet de dentiste.

• Des laboratoires spécialisés ou des hôpitaux emploient également des denturologistes.

• Les heures de travail normales sont de 8 h à 17 h, mais les cabinets offrent parfois des rendez-vous en soirée pour accommoder la clientèle.

DEC

Techniques de diététique

Lorsque vous mangez un plat que vous avez vous-même cuisiné, vous savez ce qu'il contient et vous êtes certain de la fraîcheur des ingrédients. Mais pourquoi faites-vous confiance aux plats préparés ou offerts dans les cafétérias? Parce que vous pensez que leur qualité a certainement été contrôlée. Et vous avez raison, car il y a de fortes chances qu'un technicien en diététique ait tout inspecté!

PROG. 120.01
PRÉALABLE : 20, VOIR PAGE 16

CHAMPS D'INTÉRÊT
- accorde de l'importance à la santé et à l'alimentation
- aime travailler pour et avec les personnes
- aime observer, vérifier, contrôler la qualité
- aime respecter des règles
- aime le travail en équipe

APTITUDES
- leadership et facilité à communiquer (écouter, motiver)
- souci de la qualité et sens des responsabilités
- jugement et créativité
- minutie et sens de l'observation
- sens de l'organisation et du travail en équipe (gestion)

OFFRE DU PROGRAMME PAR RÉGIONS
Bas-Saint-Laurent, Capitale-Nationale, Laval, Mauricie, Montérégie, Montréal, Saguenay—Lac-Saint-Jean

Pour connaître les établissements qui offrent ce programme : **www.inforoutefpt.org**

RÔLE ET TÂCHES

Après avoir étudié puis travaillé en soins infirmiers, Andrée-Anne Boudreault a opté pour le diplôme d'études collégiales (DEC) en techniques de diététique. «Le programme touche à de nombreux secteurs, comme la technologie alimentaire, la gestion, la salubrité, etc. C'est très intéressant», explique la diplômée du Cégep de Limoilou. Elle œuvre aujourd'hui en recherche à l'Université Laval, où elle est responsable du contrôle et de l'analyse du régime alimentaire de participants à des projets de recherche en nutrition.

Beaucoup de diplômés en techniques de diététique travaillent dans le domaine de la santé – dans les hôpitaux et les centres hospitaliers de soins de longue durée (CHSLD) – où ils sont appelés à ajuster les menus aux besoins des patients. On les voit également au sein du service alimentaire de ces établissements où ils peuvent occuper des postes de gestion ou contrôler la qualité des aliments. Ils sont aussi présents dans les abattoirs, les cafétérias de grandes entreprises, le milieu hôtelier, les garderies, les établissements scolaires et carcéraux. La polyvalence de la formation permet toutefois aux techniciens d'assumer un large éventail de responsabilités dans le secteur bioalimentaire. Ils peuvent ainsi trouver de l'emploi dans l'industrie alimentaire et travailler en usine au contrôle de la qualité, lors de la réception des ingrédients et de la préparation des aliments. Les questions d'hygiène, de salubrité, sont au cœur de leurs préoccupations, leur mission première étant de veiller à la sécurité alimentaire. Mais ils sont aussi les gardiens des normes en matière de goût, de poids, de texture et d'apparence des produits fabriqués sur une base industrielle.

	Salaire hebdo moyen	Proportion de dipl. en emploi	Emploi relié	Chômage	Nombre de diplômés
2006	513 $	82,0 %	68,3 %	4,7 %	141
2005	526 $	74,4 %	75,6 %	8,2 %	126
2004	492 $	87,8 %	67,8 %	3,7 %	128

Statistiques tirées de la *Relance* - Ministère de l'Éducation, du Loisir et du Sport. Voir données complémentaires, page 369.

Comment interpréter l'information, page 15.

QUALITÉS RECHERCHÉES

L'autonomie est indispensable au technicien, car il doit souvent décider seul si un aliment devra être rejeté, selon des critères de salubrité ou de qualité. Mais autonomie ne signifie pas isolement, souligne Andrée-Anne : «Il faut aimer le contact avec les gens et avoir du plaisir à travailler avec eux.» Dans le domaine de la recherche, où travaille Andrée-Anne, la rigueur et la minutie sont des qualités essentielles.

Par ailleurs, une personne œuvrant en nutrition devra évidemment apprécier la nourriture, éprouver du plaisir à s'alimenter et ne pas avoir d'aversions alimentaires. Il faut également veiller à maintenir ses connaissances à jour, surtout en ce qui concerne les allergies alimentaires et les réglementations fédérales et provinciales (transport des aliments, normes de réfrigération, de qualité, etc.).

L'autonomie est indispensable au technicien, car il doit souvent décider seul si un aliment devra être rejeté, selon des critères de salubrité ou de qualité.

DÉFIS ET PERSPECTIVES

Selon France St-Yves, coordonnatrice du Département de technique de diététique au Collège Montmorency, dans ce métier, le principal défi est d'offrir un produit de qualité. «La qualité des aliments est souvent critiquée par les consommateurs dans le secteur industriel et institutionnel.» Il faut donc se montrer créatif et demeurer à l'écoute du consommateur.

Sur le plan professionnel, le diplôme d'études collégiales offre également la possibilité de devenir adjoint du gérant puis gérant d'une concession alimentaire (cafétéria exploitée par un sous-traitant en milieu hospitalier, scolaire, etc.). En industrie, plusieurs deviennent avec l'expérience directeurs du contrôle de la qualité ou directeurs de la production.

Les compléments de formation constituent des atouts. «On conseille de suivre une certification en science et technologie des aliments à ceux qui veulent travailler en industrie ou qui envisagent de devenir inspecteurs pour le gouvernement», explique France St-Yves. Certains techniciens se tournent plutôt vers la gestion de services alimentaires, ou encore vers un certificat en gérontologie pour œuvrer en CHSLD. Avec le vieillissement de la population et l'augmentation du nombre d'enfants aux prises avec des allergies alimentaires, le souci de la sécurité alimentaire devient omniprésent. Les connaissances des techniciens sont donc de plus en plus sollicitées. 02/05

HORAIRES ET MILIEUX DE TRAVAIL

- En milieu hospitalier, particulièrement en début de carrière, on travaille surtout sur appel, durant les week-ends, et pour des remplacements.

- Dans le secteur industriel, les horaires suivent la production. Il est donc possible de travailler le soir ou la nuit, si l'usine est en activité 24 heures sur 24.

- En garderie et dans les établissements scolaires, le travail commence tôt le matin mais finit également tôt l'après-midi.

- Les environnements de travail sont très variés. Les espaces réfrigérés sont monnaie courante (abattoirs, cafétérias, etc.). Les cuisines peuvent être très petites (garderie) ou immenses (centre de détention).

Techniques d'électrophysiologie médicale

Valérie Flibotte était travailleuse sociale dans un hôpital depuis trois ans quand elle a décidé de retourner au cégep pour se recycler dans le domaine de la santé. «J'aimais le contact avec les patients et le milieu hospitalier. Par contre, donner des injections, très peu pour moi! C'est, entre autres, pourquoi j'ai choisi l'électrophysiologie médicale.»

PROG. 140.A0
PRÉALABLES : 11, 40, VOIR P. 16

CHAMPS D'INTÉRÊT

- aime la médecine, le domaine de la santé
- aime se sentir utile
- aime avoir de l'autonomie et de l'initiative dans son travail
- aime chercher en observant et en analysant
- aime les contacts humains

APTITUDES

- facilité pour les sciences de la médecine
- facilité à communiquer (expliquer et rassurer)
- dextérité et grand sens de l'observation
- résistance au stress

OFFRE DU PROGRAMME PAR RÉGIONS
Montréal

Pour connaître les établissements qui offrent ce programme : www.inforoutefpt.org

RÔLE ET TÂCHES

Le programme d'électrophysiologie médicale forme des techniciens très polyvalents, capables d'enregistrer l'activité bioélectrique du cerveau, du cœur, des nerfs, des muscles et des voies visuelles et auditives. Au Centre hospitalier Honoré-Mercier de Saint-Hyacinthe, Valérie Flibotte collabore avec des cardiologues et des neurologues.

En cardiologie, elle se charge notamment des électrocardiogrammes, soit des examens qui enregistrent l'activité électrique du cœur au repos et à l'effort. «Je dois d'abord préparer la peau du patient avec une crème abrasive. Au besoin, je rase la zone nécessaire au positionnement de mes dix électrodes collantes, reliées à l'ordinateur. J'effectue ensuite l'examen en ajustant les paramètres d'enregistrement et en m'assurant de sa plus belle qualité. Tout au long du processus, il est aussi important de rassurer la personne en lui expliquant ce que je fais.»

Durant un électrocardiogramme à l'effort, le patient marche sur un tapis roulant et porte à la taille un boîtier qui transmet par fil les signaux bioélectriques du cœur captés par les électrodes. Valérie Flibotte surveille le tracé à l'écran et veille simultanément à la sécurité du patient sur le tapis. À la fin, elle remet le rapport au cardiologue, qui l'interprète en détail et informe le patient des résultats. Parfois, elle installe des holters, des appareils portatifs pouvant enregistrer l'activité électrique du cœur pendant 24 heures. Par la suite, elle produit, à l'intention du médecin, un rapport qui fait état des résultats obtenus lors de ces examens.

	Salaire hebdo moyen	Proportion de dipl. en emploi	Emploi relié	Chômage	Nombre de diplômés
2006	586 $	95,8 %	95,2 %	0,0 %	33
2005	616 $	90,9 %	100,0 %	0,0 %	31
2004	604 $	100,0 %	100,0 %	0,0 %	24

Statistiques tirées de la *Relance* - Ministère de l'Éducation, du Loisir et du Sport. Voir données complémentaires, page 369.

Comment interpréter l'information, page 15.

En neurologie, la diplômée réalise, surtout chez une clientèle épileptique, des électroencéphalogrammes, c'est-à-dire des examens qui mesurent cette fois-ci l'activité électrique du cerveau. À l'aide d'une pâte, elle installe, au millimètre près, 28 électrodes, principalement sur le cuir chevelu du patient.

«Ma responsabilité, c'est de fournir au médecin un tracé complet avec la plus belle qualité technique. Si le patient cligne des yeux, avale ou serre la mâchoire, par exemple, je dois l'indiquer pour que le neurologue sache comment interpréter la fluctuation sur le tracé.» La technicienne effectue aussi des électromyogrammes, un examen des nerfs et des muscles, utile notamment en cas de syndrome du tunnel carpien.

> Avec les modifications du système de santé, les techniciens sont appelés à prendre de plus en plus de décisions, comme celle de continuer ou non un examen si le patient présente un risque de convulsions.

QUALITÉS RECHERCHÉES

Si on n'aime pas travailler avec le public, mieux vaut éviter de considérer ce métier. «Pour obtenir une belle qualité d'examen, il est essentiel de faire preuve d'empathie et d'établir une relation de confiance avec le patient», souligne Valérie Flibotte. De plus, il faut avoir le souci du détail. Le métier exige une aptitude pour les sciences, surtout la biologie, la physique et l'informatique. Comme les appareils ne font pas tout, une bonne vision, une ouïe fine et un sens de l'observation sont aussi indispensables. Enfin, la personne doit être calme et capable de réagir adéquatement en situation d'urgence, par exemple lorsqu'un patient fait une arythmie cardiaque grave ou une crise d'épilepsie en cours d'examen.

Photo : Collège Ahuntsic

DÉFIS ET PERSPECTIVES

Avec les modifications du système de santé, les techniciens sont appelés à prendre de plus en plus de décisions, comme celle de continuer ou non un examen si le patient présente un risque de convulsions, signale Nancy Bouchard, coordonnatrice du programme *Techniques d'électrophysiologie médicale* au Collège Ahuntsic. «En cas d'anomalies graves du tracé, le technicien doit juger lui-même s'il y a une urgence médicale, car il n'y a pas toujours un médecin à ses côtés.» L'accroissement des responsabilités est une tendance qui devrait se poursuivre, ajoute-t-elle. Chose certaine, les diplômés continueront d'être demandés. «Selon des projections du ministère de la Santé et des Services sociaux, il devrait manquer 43 % des effectifs nécessaires en électrophysiologie médicale en 2020.» 03/07

HORAIRES ET MILIEUX DE TRAVAIL

- Les principaux employeurs des techniciens en électrophysiologie médicale sont les centres hospitaliers et les bureaux de spécialistes.

- Certains techniciens travaillent dans des laboratoires de recherche publics ou privés alors que d'autres décident de se diriger vers l'enseignement.

- Les fabricants d'appareils peuvent également offrir des débouchés aux diplômés intéressés par la vente et la formation.

- L'horaire est de 35 heures par semaine. Le travail s'effectue généralement le jour, en semaine, sauf dans le cas des techniciens spécialisés en polysomnographie (enregistrement du sommeil et de divers paramètres physiologiques nocturnes).

Techniques de prothèses dentaires

Caroline Boily a eu le coup de foudre pour la profession durant une journée d'information consacrée aux choix de carrière. «Ce jour-là, des techniciens sont arrivés avec une mallette remplie de prothèses partielles, de couronnes et de dentiers. J'ai tout de suite été fascinée!» souligne celle qui est aujourd'hui technicienne dentaire dans un laboratoire.

PROG. 110.A0
PRÉALABLE : 20, VOIR PAGE 16

CHAMPS D'INTÉRÊT
- aime se sentir utile aux personnes
- accorde de la valeur à un travail très fignolé
- aime faire un travail autonome
- aime travailler en laboratoire
- aime créer à partir d'un besoin précis

APTITUDES
- excellente dextérité
- grande acuité de perception visuelle
- grande capacité de concentration et de précision
- créativité et sens de l'esthétique
- sens de la responsabilité

OFFRE DU PROGRAMME PAR RÉGIONS
Montérégie

Pour connaître les établissements qui offrent ce programme : **www.inforoutefpt.org**

RÔLE ET TÂCHES

Caroline Boily voit son travail comme celui d'une artiste qui non seulement réalise des prothèses et des dents, mais façonne aussi de nouveaux sourires. Au laboratoire qui l'emploie, elle œuvre au service des prothèses fixes.

Elle occupe différentes tâches relatives à la conception des prothèses. «Je prépare d'abord un modelage en cire de l'empreinte des dents», explique-t-elle. À partir de ce modelage appelé maquette, la technicienne crée un moule dans lequel elle coule du métal en fusion. Elle obtient ainsi une armature métallique (la structure de la prothèse) sur laquelle sera appliqué le matériau cosmétique, généralement la céramique, pour fabriquer une fausse dent.

Caroline Boily travaille également avec un programme informatique de conception et de fabrication assistées par ordinateur (CFAO) nommé CEREC In-Lab. Ce programme lui permet de créer d'autres types d'armatures en zircone, un matériau plus coûteux, mais plus esthétique que le métal.

Elle s'occupe aussi de la fabrication des dents en porcelaine en se basant sur l'empreinte des dents du patient fournie par le dentiste. «Une fois que j'ai obtenu la forme recherchée, je glace finalement la prothèse au four, ce qui va lui donner un lustre et la coloration requise.»

	Salaire hebdo moyen	Proportion de dipl. en emploi	Emploi relié	Chômage	Nombre de diplômés
2006	464 $	83,3 %	100,0 %	0,0 %	15
2005	N/D	N/D	N/D	N/D	N/D
2004	427 $	100,0 %	90,9 %	0,0 %	17

Statistiques tirées de la *Relance* - Ministère de l'Éducation, du Loisir et du Sport. Voir données complémentaires, page 369.

Comment interpréter l'information, page 15.

QUALITÉS RECHERCHÉES

«C'est un travail qui requiert beaucoup de dextérité manuelle, dit Caroline Boily. C'est d'ailleurs la principale qualité que doit posséder un technicien.» Le diplômé manipule en effet de petits outils et de minuscules pièces. Le métier exige aussi de la patience, une grande capacité de concentration et une excellente acuité visuelle.

Le sens de l'esthétique est également important, car la forme et la couleur de la dent de remplacement doivent ressembler à la dentition naturelle du client. «Il faut aussi être minutieux et perfectionniste, car au bout du compte, tout doit être parfait.» Mal conçue, la prothèse serait en effet inconfortable et pourrait même provoquer des douleurs chez le patient.

DÉFIS ET PERSPECTIVES

«Ce domaine évolue très rapidement, soutient Charles Carrier, enseignant au Collège Édouard-Montpetit. Chaque année, plusieurs nouveaux matériaux et équipements arrivent sur le marché.» Le diplômé doit donc rester à l'affût des dernières méthodes de travail. L'Ordre des techniciens et techniciennes dentaires du Québec offre d'ailleurs régulièrement à ses membres l'occasion de suivre des cours de perfectionnement.

La technologie de conception et de fabrication assistées par ordinateur (CFAO) est également en plein essor. «Le travail des techniciens sur les infrastructures métalliques va disparaître progressivement, puisqu'on peut désormais créer des prothèses dentaires à partir de programmes informatiques en trois dimensions. La CFAO dentaire ne remplacera jamais le technicien, précise M. Carrier. Mais cela lui facilitera certaines tâches.»

L'expérience aidant, plusieurs occasions s'offrent au technicien dentaire. Il peut gravir les échelons et devenir responsable d'un service dans le laboratoire qui l'emploie. S'il souhaite investir temps et argent, le diplômé peut ouvrir son propre laboratoire. Le cumul de deux années d'expérience de travail est toutefois obligatoire avant de pouvoir lancer sa propre affaire. 03/07

L'expérience aidant, plusieurs occasions s'offrent au technicien dentaire. Il peut gravir les échelons et devenir responsable d'un service dans le laboratoire qui l'emploie.

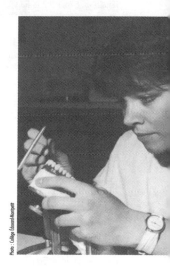

Photo : Collège Édouard-Montpetit

HORAIRES ET MILIEUX DE TRAVAIL

- Les techniciens dentaires trouvent généralement du travail dans les laboratoires dentaires privés. Les diplômés peuvent aussi œuvrer dans des cabinets de dentiste ou des centres hospitaliers.

- Les techniciens dentaires travaillent habituellement de 8 h à 17 h, du lundi au vendredi.

- En période de grande affluence (généralement avant les vacances estivales et les fêtes de fin d'année), les techniciens doivent parfois effectuer des heures supplémentaires.

Techniques de réadaptation physique

«J'étais entraîneur pour des équipes féminines de volley-ball, raconte Éric Côté, thérapeute en réadaptation physique chez Physio Optima. Ça me décourageait de les voir se blesser et rester sur le banc pendant des semaines. J'étudiais alors en génie civil. J'ai tout lâché et je suis retourné au cégep.»

PROG. 144.A0
PRÉALABLES : 11, 40, VOIR P. 16

CHAMPS D'INTÉRÊT

- aime la biologie (humaine)
- aime se sentir utile aux personnes
- aime faire un travail physique et manuel
- aime communiquer : écouter, expliquer, encourager
- aime analyser, évaluer et prendre des décisions

APTITUDES

- facilité pour les sciences (physiologie, neurologie, biomécanique)
- résistance émotionnelle et physique
- aisance dans le contact physique avec les personnes
- bonnes capacités d'observation et d'analyse
- grande curiosité et capacité d'adaptation

OFFRE DU PROGRAMME PAR RÉGIONS
Capitale-Nationale, Estrie, Laval, Montréal, Saguenay–Lac-Saint-Jean

Pour connaître les établissements qui offrent ce programme : **www.inforoutefpt.org**

RÔLE ET TÂCHES

Le thérapeute en réadaptation physique œuvre généralement en étroite collaboration avec les physiothérapeutes et autres spécialistes dans trois principaux champs d'activité : la gériatrie, où il s'efforce de maintenir et de maximiser les fonctions déclinantes des bénéficiaires dans les centres de jour, d'accueil ou de soins prolongés; la neurologie, où il travaille à la rééducation des victimes de traumatismes graves du système neuromoteur, au niveau de la colonne vertébrale ou du cerveau; et l'orthopédie, où il soigne la perte ou l'affaiblissement de fonctions du système musculaire et squelettique, incluant les articulations et les ligaments, à la suite de traumatismes tels que des accidents de la route, de travail ou sportifs. C'est ce dernier champ d'activité qu'a choisi Éric Côté, qui est associé avec un physiothérapeute dans une clinique privée de Sherbrooke. «On travaille beaucoup en équipe, car bien des techniques exigent la présence de deux intervenants. D'abord, on évalue la condition du patient, à partir du rapport du médecin qui l'envoie et de nos propres observations et questions. Puis on fait quelques tests de force, de souplesse et de motricité générale. Ensuite on applique le traitement approprié.»

Celui-ci commence souvent par des séances d'électrothérapie pour combattre l'inflammation et éliminer les spasmes musculaires : diverses stimulations microélectriques, au laser ou aux ultrasons, sont appliquées pour diminuer la douleur, réduire l'enflure ou promouvoir le renforcement. Puis viennent les manipulations thérapeutiques et les exercices spécifiques d'assouplissement et de renforcement, soit sur lit de mobilisation, soit dans

	Salaire hebdo moyen	Proportion de dipl. en emploi	Emploi relié	Chômage	Nombre de diplômés
2006	558 $	81,0 %	94,7 %	3,8 %	177
2005	576 $	81,4 %	93,8 %	4,0 %	160
2004	539 $	83,5 %	91,4 %	1,1 %	136

Statistiques tirées de la *Relance* - Ministère de l'Éducation, du Loisir et du Sport. Voir données complémentaires, page 369.

Comment interpréter l'information, page 15.

une sorte de gymnase équipé d'appareils comme des bicyclettes stationnaires, des poids et des appareils de résistance à l'effort, des tapis et des ballons d'exercice.

QUALITÉS RECHERCHÉES

«Il faut aimer les gens, non seulement pour communiquer avec eux, mais pour les toucher. C'est un travail où il y a beaucoup de contacts physiques, explique France Rochette, coordonnatrice du programme de techniques de réadaptation physique au Cégep de Sherbrooke. Ça prend beaucoup d'empathie et de maturité pour être thérapeute, ainsi qu'une bonne dextérité manuelle et, surtout, de l'endurance, d'excellentes capacités physiques, car cela exige des efforts soutenus.» «J'ajouterais à cela un bon esprit de synthèse, renchérit Éric. On reçoit des informations de plusieurs sources et il faut être en mesure de les analyser logiquement pour arriver au bon traitement. L'autonomie est aussi un atout quand il s'agit de prendre en charge un patient et de le faire progresser pendant plusieurs semaines. C'est utile aussi pour obtenir l'information; il faut oser demander, fouiller. Et je crois que la mémoire est très importante : je dois constamment avoir en tête tout le système musculaire et squelettique, avec les articulations, les points d'attache, etc.»

«Il faut aimer les gens, non seulement pour communiquer avec eux, mais pour les toucher. C'est un travail où il y a beaucoup de contacts physiques.»

— France Rochette

Photo : Collège François-Xavier-Garneau

DÉFIS ET PERSPECTIVES

«La réadaptation physique est un secteur de formation continue, insiste Mme Rochette. De nouvelles méthodes sont constamment mises au point, les techniques de thérapie et les technologies de traitement évoluent, au même titre que les connaissances, d'ailleurs. Non seulement le thérapeute peut-il poursuivre ses études à l'université, mais l'Ordre des thérapeutes en réadaptation physique du Québec offre également des cours de perfectionnement à ses membres.» Avec le virage ambulatoire pris il y a quelques années et l'importance croissante qu'acquièrent les CLSC et les cliniques privées, la gamme des choix qui s'offrent aux thérapeutes va en s'élargissant. «On est même appelé à faire de la consultation auprès d'entreprises qui veulent réduire les risques d'accidents au travail, conclut Éric. Pour ma part, j'insiste beaucoup sur la prévention dans mes rapports avec les patients. Je leur donne toujours des trucs, des exercices à faire chez eux, des façons de travailler ou de faire du sport pour éviter de se blesser à nouveau.» **09/99**

HORAIRES ET MILIEUX DE TRAVAIL

- Bien que le thérapeute soit souvent à la merci des horaires choisis par le médecin qui l'emploie, les horaires sont assez souples dans les cliniques privées.
- Nombre de cliniques sont ouvertes le soir pour recevoir les gens après leur travail.
- En milieu hospitalier, les jeunes diplômés ont généralement moins d'heures régulières et travaillent souvent sur appel, mais l'horaire quotidien correspond la plupart du temps aux heures de consultation.
- Il en va de même en gériatrie, dans les centres où sont offerts des traitements de réadaptation physique.

Techniques de thanatologie

Les thanatologues ont beau côtoyer la mort sur une base quotidienne, il n'en reste pas moins qu'ils exercent un métier diversifié et stimulant. Entre l'accueil des familles éplorées et l'entretien des installations funéraires, ils ne savent jamais exactement ce que leur réserve leur journée. Portrait d'une profession vivante, peuplée de gens passionnés et enthousiastes.

PROG. 171.AO
PRÉALABLE : 20, VOIR PAGE 16

CHAMPS D'INTÉRÊT

- s'intéresse à l'anatomie et à la physiologie
- aime l'observation et le travail de précision
- aime analyser et comprendre un problème
- aime écouter, expliquer, réconforter
- aime le travail en équipe
- aime la vente (produits et services)

APTITUDES

- habileté pour la médecine
- dextérité et grand sens de l'observation
- sens esthétique
- sens des responsabilités, tact et facilité à communiquer
- résistance émotionnelle et physique

OFFRE DU PROGRAMME PAR RÉGIONS
Montréal

Pour connaître les établissements qui offrent ce programme : www.inforoutefpt.org

RÔLE ET TÂCHES

«En première et deuxième secondaire, je ne savais pas ce que je ferais plus tard, mais lorsque j'ai découvert la thanatologie, je n'ai plus changé d'idée», explique Amélie Chabot, une jeune femme d'une vingtaine d'années qui travaille pour le Groupe d'entreprises funéraires Yves Légaré.

Lorsque survient un décès, le technicien en thanatologie accueille la famille du défunt et la conseille relativement aux dispositions funéraires et au choix de la sépulture. Il transporte la dépouille au salon funéraire et il procède à l'embaumement. Pour ce faire, il vide les cavités du corps et injecte un fluide dans les vaisseaux sanguins afin de favoriser la conservation de la dépouille; il habille, coiffe et maquille le défunt, en restant fidèle le plus possible à son apparence naturelle. Il organise et dirige les rites funéraires.

Au quotidien, Amélie Chabot apprécie l'absence de routine et le fait que son métier requiert une grande polyvalence. «Ça rejoint plusieurs de mes champs d'intérêt, notamment la biologie, l'administration, la chimie et la psychologie, puisqu'on est en relation avec des gens en deuil. Dans une seule journée, je peux préparer une exposition funéraire, faire du classement et même tondre le gazon.»

QUALITÉS RECHERCHÉES

Sens de l'éthique professionnelle et discrétion, sociabilité, empathie, capacité d'écoute, tact et dévouement sont nécessaires pour traiter avec les familles. La préparation des corps demande quant à elle de la patience, de la dextérité

	Salaire hebdo moyen	Proportion de dipl. en emploi	Emploi relié	Chômage	Nombre de diplômés
2006	599 $	92,9 %	91,7 %	7,1 %	17
2005	623 $	100,0 %	100,0 %	0,0 %	12
2004	524 $	88,9 %	93,8 %	0,0 %	24

Statistiques tirées de la *Relance* - Ministère de l'Éducation, du Loisir et du Sport. Voir données complémentaires, page 369.

Comment interpréter l'information, page 15.

manuelle et un sens de l'esthétique. Les aptitudes en gestion sont de rigueur pour prendre en charge l'administration d'une entreprise funéraire.

Il faut aussi avoir un bon équilibre psychologique et être fondamentalement positif. «Je vois tous les jours des gens qui pleurent. Il me serait impossible de les guider si j'étais moi aussi déprimée», dit Amélie Chabot.

Une bonne capacité de détachement est requise, surtout quand on a affaire à des cas de suicide ou de mort d'enfant. «Je dois garder une attitude professionnelle. Je n'ai pas à pleurer avec les gens endeuillés.» Elle apprécie d'ailleurs le fait que son travail en laboratoire lui permette de s'éloigner un moment des familles éplorées. Le thanatologue doit aussi être disponible. «Les maisons funéraires sont ouvertes 365 jours par année, 24 heures par jour. On peut être dérangé au milieu d'un *party* de Noël pour aller chercher une dépouille.»

> Sens de l'éthique professionnelle et discrétion, sociabilité, empathie, capacité d'écoute, tact et dévouement sont nécessaires pour traiter avec les familles. La préparation des corps demande quant à elle de la patience, de la dextérité manuelle et un sens de l'esthétique.

DÉFIS ET PERSPECTIVES

«Les gens nous demandent encore si les corps sont empaillés ou si les organes sont retirés, dit en riant David Émond, coordonnateur en techniques de thanatologie au Collège de Rosemont. Plus sérieusement, ils pensent que c'est un métier très lourd, parce qu'on côtoie constamment la tristesse et le désarroi. Au contraire : il y a beaucoup de solidarité entre collègues et l'atmosphère de travail est familiale.»

M. Émond précise que le stress, dans les maisons de petite envergure, est plus difficile à gérer que le fait de travailler avec des gens endeuillés. Comme on y trouve un nombre réduit d'employés, la charge de travail y est importante.

Photo : Collège de Rosemont

Les diplômés en thanatologie seront de plus en plus recherchés, croit-il. Les entreprises funéraires réalisent la pertinence d'embaucher des employés pleinement qualifiés pour assurer un service de haut niveau, alors que la personnalisation des funérailles est un phénomène en plein essor. «Il faut être capable d'adapter les pratiques religieuses traditionnelles aux besoins des clients», dit-il. Comme le métier de thanatologue est multidimensionnel, le programme *Techniques de thanatologie* ne met pas l'accent uniquement sur l'embaumement, acte réservé légalement aux thanatologues, mais aussi sur la gestion informatique, la mise en marché, l'éthique, la communication. 03/07

HORAIRES ET MILIEUX DE TRAVAIL

• Les techniciens en thanatologie peuvent travailler pour des entreprises funéraires, des crématoriums, des cimetières, des columbariums, ou encore des fournisseurs d'équipement et de matériel spécialisés pour l'industrie funéraire.

• Le diplômé peut être thanatopracteur (embaumeur), conseiller funéraire, directeur de funérailles, directeur ou administrateur d'un funérarium ou préposé à la crémation, au transport ou à l'accueil. Il peut remplir une de ces fonctions ou en cumuler plusieurs selon l'entreprise pour laquelle il travaille.

• Le thanatologue doit être disponible en tout temps.

DEC

Techniques d'hygiène dentaire

Karyn Samson avoue qu'elle n'a pas opté spontanément pour la formation en techniques d'hygiène dentaire. «J'aimais les sciences pures, mais cela manquait de contacts humains. Par ailleurs, je trouvais que le secteur des sciences sociales était trop vaste... De fil en aiguille, je me suis finalement orientée vers ce programme.»

PROG. 111.AO
PRÉALABLES : 30, 40, VOIR PAGE 16

CHAMPS D'INTÉRÊT
- se soucie de la santé et de l'hygiène
- aime se sentir utile aux personnes
- aime transmettre de l'information (éduquer)
- aime le travail d'observation et la manipulation d'instruments

APTITUDES
- facilité à communiquer (écouter, expliquer et convaincre)
- esprit d'équipe et autonomie
- grande dextérité et faculté de concentration
- sens des responsabilités et minutie
- précision et rapidité d'exécution

OFFRE DU PROGRAMME PAR RÉGIONS
Capitale-Nationale, Mauricie, Montérégie, Montréal, Outaouais, Saguenay–Lac-Saint-Jean

Pour connaître les établissements qui offrent ce programme : **www.inforoutefpt.org**

RÔLE ET TÂCHES

Karyn Samson travaille comme hygiéniste dentaire dans un cabinet de dentiste. «Je m'occupe de la stérilisation des instruments, du détartrage et du nettoyage des dents, en plus de faire des radiographies. Dans certaines cliniques, on peut également effectuer des tests de dépistage de maladies bucco-dentaires, comme les maladies de gencives.»

À ces aspects techniques il faut ajouter les rapports humains. «On rencontre environ un patient à l'heure. Il faut lui expliquer ce que l'on va faire et on le réconforte s'il éprouve de la crainte. On doit savoir trouver les mots pour le rassurer.»

Les hygiénistes dentaires ont aussi un rôle extrêmement important à jouer dans la prévention des caries et des maladies bucco-dentaires. «On éduque les patients en matière de santé dentaire et on les envoie au besoin à d'autres spécialistes, les orthodontistes par exemple.»

Depuis deux ans, Karyn Samson donne aussi des cours d'anatomie dans le cadre du DEC en hygiène dentaire offert par le Cégep de l'Outaouais. Un nouveau défi à relever pour celle qui avoue avoir toujours adoré l'école!

QUALITÉS RECHERCHÉES

Dans ce domaine, il faut aimer travailler avec le public et posséder des habiletés en communication. «J'ai vu des élèves très ferrés sur le plan technique, mais qui éprouvaient des difficultés dans les relations avec les

	Salaire hebdo moyen	Proportion de dipl. en emploi	Emploi relié	Chômage	Nombre de diplômés
2006	687 $	94,4 %	100,0 %	0,8 %	177
2005	667 $	93,5 %	96,5 %	1,0 %	151
2004	635 $	94,8 %	95,9 %	0,0 %	157

Statistiques tirées de la *Relance* - Ministère de l'Éducation, du Loisir et du Sport. Voir données complémentaires, page 369.

Comment interpréter l'information, page 15.

patients, souligne Karyn Samson. Or, il faut savoir que les dentistes recherchent généralement des hygiénistes capables d'entretenir une relation durable avec la clientèle.»

Le souci de la santé et de l'hygiène et une excellente dextérité manuelle font aussi partie des qualités nécessaires dans ce métier. En outre, l'hygiéniste dentaire aura tôt fait de développer son sens de l'autonomie puisqu'elle est souvent amenée à s'occuper seule de chacun des clients.

L'esprit d'équipe est toutefois de rigueur puisque l'hygiéniste dentaire œuvre en étroite collaboration avec le dentiste et son assistante.

Les technologies évoluant rapidement, l'hygiéniste aura aussi à cœur de se perfectionner et de garder ses connaissances à jour. L'Ordre des hygiénistes dentaires offre d'ailleurs de la formation continue à ses membres.

> Compte tenu des nombreuses tâches que doivent accomplir les hygiénistes dentaires, un défi important consiste à apprendre à gérer son temps.

DÉFIS ET PERSPECTIVES

Un mythe persistant par rapport à la profession consiste à voir l'hygiéniste dentaire comme une personne qui se borne à nettoyer les dents. C'est pourtant loin d'être le cas.

Selon Renée Poirier, enseignante et coordonnatrice du programme d'hygiène dentaire au Cégep de Trois-Rivières : «Outre les traitements que fournissent les hygiénistes dentaires, elles jouent un rôle important en aidant les dentistes à dépister les maladies bucco-dentaires. Pour cela, elles peuvent, par exemple, faire des prélèvements dans la bouche et réaliser des radiographies.»

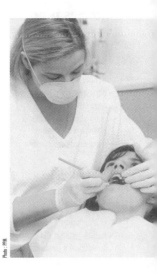

Photo : PPN

Compte tenu des nombreuses tâches que doivent accomplir les hygiénistes dentaires, un défi important consiste aussi à apprendre à gérer son temps, ajoute Renée Poirier. «L'horaire en cabinet privé est parfois très serré. Elles ont une période de temps précise allouée pour chaque patient et doivent parvenir à tout faire durant ce délai.» La clé réside dans une bonne organisation et dans la gestion du stress. 03/07

HORAIRES ET MILIEUX DE TRAVAIL

- La plupart des hygiénistes dentaires travaillent en cabinets dentaires privés.

- On les voit également dans le secteur de la santé publique, principalement dans les CLSC. Dans ce cas, elles peuvent intervenir auprès des individus et des groupes (écoliers, personnes âgées, etc.) pour faire de l'éducation et de la prévention en matière de santé dentaire.

- En cabinet privé, les hygiénistes dentaires travaillent généralement de 30 à 35 heures par semaine, le jour, le soir et parfois la fin de semaine.

- Les hygiénistes dentaires en cabinets privés portent souvent des uniformes et doivent se faire vacciner contre certaines maladies (hépatite B).

Techniques d'inhalothérapie

Spécialistes du système cardiorespiratoire, les inhalothérapeutes travaillent souvent dans des situations d'urgence. La profession idéale pour Marie-Soleil Carroll, une personne dynamique qui aime les poussées d'adrénaline!

PROG. 141.AO
PRÉALABLES : 11, 20, 30, VOIR P. 16

CHAMPS D'INTÉRÊT

- aime la médecine et le travail en milieu hospitalier
- aime se sentir utile et responsable du bien-être des personnes
- aime manipuler des appareils de précision
- aime observer, évaluer et prendre des décisions
- aime assister et coopérer

APTITUDES

- habileté pour les sciences de la santé
- résistance physique et émotionnelle
- facilité à établir des contacts humains et à rassurer les gens
- initiative, jugement et bons réflexes
- aisance avec les appareils de technologie de pointe

OFFRE DU PROGRAMME PAR RÉGIONS
Capitale-Nationale, Estrie, Mauricie, Montréal, Saguenay—Lac-Saint-Jean

Pour connaître les établissements qui offrent ce programme : www.inforoutefpt.org

RÔLE ET TÂCHES

Marie-Soleil Carroll œuvre au département de soins intensifs et à l'urgence du Centre hospitalier universitaire de Sherbrooke. Toujours sur la touche, elle doit réagir promptement si un patient fait un arrêt cardiorespiratoire.

«Dès qu'un cas de traumatisme arrive à l'urgence [une personne ayant subi un accident de voiture, par exemple], je suis immédiatement appelée, explique-t-elle. Je prépare le matériel d'intubation.» Pendant que le médecin insère le tube dans la trachée du patient pour lui permettre de respirer artificiellement, elle vérifie ses signes vitaux et son taux d'oxygène dans le sang.

Aux soins intensifs, elle rencontre les patients intubés qui sont ventilés, c'est-à-dire qui respirent mécaniquement à l'aide d'un respirateur. «Je m'assure qu'ils reçoivent le bon volume d'air selon leur capacité pulmonaire, dit l'inhalothérapeute. Il faut qu'ils respirent normalement comme s'ils n'étaient pas intubés.» Elle ajuste au besoin les paramètres du respirateur (la fréquence respiratoire et le volume d'air enrichi d'oxygène).

Marie-Soleil Carroll effectue également des examens des fonctions respiratoires. Elle rencontre les patients qui ont des rendez-vous à l'hôpital. «Je fais des tests sur des personnes susceptibles d'avoir des maladies pulmonaires, comme de l'asthme.» Elle les fait souffler dans un appareil qui mesure leur capacité à inspirer et expirer. Les résultats permettent au médecin de poser le diagnostic. Outre aux soins intensifs et à l'urgence, les inhalothérapeutes travaillent aussi au bloc opératoire, dans les laboratoires de sommeil et au département de cardiologie.

	Salaire hebdo moyen	Proportion de dipl. en emploi	Emploi relié	Chômage	Nombre de diplômés
2006	689 $	96,6 %	97,8 %	0,0 %	166
2005	639 $	96,8 %	98,8 %	0,0 %	135
2004	583 $	93,7 %	98,3 %	0,0 %	119

Statistiques tirées de la *Relance* - Ministère de l'Éducation, du Loisir et du Sport. Voir données complémentaires, page 369.

Comment interpréter l'information, page 15.

QUALITÉS RECHERCHÉES

La dextérité et la minutie sont les premières qualités recherchées chez les diplômés. «Il faut être très précis quand on travaille, par exemple, en néo-pédiatrie avec des bébés prématurés minuscules, pesant 800 ou 900 grammes, explique Lyne Arsenault, enseignante au Département de techniques d'inhalothérapie au Cégep de Sainte-Foy. Les inhalothérapeutes doivent être très habiles lorsqu'ils leur insèrent un tube dans le nez.»

L'autonomie est également de rigueur. «Au bloc opératoire ou dans les unités de soins intensifs, on travaille seul, dit Mme Arsenault. Il faut donc être organisé et avoir une grande confiance en soi parce que l'on doit souvent prendre des décisions rapidement.»

L'aptitude à s'intégrer à une équipe multidisciplinaire est toutefois nécessaire pour l'inhalothérapeute qui travaille en centre hospitalier. «Même si on est souvent seul avec le patient, on travaille en étroite collaboration avec divers professionnels de la santé, comme les infirmières, les médecins, les pharmaciens», souligne Lyne Arsenault.

La souplesse fait également partie des qualités à posséder. «Dans un hôpital, il y a tout le temps des imprévus», soutient l'enseignante.

Outre aux soins intensifs et à l'urgence, les inhalothérapeutes travaillent aussi au bloc opératoire, dans les laboratoires de sommeil et au département de cardiologie.

Photo : Collège Vanier

DÉFIS ET PERSPECTIVES

Les diplômés doivent avoir la volonté d'apprendre tout au long de leur carrière. «Quand ce n'est pas une nouvelle maladie qui est découverte, c'est une nouvelle technologie ou un nouvel équipement qui est introduit», explique Lyne Arsenault. L'Ordre des inhalothérapeutes du Québec exige d'ailleurs de ses membres qu'ils suivent 30 heures de formation tous les deux ans afin qu'ils se tiennent au courant des changements.

Les diplômés qui souhaitent se perfectionner davantage peuvent entreprendre un certificat en inhalothérapie, offert par l'Université du Québec en Abitibi-Témiscamingue. Ce diplôme ne donne pas accès à des postes supérieurs, mais à une meilleure rémunération.

Accumuler des années d'expérience permet toutefois aux diplômés de gravir les échelons et de devenir coordonnateurs techniques, chefs ou assistants chefs inhalothérapeutes et chargés d'enseignement clinique. 04/07

HORAIRES ET MILIEUX DE TRAVAIL

- Les inhalothérapeutes œuvrent dans les centres hospitaliers, les CLSC, les cliniques d'esthétique privées et les entreprises privées de soins à domicile.

- Dans les centres hospitaliers, les diplômés travaillent généralement quatre jours par semaine. Ils peuvent avoir un horaire de jour, de soir et de nuit. Dans les entreprises privées, les horaires sont plus réguliers.

- Quand ils sont de garde, les inhalothérapeutes peuvent être appelés en tout temps et doivent se rendre sur leur lieu de travail en moins de 30 minutes.

DEC

Techniques d'orthèses et de prothèses orthopédiques

Valérie Ryan a choisi la carrière d'orthésiste-prothésiste après avoir visité un centre de réadaptation. Spécialisée en orthèse plantaire, elle rencontre des patients très différents les uns des autres, du sportif à la personne âgée en passant par le diabétique. «L'orthèse, c'est un peu comme un traitement de médecine alternative qui remplace les médicaments, les injections de cortisone et les anti-inflammatoires», explique-t-elle.

PROG. 144.BO
PRÉALABLE : 0, VOIR PAGE 16

CHAMPS D'INTÉRÊT
• aime la biologie, l'anatomie et la biomécanique
• aime concevoir, fabriquer et entretenir du matériel
• aime résoudre des problèmes
• aime le contact avec les patients

APTITUDES
• précision et dextérité manuelle
• bonne capacité de communication et d'écoute
• patience et empathie
• débrouillardise et créativité

OFFRE DU PROGRAMME PAR RÉGIONS
Capitale-Nationale, Laval

Pour connaître les établissements qui offrent ce programme : www.inforoutefpt.org

RÔLE ET TÂCHES

L'orthésiste-prothésiste conçoit et fabrique de l'appareillage orthopédique, soit des orthèses (appareils conçus pour un membre ayant besoin d'être redressé ou solidifié) ou des prothèses (appareils destinés à remplacer un segment de membre).

Employée par un laboratoire spécialisé en orthèses du pied et du membre inférieur, à Gatineau, Valérie fait uniquement de la clinique, c'est-à-dire qu'elle procède à l'évaluation des patients et conçoit les prothèses. La fabrication est confiée au siège social de l'entreprise, à Québec.

Envoyés par leur médecin, la plupart des patients se présentent avec une ordonnance. Durant l'évaluation, Valérie palpe et examine les pieds, détermine les zones douloureuses, observe l'alignement du corps lorsque la personne est en position stationnaire ou en mouvement. «Les problèmes de genoux, de chevilles, de hanches et de dos sont souvent causés par les pieds, dit-elle. Je vérifie si la personne a des pieds plats ou creux, etc.» Valérie effectue ensuite la prise de mesures et d'empreintes qui serviront à la fabrication de l'appareil. Une fois l'orthèse fabriquée et livrée, l'orthésiste-prothésiste rencontre le patient pour procéder aux ajustements nécessaires et effectue le suivi.

QUALITÉS RECHERCHÉES

«Certains patients traînent un problème, une blessure, depuis très longtemps, souligne Valérie. Ils veulent une solution rapide. Écoute attentive, empathie

	Salaire hebdo moyen	Proportion de dipl. en emploi	Emploi relié	Chômage	Nombre de diplômés
2006	564 $	90,6 %	93,1 %	3,3 %	45
2005	509 $	94,4 %	93,3 %	0,0 %	22
2004	497 $	92,3 %	100,0 %	7,7 %	15

Statistiques tirées de la *Relance* - Ministère de l'Éducation, du Loisir et du Sport. Voir données complémentaires, page 369.

Comment interpréter l'information, page 15.

et patience sont donc de mise. Il faut aussi savoir conseiller et éduquer, par exemple en ce qui concerne l'utilisation de la chaleur, du froid pour traiter la douleur, et les exercices physiques.»

L'orthésiste-prothésiste doit faire preuve d'un bon sens de l'analyse. En effet, chaque cas est différent, et la conception des appareils et les ajustements doivent être mûrement réfléchis. Si le professionnel commet une erreur, il peut créer des problèmes à une autre partie du corps, au dos par exemple.

Par ailleurs, la fabrication d'orthèses et de prothèses exige une bonne dextérité manuelle.

DÉFIS ET PERSPECTIVES

Les nouvelles technologies sont très présentes dans ce secteur, souligne Bernard Boivin, coordonnateur du Département d'orthèses et de prothèses orthopédiques au Collège Montmorency. «Les nouveaux matériaux [plastiques, fibres de carbone, alliages et composites] se multiplient. Ils offrent la possibilité de développer des appareils de plus en plus sophistiqués, par exemple la toute dernière prothèse avec propulsion qui permet de monter aisément les marches d'un escalier.»

La fabrication et la conception assistées par ordinateur métamorphosent le travail de l'orthésiste-prothésiste.

Les nouvelles technologies permettent aussi de mieux analyser les problèmes présentés par le patient, ajoute le coordonnateur. C'est le cas des caméras haute vitesse qui, pendant que le patient est en mouvement, génèrent chaque seconde 250 images du membre à appareiller. «On ne peut obtenir une telle précision à l'œil nu», souligne-t-il.

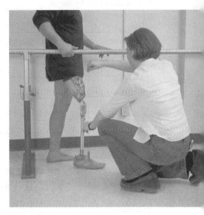

Par ailleurs, la fabrication et la conception assistées par ordinateur métamorphosent le travail de l'orthésiste-prothésiste. «La prise d'empreintes se fait surtout en utilisant du plâtre. Mais avec un ordinateur et un lecteur laser, on peut aujourd'hui faire la lecture du segment d'un membre à appareiller. À partir de ces informations, un robot fabrique l'appareil orthopédique.» 02/05

HORAIRES ET MILIEUX DE TRAVAIL

• Les techniciens peuvent œuvrer dans les centres de réadaptation privés ou publics et les laboratoires privés d'orthèses et de prothèses.

• Pour devenir propriétaire de son propre laboratoire, un diplômé doit d'abord travailler cinq ans comme employé de laboratoire, avant de faire une demande de permis.

• Les diplômés peuvent faire de la clinique ou de la fabrication ou les deux.

• Les horaires sont généralement réguliers, soit de 9 h à 17 h, ou suivent les heures d'ouverture des commerces.

• En fabrication, en période de production intensive, on peut travailler sur appel, le soir et les week-ends. Cela vaut aussi pour les techniciens attachés aux urgences des hôpitaux.

DEC

Techniques d'orthèses visuelles

Toute jeune, Sophie Larivière a dû commencer à porter des lunettes. Ce n'est peut-être donc pas un hasard si elle a suivi la formation *Techniques d'orthèses visuelles* au Collège Édouard-Montpetit. Son diplôme en poche, elle a aussitôt été embauchée par un opticien.

PROG. 160.A0
PRÉALABLES : 11, 30, 40, VOIR P. 16

CHAMPS D'INTÉRÊT
• aime le domaine de la santé
• aime le contact avec le public : service et vente
• aime apprendre et se perfectionner
• aime calculer, mesurer et manipuler des appareils électroniques
• aime faire un travail de précision

APTITUDES
• habileté pour les sciences de la santé
• capacité d'écoute (compréhension des besoins)
• savoir expliquer et convaincre
• dextérité et acuité visuelle
• sens esthétique

OFFRE DU PROGRAMME PAR RÉGIONS
Capitale-Nationale, Montérégie

Pour connaître les établissements qui offrent ce programme : www.inforoutefpt.org

RÔLE ET TÂCHES

Les journées de travail de Sophie Larivière sont loin d'être monotones. Elle prend les commandes des clients, s'occupe de la facturation et de la gestion des stocks, taille les verres et répare les lunettes. Elle procède aussi aux derniers ajustements des montures pour qu'elles s'adaptent parfaitement au visage du client, en modifiant la courbure des branches ou l'angle des coussinets, par exemple.

Si un client souhaite acheter des lentilles de contact, elle mesure la courbure de son œil à l'aide d'un appareil spécialisé, afin de pouvoir lui proposer un produit adapté et qui offre un maximum de confort.

Elle doit également servir la clientèle, ce qui occupe la majeure partie de son temps. «Au fil des années, les lunettes sont devenues un accessoire de mode. Bien des gens s'en servent pour exprimer leur personnalité. Il existe aujourd'hui une variété incroyable de montures. L'opticien doit donc non seulement donner des conseils sur le plan du bien-être visuel, mais aussi sur le plan esthétique.»

QUALITÉS RECHERCHÉES

Au dire de la diplômée, l'entregent constitue une qualité importante. «On accueille les clients, on les écoute attentivement pour bien cerner leurs besoins afin de leur suggérer des montures ou des lentilles de contact appropriées.»

	Salaire hebdo moyen	Proportion de dipl. en emploi	Emploi relié	Chômage	Nombre de diplômés
2006	591 $	90,9 %	100,0 %	0,0 %	52
2005	614 $	95,7 %	100,0 %	0,0 %	66
2004	549 $	91,9 %	100,0 %	0,0 %	56

Statistiques tirées de la *Relance* - Ministère de l'Éducation, du Loisir et du Sport. Voir données complémentaires, page 369.

Comment interprétor l'information, page 15.

Minutie et dextérité sont aussi de rigueur, malgré les technologies de pointe que les opticiens ont à leur disposition. «Nous avons accès à des équipements si sophistiqués qu'ils pourraient quasiment fonctionner tout seuls! Mais rien ne peut remplacer la précision de l'opticien lui-même», souligne-t-elle. En effet, les opticiens doivent toujours se servir des outils plus traditionnels : «Par exemple des pinces, pour travailler sur des zones plus petites de la monture.»

DÉFIS ET PERSPECTIVES

Les nouvelles technologies ont largement influencé le travail des opticiens au cours des dernières années. «Tous les appareils sont aujourd'hui électroniques», soutient Darquise Tardif, responsable du Département de techniques d'orthèses visuelles au Collège François-Xavier-Garneau. À titre d'exemples : le frontofocomètre, qui mesure la puissance des verres de lunettes; le kératomètre, qui calcule la courbure de l'œil; et le pupillomètre, qui évalue la distance entre le milieu du nez et la pupille afin de bien ajuster les verres dans la monture.

De plus, les matériaux utilisés dans la fabrication des montures et des verres ont beaucoup évolué. Les opticiens doivent donc garder leurs connaissances à jour, bien connaître les différentes caractéristiques des produits, afin de pouvoir les expliquer aux clients.

Darquise Tardif remarque également que de plus en plus de manufacturiers de montures et de lentilles embauchent des opticiens à titre de représentants. «Ils sont recherchés parce qu'ils connaissent bien le milieu et les produits, et donc sont mieux à même de conseiller leurs confrères opticiens que ceux qui ne possèdent pas leur formation.»

«Avec le vieillissement de la population, un nombre croissant de personnes auront besoin de lunettes ou de lentilles cornéennes, ajoute Mme Tardif. Face à cette demande accrue, plusieurs diplômés pourraient trouver un intérêt à travailler à leur compte et lancer leur propre lunetterie.» 03/07

> **«Nous avons accès à des équipements si sophistiqués qu'ils pourraient quasiment fonctionner tout seuls! Mais rien ne peut remplacer la précision de l'opticien lui-même.»**
>
> **— Sophie Larivière**

Photo : Collège Édouard-Montpetit

HORAIRES ET MILIEUX DE TRAVAIL

- Les diplômés travaillent dans des lunetteries, dans des cabinets d'optométristes ou d'ophtalmologistes, à leur compte ou encore en tant que représentants pour des fabricants de montures et de lentilles.

- Les opticiens dans les lunetteries travaillent selon les heures d'ouverture des commerces de détail.

- L'emploi du temps des opticiens qui agissent à titre de représentants est souvent tributaire de l'horaire de leur clientèle, composée en grande partie de lunetteries.

- Dans les cliniques spécialisées en soins de la vue, les opticiens ont généralement des horaires normaux de bureau.

Technologie d'analyses biomédicales

Catherine Drolet, technologue en analyses biomédicales à l'Hôpital Sainte-Justine, a un parcours pour le moins original. Après avoir fait trois années d'études en commercialisation de la mode, elle réalise qu'une carrière dans ce domaine ne la comblera pas. Elle se tourne alors vers le cours de technologie en analyses biomédicales offert au Cégep de Shawinigan.

PROG. 140.B0
PRÉALABLES : 12, 30, 40, VOIR P. 16

CHAMPS D'INTÉRÊT

- s'intéresse à la santé et au bien-être des personnes
- aime les sciences et la recherche
- aime travailler dans un laboratoire
- aime observer, analyser, chercher, calculer
- aime manipuler des appareils de précision

APTITUDES

- facilité pour les sciences (chimie, biologie, physique, math)
- grandes capacités de concentration et d'analyse
- forte curiosité, rigueur et méthode
- sens aigu des responsabilités
- dextérité et acuité visuelle

OFFRE DU PROGRAMME PAR RÉGIONS
Bas-Saint-Laurent, Capitale-Nationale, Estrie, Laurentides, Mauricie, Montérégie, Montréal, Saguenay–Lac-Saint-Jean

Pour connaître les établissements qui offrent ce programme : www.inforoutefpt.org

RÔLE ET TÂCHES

Le technologue en analyses biomédicales joue un rôle central dans l'établissement d'un diagnostic. Les analyses qu'il effectue, demandées par le médecin, et l'interprétation qu'il fait des résultats obtenus orienteront la thérapie du patient.

En laboratoire, Catherine Drolet peut être appelée à analyser le sang d'un patient, à identifier des infections ou encore à étudier des échantillons de tissus. Elle peut, par exemple, effectuer des tests pour mesurer le taux de sucre ou de cholestérol dans le sang ou encore examiner un tissu pour déterminer s'il s'agit d'une tumeur cancéreuse ou non.

Au quotidien, elle est donc affectée à différentes tâches. «Ce que je préfère, c'est travailler à la banque de sang de l'hôpital. J'analyse le sang du patient et je m'assure que le bon produit sanguin [sang, plasma, etc.] lui soit attribué, explique-t-elle. Quand un malade saigne abondamment, je dois faire vite pour sélectionner les produits appropriés à administrer. Il en va de la vie d'une personne!»

QUALITÉS RECHERCHÉES

«C'est un métier où il faut pouvoir se concentrer sur une seule chose à la fois tout en faisant plusieurs choses en même temps», souligne Catherine Drolet. En effet, même si les demandes d'analyses affluent de toutes parts, il faut mener à bien chacune d'entre elles.

	Salaire hebdo moyen	Proportion de dipl. en emploi	Emploi relié	Chômage	Nombre de diplômés
2006	633 $	90,1 %	95,2 %	0,8 %	201
2005	638 $	93,0 %	98,1 %	0,7 %	222
2004	597 $	93,7 %	87,7 %	2,0 %	221

Statistiques tirées de la *Relance* - Ministère de l'Éducation, du Loisir et du Sport. Voir données complémentaires, page 369.

Comment interpréter l'information, page 15.

Minutie et souci du détail hors pair sont également de rigueur, car la moindre erreur peut avoir des conséquences catastrophiques pour la santé d'un patient.

Le travail de technologue en analyses biomédicales se fait en équipe. Catherine Drolet côtoie ainsi une trentaine de collègues chaque jour, sans compter les médecins et infirmières avec qui elle est en contact quotidiennement. Elle doit donc être capable de communiquer efficacement avec eux.

DÉFIS ET PERSPECTIVES

«C'est un métier où il faut s'attendre à travailler fort. Dans un laboratoire, on ne chôme pas, explique Nancy Bergeron, professeure au Cégep de Sainte-Foy. Mais malgré la pression, l'exactitude et la précision des analyses sont essentielles.»

> C'est un métier où il faut pouvoir se concentrer sur une seule chose à la fois tout en faisant plusieurs choses en même temps. En effet, même si les demandes d'analyses affluent de toutes parts, il faut mener à bien chacune d'entre elles.

Contrairement à d'autres membres de l'équipe médicale, le technologue n'a pas de contact direct avec le patient. Il ne côtoie pas de malade, mais analyse des échantillons. Malgré tout, il est important qu'il garde en tête le côté humain que revêt sa tâche. En effet, le travail qu'il accomplit détermine le traitement qui sera administré à un individu, avec toutes les répercussions, bonnes ou mauvaises, que cela peut avoir sur sa santé.

Photo : Hôpital Saint-Luc

Un mythe bien ancré est celui que des séries télévisées telles que *Les Experts* (*CSI*, en anglais) reflètent la réalité. C'est pourtant loin d'être le cas, et plusieurs jeunes s'inscrivent à ce programme en pensant reproduire les exploits des acteurs, lesquels résolvent un crime sordide en quelques minutes, grâce à des analyses en laboratoire... Beaucoup sont déçus lorsqu'ils réalisent que cela ne correspond pas à la réalité et que les emplois dans le domaine médico-légal sont plutôt rares.

Après avoir pratiqué pendant quelques années, le technologue en milieu hospitalier peut aspirer à un poste d'assistant chef. La restructuration et le regroupement des grands centres hospitaliers multiplient les possibilités d'avancement. 03/07

HORAIRES ET MILIEUX DE TRAVAIL

- Les diplômés travaillent en milieu hospitalier, dans les CLSC, les laboratoires de recherche des universités et de différents ministères.
- On les trouve aussi au service de certaines industries (pharmaceutique, cosmétique, laitière et alimentaire), des cliniques vétérinaires, des laboratoires spécialisés en environnement et en biotechnologies.

- Beaucoup de laboratoires sont ouverts 7 jours sur 7, 24 heures sur 24. Les horaires de travail peuvent donc être de jour, de soir, de nuit et de fin de semaine.

Technologie de médecine nucléaire

Le mot «nucléaire» fait parfois peur, non seulement au grand public mais aussi aux membres de la communauté médicale. Pourtant, le technologue en médecine nucléaire est un maillon essentiel dans la chaîne qui mène au diagnostic et au traitement efficace d'un problème de santé. Voici un métier idéal pour ceux dont la passion pour la technologie n'a d'égal que leur désir d'aider leur prochain.

PROG. 142.BO
PRÉALABLES : 12, 30, VOIR PAGE 16

CHAMPS D'INTÉRÊT
- aime apprendre et se perfectionner
- aime le domaine médical et les sciences en général
- aime la technologie
- aime faire un travail précis et minutieux
- aime être utile aux personnes et assumer des responsabilités

APTITUDES
- facilité pour les sciences (math, chimie, physique et biologie) et bonne dextérité
- grande capacité d'apprentissage et d'adaptation
- grande faculté de concentration
- prudence, minutie et sens des responsabilités
- facilité à établir des contacts humains

OFFRE DU PROGRAMME PAR RÉGIONS
Montréal

Pour connaître les établissements qui offrent ce programme : www.inforoutefpt.org

RÔLE ET TÂCHES

«Mon cheminement a été long, explique Sébastien Poirier, technologue en médecine nucléaire à l'Hôpital général juif de Montréal. J'avais fait un cours en infographie, ce qui m'avait donné une bonne base en imagerie visuelle, mais j'avais besoin d'un contact humain. Je cherchais un métier qui offrait un juste milieu entre l'utilisation d'une technologie avancée et la possibilité d'aider les gens.»

Sébastien Poirier est aujourd'hui comblé. Comme technologue en médecine nucléaire, il effectue des examens diagnostiques avec des substances radioactives pour permettre de déceler des problèmes de santé, par exemple la présence d'une tumeur au sein.

«Je commence par effectuer un contrôle de qualité des appareils afin de m'assurer de l'uniformité des résultats, dit-il. Ensuite, je dois expliquer l'examen au patient et je le rassure quant au fait qu'il n'y aura pas d'effets secondaires.» Le technologue prépare et dose le produit radiopharmaceutique qu'il administre par la suite au patient par voie intraveineuse ou orale. Le choix et le dosage du produit se font, entre autres, en fonction de l'organe ou du système ciblé et de la condition du patient.

Les rayonnements émis par le produit injecté sont captés par une caméra à scintillation, ce qui donne des images en deux ou trois dimensions. Le technologue analyse ces images par ordinateur. Elles sont ensuite lues par le médecin nucléiste qui pourra ainsi poser un diagnostic.

	Salaire hebdo moyen	Proportion de dipl. en emploi	Emploi relié	Chômage	Nombre de diplômés
2006	639 $	95,2 %	100,0 %	0,0 %	26
2005	643 $	100,0 %	100,0 %	0,0 %	18
2004	604 $	100,0 %	100,0 %	0,0 %	16

Statistiques tirées de la *Relance* - Ministère de l'Éducation, du Loisir et du Sport. Voir données complémentaires, page 369.

Comment interpréter l'information, page 15.

QUALITÉS RECHERCHÉES

Le technologue en médecine nucléaire doit démontrer de l'aisance dans ses relations avec les gens. Comme les patients sont anxieux, il doit être capable de les mettre en confiance, de les amener à se détendre.

L'empathie est nécessaire au technologue, mais aussi un bon équilibre psychologique pour qu'il ne soit pas affecté par la détresse de ses patients. Il doit avoir le souci du détail et de la précision, puisque la qualité de l'examen en dépend, une bonne capacité d'adaptation pour ajuster sa pratique à chaque cas, et un goût marqué pour l'informatique.

La profession demande également beaucoup de vigilance et une capacité à réagir rapidement, par exemple dans le cas où un patient aurait une réaction allergique. Le technologue doit avoir confiance en lui-même et être capable de travailler de manière autonome, sans être supervisé par le médecin.

DÉFIS ET PERSPECTIVES

«C'est un domaine où il se fait beaucoup de recherche et de développement», explique Chantal Asselin, la responsable de la coordination du programme de technologie de médecine nucléaire au Collège Ahuntsic, le seul établissement collégial à offrir cette formation. Cette évolution rapide rend la profession stimulante pour les gens assoiffés de nouvelles technologies, soucieux de découvrir les nouveautés utiles dans leur pratique.

Mais l'un des grands défis est de démythifier l'utilisation du nucléaire aux fins de la médecine, estime Mme Asselin. «Quand les gens entendent le mot "nucléaire", ils pensent à Tchernobyl, dit-elle. Dans les faits, il n'y a aucun danger pour le patient et son entourage, ni pour le technicien qui possède l'équipement nécessaire pour se protéger.»

Chantal Asselin souligne aussi que le travail est intéressant, du fait que les cas sont variés. «Nos technologues voient de tout, du petit doigt souffrant d'inflammation aux cas de cancer.» 03/07

> «Quand les gens entendent le mot "nucléaire", ils pensent à Tchernobyl. Dans les faits, il n'y a aucun danger pour le patient et son entourage, ni pour le technicien qui possède l'équipement nécessaire pour se protéger.»
>
> — Chantal Asselin

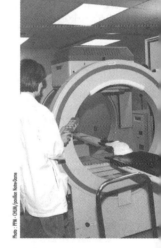

Photo : PPN - CHUM / pavillon Notre-Dame

HORAIRES ET MILIEUX DE TRAVAIL

- Le technologue en médecine nucléaire pratique surtout en milieu hospitalier.

- Des postes peuvent aussi être disponibles dans les compagnies de produits radiopharmaceutiques (représentation, vente, contrôle de la qualité), dans les compagnies d'appareillage de médecine nucléaire (représentation) ou dans le domaine de la radioprotection.

- Le technologue travaille généralement de jour, mais il peut aussi être de garde les fins de semaine ou travailler de soir.

- Le diplôme est reconnu dans plusieurs pays.

DEC

Technologie de radiodiagnostic

Fascinée par l'anatomie humaine, Karine Bellavance a opté pour un DEC en technologie de radiodiagnostic. Son diplôme en poche, elle a aussitôt décroché un emploi au Centre hospitalier universitaire de Sherbrooke, où elle avait réalisé son stage.

PROG. 142.AO
PRÉALABLES : 11, 20, VOIR P. 16

CHAMPS D'INTÉRÊT

- aime se sentir utile et responsable
- aime chercher et détecter la source d'un problème (diagnostic)
- aime observer et analyser des données et des images
- aime communiquer : écouter, expliquer, encourager
- aime calculer et utiliser des appareils sophistiqués

APTITUDES

- précision, minutie et dextérité
- sens des responsabilités très développé
- habileté à communiquer
- habileté pour les sciences (chimie, physique, anatomie)
- excellent sens de l'observation et de l'analyse

OFFRE DU PROGRAMME PAR RÉGIONS
Bas-Saint-Laurent, Capitale-Nationale, Montréal

Pour connaître les établissements qui offrent ce programme : **www.inforoutefpt.org**

RÔLE ET TÂCHES

«Les technologues en radiodiagnostic doivent réaliser des images du corps humain qui aident le médecin radiologiste à poser un diagnostic. Ils font des radiographies traditionnelles des os et des poumons en utilisant les rayons X. Mais ils doivent aussi maîtriser plusieurs autres techniques comme la scopie, l'échographie, l'imagerie par résonance magnétique et le scanner», explique Danielle Boué, responsable du programme en technologie de radiodiagnostic du Cégep de Sainte-Foy.

La scopie sert à produire une image en mouvement, une sorte de radiographie. On l'utilise notamment dans le cas de blocage dans l'œsophage. Le patient boit un liquide qui se colore au moment de la radiographie. On peut ainsi voir ce qui obstrue le tube digestif. L'échographie est pratiquée pour réaliser des images du bébé dans le ventre de sa mère, mais aussi pour voir le muscle cardiaque, les artères et les veines. La résonance magnétique est employée pour les structures qui entourent l'os, comme les ligaments ou les tendons. Enfin, le scanner produit des images très précises du corps tout entier. Il permet de diagnostiquer un cancer, par exemple.

Lorsqu'il arrive sur les lieux de travail, le technologue en radiodiagnostic est assigné à une salle. «Je peux être affectée à la résonance magnétique et le lendemain à l'échographie. Tout au long de la journée, je reçois aussi bien les patients de la salle d'attente, que ceux de l'urgence, du bloc opératoire et les hospitalisés», explique Karine Bellavance. Le technologue doit donc savoir gérer ses priorités en fonction de l'urgence des cas.

	Salaire hebdo moyen	Proportion de dipl. en emploi	Emploi relié	Chômage	Nombre de diplômés
2006	640 $	98,9 %	98,9 %	0,0 %	126
2005	626 $	100,0 %	100,0 %	0,0 %	115
2004	604 $	95,2 %	100,0 %	1,3 %	111

Statistiques tirées de la *Relance* - Ministère de l'Éducation, du Loisir et du Sport. Voir données complémentaires, page 369.

Comment interpréter l'information, page 15.

QUALITÉS RECHERCHÉES

Selon Karine Bellavance, un bon technologue en radiodiagnostic doit avoir de l'empathie. «Certains patients souffrent, d'autres ont peur. Il faut prendre le temps de les rassurer et de les mettre en confiance.» La capacité d'adaptation est également indispensable. «Une personne incapable de gérer l'imprévu ou qui veut connaître l'heure exacte de sa pause n'est pas faite pour ce métier. Il est possible que l'on n'ait pas le temps de s'arrêter parce qu'on vient de recevoir un accidenté de la route grièvement blessé», illustre-t-elle.

La minutie est aussi une qualité essentielle, parce que de la précision de la radiographie dépend le diagnostic du médecin. «J'ai déjà reçu un patient qui avait le bras presque arraché. Malgré cela, j'ai dû trouver une façon de positionner son membre pour pouvoir réaliser une image de qualité», explique la diplômée.

> **«Il y a toujours de nouvelles techniques d'examen à apprendre. Tout au long de sa carrière, le technologue devra se perfectionner.»**
>
> **— Danielle Boué**

DÉFIS ET PERSPECTIVES

L'un des grands défis des technologues réside dans la gestion du stress. «Nous sommes toujours en situation d'urgence. Le médecin radiologiste a besoin de recevoir des images rapidement. Au même moment, trois patients attendent sur des civières dans le corridor et on nous appelle en salle d'operation... Malgré la pression, il faut continuer à faire son travail correctement», affirme Danielle Boué.

Photo : Cégep de Rimouski

De plus, chaque cas est unique, et il faut parfois déployer des trésors de débrouillardise pour trouver des façons de procéder malgré les complications. «L'examen d'un coude est différent selon qu'on le fait à un enfant qui ne veut pas qu'on le touche parce qu'il souffre, ou à une personne âgée qui a de la difficulté à se mouvoir», souligne Mme Boué.

La profession est d'ailleurs en constante évolution. «Il y a toujours de nouvelles techniques d'examen à apprendre. Tout au long de sa carrière, le technologue devra se perfectionner», soutient Mme Boué.

Les possibilités d'avancement sont nombreuses. Un technologue en radiodiagnostic peut devenir, avec de l'expérience, coordonnateur technique, chef de service, enseignant ou représentant d'une compagnie qui vend de l'équipement de radiologie. 03/07

HORAIRES ET MILIEUX DE TRAVAIL

• Dans les hôpitaux, le département des technologues en radiodiagnostic est ouvert 365 jours par année, 24 heures par jour. On travaille donc aussi bien le jour, le soir, la nuit que les fins de semaine.

• Les technologues peuvent œuvrer dans des cliniques privées.

• Bien que les cliniques privées ne soient pas ouvertes la nuit, elles peuvent toutefois l'être la fin de semaine et le soir.

DEC

Technologie de radio-oncologie

Le technologue en radio-oncologie côtoie quotidiennement des personnes atteintes de cancer. Malgré l'ampleur de sa tâche, il retire une grande satisfaction à leur offrir un traitement qui, au bout du compte, pourra dans certains cas les guérir, et dans d'autres, améliorer la qualité de la vie qui leur reste.

PROG. 142.C0
PRÉALABLES : 12, 20, VOIR P. 16

CHAMPS D'INTÉRÊT

- aime se sentir utile et responsable
- aime chercher et détecter la source d'un problème
- aime observer et analyser des données et des images
- aime écouter, parler, expliquer et réconforter les personnes
- aime calculer et utiliser des appareils sophistiqués

APTITUDES

- précision, minutie et dextérité
- sens des responsabilités très développé
- habileté à communiquer
- habileté pour les sciences (chimie, physique, anatomie)
- excellent sens de l'observation et de l'analyse

OFFRE DU PROGRAMME PAR RÉGIONS
Capitale-Nationale, Montréal

Pour connaître les établissements qui offrent ce programme : www.inforoutefpt.org

RÔLE ET TÂCHES

Infirmier dans son pays d'origine, l'Algérie, Tahar Maarouf se tourne vers la formation en technologie de radio-oncologie lorsqu'il arrive au Québec. «J'ai choisi cette spécialité parce que j'avais déjà de bonnes connaissances dans le domaine de la santé», explique-t-il.

Au travail, le technologue commence généralement par planifier l'horaire de la journée. Il prépare ensuite la salle de traitement, il accueille les patients et leur explique ce qu'il va faire. «Je peux recevoir une trentaine de patients par jour, aussi bien des jeunes enfants, des adultes que des personnes âgées», explique Tahar Maarouf.

Le traitement peut alors commencer. Le technicien effectue d'abord le calcul des doses appropriées de radiations conformément au plan de thérapie prévu par le médecin traitant. Ensuite, il administre la dose de radiations nécessaire pour détruire les cellules cancéreuses. Il effectue un suivi rigoureux auprès de chaque patient durant et après le traitement : il surveille leurs réactions physiques et psychologiques et rédige des notes d'observation dans les dossiers médicaux.

C'est également à lui qu'incombe la responsabilité de tester quotidiennement les appareils de traitement pour s'assurer qu'ils fonctionnent bien.

QUALITÉS RECHERCHÉES

Le technologue en radio-oncologie côtoie chaque jour des personnes qui luttent pour leur vie. «Les patients sont vulnérables et il faut qu'ils aient

	Salaire hebdo moyen	Proportion de dipl. en emploi	Emploi relié	Chômage	Nombre de diplômés
2006	697 $	100,0 %	100,0 %	0,0 %	39
2005	632 $	96,3 %	100,0 %	0,0 %	38
2004	627 $	91,2 %	96,7 %	0,0 %	53

Statistiques tirées de la *Relance* - Ministère de l'Éducation, du Loisir et du Sport. Voir données complémentaires, page 369.

Comment interpréter l'information, page 15.

confiance en leur technologue, soutient Tahar Maarouf. Notre attitude envers eux est aussi importante que le traitement lui-même, il faut savoir se montrer rassurant.»

L'aptitude à communiquer est essentielle, de même que la capacité à faire preuve d'empathie, tout en étant capable de garder ses distances face aux malades. «Il ne faut pas être trop émotif ni se montrer trop froid. On doit trouver le juste milieu en se concentrant sur les soins à prodiguer.»

«Ce métier concilie le côté humain et le côté technique, souligne le technologue. J'aime aussi le contact quotidien avec les patients. Quand on les traite pendant plusieurs semaines, on développe une relation avec eux. Je trouve ça très gratifiant de pouvoir leur donner un peu d'espoir. Quand l'un d'entre eux me dit "Merci", cela ensoleille ma journée», relate-t-il.

L'esprit curieux et la volonté de garder ses connaissances à jour font également partie des qualités du technologue, car c'est un domaine où les technologies évoluent constamment. L'arrivée de l'imagerie médicale et de nouveaux appareils demande une bonne capacité d'adaptation.

> Le technologue en radio-oncologie évolue au sein d'une équipe médicale multidisciplinaire où l'esprit d'équipe et la communication sont primordiaux pour assurer des soins de qualité aux patients.

DÉFIS ET PERSPECTIVES

«Les technologues en radio-oncologie travaillent avec les radiations sans être en contact avec elles puisqu'ils commandent les appareils de l'extérieur des salles de traitement, explique Mathieu Bergeron, enseignant au Cégep de Sainte-Foy. Néanmoins, par mesure préventive, nous portons tous un dosimètre qui mesure la quantité de radiations qui pourraient être reçues accidentellement.»

Le technologue en radio-oncologie évolue au sein d'une équipe médicale multidisciplinaire où l'esprit d'équipe et la communication sont primordiaux pour assurer des soins de qualité aux patients.

Son diplôme en poche, le technologue peut suivre différentes spécialisations : la planification des traitements, la curiethérapie (insertion de minuscules sources radioactives sur le site de tumeurs), la fabrication d'accessoires (fabrication de moulages personnalisés pour qu'une partie du corps garde la même position à chacun des traitements ou fabrication d'accessoires pour protéger les parties saines de la radiation). 04/07

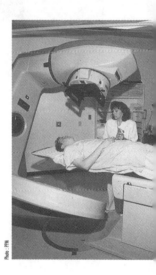

Photo : PPN

HORAIRES ET MILIEUX DE TRAVAIL

• Les technologues œuvrent dans les départements de radio-oncologie des centres hospitaliers généraux ou spécialisés.

• Les technologues travaillent essentiellement le jour, généralement de 8 h à 16 h, du lundi au vendredi. Les quarts de soir, de nuit ou de fin de semaine sont rares, voire inexistants.

SERVICES SOCIAUX, ÉDUCATIFS ET JURIDIQUES

CHAMPS D'INTÉRÊT

- aime se sentir utile et responsable
- aime faire un travail diversifié
- aime communiquer et travailler en équipe
- aime les relations humaines
- s'intéresse aux phénomènes et à l'actualité à caractère social

APTITUDES

- grande facilité à communiquer et à coopérer
- sens du devoir et des responsabilités
- ouverture d'esprit, faculté d'adaptation
- sens de l'observation et de l'analyse

Les centres de la petite enfance sont très nombreux dans les agglomérations urbaines du Québec. La concurrence est donc vive entre les recruteurs, qui cherchent tous à embaucher du personnel qualifié. Les longs congés de maternité des éducatrices viennent aussi compliquer le recrutement, car ils créent de nombreux postes temporaires d'une durée de près de deux ans.

Source :
Les carrières d'avenir 2007,
Les Éditions Jobboom.

RESSOURCES INTERNET

MINISTÈRE DE L'ÉDUCATION, DU LOISIR ET DU SPORT DU QUÉBEC – SECTEURS DE FORMATION
www.meq.gouv.qc.ca/ ens-sup/ens-coll/program/ progetab.asp?vToken=s200
Vous trouverez sur cette page une description des programmes de ce secteur de formation, comprenant, pour chacun, les exigences d'admission, les objectifs de formation et une liste d'établissements d'enseignement.

CENTRE INTERNATIONAL POUR LA PRÉVENTION DE LA CRIMINALITÉ
www.crime-prevention-intl.org
Ce site pourra intéresser ceux qui se destinent aux techniques d'intervention en délinquance, d'éducation spécialisée ou de travail social. On y trouve entre autres des renseignements sur la prévention du crime.

COMITÉ SECTORIEL DE MAIN-D'ŒUVRE DE L'ÉCONOMIE SOCIALE ET DE L'ACTION COMMUNAUTAIRE
www.csmoesac.qc.ca/qui/ mission.html
Un site qui permet d'explorer le domaine, souvent mal connu, de l'économie sociale. On y trouve notamment de l'information sur les besoins de main-d'œuvre du secteur.

Techniques d'éducation à l'enfance

David Proteau travaille comme éducateur en services de garde à l'École de la Clairière à Boisbriand. Chaque jour, il doit préparer et organiser différentes activités pour les enfants, entre leurs périodes de classe.

PROG. 322.A0
PRÉALABLE : 0, VOIR PAGE 16

CHAMPS D'INTÉRÊT

- aime les enfants et le jeu
- aime captiver l'attention, animer et enseigner
- aime imaginer et planifier des activités et des jeux
- aime se sentir utile et assumer des responsabilités

APTITUDES

- dynamisme, humour, autonomie et leadership
- ouverture d'esprit et empathie envers les enfants
- grande facilité à communiquer verbalement
- polyvalence, sens de l'organisation et créativité
- sens des responsabilités et patience
- résistance physique et émotionnelle

OFFRE DU PROGRAMME PAR RÉGIONS
Abitibi-Témiscamingue, Bas-Saint-Laurent, Capitale-Nationale, Chaudière-Appalaches, Côte-Nord, Estrie, Gaspésie—Îles-de-la-Madeleine, Lanaudière, Laurentides, Laval, Mauricie, Montérégie, Montréal, Outaouais, Saguenay—Lac-Saint-Jean

Pour connaître les établissements qui offrent ce programme : **www.inforoutefpt.org**

RÔLE ET TÂCHES

Pour ce diplômé du Cégep de Sherbrooke, le choix du programme en techniques d'éducation à l'enfance a été une bonne décision. «Le programme est vraiment complet et les notions apprises lors de ma formation me sont utiles tous les jours», explique-t-il.

L'éducateur intervient auprès d'enfants âgés de 12 ans et moins. Son rôle consiste à organiser, à planifier et à animer des activités sportives, culturelles et artistiques. «Je dois encadrer les enfants et les aider à régler les conflits entre eux. Je suis aussi un confident pour certains. Je dois donc non seulement être créatif dans l'organisation des activités, mais également dans la façon dont j'aborde l'enfant pour discuter d'un problème», souligne David.

Il arrive à l'école à 6 h 45 le matin et quitte généralement autour de 18 h. Il travaille avec les enfants avant les classes, le midi ainsi que durant les journées pédagogiques pour les jeunes qui y sont inscrits.

David profite des périodes où les enfants sont en classe pour préparer des jeux, des activités de bricolage ou d'arts plastiques, des ateliers scientifiques ainsi que des activités à caractère plus culturel comme l'art dramatique, les chansons, etc.

Dans l'exercice de ses fonctions, l'éducateur peut également être appelé à déceler certains problèmes chez les enfants dont il est responsable. Il signalera les conclusions de ses observations aux parents de l'enfant concerné et enverra celui-ci à un spécialiste ou à un psychoéducateur qui pourra élaborer un plan d'intervention approprié.

	Salaire hebdo moyen	Proportion de dipl. en emploi	Emploi relié	Chômage	Nombre de diplômés
2006	474 $	80,4 %	95,9 %	2,7 %	832
2005	477 $	82,7 %	96,0 %	2,0 %	835
2004	480 $	83,5 %	96,7 %	1,3 %	744

Statistiques tirées de la *Relance* - Ministère de l'Éducation, du Loisir et du Sport. Voir données complémentaires, page 369.

Comment interpréter l'information, page 15.

QUALITÉS RECHERCHÉES

Chargé de la planification des activités pour les enfants, David doit être créatif et imaginatif. Il estime que la polyvalence et la facilité d'adaptation sont aussi des qualités à posséder. L'éducateur doit être en mesure de travailler en équipe, être à l'écoute des enfants et faire preuve d'autonomie. Appelé à côtoyer des gens de différents groupes d'âges, des enfants aux parents en passant par les autres membres du personnel, l'éducateur doit avoir une facilité à communiquer avec tout ce beau monde. Enfin, une bonne santé psychologique et physique ainsi qu'une certaine maturité affective s'ajoutent aux caractéristiques recherchées pour la profession.

David s'implique activement à l'école où il travaille. Ça lui a permis de devenir au fil des mois une personne-ressource importante. «Je fais maintenant partie de la vie étudiante et l'on me donne plus de responsabilités. Par exemple, l'année prochaine, je serai en charge de l'inscription des enfants à la maternelle, indique-t-il. J'en fais plus que ce qui est exigé, mais ça m'est bénéfique, car mon salaire est ajusté en conséquence.»

L'éducateur doit être en mesure de travailler en équipe, être à l'écoute des enfants et faire preuve d'autonomie.

DÉFIS ET PERSPECTIVES

Durant leurs premières années sur le marché du travail, les diplômés sont généralement confrontés à la précarité. «Ils multiplient les remplacements avant d'obtenir un poste à temps plein», résume Élise Tétrault, coordonnatrice du programme en techniques d'éducation à l'enfance du Cégep de Sherbrooke.

Par ailleurs, les techniciens se heurtent très souvent au préjugé selon lequel on n'a pas besoin de diplôme pour garder les tout-petits... «Quand on passe 50 heures par semaine avec un enfant, on ne le surveille plus, on l'éduque!» rétorque Mme Tétrault, pour qui la connaissance du développement chez l'enfant est essentielle à tout accompagnement.

Les diplômés disposent d'un véritable coffre à outils pour favoriser l'éveil des tout-petits : ils peuvent offrir des activités basées sur la musique, les arts plastiques et les sciences, tout en s'appuyant sur leurs connaissances en psychomotricité. 03/01 (mise à jour 03/07)

HORAIRES ET MILIEUX DE TRAVAIL

- Les employeurs de ces diplômés sont les centres de la petite enfance, les services de garde en milieu scolaire et les jardins d'enfants.
- Les diplômés peuvent aussi travailler à titre de conseillers pédagogiques auprès des centres de la petite enfance ou en milieu familial.
- L'horaire est régulier.

- Les techniciens travaillent le jour, sur des périodes s'étalant de 8 à 10 heures.
- Ceux qui travaillent en milieu scolaire ont un horaire entrecoupé de périodes d'arrêt. Ainsi, ils peuvent travailler en début de journée, pendant l'heure du dîner et à la fin des classes, mais être libres lors des périodes de classe.

Techniques d'éducation spécialisée

«J'adore ça!» C'est la première chose qui vient à l'esprit de Dominique Decelles lorsqu'elle parle de son travail. La jeune femme est éducatrice au centre de jour de l'Hôtel-Dieu à Saint-Jérôme. Elle remplace une employée en congé de maternité. «Ça répond à mes goûts, ajoute-t-elle. J'aime aider les gens et j'ai toujours voulu travailler avec des enfants.»

PROG. 351.A0
PRÉALABLE : 0, VOIR PAGE 16

CHAMPS D'INTÉRÊT

- aime la psychologie et l'enseignement
- aime comprendre et aider les personnes en difficulté
- aime animer, imaginer et organiser des activités
- aime assumer des responsabilités et coopérer

APTITUDES

- grande faculté d'adaptation et grande ouverture d'esprit
- forte habileté à la communication verbale
- grande capacité d'écoute et d'empathie
- sens des responsabilités (à l'égard des personnes)
- dynamisme et leadership
- autonomie, sens de l'organisation et créativité

OFFRE DU PROGRAMME PAR RÉGIONS
Abitibi-Témiscamingue, Bas-Saint-Laurent, Capitale-Nationale, Centre-du-Québec, Chaudière-Appalaches, Côte-Nord, Estrie, Gaspésie–Îles-de-la-Madeleine, Lanaudière, Laurentides, Mauricie, Montérégie, Montréal, Outaouais, Saguenay–Lac-Saint-Jean

Pour connaître les établissements qui offrent ce programme : **www.inforoutefpt.org**

RÔLE ET TÂCHES

Dominique travaille en psychiatrie infantile auprès d'enfants âgés de quatre à sept ans. Ces enfants souffrent de troubles affectifs et sociaux rendant difficile leur intégration à la société. «Mon rôle est de leur donner des outils pour les aider à fonctionner dans la société, dit-elle. Je suis en quelque sorte un lien entre eux et le monde extérieur», explique la jeune diplômée du Cégep de Saint-Jérôme.

Les journées de travail de Dominique débutent autour de 8 h, avec l'arrivée des enfants, et se terminent vers 16 h. La journée est divisée en périodes de classe et en périodes de vie de groupe auxquelles doivent obligatoirement assister les enfants. Dominique est chargée de planifier, d'animer et d'élaborer différentes activités comme le bricolage, les jeux de société, la lecture de contes, les jeux en gymnase, etc. Elle travaille de concert avec des infirmières, des psychoéducateurs, des éducateurs et des enseignants.

Les enfants partis, Dominique discute de la journée avec les autres membres du personnel afin d'apporter, au besoin, certains ajustements aux plans d'intervention préparés par un psychoéducateur. «Il ne s'agit pas de regarder passivement les enfants à longueur de journée, explique-t-elle. Il faut bien observer leur comportement pour évaluer les progrès réalisés. Il faut aussi les aider. Par exemple, on va inciter les enfants qui ont de la difficulté à entrer en contact avec les autres, ceux qui jouent généralement seuls dans leur coin, à jouer avec d'autres enfants en les jumelant à des équipes ou en leur assignant des partenaires.»

	Salaire hebdo moyen	Proportion de dipl. en emploi	Emploi relié	Chômage	Nombre de diplômés
2006	534 $	81,9 %	91,6 %	1,3 %	951
2005	530 $	79,7 %	89,4 %	2,0 %	973
2004	553 $	82,6 %	89,7 %	1,9 %	831

Statistiques tirées de la *Relance* - Ministère de l'Éducation, du Loisir et du Sport. Voir données complémentaires, page 369.

Comment interpréter l'information, page 15.

Les diplômés en techniques d'éducation spécialisée sont appelés à travailler quotidiennement avec des gens de tous âges aux prises avec des difficultés d'adaptation généralement liées à des désordres affectifs, physiques, intellectuels ou sociaux.

QUALITÉS RECHERCHÉES

«Il faut être souple et avoir l'esprit ouvert, affirme Dominique. Il y a des enfants avec lesquels ce n'est pas évident de travailler. Il arrive aussi que certains d'entre eux ne soient pas toujours propres. Il faut être capable d'imposer ses limites, car si on ne le fait pas, ils vont prendre avantage de notre faiblesse, et ce n'est pas bon pour eux non plus.»

Puisque Dominique forme un «couple thérapeutique» avec un autre éducateur, elle doit évidemment être en mesure de s'ajuster à l'autre et ne pas démontrer de rigidité dans sa façon de penser ou de gérer différentes situations. Elle doit également faire preuve de créativité en planifiant des activités de toutes sortes pour occuper les enfants chaque jour.

«Mon rôle est de leur donner des outils pour les aider à fonctionner dans la société.»

— Dominique Decelles

Le diplômé en techniques d'éducation spécialisée doit posséder une excellente capacité d'adaptation, une bonne rigueur intellectuelle, une certaine maturité et de l'autonomie, car il doit souvent travailler seul avec les clients.

DÉFIS ET PERSPECTIVES

«Le principal défi que doivent relever les diplômés est d'acquérir rapidement autonomie et maturité», souligne Lise Boivin, coordonnatrice du programme au Cégep de Saint-Jérôme. En effet, les techniciens travaillent avec des clientèles difficiles et doivent être en mesure d'assumer psychologiquement cet aspect du métier.

Mme Boivin ajoute que ces spécialistes devraient avoir de belles années devant eux, étant donné le phénomène de désinstitutionnalisation qui implique le recours de plus en plus fréquent à leurs services.

Enfin, elle constate que la demande d'éducateurs de sexe masculin est en croissance au sein de la profession. Ceux-ci reçoivent des offres d'emploi avant même d'avoir fini leurs études. Avis aux intéressés! 03/01

HORAIRES ET MILIEUX DE TRAVAIL

- Les diplômés de ce programme sont appelés à travailler avec des enfants, des adolescents et des adultes.

- Ils peuvent trouver de l'emploi dans le réseau scolaire (écoles primaires et secondaires), dans le secteur des services sociaux et de santé mentale, auprès des organismes publics et parapublics et au sein du milieu communautaire.

- Plus spécifiquement, ils peuvent travailler pour les centres de réadaptation ou d'hébergement, les centres jeunesse, les services de protection de la jeunesse, les foyers de groupe, les CLSC ou CHSLD (centre hospitalier de soins de longue durée), les maisons de jeunes.

- Le travail se fait le jour, le soir et la fin de semaine.

- L'horaire est souvent diversifié.

Techniques de recherche sociale

«C'est un programme intéressant offrant plusieurs possibilités de travail, dit Francis Pelletier. On me demande souvent si je connais des diplômés parce qu'on aimerait leur offrir un emploi...» Le jeune homme occupe un poste contractuel au ministère de l'Éducation, du Loisir et du Sport du Québec. Il travaille à titre de technicien en statistiques.

PROG. 384.A0
PRÉALABLE : 10, VOIR PAGE 16

CHAMPS D'INTÉRÊT
- aime chercher et traiter de l'information
- aime analyser et classer des données numériques
- aime travailler sur ordinateur
- aime travailler avec le public, parler et écouter

APTITUDES
- esprit d'analyse et de synthèse
- curiosité, autonomie et sens de l'organisation
- minutie et méthode
- aisance avec les outils informatiques
- facilité pour les mathématiques (calcul et statistiques)
- dynamisme et facilité à communiquer verbalement

OFFRE DU PROGRAMME PAR RÉGIONS
Capitale-Nationale, Montréal, Outaouais

Pour connaître les établissements qui offrent ce programme : **www.inforoutefpt.org**

RÔLE ET TÂCHES

Le technicien en recherche sociale est en fait un spécialiste de la recherche, de la cueillette de données et de la rédaction technique. Il élabore des questionnaires pour des entrevues individuelles ou de groupe, prépare des programmes et des tableaux de saisie de données, traite ces mêmes données et rédige des rapports statistiques.

Francis veille à la préparation et à la supervision de collectes de données. «Je dois préparer la recherche, dit-il. J'élabore des questionnaires ainsi que des guides pour les superviseurs de la recherche ou du sondage. Je fais ensuite un suivi en plus de la préparation et de la supervision de la collecte de données.» Les questionnaires préparés par Francis s'adressent aux anciens élèves en formation professionnelle et les résultats obtenus permettent de dresser un portrait du marché du travail des jeunes diplômés.

«Je dois assurer le traitement informatique des données recueillies et en faire une analyse descriptive seulement. Mon rôle n'est pas d'interpréter les données, mais plutôt de créer une base de données avec l'aide de logiciels comme SPSS, Word et Excel», poursuit le diplômé du Cégep de Rimouski.

Contrairement à une idée répandue, son travail ne consiste pas à mener des entrevues téléphoniques, un mythe tenace souvent associé au programme de techniques de recherche sociale. «C'est un programme mal connu; je n'ai pas à faire d'entrevues téléphoniques, tient à préciser Francis. Peut-être en ai-je fait seulement un peu au début, se reprend-il. Mais après, on ne touche plus à cela.»

	Salaire hebdo moyen	Proportion de dipl. en emploi	Emploi relié	Chômage	Nombre de diplômés
2006	N/D	N/D	N/D	N/D	N/D
2005	498 $	75,0 %	85,7 %	0,0 %	15
2004	531 $	87,5 %	91,7 %	0,0 %	19

Statistiques tirées de la *Relance* - Ministère de l'Éducation, du Loisir et du Sport. Voir données complémentaires, page 369.

Comment interpréter l'information, page 15.

QUALITÉS RECHERCHÉES

Une bonne capacité de concentration est requise pour exercer ce type de métier parce que la qualité des résultats dépend largement du travail du technicien en statistiques. «Ça demande beaucoup de minutie et de précision, surtout dans la vérification des données, dit Francis. La marge d'erreur est mince. En fait, on doit limiter les erreurs le plus possible.»

Appelé à travailler en équipe, le technicien doit également posséder de bonnes habiletés en communication. De plus, la majeure partie du travail étant effectuée par ordinateur, il est important pour les diplômés de ce programme de maîtriser l'utilisation de certains logiciels en traitement statistique et en présentation graphique. «Je conseille aux élèves d'acquérir des notions de base en informatique, dit Francis. Plus ils en sauront, mieux ça ira dans leur travail. L'utilisation de l'informatique permet de gagner beaucoup de temps.»

Contrairement à une idée répandue, son travail ne consiste pas à mener des entrevues téléphoniques, un mythe tenace souvent associé au programme de techniques de recherche sociale.

DÉFIS ET PERSPECTIVES

Les emplois pour les diplômés sont particulièrement concentrés au sein des firmes de sondage, des instituts de la statistique, de même que dans certains ministères comme celui de l'Éducation, du Loisir et du Sport. «Des entreprises sont spécialisées dans certaines étapes et tâches spécifiques de la recherche, comme la cueillette des données ou l'analyse, et elles font de la sous-traitance pour des firmes de sondage, par exemple, indique Louis Benoit, coordonnateur du programme de techniques de recherche sociale au Cégep de Rimouski. Par contre, il ne s'agit pas du principal type d'employeur pour les diplômés.»

M. Benoit insiste, lui aussi, sur le fait que le programme ne vise pas à former des techniciens qui auront à mener des entrevues téléphoniques, la proportion de ceux-ci oscillant autour de seulement 10 % des diplômés. Il préfère plutôt mettre l'accent sur le fait qu'après quelques années d'expérience, ces diplômés occupent généralement des postes de supervision, que ce soit pour la cueillette des données téléphoniques, l'organisation du travail, les protocoles à suivre, etc. «Il faut qu'ils apprennent à développer leurs compétences en communication, mais c'est parce qu'ils pourront avoir à mener des entrevues en personne, individuellement ou en groupe», ajoute-t-il. 03/01

HORAIRES ET MILIEUX DE TRAVAIL

• Les principaux employeurs de ces diplômés sont le ministère de l'Éducation, du Loisir et du Sport, de même que les autres ministères, Statistique Canada, l'Institut de la statistique du Québec et les firmes de sondage.

• Ces techniciens peuvent aussi trouver de l'emploi auprès des entreprises de sous-traitance en enquête et sondage, spécialisées dans la cueillette de données et d'information ou en analyse.

• Le travail s'effectue selon un horaire régulier, généralement le jour entre 9 h et 17 h.

Techniques de travail social

Intervenante auprès des femmes en difficulté à l'Auberge Madeleine, à Montréal, Marie Huard ne regrette certainement pas d'avoir opté pour le programme de techniques de travail social. «Le domaine est tellement intéressant que je reprendrais des cours simplement pour me revitaliser», lance la diplômée du Cégep du Vieux Montréal.

PROG. 388.A0
PRÉALABLE : 0, VOIR PAGE 16

CHAMPS D'INTÉRÊT

- aime se sentir utile aux personnes
- aime écouter, comprendre et aider les personnes en difficulté
- aime communiquer et coopérer

APTITUDES

- bon équilibre psychique et émotionnel
- polyvalence et capacité d'adaptation
- ouverture d'esprit et grande faculté d'empathie
- grande capacité d'écoute et d'analyse
- facilité à communiquer et à coopérer

OFFRE DU PROGRAMME PAR RÉGIONS
Abitibi-Témiscamingue, Bas-Saint-Laurent, Capitale-Nationale, Chaudière-Appalaches, Estrie, Gaspésie–Îles-de-la-Madeleine, Lanaudière, Laurentides, Mauricie, Montérégie, Montréal, Saguenay–Lac-Saint-Jean

Pour connaître les établissements qui offrent ce programme : **www.inforoutefpt.org**

RÔLE ET TÂCHES

L'Auberge Madeleine peut accueillir jusqu'à 19 femmes de 18 ans et plus. «Nous intervenons auprès de femmes qui sont victimes de violence, qui ont des problèmes de toxicomanie, de prostitution, des problèmes sociaux, des difficultés à se loger, etc., explique Marie. Ces femmes viennent à l'Auberge pour des périodes de quelques jours ou de quelques semaines. Nous intervenons de façon ponctuelle pour les aider à combler certains besoins fondamentaux comme le logement, les vêtements, la nourriture.»

En plus d'offrir du soutien et de veiller à la sécurité des femmes, l'Auberge Madeleine tente de les aider à se prendre en main. C'est d'ailleurs le premier but visé. «Les démarches doivent être faites par elles et non par nous, précise Marie. On aide les femmes à se responsabiliser. On est là pour les écouter, discuter avec elles et les soutenir dans la poursuite de leur cheminement.»

Le technicien en travail social intervient auprès des personnes, familles, groupes ou communautés de tous âges aux prises avec des problèmes sociaux liés à leurs conditions de vie, leurs difficultés d'adaptation et les inégalités sociales dont elles sont victimes. Il les aidera à répondre à leurs besoins et à défendre leurs droits. Les problématiques sont multiples. Il peut s'agir de personnes vivant des difficultés liées au vieillissement, à la perte d'autonomie, à l'isolement, au suicide, ou vivant des problèmes de violence conjugale, de santé mentale, etc. Le travailleur social doit être en mesure d'accueillir ces gens, de les diriger vers les ressources susceptibles de leur venir en aide et d'amorcer un processus d'intégration sociale.

	Salaire hebdo moyen	Proportion de dipl. en emploi	Emploi relié	Chômage	Nombre de diplômés
2006	510 $	63,3 %	83,3 %	5,9 %	357
2005	476 $	71,1 %	81,9 %	7,3 %	345
2004	471 $	69,5 %	81,0 %	5,8 %	314

Statistiques tirées de la *Relance* - Ministère de l'Éducation, du Loisir et du Sport. Voir données complémentaires, page 369.

Comment interpréter l'information, page 15.

QUALITÉS RECHERCHÉES

L'écoute et l'ouverture d'esprit sont des qualités importantes de la profession. «Dans le travail que je fais, il ne faut pas avoir de préjugés et bien connaître les différentes problématiques des sans-abri afin de répondre aux besoins des femmes, dit Marie. Il faut aussi être sociable et ne pas avoir peur d'aller vers les gens.»

Marie doit faire preuve de polyvalence et être en mesure de gérer certaines situations particulièrement difficiles, surtout lorsque des problèmes surgissent en cours de route. «C'est très stressant, dit-elle. Il se produit parfois des situations difficiles à vivre, comme lorsqu'on doit appeler les policiers pour une femme très violente qui ne peut pas se maîtriser.»

La capacité de remettre en question ses préjugés et ses perceptions, un bon sens de l'organisation et de la planification, la débrouillardise et un esprit critique sont des atouts. Pour les diplômés de ce programme qui auront à travailler dans la région de Montréal, le bilinguisme est également conseillé.

«Nous intervenons auprès de femmes qui sont victimes de violence, qui ont des problèmes de toxicomanie, de prostitution, des problèmes sociaux, des difficultés à se loger, etc.»

— Marie Huard

DÉFIS ET PERSPECTIVES

«Nos diplômés ont presque toujours un idéal : celui d'être utile, de faire une différence», observe Stéphanie Saint-Pierre, coordonnatrice du programme de techniques de travail social au Cégep du Vieux Montréal.

Mais attention! Personne ne peut changer le monde d'un coup de baguette magique... La formation, très axée sur la pratique, tâche de préparer le mieux possible les diplômés à accepter une réalité professionnelle qui comporte son lot de désillusions et de contraintes, notamment en ce qui a trait aux restrictions budgétaires. En effet, le milieu communautaire ne roule pas sur l'or et les ressources manquent parfois à l'appel.

La stabilité des emplois étant assez rare dans ce domaine, il faut également s'attendre à changer souvent de milieu de travail et à être sans cesse confronté à des clientèles et des problématiques différentes. 03/01 (mise à jour 03/07)

HORAIRES ET MILIEUX DE TRAVAIL

- Les diplômés trouveront de l'emploi au sein du milieu communautaire comme dans les centres pour personnes âgées, les maisons pour femmes victimes de violence, les centres d'accueil pour immigrants, les maisons d'hébergement et les centres de la famille.

- Les organismes publics administrant des programmes sociaux et le milieu institutionnel offrent aussi du travail à ces techniciens, qui pourront être embauchés, par exemple, par un centre de protection de l'enfance et de la jeunesse, un CLSC, le réseau scolaire ou un hôpital.

- La semaine de travail dure normalement 35 heures.

- Certains employeurs permettent aux techniciens de planifier eux-mêmes leur horaire de travail.

- Il est possible de travailler le jour, le soir, la nuit et la fin de semaine.

Techniques d'intervention en délinquance

«J'adore mon travail, lance Isabelle Kanash, éducatrice au Centre jeunesse de la Montérégie à Chambly. C'est stimulant. Et si j'avais à recommencer, je suivrais ce programme sans hésiter!» Il faut dire que, lorsqu'on a toujours été porté à aider les gens, ce type de travail répond à nos aspirations...

PROG. 310.BO
PRÉALABLE : 10, VOIR PAGE 16

CHAMPS D'INTÉRÊT

- s'intéresse à la psychologie et à la sociologie
- aime analyser et trouver des solutions aux problèmes des personnes (surtout des jeunes)
- aime écouter, analyser et comprendre
- aime expliquer, conseiller et coopérer

APTITUDES

- équilibre psychique et émotionnel, patience
- doué de psychologie et capable de fermeté
- grande ouverture d'esprit et forte faculté d'adaptation aux personnes
- sens des responsabilités et de la justice sociale
- habileté pour l'analyse et la communication

OFFRE DU PROGRAMME PAR RÉGIONS
Capitale-Nationale, Laurentides, Montréal

Pour connaître les établissements qui offrent ce programme : **www.inforoutefpt.org**

RÔLE ET TÂCHES

«Je travaille auprès de jeunes placés sous la Loi de la protection de la jeunesse ou sous la Loi des jeunes contrevenants, précise Isabelle. Ce sont des jeunes présentant des troubles de comportement et de délinquance; des enfants ayant souffert de problèmes familiaux, scolaires, de toxicomanie ou qui sont en situation d'abandon.»

Le premier mandat d'Isabelle est de protéger la société. Elle doit donc s'assurer de limiter les risques de récidive des jeunes, particulièrement en ce qui a trait à la toxicomanie, problème à l'origine de plusieurs délits. «On doit structurer la journée des jeunes de façon qu'ils aient toujours quelque chose à faire, explique-t-elle. On prépare des activités pour les conscientiser aux torts faits à leurs victimes, aux implications et aux conséquences de leurs gestes par rapport à leur entourage, etc. À cette fin, on peut organiser, par exemple, des discussions à la suite de l'écoute d'émissions de télévision.»

La plupart des activités sont réalisées en groupe, mais des interventions individuelles, appelées tutorat, sont également menées. Lors de ces interventions, Isabelle doit prendre en charge deux jeunes et suivre leur cheminement personnel en accentuant l'intervention sur les délits commis. «Ce sont des interventions quotidiennes qui tiennent compte de la façon de se parler, des notions de civisme, d'hygiène, etc. Les jeunes participent aussi à des activités de groupe intégrant des programmes axés sur la sexualité et sur la violence.»

	Salaire hebdo moyen	Proportion de dipl. en emploi	Emploi relié	Chômage	Nombre de diplômés
2006	500 $	0,8 %	74,2 %	1,3 %	172
2005	489 $	1,7 %	84,1 %	2,2 %	163
2004	527 $	2,9 %	78,2 %	4,5 %	156

Statistiques tirées de la *Relance* - Ministère de l'Éducation, du Loisir et du Sport. Voir données complémentaires, page 369.

Comment interpréter l'information, page 15.

Les diplômés en techniques d'intervention en délinquance gèrent et encadrent la vie quotidienne des personnes placées sous leur responsabilité afin de les sensibiliser à leurs comportements et aux gestes inadéquats qu'ils ont posés.

QUALITÉS RECHERCHÉES

Isabelle considère que pour travailler dans ce domaine, on doit faire preuve d'un bon sens de l'humour. «C'est important, car c'est une bonne façon d'entrer en contact avec les jeunes, dit-elle. Il faut aussi être ouvert d'esprit puisqu'il arrive des moments où nos propres valeurs sont confrontées au comportement des jeunes, comme dans les cas de délits sexuels.»

Une qualité également très importante pour exercer ce métier est la connaissance des différentes lois auxquelles sont assujettis les jeunes. Les interventions dépendent largement des raisons, parfois des délits, pour lesquels ces jeunes ont été admis dans les centres de réadaptation ou les centres jeunesse; les diplômés doivent donc bien maîtriser les lois régissant les délits commis. Puisque les jeunes ne choisissent pas volontairement d'être en centre de réadaptation ou en centre jeunesse, il faut démontrer de la fermeté auprès de ces derniers et être en mesure de composer avec différents problèmes, tels la toxicomanie, les troubles de comportement, etc. «Mais attention! Fermeté ne veut pas dire absence de souplesse, tient à préciser Isabelle. En fait, il faut s'ajuster à chaque jeune...»

DÉFIS ET PERSPECTIVES

Diane Valcourt, responsable des stages et professeure en techniques d'intervention en délinquance au Collège de Maisonneuve, constate que la réalité du milieu exige de plus en plus des notions en santé mentale, en toxicomanie et en droit de la part des diplômés. «La clientèle est plus jeune et plus mal en point, particulièrement en toxicomanie et en santé mentale, dit-elle. Les lois changent et il faut s'ajuster afin de répondre aux nouvelles réalités sociales.» À son avis, les diplômés doivent être dotés d'une bonne force de caractère et ne pas entretenir de préjugés. C'est le principal défi qu'ils ont à relever puisqu'ils ont à composer avec une large clientèle affectée par toutes sortes de problématiques. Ils peuvent ainsi être appelés à intervenir auprès de toxicomanes, de personnes coupables de délits de toutes sortes, de jeunes de la rue, de femmes victimes de violence, etc. 03/01

«La réalité du milieu exige de plus en plus des notions en santé mentale, en toxicomanie et en droit de la part des diplômés.»

— Diane Valcourt

Photo : Courrier du Sud

HORAIRES ET MILIEUX DE TRAVAIL

- Les principaux employeurs de ces diplômés sont les centres jeunesse et les centres de réadaptation, les centres pour femmes victimes de violence, les centres d'accueil, les foyers de groupe et différents autres organismes communautaires.

- Le réseau scolaire emploie aussi ces techniciens pour travailler auprès des élèves présentant des troubles de comportement.

- Les diplômés peuvent également travailler comme agents de correction dans les pénitenciers.

- Ces techniciens travaillent en collaboration avec diverses personnes : intervenants, psychologues, parents, jeunes, travailleurs sociaux, etc. Leur clientèle est principalement composée d'enfants et d'adolescents.

- Le travail s'étend généralement sur 40 heures par semaine.

- Il est possible d'occuper des postes de jour, de soir ou de fin de semaine. Le travail de nuit est plutôt rare.

Techniques d'intervention en loisir

«J'adore mon travail, c'est le plus beau défi du monde», affirme Carol Gilbert, directeur général d'un organisme sans but lucratif visant à promouvoir les arts de la scène et la culture en général auprès des jeunes des écoles secondaires du Québec.

PROG. 391.A0
PRÉALABLE : 0, VOIR PAGE 16

CHAMPS D'INTÉRÊT
- aime l'action, «faire bouger les choses»
- aime les relations humaines et les activités en groupe
- aime l'organisation et la planification
- aime s'exprimer, créer au moyen du jeu, de l'animation
- aime se sentir utile et assumer des responsabilités

APTITUDES
- beaucoup de dynamisme et de leadership
- imagination et créativité
- sens de l'organisation et de la coopération
- grande facilité pour les relations humaines

OFFRE DU PROGRAMME PAR RÉGIONS
Bas-Saint-Laurent, Mauricie, Montréal

Pour connaître les établissements qui offrent ce programme : **www.inforoutefpt.org**

RÔLE ET TÂCHES

À titre de directeur général, Carol supervise une quinzaine de personnes. Il voit au développement de l'organisme à l'échelle de la province. «Au début, j'étais tout seul et l'organisme comptait seulement 14 écoles parmi ses membres. Maintenant, on se retrouve dans toutes les régions du Québec et l'on compte environ 250 écoles membres», énumère-t-il fièrement, histoire de démontrer la vitesse avec laquelle l'organisme s'est développé au cours des dernières années.

Responsable des ressources humaines, Carol est également en charge de la gestion financière de l'organisme, de la recherche de subventions et de commandites auprès des entreprises, de la planification des budgets, de la gestion du plan d'intervention annuel et du développement. «En plus d'amasser et d'organiser la documentation nécessaire pour obtenir des subventions allant de 2 000 $ à 250 000 $, je dois porter une attention particulière aux conditions des entreprises que je sollicite afin de leur accorder une bonne visibilité, explique-t-il. On offre aussi un soutien aux écoles pour les aider à planifier des stratégies de promotion à la télévision et à la radio.»

Les diplômés de ce programme peuvent travailler autant en animation qu'en gestion dans le secteur des loisirs. Ils peuvent être appelés à animer des activités récréatives, sportives, culturelles, parascolaires et de plein air, pour ne nommer que celles-ci. Ils s'occuperont de recruter et d'encadrer du personnel, de gérer des ressources matérielles. On les verra organiser des

	Salaire hebdo moyen	Proportion de dipl. en emploi	Emploi relié	Chômage	Nombre de diplômés
2006	504 $	63,0 %	87,0 %	4,2 %	151
2005	501 $	74,0 %	80,5 %	5,0 %	105
2004	424 $	59,7 %	87,9 %	0,0 %	112

Statistiques tirées de la *Relance* - Ministère de l'Éducation, du Loisir et du Sport. Voir données complémentaires, page 369.

Comment interpréter l'information, page 15.

forfaits en tourisme à des fins récréatives, prévoir des activités dans le cadre d'événements comme le carnaval de Québec ou planifier les horaires d'une patinoire municipale.

QUALITÉS RECHERCHÉES

Chargé de la planification à moyen et à long termes, Carol souligne l'importance d'être doté d'une bonne vision d'avenir et d'un sens du développement pour exercer son métier. «Il faut avoir le goût de relever des défis, dit-il. Et l'esprit d'équipe doit être fort lorsque vient le temps de lancer un projet. De plus, la gestion des ressources humaines est un défi constant, car il faut tenir compte des particularités de chacun tout en jouant un rôle de rassembleur. Cet aspect de mon travail est parfois difficile à gérer parce qu'il nécessite une implication émotive», poursuit Carol.

Le leadership, de bonnes habiletés à communiquer et des qualités de rassembleur sont des combinaisons gagnantes pour un diplômé en techniques d'intervention en loisir. Un esprit créatif, l'autonomie, des notions en informatique et une capacité de s'adapter rapidement aux différents types de clientèles et d'activités se révèlent des atouts essentiels.

> «En loisir, il est impossible de tout faire seul. Il faut savoir déléguer certaines tâches et être en mesure d'aider les gens à s'organiser.»
>
> — Carol Gilbert

Photo : Jardin botanique de Montréal

DÉFIS ET PERSPECTIVES

Le programme permet dorénavant aux élèves de choisir parmi différentes voies. Ainsi, ils peuvent opter pour une spécialisation en milieu scolaire, en milieu institutionnel ou en «récréotourisme»; ils peuvent aussi choisir une formation débouchant sur un emploi dans le secteur municipal ou une autre les amenant au travail autonome (à la pige). Ces subdivisions visent à mieux orienter les élèves dans leur cheminement professionnel parmi les principaux secteurs d'emploi. De plus, des cours ont été ajoutés au programme afin de mettre à jour certaines notions importantes pour le travail, comme l'informatique. «On sait qu'il existe maintenant beaucoup de logiciels pour gérer les locaux, indique Lucie Bernier, responsable du programme en techniques d'intervention en loisir au Cégep de Rivière-du-Loup. Dans les municipalités, par exemple, les horaires des centres sportifs sont gérés par un système informatique. On a donc ajouté des cours mieux adaptés à cette réalité.» 03/01

HORAIRES ET MILIEUX DE TRAVAIL

- Plusieurs voies s'offrent aux diplômés de ce programme. Ils peuvent travailler dans le réseau scolaire, en milieu institutionnel, dans les maisons de jeunes, dans les centres pour personnes âgées.

- Il y a aussi des emplois dans les secteurs récréatif et touristique. On retrouvera donc des techniciens d'intervention en loisir dans les offices de tourisme, les stations de ski et les colonies de vacances pour jeunes et moins jeunes.

- Il est possible de travailler le jour, le soir ou la fin de semaine.

Techniques juridiques

«J'ai toujours aimé les questions juridiques et l'argumentation. Le choix du programme en techniques juridiques a donc été facile», lance Sandra Dubois, maintenant au service de Monti Coulombe, un cabinet d'avocats de Sherbrooke. «Lorsqu'on est capable de gérer son stress et son temps, c'est un travail vraiment intéressant.»

PROG. 310.C0
PRÉALABLE : 10, VOIR PAGE 16

CHAMPS D'INTÉRÊT
- aime coopérer et assister
- aime le droit
- aime la lecture, l'analyse et la recherche
- aime se sentir utile et responsable

APTITUDES
- entregent et initiative
- grande curiosité intellectuelle
- sens de l'analyse
- sens des responsabilités, de la précision et de la coopération
- maîtrise de la communication orale et écrite

OFFRE DU PROGRAMME PAR RÉGIONS
Capitale-Nationale, Centre-du-Québec, Estrie, Lanaudière, Mauricie, Montréal

Pour connaître les établissements qui offrent ce programme : www.inforoutefpt.org

RÔLE ET TÂCHES

Le technicien juridique est en quelque sorte le bras droit de juristes tels que les avocats, les notaires et les juges. Il doit, sous leur supervision, préparer et monter des dossiers tout en effectuant les recherches nécessaires. «Par exemple, les avocats me confient des dossiers et c'est moi qui m'occupe de la recherche et de la rédaction des documents pour eux. Dans le cas d'une poursuite, c'est à moi que revient la charge d'effectuer la recherche de jurisprudence, de lois et de règlements. Je peux aussi effectuer de la recherche auprès des bureaux de publicité pour vérifier des informations pertinentes concernant les actes de vente d'un immeuble. Ainsi, je peux découvrir l'identité des anciens ou des nouveaux propriétaires ou déterminer s'il reste encore une hypothèque sur l'immeuble.»

En plus de la recherche, Sandra, qui a obtenu son diplôme au Séminaire de Sherbrooke, doit également s'occuper de la rédaction de documents comme les procédures qui regroupent les griefs des plaignants, les procès-verbaux de l'interrogatoire de l'accusé, les dépositions et les expertises qui seront présentés à la cour de justice, etc.

Sandra joue un rôle très important auprès des avocats et elle doit assumer de nombreuses responsabilités. C'est un travail qui se fait dans l'ombre, mais qui est absolument essentiel, car la préparation des dossiers est une étape fondamentale dans le processus juridique. Après quelques années d'expérience, le technicien peut recevoir les clients pour recueillir des informations, mais il ne peut pas leur donner de conseils, cette tâche incombant aux avocats.

	Salaire hebdo moyen	Proportion de dipl. en emploi	Emploi relié	Chômage	Nombre de diplômés
2006	513 $	67,8 %	77,6 %	2,9 %	282
2005	522 $	69,4 %	71,8 %	5,5 %	245
2004	497 $	73,9 %	83,7 %	1,0 %	200

Statistiques tirées de la *Relance* - Ministère de l'Éducation, du Loisir et du Sport. Voir données complémentaires, page 369.

Comment interpréter l'information, page 15.

QUALITÉS RECHERCHÉES

Le technicien juridique doit posséder une bonne maîtrise de l'anglais et du français, tant à l'oral qu'à l'écrit. «Bien écrire dans les deux langues est essentiel, car les documents présentés à la cour sont à l'image du bureau d'avocats», indique Sandra. La débrouillardise, l'autonomie, la minutie et une bonne capacité d'analyse et de concentration sont également exigées.

Devant toutes ces tâches de travail, Sandra a un conseil à donner aux jeunes aspirants techniciens juridiques : il faut viser la polyvalence. «Les lois sont vastes et complexes et l'on doit être prêt à toucher à différents aspects comme l'immobilier, le droit civil, le droit criminel, etc.» De plus, de bonnes habiletés en informatique sont fortement recommandées puisque, pour la recherche, Internet est un outil indispensable.

Le travail de technicien juridique exigeant beaucoup de recherche, celui-ci doit donc aimer la lecture. Enfin, une grande capacité à gérer son stress et son temps s'ajoute aux nombreuses qualités pour exercer ce métier.

> «Les lois sont vastes et complexes et l'on doit être prêt à toucher à différents aspects comme l'immobilier, le droit civil, le droit criminel, etc.»
>
> — Sandra Dubois

DÉFIS ET PERSPECTIVES

Compte tenu des coûts parfois exorbitants des honoraires professionnels, de plus en plus d'entreprises font maintenant appel à un conseiller juridique pour les guider sur les questions de droit, une tâche que peut assumer un technicien juridique. Cependant, celui-ci ne peut agir en tant que juriste, sa formation ne le lui permettant pas.

«Les bureaux d'avocats et les entreprises commencent à connaître les techniciens juridiques, ce qui augure bien pour nos élèves», explique Françoise Creusot, coordonnatrice du programme au Séminaire de Sherbrooke. Celle-ci estime que le travail des techniciens est très important. «Le plus gros du travail consiste à faire de la recherche de jurisprudence et de la préparation de documents pour les avocats ou les juristes. Le travail de ces derniers dépend beaucoup de celui des techniciens juridiques.» 03/01

HORAIRES ET MILIEUX DE TRAVAIL

- Les principaux employeurs de ces diplômés sont les cabinets d'avocats, les bureaux de notaires, les huissiers (qui exigent le DEC), les compagnies qui ont un service d'affaires juridiques, les banques (testaments fiduciaires).

- Les diplômés peuvent aussi trouver du travail dans le secteur public (service de greffier, petites créances, cour municipale, rédaction de jugements), auprès du ministère de la Justice, ou agir comme conseillers juridiques pour certaines entreprises.

- Ils travaillent le jour, selon un horaire régulier. Ceux qui œuvrent pour le secteur public travaillent généralement de 9 h à 16 h.

- Il est possible d'effectuer des heures supplémentaires pour certains dossiers importants qu'il faut compléter.

Techniques policières

Pour Jimmy Bélanger, le choix du programme en techniques policières s'inscrivait dans une tradition familiale. «Mon oncle, mon père, ma sœur et mon beau-frère sont policiers et ma petite sœur est en techniques policières», dit ce policier auxiliaire pour la Sûreté du Québec, diplômé du Collège d'Alma.

PROG. 310.A0
PRÉALABLE : 10, VOIR PAGE 16

CHAMPS D'INTÉRÊT

- aime se sentir responsable et utile aux personnes et à la société
- aime l'action, faire un travail varié, parfois imprévisible
- aime communiquer et travailler en équipe
- aime relever des défis, analyser et résoudre des problèmes

APTITUDES

- équilibre psychique et émotionnel
- bons réflexes et résistance physique
- grande facilité à communiquer et à coopérer
- sens du devoir, de la responsabilité et de la justice
- ouverture d'esprit et grande faculté d'adaptation
- sens de l'observation, de l'analyse et de la synthèse

OFFRE DU PROGRAMME PAR RÉGIONS
Bas-Saint-Laurent, Capitale-Nationale, Centre-du-Québec, Estrie, Mauricie, Montréal, Outaouais, Saguenay–Lac-Saint-Jean

Pour connaître les établissements qui offrent ce programme : www.inforoutefpt.org

RÔLE ET TÂCHES

Jimmy est passionné de son métier. «Mon rôle est de maintenir la paix et d'assurer la sécurité publique. Je fais de la patrouille sur les routes la majeure partie du temps et je participe parfois à des opérations de radar», explique Jimmy, qui cumule également une expérience de près de deux ans à la Sûreté municipale d'Alma.

Ce type de travail n'est pas toujours rose, surtout lorsque le policier doit faire face à des situations où des gens ont perdu la vie. «Il faut se concentrer sur les étapes à suivre comme se présenter sur les lieux, faire un rapport de l'accident et de la situation, appeler une ambulance, faire remorquer les véhicules impliqués, accompagner les familles pour identifier le corps des victimes, etc. Avec le temps, on vient à s'y faire, mais sur le coup, ce n'est pas évident du tout. Voilà pourquoi les nouveaux sont jumelés avec des policiers d'expérience. Ça facilite l'intégration des jeunes.»

Les policiers-patrouilleurs jouent un rôle important dans le maintien de la paix au sein de la société. Ils doivent veiller à la protection de la vie et des biens des citoyens tout en tenant compte du respect des libertés individuelles et collectives.

QUALITÉS RECHERCHÉES

Les règles de conduite et de déontologie sont strictes dans ce métier et Jimmy doit veiller à bien les respecter dans l'exercice de son travail. Le sens des

	Salaire hebdo moyen	Proportion de dipl. en emploi	Emploi relié	Chômage	Nombre de diplômés
2006	599 $	53,5 %	69,2 %	10,8 %	676
2005	558 $	50,1 %	63,9 %	12,8 %	663
2004	566 $	50,3 %	71,2 %	22,1 %	668

Statistiques tirées de la *Relance* - Ministère de l'Éducation, du Loisir et du Sport. Voir données complémentaires, page 369.

Comment interpréter l'information, page 15.

responsabilités et beaucoup d'autonomie sont des qualités essentielles pour lui. L'honnêteté, la tolérance, la discipline, le respect, la maîtrise de soi, de solides habiletés physiques ainsi qu'une bonne capacité de jugement sont aussi des atouts importants pour les futurs patrouilleurs.

«Il faut s'adapter rapidement aux différents types de clients et de situations. L'attitude est aussi très importante. On doit porter une attention particulière à nos gestes et à notre façon d'interpeller les gens.» De bonnes habiletés en communication sont donc recommandées, le policier étant appelé à interagir avec des citoyens et à témoigner en cour en plus d'être responsable de la rédaction de rapports écrits.

Conscient des préjugés envers les policiers, Jimmy ne s'en formalise pas outre mesure. «J'ai un tempérament très patient, dit-il. Au début, il n'est pas évident d'accepter les insultes, mais on finit par se bâtir une carapace. Après un certain temps, ça ne nous affecte plus.»

> «Le DEC en techniques policières est le strict minimum requis pour être policier. Il faut vraiment s'assurer de poursuivre une formation continue.»
>
> — Sylvie Savard

DÉFIS ET PERSPECTIVES

Sylvie Savard, responsable du programme en techniques policières au Collège d'Alma, insiste sur la nécessité pour les policiers de suivre des programmes de formation continue. À son avis, ils doivent acquérir une expertise plus poussée dans différents domaines, par exemple la psychologie, la criminologie ou les techniques d'enquête. Ça leur permettra d'être à la fine pointe des connaissances compte tenu de l'évolution rapide des lois et du droit criminel en regard, notamment, de la Charte des droits et libertés, des droits des citoyens et des procédures d'arrestation. «Le DEC en techniques policières est le strict minimum requis pour être policier. Il faut vraiment s'assurer de poursuivre une formation continue», affirme-t-elle.

En ce qui concerne les perspectives d'emploi, Mme Savard précise que le milieu évolue généralement par cycles de sept ans. «Lorsqu'il y a de l'embauche à la Sûreté du Québec et au Service de police de la Ville de Montréal, cela provoque des ouvertures dans les postes municipaux qui perdent des candidats potentiels et des employés au profit de ces grosses organisations policières», explique Mme Savard. 03/01

HORAIRES ET MILIEUX DE TRAVAIL

- Les employeurs de ces diplômés sont évidemment les différents corps policiers de la province.

- Le travail se fait le jour, le soir, la nuit, la fin de semaine et pendant les jours fériés.

- Les journées de travail s'étalent sur une période de 9 à 12 heures.

- Le climat de travail est parfois difficile (conditions climatiques, situations de crise, de violence).

RÉPERTOIRE

PAGES 361
⇓
368

Le grand répertoire des collèges 2007-2008

Mon choix, ma carrière, mon collège!

Choisir un programme d'études collégiales, c'est faire un pas de plus vers la profession ou la carrière convoitée. Vrai, mais c'est en même temps, et surtout, opter pour un milieu de vie.

Pour vous aider à faire un choix éclairé, nous avons rassemblé les coordonnées complètes de tous les établissements d'enseignement collégial du Québec dans les pages suivantes.

LES CARRIÈRES DE LA FORMATION COLLÉGIALE

ÉTABLISSEMENTS PUBLICS RELEVANT DU MINISTÈRE DE L'ÉDUCATION, DU LOISIR ET DU SPORT DU QUÉBEC

ABITIBI-TÉMISCAMINGUE — RÉGION 08

CÉGEP DE L'ABITIBI-TÉMISCAMINGUE
Campus Rouyn-Noranda
425, boulevard du Collège
Rouyn-Noranda (Québec) J9X 5E5
866 234-3728

Campus Amos
341, avenue Principale Nord
Amos (Québec) J6T 2L8
819 732-5218

Campus Val-d'Or
675, 1re Avenue Est
Val-d'Or (Québec) J9P 1Y3
819 874-3837 • www.cegepat.qc.ca

BAS-SAINT-LAURENT — RÉGION 01

CÉGEP DE LA POCATIÈRE
140, 4e Avenue
La Pocatière (Québec) G0R 1Z0
418 856-1525 • www.cglapocatiere.qc.ca

CÉGEP DE MATANE
616, avenue Saint-Rédempteur
Matane (Québec) G4W 1L1
418 562-1240, poste 2186
www.cgmatane.qc.ca
information@cegep-matane.qc.ca

CÉGEP DE RIMOUSKI
60, rue de l'Évêché Ouest
Rimouski (Québec) G5L 4H6
418 723-1880 • www.cegep-rimouski.qc.ca

CÉGEP DE RIVIÈRE-DU-LOUP
80, rue Frontenac
Rivière-du-Loup (Québec) G5R 1R1
418 862-6903 • www.cegep-rdl.qc.ca

INSTITUT DE TECHNOLOGIE AGRO-ALIMENTAIRE, CAMPUS DE LA POCATIÈRE
401, rue Poiré
La Pocatière (Québec) G0R 1Z0
418 856-1110
www.ita.qc.ca/Fr/B/CampPocatiere/

INSTITUT MARITIME DU QUÉBEC
53, rue Saint-Germain Ouest
Rimouski (Québec) G5L 4B4
418 724-2822 • www.imq.qc.ca

CAPITALE-NATIONALE — RÉGION 03

CÉGEP LIMOILOU
Campus de Québec (siège social)
1300, 8e Avenue
Québec (Québec) G1J 5L5
418 647-6600 • www.climoilou.qc.ca
Infoprogrammes : 418 647-6612
infolimoilou@climoilou.qc.ca

Campus de Charlesbourg
7600, 3e Avenue Est
Charlesbourg (Québec) G1H 7L4
418 647-6600

CÉGEP DE SAINTE-FOY
2410, chemin Sainte-Foy
Sainte-Foy (Québec) G1V 1T3
418 659-6600 • www.cegep-ste-foy.qc.ca

CENTRE DE FORMATION ET DE CONSULTATION EN MÉTIERS D'ART
Cégep Limoilou
299, 3e Avenue
Québec (Québec) G1L 2V7
418 647-0567 • www.climoilou.qc.ca
Infoprogrammes : 418 647-6612
infolimoilou@climoilou.qc.ca

- École de joaillerie de Québec
  418 648-8003
- École nationale de lutherie
  418 647-0567
- Institut québécois d'ébénisterie
  418 525-7060
- Maison des métiers d'art de Québec
  418 524-7337

COLLÈGE CHAMPLAIN REGIONAL
Campus St. Lawrence
790, av. Nérée-Tremblay
Sainte-Foy (Québec) G1V 4K2
418 656-6921

COLLÈGE FRANÇOIS-XAVIER-GARNEAU
1660, boulevard de l'Entente
Québec (Québec) G1S 4S3
418 688-8310 • www.cegep-fxg.qc.ca
communications@cegep-fxg.qc.ca

▷

CENTRE-DU-QUÉBEC RÉGION 17

CÉGEP DE DRUMMONDVILLE
960, rue Saint-Georges
Drummondville (Québec) J2C 6A2
Tél. : 819 478-4671 • Téléc. : 819 474-6859
www.cdrummond.qc.ca

CÉGEP DE VICTORIAVILLE
475, rue Notre-Dame Est
Victoriaville (Québec) G6P 4B3
819 758-6401 • www.cgpvicto.qc.ca

ÉCOLE NATIONALE DU MEUBLE ET DE L'ÉBÉNISTERIE
Campus de Victoriaville
765, rue Notre-Dame Est
Victoriaville (Québec) G6P 4B3
819 758-6401, poste 2610

Campus de Montréal
5445, rue De Lorimier
Montréal (Québec) H2H 2S5
514 528-8687

CHAUDIÈRE-APPALACHES RÉGION 12

CÉGEP BEAUCE-APPALACHES
1055, 116e Rue
Ville de Saint-Georges (Québec) G5Y 3G1
418 228-8896
www.cegep-beauce-appalaches.qc.ca

CÉGEP DE LÉVIS-LAUZON
205, route Mgr-Ignace-Bourget
Lévis (Québec) G6V 6Z9
418 833-5110 • www.clevislauzon.qc.ca

CÉGEP DE THETFORD
671, boulevard Frontenac Ouest
Thetford Mines (Québec) G6G 1N1
418 338-8591 • www.cegep-ra.qc.ca

CÔTE-NORD RÉGION 09

CÉGEP DE BAIE-COMEAU
537, boulevard Blanche
Baie-Comeau (Québec) G5C 2B2
418 589-5707 • www.cegep-baie-comeau.qc.ca

CÉGEP DE SEPT-ÎLES
175, rue de la Vérendrye
Sept-Îles (Québec) G4R 5B7
418 962-9848 • www.cegep-sept-iles.qc.ca

ESTRIE RÉGION 05

COLLÈGE CHAMPLAIN REGIONAL
Siège social
2580, rue College
Sherbrooke (Québec) J1M 0C8
819 564-3666

Campus Saint-Lambert
900, Riverside Drive
Saint-Lambert (Québec) J4P 3P2
(450) 672-7360 • www.champlainonline.com

Campus St. Lawrence
790, av. Nérée-Tremblay
Sainte-Foy (Québec) G1V 4K2
418 656-6921

CÉGEP DE SHERBROOKE
475, rue du Cégep
Sherbrooke (Québec) J1E 4K1
819 564-6350 • www.cegepsherbrooke.qc.ca

GASPÉSIE–ÎLES-DE-LA-MADELEINE RÉGION 11

CÉGEP DE LA GASPÉSIE ET DES ÎLES
96, rue Jacques-Cartier
Gaspé (Québec) G4X 2S8
418 368-2201 • www.cgaspesie.qc.ca

- **Centre d'études collégiales de Carleton**
  776, boul. Perron
  Carleton (Québec) G0C 1J0
  418 364-3341

- **Centre d'études collégiales des Îles-de-la-Madeleine**
  15, chemin de la Piscine
  Étang-du-Nord (Québec) G4T 3X4
  418 986-5187

CENTRE SPÉCIALISÉ DES PÊCHES DE GRANDE-RIVIÈRE
167, La Grande-Allée Est, C.P. 220
Grande-Rivière (Québec) G0C 1V0
418 385-2241
www.cgaspesie.qc.ca/peches/index.php

LANAUDIÈRE 14

CÉGEP RÉGIONAL DE LANAUDIÈRE

Collège constituant de Joliette
20, rue Saint-Charles Sud
Joliette (Québec) J6E 4T1
450 759-1661 • www.collanaud.qc.ca/joliette

Collège constituant de l'Assomption
180, rue Dorval
L'Assomption (Québec) J5W 6C1
450 470-0922 • www.collanaud.qc.ca/lassomption

Collège constituant de Terrebonne
2505, boulevard des Entreprises
Terrebonne (Québec) J6X 5S5
450 470-0933 • www.collanaud.qc.ca/terrebonne

LAURENTIDES 15

CÉGEP DE SAINT-JÉRÔME

455, rue Fournier
Saint-Jérôme (Québec) J7Z 4V2
450 436-1580 • www.cegep-st-jerome.qc.ca

COLLÈGE LIONEL-GROULX

100, rue Duquet
Sainte-Thérèse (Québec) J7E 3G6
450 430-3120 • www.clg.qc.ca

INSTITUT DE FORMATION AÉROSPATIALE

Édifice T038
11800, rue Service A-5
Mirabel (Québec) J7N 1G1
450 476-9090 • www.ifaero.ca

LAVAL 13

COLLÈGE MONTMORENCY

475, boulevard de l'Avenir
Laval (Québec) H7N 5H9
450 975-6100 • www.cmontmorency.qc.ca

MAURICIE 04

CÉGEP DE TROIS-RIVIÈRES

3500, rue de Courval, C. P. 97
Trois-Rivières (Québec) G9A 5E6
819 376-1721 • www.cegeptr.qc.ca

COLLÈGE SHAWINIGAN

2263, avenue du Collège, C.P. 610
Shawinigan (Québec) G9N 6V8
819 539-6401 • www.collegeshawinigan.qc.ca

MONTÉRÉGIE 16

CÉGEP DE GRANBY–HAUTE-YAMASKA

235, rue Saint-Jacques, C.P. 7000
Granby (Québec) J2G 9H7
450 372-6614 • www.cegepgranby.qc.ca

CÉGEP DE SAINT-HYACINTHE

3000, avenue Boullé
Saint-Hyacinthe (Québec) J2S 1H9
450 773-6800 • www.cegepsth.qc.ca

CÉGEP DE SOREL-TRACY

3000, boulevard de Tracy
Sorel-Tracy (Québec) J3R 5B9
450 742-6651 • www.cegep-sorel-tracy.qc.ca

CÉGEP SAINT-JEAN-SUR-RICHELIEU

30, boulevard du Séminaire, C.P. 1018
Saint-Jean-sur-Richelieu (Québec) J3B 7B1
450 347-5301 • www.cstjean.qc.ca
communications@cstjean.qc.ca

COLLÈGE CHAMPLAIN REGIONAL

Campus Saint-Lambert
900, Riverside Drive
Saint-Lambert (Québec) J4P 3P2
450 672-7360 • www.champlainonline.com

COLLÈGE DE VALLEYFIELD

169, rue Champlain
Valleyfield (Québec) J6T 1X6
450 373-9441 • www.colval.qc.ca

COLLÈGE ÉDOUARD-MONTPETIT

945, chemin de Chambly
Longueuil (Québec) J4H 3M6
450 679-2631 • www.collegeem.qc.ca

École nationale d'aérotechnique

5555, place de la Savane
Saint-Hubert (Québec) J3Y 8Y9
450 678-3560

▷ MONTÉRÉGIE (SUITE) RÉGION 16

INSTITUT DE TECHNOLOGIE AGRO-ALIMENTAIRE, CAMPUS DE SAINT-HYACINTHE

3230, rue Sicotte, C.P. 70
Saint-Hyacinthe (Québec) J2S 7B3
450 778-6504 • http://ita.qc.ca

MONTRÉAL RÉGION 06

CAMPUS MACDONALD

Édifice Harrison House
21111, chemin Lakeshore
Saint-Anne-de-Bellevue (Québec) H9X 3V9
514 398-7818 • www.mcgill.ca/fmt/

CÉGEP À DISTANCE

7100, rue Jean-Talon Est, 7ᵉ étage
Montréal (Québec) H1M 3S3
514 864-6464 / 1 800 665-6400
www.ccfd.crosemont.qc.ca

CÉGEP ANDRÉ-LAURENDEAU

1111, rue Lapierre
LaSalle (Québec) H8N 2J4
514 364-3320 • www.claurendeau.qc.ca

CÉGEP DE SAINT-LAURENT

625, avenue Sainte-Croix
Saint-Laurent (Québec) H4L 3X7
514 747-6521 • www.cegep-st-laurent.qc.ca

CÉGEP DU VIEUX MONTRÉAL

255, rue Ontario Est
Montréal (Québec) H2X 1X6
514 982-3437 • www.cvm.qc.ca

• **Institut des métiers d'art**
514 982-3408

CÉGEP JOHN ABBOTT

21275, chemin Lakeshore
Sainte-Anne-de-Bellevue (Québec) H9X 3L9
514 457-6610 • www.johnabbott.qc.ca

CÉGEP MARIE-VICTORIN

7000, rue Marie-Victorin
Montréal (Québec) H1G 2J6
514 325-0150 • www.collegemv.qc.ca

COLLÈGE AHUNTSIC

9155, rue Saint-Hubert
Montréal (Québec) H2M 1Y8
514 389-5921 • www.collegeahuntsic.qc.ca

COLLÈGE DAWSON

3040, rue Sherbrooke Ouest
Westmount (Québec) H3Z 1A4
514 931-8731 • www.dawsoncollege.qc.ca

COLLÈGE DE BOIS-DE-BOULOGNE

10555, avenue de Bois-de-Boulogne
Montréal (Québec) H4N 1L4
514 332-3000 • www.bdeb.qc.ca

COLLÈGE DE MAISONNEUVE

Institut des technologies de l'information
3800, rue Sherbrooke Est
Montréal (Québec) H1X 2A2
514 254-1444 • www.cmaisonneuve.qc.ca

Institut de chimie et de pétrochimie
6220, rue Sherbrooke Est
Montréal (Québec) H1N 1C1
514 255-4444

COLLÈGE DE ROSEMONT

6400, 16ᵉ Avenue
Montréal (Québec) H1X 2S9
514 376-1620 • www.crosemont.qc.ca

COLLÈGE GÉRALD-GODIN

15615, boulevard Gouin Ouest
Sainte-Geneviève (Québec) H9H 5K8
514 626-2666 • www.college-gerald-godin.qc.ca

COLLÈGE VANIER

821, avenue Sainte-Croix
Saint-Laurent (Québec) H4L 3X9
514 744-7500 • www.vaniercollege.qc.ca

ÉCOLE NATIONALE DU MEUBLE ET DE L'ÉBÉNISTERIE
Campus de Montréal
5445, rue De Lorimier
Montréal (Québec) H2H 2S5
514 528-8687

INSTITUT DE TOURISME ET D'HÔTELLERIE DU QUÉBEC

3535, rue Saint-Denis
Montréal (Québec) H2X 3P1
514 282-5108 • www.ithq.qc.ca

OUTAOUAIS · RÉGION 07

CÉGEP DE L'OUTAOUAIS
Campus Gabrielle-Roy
333, boulevard Cité-des-Jeunes
Hull (Québec) J8Y 6M4
819 770-4012

Campus Félix-Leclerc
820, boulevard La Gappe
Gatineau (Québec) J8T 7T7
819 770-4012

Campus Louis-Reboul
125, boulevard Sacré-Cœur
Hull (Québec) J8X 1C5
819 770-4012
www.cegepoutaouais.qc.ca

CÉGEP HERITAGE
325, boulevard Cité-des-Jeunes
Hull (Québec) J8Y 6T3
819 778-2270
www.cegep-heritage.qc.ca

SAGUENAY–LAC-SAINT-JEAN · RÉGION 02

CÉGEP DE CHICOUTIMI
534, rue Jacques-Cartier Est
Chicoutimi (Québec) G7H 1Z6
418 549-9520 • www.cegep-chicoutimi.qc.ca

CÉGEP DE JONQUIÈRE
2505, rue Saint-Hubert
Jonquière (Québec) G7X 7W2
418 547-2191 • www.cjonquiere.qc.ca

CÉGEP DE SAINT-FÉLICIEN
1105, boulevard Hamel
C. P. 7300
Saint-Félicien (Québec) G8K 2R8
418 679-5412
Renseignements et admission : poste 300
www.cstfelicien.qc.ca

COLLÈGE D'ALMA
675, boulevard Auger Ouest
Alma (Québec) G8B 2B7
418 668-2387 • www.calma.qc.ca

▌ÉTABLISSEMENTS PRIVÉS

CAPITALE-NATIONALE · RÉGION 03

CAMPUS NOTRE-DAME-DE-FOY
(MULTICOLLÈGE DE L'OUEST)
5000, rue Clément-Lockquell
Saint-Augustin-de-Desmaures (Québec) G3A 1B3
418 872-8041 / 1 800 463-8041
www.cndf.qc.ca

COLLÈGE BART
751, côte d'Abraham
Québec (Québec) G1R 1A2
418 522-3906 • www.bart.qc.ca

COLLÈGE MÉRICI
(MULTICOLLÈGE DE L'OUEST)
755, chemin Saint-Louis
Québec (Québec) G1S 1C1
418 683-1591 / 1 800 208-1463
www.college-merici.qc.ca

COLLÈGE O'SULLIVAN DE QUÉBEC
840, rue Saint-Jean
Québec (Québec) G1R 1R3
418 529-3355
www.osullivan-quebec.qc.ca

INSTITUT QUÉBÉCOIS D'ÉBÉNISTERIE (IQE)
2350-A, avenue du Colisée, bureau 1-14
Québec (Québec) G1L 5A1
418 525-7060 • www.iqe.edu

CENTRE-DU-QUÉBEC · RÉGION 17

COLLÈGE D'AFFAIRES ELLIS
235, rue Moisan
Drummondville (Québec) J2B 1B3
819 477-3113 / 1 800 869-3113
www.ellis.qc.ca

ESTRIE · RÉGION 05

SÉMINAIRE DE SHERBROOKE
195, rue Marquette
Sherbrooke (Québec) J1H 1L6
819 563-2050
www.seminaire-sherbrooke.qc.ca

▷

▷ **LAVAL** 13

COLLÈGE CDI/DELTA
Campus de Laval
3, place Laval
Bureau 400
Laval (Québec) H7N 1A2
450 662-9090

MAURICIE 04

COLLÈGE LAFLÈCHE
1687, boulevard du Carmel
Trois-Rivières (Québec) G8Z 3R8
819 375-7346 • www.clafleche.qc.ca

ÉCOLE COMMERCIALE DU CAP
155, rue Latreille
Cap-de-la-Madeleine (Québec) G8T 3E8
819 691-2600 • www.ecc.qc.ca

 MONTÉRÉGIE 16

COLLÈGE CDI/DELTA
Campus de Longueuil
1111, rue Saint-Charles Ouest
Bureau 135
Longueuil (Québec) J4K 5G4
450 677-9191

MONTRÉAL 06

COLLÈGE CDI/DELTA
416, boulevard de Maisonneuve Ouest
Bureau 700
Montréal (Québec) H3A 1L2
514 849-1234 • www.cdicollege.com

COLLÈGE ANDRÉ-GRASSET
1001, boulevard Crémazie Est
Montréal (Québec) H2M 1M3
514 381-4293 • www.grasset.qc.ca

Institut Grasset
220, rue Fairmount Ouest
Montréal (Québec) H2T 2M7
514 277-6053 • www.institut-grasset.qc.ca

COLLÈGE LASALLE
2000, rue Sainte-Catherine Ouest
Montréal (Québec) H3T 2T2
514 939-2006 • www.clasalle.com

COLLÈGE O'SULLIVAN DE MONTRÉAL
1191, rue de la Montagne
Montréal (Québec) H3G 1Z2
514 866-4622 / 1 800 621-8055
www.osullivan.edu

ÉCOLE NATIONALE DE CIRQUE
8181, 2e Avenue
Montréal (Québec) H1Z 4N9
514 982-0859 / 1 800 267-0859
www.enc.qc.ca

INSTITUT SUPÉRIEUR D'INFORMATIQUE
255, boul. Crémazie Est, bureau 100
Montréal (Québec) H2M 1M2
514 842-2426 • www.isi-mtl.com

INSTITUT TREBAS
550, rue Sherbrooke Ouest
Tour Est, 6e étage
Montréal (Québec) H3A 1B9
514 845-4141 • www.trebas.com

MUSITECHNIC SERVICES ÉDUCATIFS INC.
888, boul. de Maisonneuve Est
Tour 3, bureau 440
Montréal (Québec) H2L 4S8
514 521-2060 / 1 800 824-2060
www.musitechnic.com

 OUTAOUAIS 07

MULTICOLLÈGE DE L'OUEST DU QUÉBEC
217, rue Montcalm
Hull (Québec) J8Y 6X1
819 595-1115
1 877 776-8584 • www.multicollege.qc.ca

AUTRES ÉTABLISSEMENTS OFFRANT DE LA FORMATION COLLÉGIALE

Académie de l'entrepreneurship québécois inc. 514 676-5826

Académie du Savoir (1995) inc...514 954-9503

Académie des arts et du design...514 875-9777

Ateliers de danse moderne de Montréal inc. (Les)...514 866-9814

Campus Ubisoft 514 227-3514

Centennial Academy / L'Académie Centennale 514 486-5533

Centre d'études collégiales de Montmagny 418 248-7164

Centre matapédien d'études collégiales 418 629-4190

Centre national d'animation et de design 514 288-3447

CINAC inc..514 737-5537

Collège April-Fortier (Centre de formation en tourisme inc.) 514 878-1414

Collège CDI de technologie des affaires 450 662-9090

Collège dans la cité (CDC) de la Villa Sainte-Marcelline 514 488-0031

Collège de l'Estrie inc...819 346-5000

Collège de l'immobilier du Québec .... 514 762-1862 / 1 888 762-1862

Collège Marsan et Multimédia 514 525-3030

Collège Herzing/Herzing College...514 935-7494

Collège Info-Technique..514 685-0126

Collège Inter-Dec 514 939-4444

Collège Jean-de-Brébeuf 514 342-9342

Collège Mother House 514 935-2532

Collège MultiHexa Québec..418 682-5717

Collège MultiHexa Trois-Rivières...819 697-2828

Collège radio télévision de Québec inc..418 647-2095

Collège Salette 514 388-5725

Collège technique de Montréal inc...514 932-6444

Conservatoire Lassalle 514 288-4140

Cyclone Arts et Technologies 418 522-3906

École de danse de Québec...418 649-4715 ▷

▷ École de musique Vincent-D'Indy 514 735-5261

École du Show-Business 514 271-2244

École nationale de cirque 514 982-0859

École nationale de l'humour 514 849-7876

École supérieure de ballet contemporain 514 849-4929

Institut de création artistique et de recherche en infographie ICARI inc. 514 982-0922

Institut d'enregistrement du Canada 514 286-4336

Institut Grasset 514 277-6053

Institut Teccart (2003) 514 526-2501

Marianopolis 514 931-8792

AUTRES RESSOURCES

Association des collèges privés du Québec 514 381-8891

Association québécoise d'information scolaire et professionnelle 418 847-1781

Conseil interprofessionnel du Québec 514 288-3574

Fédération des cégeps 514 381-8631

Fédération nationale des enseignantes et des enseignants du Québec 514 598-2241

Ministère de l'Éducation, du Loisir et du Sport (renseignements généraux) 418 643-7095

Ordre des conseillers et conseillères d'orientation et
des psychoéducateurs et psychoéducatrices du Québec 514 737-4717

Ordre des technologues professionnels du Québec 514 845-3247

SRAM (Service régional d'admission du Montréal métropolitain) 514 271-2454

SRAQ (Service régional d'admission au collégial de Québec) 418 659-4873

SRAS (Service régional d'admission des cégeps du Saguenay–Lac-Saint-Jean) 418 548-7191

STATISTIQUES

PAGES 370
⇓
377

La Relance au collégial

Cette section présente des données complémentaires extraites de *La Relance au collégial*. Diffusée par le ministère de l'Éducation, du Loisir et du Sport, cette publication a pour but de faire connaître les résultats d'une enquête sur la situation des sortants diplômés des programmes d'études préuniversitaires et techniques. La période de référence est le 31 mars, soit 10 mois après la fin de leurs études collégiales.

Pour obtenir des renseignements complémentaires sur les programmes cités ou sur les autres programmes non mentionnés dans la liste qui suit, consultez *La Relance au collégial* dans le site du ministère de l'Éducation, du Loisir et du Sport du Québec à l'adresse suivante : www.meq.gouv.qc.ca/relance/relance.htm.

Notes

L'abréviation n.d. signifie «données non disponibles».

Tous les pourcentages ont été calculés à la seconde décimale et arrondis ensuite à la première décimale supérieure.

Les numéros des programmes correspondent généralement à ceux utilisés dans la plus récente enquête *Relance* figurant ici (2006). Nous avons ajouté (le cas échéant) d'anciens noms et numéros des programmes pour les promotions des années antérieures.

SECTEURS ET DISCIPLINES	Personnes diplômées	En emploi %	À la recherche d'un emploi %	À temps plein %	Taux de chômage %
ADMINISTRATION, COMMERCE ET INFORMATIQUE					
410.12 Techniques administratives	261	44,0	2,2	82,7	4,7
410.B0 Techniques de comptabilité et de gestion	1 384	46,5	1,5	90,1	3,2
410.C0 Conseil en assurances et en services financiers	55	51,3	5,1	90,0	9,1
410.D0 Gestion de commerces	78	50,9	0,0	85,7	0,0
412.A0 Techniques de bureautique	17	85,7	0,0	91,7	0,0
412.AA – Spécialisation en coordination du travail de bureau	148	89,4	2,9	92,5	3,1
412.AB – Spécialisation en micro-édition et hypermédia	211	68,2	8,1	87,1	10,6
413.01 Administration et coopération	9	37,5	0,0	100,0	0,0
415.11 Techniques administratives : marketing	n.d.	n.d.	n.d.	n.d.	n.d.
415.12 Techniques administratives : personnel	n.d.	n.d.	n.d.	n.d.	n.d.
415.13 Techniques administratives : finance	n.d.	n.d.	n.d.	n.d.	n.d.
415.14 Techniques administratives : gestion industrielle	n.d.	n.d.	n.d.	n.d.	n.d.
415.15 Techniques administratives : assurances	n.d.	n.d.	n.d.	n.d.	n.d.
415.16 Techniques administratives : gestion	n.d.	n.d.	n.d.	n.d.	n.d.
415.17 Techniques administratives : transport (voir secteur Transport)	n.d.	n.d.	n.d.	n.d.	n.d.
420.A0 Techniques de l'informatique	31	57,9	10,5	100,0	15,4
420.AA – Spécialisation en informatique de gestion	812	49,0	6,1	92,1	11,1
420.AB – Spécialisation en informatique industrielle	20	66,7	6,7	100,0	9,1
420.AC – Spécialisation en gestion de réseaux informatiques	253	73,7	5,0	93,2	6,4
AGRICULTURE ET PÊCHES					
145.A0 Techniques de santé animale	239	84,7	1,8	95,1	2,0
152.03 Gestion et exploitation d'entreprise agricole	n.d.	n.d.	n.d.	n.d.	n.d.
152.AA – Spécialisation en productions animales	120	80,2	3,5	95,7	4,2
152.AB – Spécialisation en productions végétales	16	54,5	18,2	66,7	25,0
153.A0 Technologie des productions animales	52	68,4	5,3	96,2	7,1
153.B0 Technologie de la production horticole et de l'environnement	n.d.	n.d.	n.d.	n.d.	n.d.
153.BA – Spécialisation en cultures légumières, fruitières et industrielles	10	57,1	14,3	100,0	20,0
153.BB – Spécialisation en cultures de plantes ornementales	7	66,7	16,7	100,0	20,0
153.BC – Spécialisation en cultures horticoles, légumières, fruitières et ornementales en serre et champ	25	88,9	5,6	81,3	5,9
153.BD – Spécialisation en environnement	16	75,0	8,3	88,9	10,0
153.C0 Paysage et commercialisation en horticulture ornementale	n.d.	n.d.	n.d.	n.d.	n.d.
153.CA – Spécialisation en aménagement paysager	10	57,1	0,0	75,0	0,0
153.CB – Spécialisation en espaces verts	8	71,4	0,0	100,0	0,0
153.CC – Spécialisation en commercialisation des produits et des services horticoles	n.d.	n.d.	n.d.	n.d.	n.d.
153.D0 Technologie des équipements agricoles	9	85,7	0,0	100,0	0,0
155.A0 Techniques équines	n.d.	n.d.	n.d.	n.d.	n.d.
155.AA – Spécialisation en équitation western	9	87,5	12,5	85,7	12,5
155.AB – Spécialisation en équitation classique	6	100,0	0,0	80,0	0,0
155.AC – Spécialisation en courses attelées	n.d.	n.d.	n.d.	n.d.	n.d.
231.04 Exploitation et production des ressources marines	n.d.	n.d.	n.d.	n.d.	n.d.
ALIMENTATION ET TOURISME					
154.A0 Technologie de la transformation des aliments	48	85,3	2,9	96,6	3,3
414.A0 Techniques de tourisme	9	66,7	0,0	100,0	0,0
414.AA – Spécialisation en accueil et guidage touristique	42	62,1	3,4	88,9	5,3
414.AB – Spécialisation en mise en valeur de produits touristiques	83	79,4	4,8	88,0	5,7
414.AC – Spécialisation en développement et promotion de produits du voyage	70	88,0	2,0	84,1	2,2
430.02 Techniques de gestion des services alimentaires et de restauration	n.d.	n.d.	n.d.	n.d.	n.d.
430.A0 Techniques de gestion hôtelière	150	66,7	3,0	97,0	4,3
430.B0 Gestion d'un établissement de restauration	62	61,5	0,0	91,7	0,0
ARTS					
551.A0 Techniques professionnelles de musique et chanson	7	20,0	0,0	0,0	0,0
551.AA – Spécialisation en composition et arrangement	8	66,7	0,0	75,0	0,0
551.AB – Spécialisation en interprétation	43	42,9	3,6	50,0	7,7

| | SITUATION EN 2005 | | | | | SITUATION EN 2004 | | | | |
| | Promotion 2003-2004 | | | | | Promotion 2002-2003 | | | | |
	Personnes diplômées	En emploi %	À la recherche d'un emploi %	À temps plein %	Taux de chômage %	Personnes diplômées	En emploi %	À la recherche d'un emploi %	À temps plein %	Taux de chômage %
	282	50,0	3,0	86,0	5,7	335	47,0	3,0	83,3	6,1
	1 537	40,6	2,5	87,0	5,9	n.d.	n.d.	n.d.	n.d.	n.d.
	57	75,6	0,0	96,8	0,0	n.d.	n.d.	n.d.	n.d.	n.d.
	n.d.	n.d.	n.d.	n.d.	n.d.	n.d.	n.d.	n.d.	n.d.	n.d.
	18	93,3	6,7	92,9	6,7	52	77,1	11,4	88,9	12,9
	177	88,2	5,5	92,9	5,9	n.d.	n.d.	n.d.	n.d.	n.d.
	255	71,1	5,0	83,6	6,6	n.d.	n.d.	n.d.	n.d.	n.d.
	16	15,4	0,0	0,0	0,0	25	25,0	0,0	100,0	0,0
	n.d.	n.d.	n.d.	n.d.	n.d.	n.d.	n.d.	n.d.	n.d.	n.d.
	n.d.	n.d.	n.d.	n.d.	n.d.	n.d.	n.d.	n.d.	n.d.	n.d.
	n.d.	n.d.	n.d.	n.d.	n.d.	n.d.	n.d.	n.d.	n.d.	n.d.
	n.d.	n.d.	n.d.	n.d.	n.d.	n.d.	n.d.	n.d.	n.d.	n.d.
	n.d.	n.d.	n.d.	n.d.	n.d.	n.d.	n.d.	n.d.	n.d.	n.d.
	n.d.	n.d.	n.d.	n.d.	n.d.	n.d.	n.d.	n.d.	n.d.	n.d.
	n.d.	n.d.	n.d.	n.d.	n.d.	n.d.	n.d.	n.d.	n.d.	n.d.
	135	52,6	10,3	80,4	16,4	516	48,9	7,0	93,4	12,5
	974	51,6	5,0	90,5	8,9	1 044	52,3	6,7	89,7	11,4
	19	47,1	11,8	87,5	20,0	26	57,1	9,5	91,7	14,3
	197	70,2	5,7	91,9	7,5	n.d.	n.d.	n.d.	n.d.	n.d.
	248	85,1	2,9	92,6	3,3	236	87,0	1,1	90,3	1,3
	n.d.	n.d.	n.d.	n.d.	n.d.	n.d.	n.d.	n.d.	n.d.	n.d.
	130	79,3	2,2	89,0	2,7	134	78,2	4,0	97,5	4,8
	18	73,3	13,3	81,8	15,4	29	65,0	10,0	100,0	13,3
	42	76,7	0,0	95,7	0,0	46	72,2	11,1	96,2	13,3
	n.d.	n.d.	n.d.	n.d.	n.d.	n.d.	n.d.	n.d.	n.d.	n.d.
	17	69,2	0,0	88,9	0,0	n.d.	n.d.	n.d.	n.d.	n.d.
	13	54,5	9,1	100,0	14,3	15	70,0	10,0	100,0	12,5
	11	33,3	0,0	100,0	0,0	13	55,6	22,2	80,0	28,6
	12	62,5	0,0	100,0	0,0	n.d.	n.d.	n.d.	n.d.	n.d.
	n.d.	n.d.	n.d.	n.d.	n.d.	n.d.	n.d.	n.d.	n.d.	n.d.
	25	55,0	5,0	90,9	8,3	19	62,5	18,8	80,0	23,1
	n.d.	n.d.	n.d.	n.d.	n.d.	n.d.	n.d.	n.d.	n.d.	n.d.
	6	66,7	0,0	100,0	0,0	9	57,1	28,6	100,0	33,3
	8	87,5	0,0	100,0	0,0	12	80,0	0,0	100,0	0,0
	n.d.	n.d.	n.d.	n.d.	n.d.	n.d.	n.d.	n.d.	n.d.	n.d.
	n.d.	n.d.	n.d.	n.d.	n.d.	n.d.	n.d.	n.d.	n.d.	n.d.
	n.d.	n.d.	n.d.	n.d.	n.d.	n.d.	n.d.	n.d.	n.d.	n.d.
	n.d.	n.d.	n.d.	n.d.	n.d.	n.d.	n.d.	n.d.	n.d.	n.d.
	n.d.	n.d.	n.d.	n.d.	n.d.	n.d.	n.d.	n.d.	n.d.	n.d.
	25	85,0	0,0	100,0	0,0	50	84,2	2,6	100,0	3,0
	17	63,6	0,0	85,7	0,0	49	62,5	3,1	95,0	4,8
	50	71,4	2,9	76,0	3,8	n.d.	n.d.	n.d.	n.d.	n.d.
	106	66,7	2,5	81,5	3,6	n.d.	n.d.	n.d.	n.d.	n.d.
	109	78,4	2,7	89,7	3,3	n.d.	n.d.	n.d.	n.d.	n.d.
	n.d.	n.d.	n.d.	n.d.	n.d.	59	87,2	0,0	91,2	0,0
	181	80,0	3,0	85,2	3,6	181	80,8	0,8	89,5	0,9
	79	72,9	3,4	93,0	4,4	n.d.	n.d.	n.d.	n.d.	n.d.
	67	27,1	2,1	53,8	7,1	69	39,6	6,3	26,3	13,6
	n.d.	n.d.	n.d.	n.d.	n.d.	n.d.	n.d.	n.d.	n.d.	n.d.
	10	50,0	0,0	60,0	0,0	n.d.	n.d.	n.d.	n.d.	n.d.

SITUATION EN 2006

Promotion 2004-2005

	Personnes diplômées	En emploi %	À la recherche d'un emploi %	À temps plein %	Taux de chômage %
561.A0 Théâtre – production	n.d.	n.d.	n.d.	n.d.	n.d.
561.AA – Spécialisation en décors et costumes	20	53,3	26,7	87,5	33,3
561.AB – Spécialisation en gestion et techniques de scène	22	94,1	0,0	81,3	0,0
561.BB Danse-interprétation : spécialisation en danse contemporaine	13	81,8	0,0	44,4	0,0
561.C0 Interprétation théâtrale	59	71,1	0,0	63,0	0,0
561.D0 Arts du cirque	n.d.	n.d.	n.d.	n.d.	n.d.
570.02 Design de présentation	90	61,9	6,3	87,2	9,3
570.03 Design d'intérieur	n.d.	n.d.	n.d.	n.d.	n.d.
570.04 Photographie	71	64,0	6,0	87,5	8,6
570.C0 Techniques de design industriel	59	55,8	4,7	83,3	7,7
570.E0 Techniques de design d'intérieur	219	78,1	5,2	87,6	6,2
573.14 Techniques de métiers d'art : impression textile	n.d.	n.d.	n.d.	n.d.	n.d.
573.AA Techniques de métiers d'art : céramique	8	83,3	0,0	60,0	0,0
573.AB Techniques de métiers d'art : construction textile	6	50,0	0,0	100,0	0,0
573.AC Techniques de métiers d'art : ébénisterie artisanale	29	75,0	4,2	94,4	5,3
573.AE Techniques de métiers d'art : joaillerie	16	70,0	20,0	57,1	22,2

BOIS ET MATÉRIAUX CONNEXES

233.01 Techniques du meuble et du bois ouvré	n.d.	n.d.	n.d.	n.d.	n.d.
233.B0 Techniques du meuble et d'ébénisterie	n.d.	n.d.	n.d.	n.d.	n.d.
233.BB – Spécialisation en menuiserie architecturale	16	75,0	0,0	88,9	0,0

CHIMIE ET BIOLOGIE

210.01 Techniques de chimie analytique	n.d.	n.d.	n.d.	n.d.	n.d.
210.02 Techniques de génie chimique	5	80,0	0,0	100,0	0,0
210.03 Techniques de chimie-biologie	n.d.	n.d.	n.d.	n.d.	n.d.
210.AA Techniques de laboratoire : biotechnologies	86	52,4	3,2	97,0	5,7
210.AB Techniques de laboratoire : chimie analytique	52	81,1	0,0	96,7	0,0
210.B0 Techniques de procédés chimiques	30	85,0	10,0	100,0	10,5
260.03 Assainissement et sécurité industriels	n.d.	n.d.	n.d.	n.d.	n.d.
260.A0 Assainissement de l'eau	n.d.	n.d.	n.d.	n.d.	n.d.
260.B0 Environnement, hygiène et sécurité au travail	24	73,7	10,5	92,9	12,5

BÂTIMENT ET TRAVAUX PUBLICS

221.A0 Technologie de l'architecture	201	62,0	4,2	93,2	6,4
221.B0 Technologie du génie civil	208	60,8	2,7	96,7	4,3
221.C0 Technologie de la mécanique du bâtiment	107	81,6	1,3	98,4	1,6
221.D0 Technologie de l'estimation et de l'évaluation en bâtiment	18	78,6	0,0	100,0	0,0
230.AA Technologie de la géomatique : spécialisation en cartographie	29	86,4	4,5	100,0	5,0
230.AB Technologie de la géomatique : spécialisation en géodésie	23	78,9	0,0	100,0	0,0
311.AA Sécurité incendie : spécialisation en prévention	139	90,8	5,1	87,6	5,3

ENVIRONNEMENT ET AMÉNAGEMENT DU TERRITOIRE

145.01 Techniques d'écologie appliquée	n.d.	n.d.	n.d.	n.d.	n.d.
145.02 Techniques d'inventaire et de recherche en biologie	n.d.	n.d.	n.d.	n.d.	n.d.
145.B0 Techniques d'aménagement cynégétique et halieutique	26	53,3	6,7	100,0	11,1
145.C0 Techniques de bioécologie	97	52,2	13,0	91,7	20,0
147.11 Techniques du milieu naturel : exploitation forestière	n.d.	n.d.	n.d.	n.d.	n.d.
147.A0 – Aménagement et interprétation du patrimoine	14	70,0	10,0	85,7	12,5
147.AB – Aménagement de la faune	5	60,0	0,0	100,0	0,0
147.16 – Santé animale	n.d.	n.d.	n.d.	n.d.	n.d.
147.19 – Aquiculture	n.d.	n.d.	n.d.	n.d.	n.d.
147.AC – Aménagement et interprétation du patrimoine naturel	21	31,3	12,5	100,0	28,6
147.AD – Protection de l'environnement	13	54,5	9,1	83,3	14,3
222.01 Techniques d'aménagement du territoire	n.d.	n.d.	n.d.	n.d.	n.d.
222.A0 Techniques d'aménagement et d'urbanisme	20	81,3	12,5	100,0	13,3

ÉLECTROTECHNIQUE

243.06 Technologie de l'électronique industrielle	17	69,2	30,8	100,0	30,8
243.11 Technologie de l'électronique	n.d.	n.d.	n.d.	n.d.	n.d.

Personnes diplômées	En emploi %	À la recherche d'un emploi %	À temps plein %	Taux de chômage %	Personnes diplômées	En emploi %	À la recherche d'un emploi %	À temps plein %	Taux de chômage %
		SITUATION EN 2005 Promotion 2003-2004					**SITUATION EN 2004** Promotion 2002-2003		
n.d.	n.d.	n.d.	n.d.	n.d.	n.d.	n.d.	n.d.	n.d.	n.d.
20	87,5	12,5	85,7	12,5	17	69,2	15,4	100,0	18,2
14	75,0	16,7	88,9	18,2	21	82,4	5,9	71,4	6,7
13	45,5	9,1	60,0	16,7	n.d.	n.d.	n.d.	n.d.	n.d.
52	73,5	8,8	72,0	10,7	n.d.	n.d.	n.d.	n.d.	n.d.
n.d.	n.d.	n.d.	n.d.	n.d.	11	57,1	28,6	75,0	33,3
91	61,5	4,6	92,5	7,0	75	67,9	7,5	86,1	10,0
n.d.	n.d.	n.d.	n.d.	n.d.	181	77,2	1,6	85,3	2,1
67	68,8	4,2	81,8	5,7	70	70,2	2,1	78,8	2,9
51	61,1	5,6	90,9	8,3	37	60,0	8,0	100,0	11,8
276	75,5	2,6	90,5	3,3	n.d.	n.d.	n.d.	n.d.	n.d.
n.d.	n.d.	n.d.	n.d.	n.d.	n.d.	n.d.	n.d.	n.d.	n.d.
15	58,3	0,0	71,4	0,0	n.d.	n.d.	n.d.	n.d.	n.d.
6	25,0	0,0	100,0	0,0	n.d.	n.d.	n.d.	n.d.	n.d.
32	69,6	17,4	81,3	20,0	27	68,2	0,0	73,3	0,0
25	73,7	10,5	78,6	12,5	12	87,5	12,5	71,4	12,5
n.d.	n.d.	n.d.	n.d.	n.d.	n.d.	n.d.	n.d.	n.d.	n.d.
n.d.	n.d.	n.d.	n.d.	n.d.	n.d.	n.d.	n.d.	n.d.	n.d.
27	71,4	9,5	100,0	11,0	25	87,5	0,0	92,9	0,0
n.d.	n.d.	n.d.	n.d.	n.d.	n.d.	n.d.	n.d.	n.d.	n.d.
13	54,5	0,0	83,3	0,0	16	61,5	0,0	100,0	0,0
n.d.	n.d.	n.d.	n.d.	n.d.	n.d.	n.d.	n.d.	n.d.	n.d.
94	57,4	1,5	84,6	2,5	n.d.	n.d.	n.d.	n.d.	n.d.
70	72,5	2,0	91,9	2,6	n.d.	n.d.	n.d.	n.d.	n.d.
32	82,6	13,0	100,0	13,6	42	83,3	3,3	100,0	3,8
n.d.	n.d.	n.d.	n.d.	n.d.	n.d.	n.d.	n.d.	n.d.	n.d.
11	100,0	0,0	100,0	0,0	n.d.	n.d.	n.d.	n.d.	n.d.
14	90,9	0,0	100,0	0,0	n.d.	n.d.	n.d.	n.d.	n.d.
203	61,2	2,0	96,8	3,1	185	56,8	3,6	92,4	6,0
181	56,3	3,1	97,2	5,3	157	54,2	4,2	100,0	7,2
84	81,4	1,7	93,8	2,0	61	68,3	2,4	100,0	3,4
20	75,0	0,0	100,0	0,0	27	77,3	9,1	100,0	10,5
34	87,5	8,3	100,0	8,7	33	84,0	8,0	100,0	8,7
26	82,6	4,3	100,0	5,0	25	70,0	0,0	100,0	0,0
99	93,0	2,8	84,8	2,9	n.d.	n.d.	n.d.	n.d.	n.d.
n.d.	n.d.	n.d.	n.d.	n.d.	57	47,2	5,6	88,2	10,5
n.d.	n.d.	n.d.	n.d.	n.d.	48	57,1	31,4	90,0	35,5
21	31,3	31,3	80,0	50,0	25	38,9	44,4	85,7	53,3
89	60,9	14,1	89,7	18,8	n.d.	n.d.	n.d.	n.d.	n.d.
n.d.	n.d.	n.d.	n.d.	n.d.	13	30,0	20,0	100,0	40,0
13	75,0	0,0	83,3	0,0	9	28,6	14,3	50,0	33,3
10	25,0	12,5	50,0	33,3	18	30,8	23,1	100,0	42,9
n.d.	n.d.	n.d.	n.d.	n.d.	17	71,4	7,1	100,0	9,1
n.d.	n.d.	n.d.	n.d.	n.d.	n.d.	n.d.	n.d.	n.d.	n.d.
22	53,3	13,3	87,5	20,0	n.d.	n.d.	n.d.	n.d.	n.d.
19	40,0	20,0	100,0	33,3	19	37,5	25,0	83,3	40,0
n.d.	n.d.	n.d.	n.d.	n.d.	n.d.	n.d.	n.d.	n.d.	n.d.
11	70,0	20,0	100,0	22,2	n.d.	n.d.	n.d.	n.d.	n.d.
19	93,8	6,3	100,0	6,3	29	78,3	8,7	88,9	10,0
n.d.	n.d.	n.d.	n.d.	n.d.	n.d.	n.d.	n.d.	n.d.	n.d.

SECTEURS ET DISCIPLINES	Personnes diplômées	En emploi %	À la recherche d'un emploi %	À temps plein %	Taux de chômage %
243.15 Technologie de systèmes ordinés	81	45,6	7,0	92,3	13,3
243.16 Technologie de conception électronique	43	12,9	6,5	100,0	33,3
243.86 Technologie de l'électronique industrielle : électrodynamique	223	62,1	5,6	98,0	8,3
243.87 − Instrumentation et automatisation	191	69,9	5,1	96,8	6,9
243.93 Technologie de l'électronique : télécommunications	189	61,9	3,7	89,2	5,7
243.94 − Spécialisation en ordinateurs	65	56,5	2,2	96,2	3,7
243.95 − Spécialisation en audiovisuel	55	71,8	5,1	92,9	6,7
244.A0 Technologie physique	43	64,5	3,2	90,0	4,8
280.04 Avionique	31	50,0	0,0	100,0	0,0
ENTRETIEN D'ÉQUIPEMENT MOTORISÉ					
248.C0 Techniques de génie mécanique de marine	14	44,4	22,2	100,0	33,3
280.C0 Techniques de maintenance d'aéronefs	138	79,6	1,0	96,2	1,3
FABRICATION MÉCANIQUE					
235.A0 Techniques de production manufacturière	n.d.	n.d.	n.d.	n.d.	n.d.
235.B0 Technologie du génie industriel	58	51,2	12,2	95,2	19,2
241.12 Techniques de transformation des matières plastiques	n.d.	n.d.	n.d.	n.d.	n.d.
241.A0 Techniques de génie mécanique	400	56,4	3,1	97,5	5,3
241.C0 Techniques de transformation des matériaux composites	10	50,0	0,0	100,0	0,0
248.01 Techniques d'architecture navale	6	75,0	25,0	100,0	25,0
280.B0 Techniques de construction aéronautique	81	59,6	0,0	100,0	0,0
FORESTERIE ET PAPIER					
190.86 Aménagement forestier : spécialisation en aménagement forestier	n.d.	n.d.	n.d.	n.d.	n.d.
190.A0 Technologie de la transformation des produits forestiers	8	71,4	14,3	100,0	16,7
190.B0 Technologie forestière	61	44,2	9,3	89,5	17,4
232.A0 Technologies des pâtes et papiers	18	91,7	0,0	100,0	0,0
COMMUNICATION ET DOCUMENTATION					
393.A0 Techniques de la documentation	109	83,1	7,8	81,3	8,6
570.A0 Graphisme	288	60,3	2,9	78,9	4,7
570.B0 Techniques de muséologie	8	75,0	25,0	100,0	25,0
574.A0 Dessin animé	25	80,0	0,0	93,8	0,0
581.08 Techniques de gestion de l'imprimerie	12	70,0	0,0	100,0	0,0
581.A0 Infographie en préimpression	64	80,0	4,4	88,9	5,3
581.B0 Techniques de l'impression	8	100,0	0,0	100,0	0,0
582.A1 Techniques d'intégration multimédia	173	68,3	4,9	88,1	6,7
589.01 Art et technologie des médias	n.d.	n.d.	n.d.	n.d.	n.d.
589.86 Art et technologie des médias : télévision	n.d.	n.d.	n.d.	n.d.	n.d.
589.87 Art et technologie des médias : information écrite	n.d.	n.d.	n.d.	n.d.	n.d.
589.88 Art et technologie des médias : radio	n.d.	n.d.	n.d.	n.d.	n.d.
589.89 Art et technologie des médias : publicité	n.d.	n.d.	n.d.	n.d.	n.d.
589.A0 Techniques de production et de postproduction télévisuelles	97	88,2	1,5	85,0	1,6
589.BA Techniques de communication dans les médias : spécialisation en animation et production radiophoniques	32	60,9	0,0	78,6	0,0
589.BB Techniques de communication dans les médias : spécialisation en conseil et coordination publicitaires	11	25,0	0,0	100,0	0,0
589.BC Techniques de communication dans les médias : spécialisation en journalisme	44	40,6	3,1	69,2	7,1
MÉCANIQUE D'ENTRETIEN					
241.D0 Technologie de maintenance industrielle	86	85,2	6,6	98,1	7,1
MINES ET TRAVAUX DE CHANTIER					
271.01 Géologie appliquée	10	42,9	0,0	100,0	0,0
271.02 Exploitation	n.d.	n.d.	n.d.	n.d.	n.d.
271.03 Minéralurgie	5	80,0	0,0	100,0	0,0

| SITUATION EN 2005 | | | | | SITUATION EN 2004 | | | | |
| Promotion 2003-2004 | | | | | Promotion 2002-2003 | | | | |
Personnes diplômées	En emploi %	À la recherche d'un emploi %	À temps plein %	Taux de chômage %	Personnes diplômées	En emploi %	À la recherche d'un emploi %	À temps plein %	Taux de chômage %
91	60,0	4,6	92,3	7,1	112	62,8	5,1	98,0	7,5
44	32,4	2,9	81,8	8,3	39	20,0	0,0	100,0	0,0
200	66,0	4,9	94,7	6,9	235	65,3	4,0	93,9	5,7
230	69,7	6,7	96,5	8,7	229	64,9	9,4	95,5	12,6
236	58,2	4,7	92,9	7,5	313	58,0	9,6	90,6	14,2
107	53,8	5,1	85,7	8,7	104	51,9	10,1	90,2	16,3
45	79,4	2,9	74,1	3,6	45	79,4	11,8	66,7	12,9
66	50,0	12,5	100,0	20,0	75	42,1	5,3	91,7	11,1
33	50,0	0,0	91,7	0,0	55	46,2	5,1	94,4	10,0
n.d.	n.d.	n.d.	n.d.	n.d.	n.d.	n.d.	n.d.	n.d.	n.d.
134	52,1	15,6	98,0	23,1	119	63,7	2,2	94,8	3,3
n.d.	n.d.	n.d.	n.d.	n.d.	14	81,8	9,1	100,0	10,0
64	63,0	6,5	93,1	9,4	60	51,1	0,0	91,3	0,0
10	66,7	0,0	100,0	0,0	15	50,0	16,7	100,0	25,0
400	54,4	1,4	96,8	2,5	436	50,9	3,6	94,7	6,6
8	71,4	0,0	100,0	0,0	n.d.	n.d.	n.d.	n.d.	n.d.
6	50,0	0,0	100,0	0,0	12	66,7	11,1	83,3	14,3
135	50,0	4,2	95,8	7,7	122	36,3	5,5	90,9	13,2
n.d.	n.d.	n.d.	n.d.	n.d.	n.d.	n.d.	n.d.	n.d.	n.d.
18	78,6	0,0	90,9	0,0	n.d.	n.d.	n.d.	n.d.	n.d.
108	34,2	15,8	100,0	31,6	121	47,3	17,6	95,3	27,1
20	80,0	6,7	91,7	7,7	n.d.	n.d.	n.d.	n.d.	n.d.
108	80,8	10,3	73,0	11,3	90	85,3	5,9	84,5	6,5
279	63,3	6,5	81,0	9,4	286	59,9	6,8	79,0	10,1
14	66,7	16,7	62,5	20,0	15	54,5	9,1	83,3	14,3
14	76,9	7,7	100,0	9,1	n.d.	n.d.	n.d.	n.d.	n.d.
13	72,7	9,1	100,0	11,1	11	100,0	0,0	100,0	0,0
56	75,6	4,9	93,5	6,1	73	78,2	7,3	90,7	8,5
n.d.	n.d.	n.d.	n.d.	n.d.	9	85,7	14,3	100,0	14,3
156	64,3	7,1	93,1	10,0	n.d.	n.d.	n.d.	n.d.	n.d.
n.d.	n.d.	n.d.	n.d.	n.d.	n.d.	n.d.	n.d.	n.d.	n.d.
n.d.	n.d.	n.d.	n.d.	n.d.	n.d.	n.d.	n.d.	n.d.	n.d.
n.d.	n.d.	n.d.	n.d.	n.d.	n.d.	n.d.	n.d.	n.d.	n.d.
n.d.	n.d.	n.d.	n.d.	n.d.	n.d.	n.d.	n.d.	n.d.	n.d.
n.d.	n.d.	n.d.	n.d.	n.d.	n.d.	n.d.	n.d.	n.d.	n.d.
97	85,3	8,8	87,9	9,4	n.d.	n.d.	n.d.	n.d.	n.d.
32	56,5	0,0	69,2	0,0	n.d.	n.d.	n.d.	n.d.	n.d.
21	70,6	5,9	100,0	7,7	n.d.	n.d.	n.d.	n.d.	n.d.
32	43,5	4,3	70,0	9,1	n.d.	n.d.	n.d.	n.d.	n.d.
100	74,3	10,0	98,1	11,9	93	80,3	7,0	98,2	8,1
10	50,0	0,0	100,0	0,0	n.d.	n.d.	n.d.	n.d.	n.d.
6	80,0	20,0	100,0	20,0	6	100,0	0,0	100,0	0,0
7	83,3	16,7	100,0	16,7	n.d.	n.d.	n.d.	n.d.	n.d.

SECTEURS ET DISCIPLINES	Personnes diplômées	En emploi %	À la recherche d'un emploi %	À temps plein %	Taux de chômage %
MÉTALLURGIE					
270.02 Contrôle de la qualité (métallurgie)	n.d.	n.d.	n.d.	n.d.	n.d.
270.03 Soudage	n.d.	n.d.	n.d.	n.d.	n.d.
270.04 Procédés métallurgiques	n.d.	n.d.	n.d.	n.d.	n.d.
270.AA Technologie du génie métallurgique : spécialisation en procédés de transformation	8	85,7	14,3	100,0	14,3
270.AB Technologie du génie métallurgique : spécialisation en fabrication mécanosoudée	n.d.	n.d.	n.d.	n.d.	n.d.
270.AC Technologie du génie métallurgique : spécialisation en contrôle des matériaux	8	50,0	0,0	100,0	0,0
TRANSPORT					
248.B0 Navigation	34	68,4	15,8	92,3	18,8
280.A0 Techniques de pilotage d'aéronefs	n.d.	n.d.	n.d.	n.d.	n.d.
280.AA – Spécialisation en pilotage d'avions multimoteurs	14	60,0	0,0	100,0	0,0
280.AC – Spécialisation en pilotage d'hydravions et d'avions monomoteurs sur roues et sur skis	6	50,0	0,0	100,0	0,0
410.A0 Techniques de la logistique du transport	45	75,0	3,1	95,8	4,0
415.17 Techniques administratives : transport	n.d.	n.d.	n.d.	n.d.	n.d.
CUIR, TEXTILE ET HABILLEMENT					
251.A0 Technologie des matières textiles	n.d.	n.d.	n.d.	n.d.	n.d.
251.B0 Technologie de la production textile	n.d.	n.d.	n.d.	n.d.	n.d.
571.86 Design de mode : mode masculine	n.d.	n.d.	n.d.	n.d.	n.d.
571.87 Design de mode : mode féminine	n.d.	n.d.	n.d.	n.d.	n.d.
571.A0 Design de mode	171	71,8	3,4	84,5	4,5
571.C0 Commercialisation de la mode	177	61,6	0,8	94,8	1,3
SANTÉ					
110.A0 Techniques dentaires	15	83,3	0,0	100,0	0,0
110.B0 Techniques de denturologie	14	100,0	0,0	77,8	0,0
111.A0 Techniques d'hygiène dentaire	177	94,4	0,8	85,5	0,8
112.A0 Acupuncture	32	100,0	0,0	50,0	0,0
120.01 Techniques de diététique	141	82,0	4,0	73,2	4,7
140.01 Technologie de laboratoire médical	n.d.	n.d.	n.d.	n.d.	n.d.
140.A0 Techniques d'électrophysiologie médicale	33	95,8	0,0	91,3	0,0
140.B0 Technologie d'analyses biomédicales	201	90,1	0,7	81,9	0,8
141.A0 Techniques d'inhalothérapie	166	96,6	0,0	78,3	0,0
142.A0 Technologie de radiodiagnostic	126	98,9	0,0	98,9	0,0
142.B0 Technologie de médecine nucléaire	26	95,2	0,0	95,0	0,0
142.C0 Technologie de radio-oncologie	39	100,0	0,0	96,4	0,0
144.A0 Techniques de réadaptation physique	177	81,0	3,2	74,5	3,8
144.B0 Techniques d'orthèses et de prothèses orthopédiques	45	90,6	3,1	100,0	3,3
160.A0 Techniques d'orthèses visuelles	52	90,9	0,0	100,0	0,0
160.B0 Audioprothèse	10	100,0	0,0	88,9	0,0
171.A0 Techniques de thanatologie	17	92,9	7,1	92,3	7,1
180.A0 Soins infirmiers	2 351	62,9	0,7	81,4	1,1
180.B0 Soins infirmiers (programme de passage)	27	86,7	0,0	69,2	0,0
411.A0 Archives médicales	82	82,8	5,2	95,8	5,9
SERVICES SOCIAUX, ÉDUCATIFS ET JURIDIQUES					
310.A0 Techniques policières	676	53,5	6,5	83,9	10,8
310.B0 Techniques d'intervention en délinquance	172	63,9	0,8	79,5	1,3
310.C0 Techniques juridiques	282	67,8	2,0	92,6	2,9
322.A0 Techniques d'éducation à l'enfance	832	80,4	2,2	78,2	2,7
351.A0 Techniques d'éducation spécialisée	951	81,9	1,0	61,2	1,3
384.01 Techniques de recherche, enquête et sondage	n.d.	n.d.	n.d.	n.d.	n.d.
384.A0 Techniques de recherche sociale	n.d.	n.d.	n.d.	n.d.	n.d.
388.A0 Techniques de travail social	357	63,3	4,0	71,7	5,9
391.A0 Techniques d'intervention en loisir	151	63,0	2,8	79,4	4,2

	SITUATION EN 2005 Promotion 2003-2004					SITUATION EN 2004 Promotion 2002-2003				
	Personnes diplômées	En emploi %	À la recherche d'un emploi %	À temps plein %	Taux de chômage %	Personnes diplômées	En emploi %	À la recherche d'un emploi %	À temps plein %	Taux de chômage %
	n.d.	n.d.	n.d.	n.d.	n.d.	n.d.	n.d.	n.d.	n.d.	n.d.
	n.d.	n.d.	n.d.	n.d.	n.d.	n.d.	n.d.	n.d.	n.d.	n.d.
	n.d.	n.d.	n.d.	n.d.	n.d.	n.d.	n.d.	n.d.	n.d.	n.d.
	13	83,3	8,3	100,0	9,1	n.d.	n.d.	n.d.	n.d.	n.d.
	10	88,9	11,1	100,0	11,1	n.d.	n.d.	n.d.	n.d.	n.d.
	16	92,3	0,0	100,0	0,0	n.d.	n.d.	n.d.	n.d.	n.d.
	30	57,9	10,5	81,8	15,4	n.d.	n.d.	n.d.	n.d.	n.d.
	n.d.	n.d.	n.d.	n.d.	n.d.	17	54,5	27,3	83,3	33,3
	19	71,4	7,1	100,0	9,1	n.d.	n.d.	n.d.	n.d.	n.d.
	6	60,0	0,0	100,0	0,0	n.d.	n.d.	n.d.	n.d.	n.d.
	59	80,0	0,0	96,9	0,0	n.d.	n.d.	n.d.	n.d.	n.d.
	n.d.	n.d.	n.d.	n.d.	n.d.	n.d.	n.d.	n.d.	n.d.	n.d.
	n.d.	n.d.	n.d.	n.d.	n.d.	14	100,0	0,0	90,0	0,0
	n.d.	n.d.	n.d.	n.d.	n.d.	7	60,0	0,0	66,7	0,0
	n.d.	n.d.	n.d.	n.d.	n.d.	n.d.	n.d.	n.d.	n.d.	n.d.
	n.d.	n.d.	n.d.	n.d.	n.d.	n.d.	n.d.	n.d.	n.d.	n.d.
	104	64,6	8,5	89,3	11,6	196	68,1	0,7	83,7	1,1
	199	61,7	0,0	87,4	0,0	191	62,3	0,0	91,9	0,0
	n.d.	n.d.	n.d.	n.d.	n.d.	17	100,0	0,0	100,0	0,0
	17	92,9	7,1	92,3	7,1	16	100,0	0,0	90,9	0,0
	151	93,5	0,9	86,0	1,0	157	94,8	0,0	80,4	0,0
	22	88,2	0,0	26,7	0,0	34	91,7	4,2	22,7	4,3
	126	74,4	6,7	67,2	8,2	128	87,8	3,3	74,7	3,7
	n.d.	n.d.	n.d.	n.d.	n.d.	n.d.	n.d.	n.d.	n.d.	n.d.
	31	90,9	0,0	95,0	0,0	24	100,0	0,0	84,2	0,0
	222	93,0	0,6	72,1	0,7	n.d.	n.d.	n.d.	n.d.	n.d.
	135	96,8	0,0	92,4	0,0	119	93,7	0,0	81,1	n.d.
	115	100,0	0,0	94,0	0,0	111	95,2	1,2	84,8	1,3
	18	100,0	0,0	87,5	0,0	16	100,0	0,0	92,3	0,0
	38	96,3	0,0	96,2	0,0	53	91,2	0,0	96,8	0,0
	160	81,4	3,4	84,4	4,0	136	83,5	1,0	81,4	1,1
	22	94,4	0,0	88,2	0,0	15	92,3	7,7	91,7	7,7
	66	95,7	0,0	97,8	0,0	56	91,9	0,0	94,1	0,0
	12	100,0	0,0	88,9	0,0	8	100,0	0,0	83,3	0,0
	12	100,0	0,0	88,9	0,0	24	88,9	0,0	100,0	0,0
	2 198	64,6	0,9	83,4	1,4	2 325	79,5	0,6	81,7	0,7
	35	92,3	3,8	70,8	4,0	90	90,5	0,0	91,2	0,0
	64	87,0	6,5	87,5	7,0	52	100,0	0,0	100,0	0,0
	663	50,1	7,4	87,4	12,8	668	50,3	14,3	89,6	22,1
	163	75,4	1,7	77,5	2,2	156	62,7	2,9	85,9	4,5
	245	69,4	4,0	91,7	5,5	200	73,9	0,7	96,1	1,0
	835	82,7	1,7	80,9	2,0	744	83,5	1,1	78,7	1,3
	973	79,7	1,6	58,5	2,0	831	82,6	1,6	65,3	1,9
	n.d.	n.d.	n.d.	n.d.	n.d.	n.d.	n.d.	n.d.	n.d.	n.d.
	15	75,0	0,0	77,8	0,0	n.d.	n.d.	n.d.	n.d.	n.d.
	345	71,1	5,6	78,0	7,3	314	69,5	4,3	74,7	5,8
	105	74,0	3,9	71,9	5,0	112	59,7	0,0	71,7	0,0

INDEX DES PROGRAMMES PAR ORDRE ALPHABÉTIQUE

Afin de privilégier une classification thématique, sauf exception, nous avons omis d'inscrire la mention «techniques» ou «technologie» dans les titres de programmes.

A Acupuncture – 112.A0 304
Aménagement cynégétique et halieutique – 145.B0 188
Aménagement et urbanisme – 222.A0 190
Analyses biomédicales – 140.B0 334
Animation 3D et synthèse d'images – 574.B0 258
Aquaculture – 231.A0 82
Architecture – 221.A0 174
Architecture navale – 248.01 226
Archives médicales – 411.A0 306
Arts du cirque – 561.D0 114
Assainissement de l'eau – 260.A0 158
Audioprothèse – 160.B0 308
Avionique – 280.04 198

B Bureautique – 412.A0
Coordination du travail de bureau 62
Microédition et hypermédia 64

C Céramique – 573.A0 128
Commercialisation de la mode – 571.C0 292
Communication dans les médias – 589.B0
Journalisme 248
Comptabilité et gestion – 410.B0 66
Conception électronique – 243.16 200
Conseil en assurances et en services financiers – 410.C0 58
Construction aéronautique – 280.B0 218
Construction textile – 573.A0 130

D Danse – interprétation – 561.B0 116
Design de mode – 571.A0 294
Design de présentation – 570.02 118
Design d'intérieur – 570.03 120
Design industriel – 570.C0 126
Dessin animé – 574.A0 240
Diététique – 120.01 316
Documentation – 393.A0 252

E Ébénisterie artisanale – 573.A0 132
Éducation à l'enfance – 322.A0 344
Éducation spécialisée – 351.A0 346
Électronique – 243.11 202
Électronique industrielle – 243.06 204
Électrophysiologie médicale – 140.A0 318
Environnement, hygiène et sécurité au travail – 260.B0 160
Estimation et évaluation en bâtiment – 221.D0 182
Exploitation (Technologie minière) – 271.02 268

G Génie agromécanique – 153.D0 92
Génie chimique – 210.02 163

Génie civil – 221.B0...184
Génie industriel – 235.B0 228
Génie mécanique – 241.A0 220
Génie mécanique de marine – 248.C0 212
Génie métallurgique – 270.A0
     Contrôle des matériaux...276
     Fabrication mécanosoudée 278
     Procédés de transformation 280
Géologie appliquée – 271.01 270
Géomatique – 230.A0
     Cartographie 176
     Géodésie 178
Gestion de commerces – 410.D0 60
Gestion de la production du vêtement – 571.B0 296
Gestion de projet en communications graphiques – 581.C0 242
Gestion d'un établissement de restauration – 430.B0 98
Gestion et exploitation d'entreprise agricole – 152.A0
     Productions animales 76
     Productions végétales 78
Gestion hôtelière – 430.A0 100
Graphisme – 570.A0 244

H Hygiène dentaire – 111.A0 326

I Impression – 581.B0 250
Impression textile – 573.A0 134
Infographie en préimpression – 581.A0 246
Informatique – 420.A0
     Gestion de réseaux informatiques 69
     Informatique de gestion 70
     Informatique industrielle..72
Inhalothérapie – 141.A0 328
Intégration multimédia – 582.A1 260
Interprétation théâtrale – 561.C0 122
Intervention en délinquance – 310.B0 352
Intervention en loisir – 391.A0 354

J Joaillerie – 573.A0 136

L Logistique du transport – 410.A0 286
Lutherie – 573.A0 138

M Maintenance d'aéronefs – 280.C0 214
Maintenance industrielle – 241.D0...264
Maroquinerie – 573.A0 140
Mécanique du bâtiment – 221.C0...180
Meuble et ébénisterie – 233.B0
     Production sérielle...154
Minéralurgie – 271.03 272
Muséologie – 570.B0 254

N Navigation – 248.B0 284

O Orthèses et prothèses orthopédiques – 144.B0 330
Orthèses visuelles – 160.A0 332

P Paysage et commercialisation en horticulture ornementale – 153.C0
        Aménagement paysager 80
Photographie – 570.C0 124
Pilotage d'aéronefs – 280.A0 288
Procédés chimiques – 210.B0 168
Production et postproduction télévisuelles – 589.A0
        Postproduction télévisuelle 256
Production horticole et de l'environnement – 153.B0
        Cultures légumières, fruitières et industrielles 88
Productions animales – 153.A0 90
Production textile – 251.B0 298
Prothèses dentaires – 110.A0 320

R Radiodiagnostic – 142.A0 338
Radio-oncologie – 142.C0 340
Réadaptation physique – 144.A0 322
Recherche sociale – 384.A0 348

S Santé animale – 145.A0 84
Sculpture – 573.A0 142
Sécurité incendie – 311.A0 172
Soins infirmiers – 180.B0 310
Soins préhospitaliers d'urgence – 181.A0 312
Systèmes ordinés – 243.15 206

T Techniques de bioécologie – 145.C0..192
Techniques de laboratoire – 210.A0
        Biotechnologies 165
        Chimie analytique 166
Techniques de denturologie – 110.B0 314
Techniques du milieu naturel – 147.A0...194
Techniques équines – 155.A0 86
Techniques juridiques – 310.C0 356
Techniques policières – 310.A0 358
Techniques professionnelles de musique et chanson – 551.A0
        Composition et arrangement 146
        Interprétation..148
Technologie de médecine nucléaire – 142.B0 336
Technologie des matières textiles – 251.A0..300
Technologie forestière – 190.B0 234
Technologie physique – 244.A0 208
Technologies des pâtes et papiers – 232.A0 236
Thanatologie – 171.A0 324
Théâtre-production – 561.A0
        Décors et costumes...149
        Éclairage et techniques de scène 151
Tourisme – 414.A0
        Accueil et guidage touristique 102
        Développement et promotion de produits du voyage 104
        Mise en valeur de produits touristiques.......................................106
Tourisme d'aventure – 414.B0 108
Transformation des aliments – 154.A0 110
Transformation des matériaux composites – 241.C0 222
Transformation des matières plastiques – 241.12 224
Transformation des produits de la mer – 231.03 94
Transformation des produits forestiers – 190.A0 232
Travail social – 388.A0 350

V Verre – 573.A0...144

INDEX DES PROGRAMMES PAR NUMÉROS

110.A0	– Techniques de prothèses dentaires	320
110.B0	– Techniques de denturologie	314
111.A0	– Techniques d'hygiène dentaire	326
112.A0	– Acupuncture	304
120.01	– Techniques de diététique	316
140.A0	– Techniques d'électrophysiologie médicale	318
140.B0	– Technologie d'analyses biomédicales	334
141.A0	– Techniques d'inhalothérapie	328
142.A0	– Technologie de radiodiagnostic	338
142.B0	– Technologie de médecine nucléaire	336
142.C0	– Technologie de radio-oncologie	340
144.A0	– Techniques de réadaptation physique	322
144.B0	– Techniques d'orthèses et de prothèses orthopédiques	330
145.A0	– Techniques de santé animale	84
145.D0	– Techniques d'aménagement cynégétique et halieutique	188
145.C0	– Techniques de bioécologie	192
147.A0	– Techniques du milieu naturel	194
152.A0	– Gestion et exploitation d'entreprise agricole	
	Productions animales	76
	Productions végétales	78
153.A0	– Technologie des productions animales	90
153.B0	– Technologie de la production horticole et de l'environnement	
	Cultures légumières, fruitières et industrielles	88
153.C0	– Paysage et commercialisation en horticulture ornementale	
	Aménagement paysager	80
153.D0	– Technologie du génie agromécanique	92
154.A0	– Technologie de la transformation des aliments	110
155.A0	– Techniques équines	86
160.A0	– Techniques d'orthèses visuelles	332
160.B0	– Audioprothèse	308
171.A0	– Techniques de thanatologie	324
180.B0	– Soins infirmiers	310
181.A0	– Soins préhospitaliers d'urgence	312
190.A0	– Technologie de la transformation des produits forestiers	232
190.B0	– Technologie forestière	234
210.02	– Techniques de génie chimique	163
210.A0	– Techniques de laboratoire	
	Biotechnologies	165
	Chimie analytique	166
210.B0	– Techniques de procédés chimiques	168
221.A0	– Technologie de l'architecture	174
221.B0	– Technologie du génie civil	184
221.C0	– Technologie de la mécanique du bâtiment	180
221.D0	– Technologie de l'estimation et de l'évaluation en bâtiment	182

222.A0   – Techniques d'aménagement et d'urbanisme...190
230.A0   – Technologie de la géomatique
                 Cartographie 176
                 Géodésie 178
231.A0   – Techniques d'aquaculture 82
231.03   – Transformation des produits de la mer 94
232.A0   – Technologies des pâtes et papiers 236
233.B0   – Techniques du meuble et d'ébénisterie
                 Production sérielle...154
235.B0   – Technologie du génie industriel 228
241.12   – Techniques de transformation des matières plastiques...................................224
241.A0   – Techniques de génie mécanique 220
241.C0   – Techniques de transformation des matériaux composites 222
241.D0   – Technologie de maintenance industrielle 264
243.06   – Technologie de l'électronique industrielle 204
243.11   – Technologie de l'électronique 202
243.15   – Technologie des systèmes ordinés 206
243.16   – Technologie de conception électronique..200
244.A0   – Technologie physique..208
248.01   – Technologie de l'architecture navale...226
248.B0   – Navigation 284
248.C0   – Techniques de génie mécanique de marine 212
251.B0   – Technologie de la production textile 298
251.A0   – Technologie des matières textiles..300
260.A0   – Assainissement de l'eau 158
260.B0   – Environnement, hygiène et sécurité au travail 160
270.A0   – Technologie du génie métallurgique
                 Contrôle des matériaux...276
                 Fabrication mécanosoudée 278
                 Procédés de transformation 280
271.01   – Géologie appliquée 270
271.02   – Exploitation (Technologie minière) 268
271.03   – Minéralurgie...272
280.04   – Avionique 198
280.A0   – Techniques de pilotage d'aéronefs 288
280.B0   – Techniques de construction aéronautique..218
280.C0   – Techniques de maintenance d'aéronefs 214
310.A0   – Techniques policières..358
310.B0   – Intervention en délinquance 352
310.C0   – Techniques juridiques 356
311.A0   – Sécurité incendie 172
322.A0   – Techniques d'éducation à l'enfance 344
351.A0   – Techniques d'éducation spécialisée 346
384.A0   – Techniques de recherche sociale...348
388.A0   – Techniques de travail social 350
391.A0   – Techniques d'intervention en loisir 354
393.A0   – Techniques de la documentation..252
410.A0   – Techniques de la logistique du transport 286
410.B0   – Techniques de comptabilité et de gestion 66
410.C0   – Conseil en assurances et en services financiers 58
410.D0   – Gestion de commerces 60

411.A0	– Archives médicales	306
412.A0	– Techniques de bureautique – coordination du travail de bureau	62
412.A0	– Techniques de bureautique – microédition et hypermédia	64
414.A0	– Techniques de tourisme	
	Accueil et guidage touristique	102
	Développement et promotion de produits du voyage	104
	Mise en valeur de produits touristiques	106
414.B0	– Techniques du tourisme d'aventure	108
420.A0	– Techniques de l'informatique	
	Gestion de réseaux informatiques	69
	Informatique de gestion	70
	Informatique industrielle	72
430.A0	– Techniques de gestion hôtelière	100
430.B0	– Gestion d'un établissement de restauration	98
551.A0	– Techniques professionnelles de musique et chanson	
	Composition et arrangement	146
	Interprétation	148
561.A0	– Théâtre – production	
	Décors et costumes	149
	Éclairage et techniques de scène	151
561.B0	– Danse – interprétation	116
561.C0	– Interprétation théâtrale	122
561.D0	– Arts du cirque	114
570.02	– Design de présentation	118
570.03	– Design d'intérieur	120
570.F0	– Photographie	124
570.A0	– Graphisme	244
570.B0	– Techniques de muséologie	254
570.C0	– Design industriel	126
571.A0	– Design de la mode	294
571.B0	– Gestion de la production du vêtement	296
571.C0	– Commercialisation de la mode	292
573.A0	– Techniques de métiers d'art	
	Céramique	128
	Construction textile	130
	Ébénisterie artisanale	132
	Impression textile	134
	Joaillerie	136
	Lutherie	138
	Maroquinerie	140
	Sculpture	142
	Verre	144
574.A0	– Dessin animé	240
574.B0	– Techniques d'animation 3D et de synthèse d'images	258
581.A0	– Infographie en préimpression	246
581.B0	– Techniques de l'impression	250
581.C0	– Gestion de projet en communications graphiques	242
582.A1	– Techniques d'intégration multimédia	260
589.A0	– Techniques de production et postproduction télévisuelles	
	Postproduction télévisuelle	256
589.B0	– Techniques de communication dans les médias	
	Journalisme	248

INDEX DES ANNONCEURS

Le guide *Les carrières de la formation collégiale* tient à remercier tous ses annonceurs et partenaires pour leur appui à la présente édition.

B Brisson Legris, Révélateurs de potentiels ....39 et 52

C Cégep de Baie-Comeau 386
    Cégep de Chicoutimi 38
    Cégep de Jonquière...38
    Cégep de Matane 259
    Cégep de Saint-Félicien...38
    Cégep de Sept-Îles 13
    Cégep de Sorel-Tracy...161
    Cégep de Thetford 2
    Cégep Lévis-Lauzon 29
    Coalition pour la promotion des professions en assurance de dommages ....encart
    Collège Ahuntsic 29
    Collège d'Alma 38
    Collège de l'Outaouais 6
    Construction Kiewit 7

E École de technologie supérieure 14

F Fédération des cégeps..3

L La Cité collégiale 13

M Ministère de l'Éducation, du Loisir et du Sport 27

O Ordre des comptables en management accrédités du Québec 67

S Secrétariat à la jeunesse..27

U Université Laval 387

LES CARRIÈRES DE LA FORMATION COLLÉGIALE

Rédaction

Directrice, recherche et rédaction Christine Lanthier • **Coordonnatrice de la publication** Emmanuelle Gril • **Rédactrices en chef** Louise Casavant, Julie Gobeil, Emmanuelle Gril, Marthe Martel, Karine Moniqui • **Secrétaire de rédaction** Stéphane Plante • **Collaborateurs** Nicolas Demers, Marie-Claude Dion, Séverine Galus, Marika Gauthier, Isabelle Laporte, Jean-Benoît Legault, Josée Malenfant, Sophie Marsolais, Lisa-Marie Noël, Audrey Parenteau, Anick Perreault-Labelle, Kareen Quesada, Sylvie Rivard, Pierre St-Arnaud, Emmanuelle Tassé • **Recherchiste** Véronik Carrier • **Réviseures** Johanne Girard, Nathalie Savard

Production

Chef d'équipe Nathalie Renauld • **Coordonnateur de la production** Sylvain Legault • **Conception de la page couverture** Mélanie Dubuc • **Conception de la grille graphique** Geneviève Pineau • **Illustrations** Kevin Durocher • **Infographiste** Gestion d'impressions Gagné inc. • **Photographe** PPM Photos, Martin Tremblay

Diffusion

Messageries ADP

Ventes publicitaires

Directeur des ventes Denis Timotheatos • **Représentants** Geneviève Carrier, Marie Chantale Lang, Vicky O'Connor, Christophe Verhelst

Courriel : ventes@jobboom.com

Dépôt légal

Bibliothèque et Archives nationales du Québec • ISBN 2-89582-090-2
Bibliothèque et Archives du Canada • ISSN 1913-5300
Août 2007

Canoë

Président Bruno Leclaire • **Vice-présidente et DG, Jobboom** Julie Phaneuf • **Directrice générale des contenus, Jobboom** Patricia Richard

300, avenue Viger Est, 7ᵉ étage, Montréal (Québec) H2X 3W4
Téléphone : 514 871-0222 • Télécopieur : 514 373-9117 • www.jobboom.com

De la même collection

• Les carrières de la formation universitaire
• Les métiers de la formation professionnelle